Bildungsurlaub – Vom gesellschaftspolitischen Anliegen zum Instrument beruflicher Qualifizierung?

STUDIEN ZUR PÄDAGOGIK, ANDRAGOGIK UND GERONTAGOGIK

Begründet von Franz Pöggeler

Herausgegeben von Bernd Käpplinger und Steffi Robak

BAND 73

PETER LANG

Claudia Pohlmann

Bildungsurlaub – Vom gesellschaftspolitischen Anliegen zum Instrument beruflicher Qualifizierung?

Eine Analyse der Bildungsurlaubsdiskurse in der Weiterbildung

PETER LANG

Bibliografische Information der Deutschen Nationalbibliothek
Die Deutsche Nationalbibliothek verzeichnet diese Publikation in der Deutschen Nationalbibliografie; detaillierte bibliografische Daten sind im Internet über http://dnb.d-nb.de abrufbar.

Zugl.: Hannover, Univ., Diss., 2017

Umschlagabbildung:
© PikePicture / Fotolia.com

D 89
ISSN 0934-3695
ISBN 978-3-631-74027-9 (Print)
E-ISBN 978-3-631-74147-4 (E-PDF)
E-ISBN 978-3-631-74148-1 (EPUB)
E-ISBN 978-3-631-74149-8 (MOBI)
DOI 10.3726/b13024

Peter Lang – Berlin · Bern · Bruxelles ·
New York · Oxford · Warszawa · Wien

Diese Publikation wurde begutachtet.

www.peterlang.com

Danksagung

Viele Menschen haben mich während der Promotionszeit unterstützt, denen ich danken möchte:

- Frau Prof. Dr. Steffi Robak und Frau Prof. Dr. Wiltrud Gieseke für die fachliche und persönliche Unterstützung, das Zutrauen, die Ermutigungen und die Geduld,
- dem gesamten Projektteam (Lena Heidemann, Susanne Hermeling, Horst Rippien, Steffi Robak) für die gemeinsamen Diskussionen in verschiedenen Arbeitsphasen und insbesondere Dr. Horst Rippien für die Bereitstellung der Programmanalysedaten,
- den Vertreter/innen der Bremischen Weiterbildungseinrichtungen für ihre Zeit und Auskunftsbereitschaft in den Interviews,
- der Arbeitnehmerkammer Bremen und der Senatorischen Behörde für Bildung und Wissenschaft in Bremen für die finanzielle Unterstützung und die hilfreichen Hinweise zum Verständnis der Bremer Weiterbildungslandschaft,
- meinen Kolleginnen und Kollegen am Institut für Berufspädagogik und Erwachsenenbildung der Leibniz Universität Hannover, insbesondere Lena Heidemann, Lisa-Marie Lorenz, Dr. Clinton Enoch und Dr. Maren Baumhauer, für die vielen Anregungen und Ermutigungen in den Forschungswerkstätten und in der Teeküche,
- meinem Mann Oliver Klein sowie meinen Freundinnen Maria Stimm und Gudrun Heilmann für die persönliche Unterstützung und die produktiven Schreibwerkstätten an der See sowie Stephanie Freide für das Lektorat.

Büdingen, Juni 2017

Abstract

Mit der Betrachtung des Bildungsurlaubs widmet sich die Arbeit einem Thema, das einerseits politisch umstritten und negativ besetzt ist, unter einer geringen Teilnahmequote leidet und in der gegenwärtigen Erwachsenenbildungsforschung eine marginale Rolle spielt. Andererseits zählen die Bildungsurlaubs-, Bildungsfreistellungs- bzw. Bildungszeitgesetze zu den wenigen rechtlichen Regelungen in Deutschland, die allen Erwerbstätigen eine individuelle Bildungsteilhabe ermöglichen. Im Bildungsurlaub treffen wie in keinem anderen Format der Erwachsenenbildung/Weiterbildung kontroverse Zielvorstellungen aufeinander, die sich zeitgeschichtlich und gesellschaftlich rückgebunden wandeln. Das macht Bildungsurlaub zu einem interessanten Forschungsgegenstand mit einem hohen exemplarischen Gehalt für die gesamte Disziplin.

Das Erkenntnisinteresse der empirischen Studie richtet sich auf die Perspektive der pädagogischen Mitarbeitenden, die Bildungsurlaubsveranstaltungen in den Weiterbildungseinrichtungen planen: Wie konzipieren und begründen die Planenden den Bildungsurlaub vor dem Hintergrund der gesetzlichen Vorgaben, der bildungspolitischen und öffentlichen Diskussionen (und zum Teil negativen Stereotypenzuschreibungen), der gewerkschaftlichen Forderungen, der arbeitgeberseitigen Widerstände und der geringen Nachfrage? Ausgangspunkt ist die Beobachtung einer zunehmenden Akzentverschiebung der Bildungsurlaubsidee vom gesellschaftspolitischen Anliegen zum Instrument beruflicher Qualifizierung, die bildungspolitisch seit den 1990er Jahren eingeleitet wird. Das Ziel der empirischen Studie besteht in der diskursanalytischen Rekonstruktion der Bildungsurlaubsdiskurse in der Weiterbildungspraxis: Inwieweit spiegelt sich die politisch indizierte Akzentverschiebung hier wider? Forschungsmethodologisch wird eine diskursanalytische Perspektive auf den Forschungsgegenstand eingenommen. Zur empirischen Untersuchung werden Interviews mit pädagogischen Mitarbeitenden in unterschiedlichen Weiterbildungseinrichtungen und Fachbereichen geführt sowie Bildungsurlaubsprogramme diskursanalytisch ausgewertet. Die Forschungsergebnisse belegen, dass die These einer zunehmenden Ökonomisierung der Bildungsurlaubsidee nur in Teilen gestützt werden kann. In der gegenwärtigen Weiterbildungspraxis gibt es nicht einen einzelnen Bildungsurlaubsdiskurs, sondern ausdifferenzierte, verschlungene, zum Teil diametral verlaufende Spezialdiskurse, die historisch gewachsen sind, träger- und fachbereichsspezifische Profilierungen aufweisen und im Spannungsfeld gesellschaftspolitischer, erwachsenenpädagogischer und ökonomischer Bezugshorizonte rekonstruiert werden können.

Schlagworte: Bildungsurlaub, Programmplanung, Diskursanalyse

Abstract (English)

Educational leave – from a socio-political idea to an economic objective? Discourse analysis

This study focuses on educational leave, a topic that, on the one hand, suffers from a bad image, low participation rate and little attention in the field of educational research but on the other hand is the only legal framework in Germany that allows all employees to participate in organised further education. The objectives of educational leave have been changing over time - for this reason educational leave is an interesting research topic and is exemplary for the scholarly discipline of adult education.

Against the background of controversial policy discussions, especially the observation of a shift from a socio-political objective to different economic objectives, the research focuses on the point of view of programme planners in different institutions of professional development: How do programme planners reason and conceptualise educational leave taking into account legal provisions, educational and public discussions, opposing requirements of employers and trade unions as well as weak demand?

The empirical study (discourse analysis) is based on both, interviews with pedagogical staff in different institutions of further education and on the discourse analysis of programmes of professional education.

The empirical findings reveal that the thesis of increasing economisation is only partially valid. It is shown that the current further education is characterised by differentiated and contrasting discourses which are located in an area of conflict between pedagogical principles, socio-political beliefs and economic interests.

Keywords: Educational leave, programme planning, discourse analysis

Inhaltsverzeichnis

Abkürzungsverzeichnis

AdH	Akademie des Handwerks
AN	Arbeitnehmende
AuL	Arbeit und Leben
BB	Berufliche Bildung
bfw	Berufsfortbildungswerk des Deutschen Gewerkschaftsbundes
BHV	Bremerhaven
BremBUG	Bremisches Bildungsurlaubsgesetz
BremWBG	Bremisches Weiterbildungsgesetz
BU	Bildungsurlaub
BWU	Bildungszentrum der Wirtschaft
DAA	Deutsche Angestellten Akademie
EB/WB	Erwachsenenbildung/Weiterbildung
Ev. BW	Evangelisches Bildungswerk
Fortb. direkt	Fortbildung direkt
GB	Gesundheitsbildung
HPM	Hauptamtliche/r Pädagogische/r Mitarbeiter/in
Ibs	Institut für Berufs- und Sozialpädagogik
ILS	Institut für Lernsysteme
KuBi	Kulturelle Bildung
LLL	Lebenslanges Lernen
LSB	Bildungswerk des Landessportbundes
PB	Politische Bildung
PBW	Paritätisches Bildungswerk
UE	Unterrichtseinheit
VHS	Volkshochschule
WBE	Weiterbildungseinrichtungen
WDA	Wissenssoziologische Diskursanalyse
Wisoak	Wirtschafts- und Sozialakademie der Arbeitnehmerkammer Bremen

Abbildungsverzeichnis

Tabellenverzeichnis

1. Einleitung

1.1 Problemhorizont

In den gegenwärtigen Diskursen der Erwachsenenbildungsforschung zählt der Bildungsurlaub[1] nicht zu den vorrangigen Themen, obgleich er für die Entwicklung der Erwachsenenbildung/Weiterbildung eine historisch wichtige Rolle hatte: In den 1970er Jahren fungierte Bildungsurlaub als Experimentierfeld für didaktische Neuerungen, trieb die empirische Forschung und Theoriebildung in der Erwachsenenbildung voran und gab Impulse für den quartären Bildungssektor insgesamt (vgl. Brödel 2003: 423). Beispiele für den Erkenntnisfortschritt durch Bildungsurlaubsforschung sind die didaktischen Prinzipien der Zielgruppen- und Teilnehmerorientierung, Erfahrungs-, Lebenswelt- und Handlungsorientierung sowie der Integrations- und der Deutungsmusteransatz.

In dieser Arbeit, die aus einem Forschungsprojekt zum Bildungsurlaub in Bremen (vgl. Robak et al. 2015) hervorgeht, wird argumentiert, dass es sich lohnt, die Bildungsurlaubsforschung zu reaktivieren und den Bildungsurlaub vor dem Hintergrund aktueller gesellschaftlicher Herausforderungen neu zu begründen. Denn die Bildungsurlaubsgesetze[2] gehören zu den wenigen rechtlichen Regelungen in Deutschland, die einen individuellen Rechtsanspruch auf Lernzeit während der Arbeitszeit einräumen. Das Besondere am Bildungsurlaub ist, dass er allen Erwerbstätigen den Zugang zu Weiterbildung ermöglicht, insbesondere den bildungsbenachteiligten Zielgruppen, wie Schichtarbeitende, die sonst kaum an regulärer Weiterbildung teilnehmen können (vgl. Rippien 2015b; Heidemann 2015).

Insgesamt nehmen allerdings weniger als 5% aller Arbeitnehmenden in Deutschland ihr Bildungsurlaubsrecht in Anspruch (vgl. Bilger/Strauß 2015: 19). Eine Ursache für die geringe Teilnahmequote liegt vermutlich im mangelnden Bekanntheitsgrad, eine andere in den negativen Stereotypenzuschreibungen und dem schlechten Image des Bildungsurlaubs (vgl. Jansen/Länge 2000). Denn seit

1 Unter Bildungsurlaub wird die „vom/von der Arbeitgeber/in bezahlte Freistellung des/der Arbeitnehmers/Arbeitnehmerin von Arbeit zur Teilnahme an Weiterbildung" (Grotlüschen et al. 2011: 361f.) verstanden. Arbeitnehmende dürfen in der Regel pro Jahr für fünf Tage zur Teilhabe an politischer, beruflicher und in einigen Bundesländern auch an allgemeiner EB/WB von der Arbeit bei Lohnfortzahlung freigestellt werden.

2 auch Bildungsfreistellungs- bzw. Bildungszeitgesetze

Erlass der ersten Bildungsurlaubsgesetze in den 1970er Jahren ist der Bildungsurlaub politisch heftig umstritten:

Auf der einen Seite argumentieren *Arbeitnehmervertreter/Gewerkschaften* für den Bildungsurlaub aufgrund seiner gesellschaftspolitischen Bedeutung für die Herstellung von Chancengleichheit und die Förderung gesellschaftlicher Teilhabe angesichts technologischer, ökologischer, wirtschaftlicher und sozialer Wandlungsprozesse (vgl. exemplarisch die Stellungnahme von I. Schierenbeck von der Arbeitnehmerkammer Bremen 2015: 396).

Auf der anderen Seite beklagen *Arbeitgebervertreter/Unternehmensverbände* die hohen Kosten, die durch die Freistellung der Arbeitnehmenden entstehen, sowie den fehlenden Nutzen und das fehlende Mitspracherecht der Unternehmen bei der Auswahl der Bildungsurlaubsseminare (vgl. exemplarisch die Stellungnahme von K. Heidemeyer von der Handelskammer Bremen 2015: 401ff.).

Die konträren Positionen zwischen Arbeitnehmer- und Arbeitgeberseite spiegeln sich auch auf der Ebene der *Bildungspolitik* wider: So wurden die Landesgesetze zum Bildungsurlaub zumeist dann erlassen, wenn die SPD oder Bündnis 90/Die Grünen regierten (vgl. Grotlüschen et al. 2011: 362). Die CDU und die FDP teilen eher die Position der Arbeitgeber und lehnen den Bildungsurlaub ab (vgl. Rudnik 1999).

Während die ursprüngliche, gewerkschaftlich getragene Bildungsurlaubsidee der 1960er/1970er Jahre mit demokratischen Zielen verbunden war, wird mit den Gesetzesnovellen seit den 1990er Jahren eine stärkere Orientierung an der Wirtschafts-, Berufs- und Arbeitswelt forciert (vgl. Schmidt-Lauff 2013), um die Akzeptanz für Bildungsurlaub und die Teilnahmequote zu erhöhen (vgl. exemplarisch die Stellungnahme der Senatorin für Bildung und Wissenschaft der Freien Hansestadt Bremen E. Quante-Brandt 2015: 391).

Im Bildungsurlaub treffen wie in keinem anderen Format der EB/WB vielfältige Begründungslinien und kontroverse Zielvorstellungen aufeinander, die keineswegs statisch sind, sondern sich aufgrund ihrer gesellschaftlichen Verwobenheit im Zeitverlauf verändern. Der Bildungsurlaub ist daher ein interessanter Forschungsgegenstand mit einem hohen exemplarischen Gehalt für die gesamte EB/WB.

An der Diskussion um den Bildungsurlaub zeigt sich, so lässt sich mit Schmidt-Lauff (2005) der übergeordnete gesellschaftspolitische Kontext dieser Arbeit fassen, wie lebensbegleitendes Lernen als gesellschaftlich zu realisierender Anspruch in Deutschland umgesetzt wird (vgl. ebd.: 221). In den Diskursen zum Bildungsurlaub spiegelt sich die Paradoxie zwischen dem Anspruch und der Wirklichkeit lebenslangen Lernens wider: Einerseits wird bildungspolitisch lebenslanges Lernen gefordert als Verpflichtung jedes Einzelnen Verantwortung für die Aneignung von Wissen, Kenntnissen und Kompetenzen zu übernehmen. Politik und Gesellschaft weisen der Weiterbildung eine zunehmende Bedeutung zu und fordern eine Erhöhung der Weiterbildungsbeteiligung insbesondere bildungsbenachteiligter Zielgruppen (vgl. von Hippel 2011). Andererseits gibt es in der allgemeinen und politischen Weiterbildung kaum individuelle Rechtsansprüche, die den Individuen Zeit, finanzielle Mittel oder entsprechende Angebote unterbreiten, um die Lernherausforderungen umsetzen zu können (vgl. Grotlüschen et al. 2011).

1.2 Erwachsenenpädagogisches Erkenntnisinteresse

Das *erwachsenenpädagogische Erkenntnisinteresse* der empirischen Studie richtet sich auf die Perspektive der pädagogischen Mitarbeitenden, die Bildungsurlaubsveranstaltungen in den Weiterbildungseinrichtungen planen: Wie positionieren sie sich im kontroversen Bildungsurlaubsdiskurs? Konkreter formuliert: Wie konzipieren und begründen die Planenden Bildungsurlaub vor dem Hintergrund der gesetzlichen Vorgaben, der bildungspolitischen und öffentlichen Diskussionen, der gewerkschaftlichen Forderungen, der arbeitgeberseitigen Widerstände und der geringen Teilnahmequote?

In der Arbeit soll die These von der politisch indizierten Akzentverschiebung vom gesellschaftspolitischen Anliegen zum Instrument beruflich-betrieblicher Qualifizierung geprüft werden, indem unterschiedliche Begründungslinien des Bildungsurlaubsdiskurses aus der Perspektive der Planenden rekonstruiert werden: Inwiefern bildet sich eine Wirtschafts-, Berufs- und Arbeitsorientierung in den Bildungsurlaubsangeboten ab bzw. welchen Stellenwert haben die ursprünglichen gesellschaftspolitischen Zielsetzungen? Welche aktuellen gesellschaftlichen Herausforderungen deuten die Planenden als Lernanlässe, die sie in didaktisch konzipierte Bildungsurlaubsangebote transformieren?

Der Forschungsgegenstand der empirischen Studie ist der bzw. sind die Bildungsurlaubsdiskurs(e) in der EB/WB-Praxis aus der Perspektive der pädagogischen Mitarbeitenden. Das Forschungsinteresse richtet sich zum einen auf die diskursiven Praktiken, die den Bildungsurlaubsdiskurs (re-)produzieren (Programmplanung und Angebotsentwicklung), zum anderen auf die Diskurseffekte (die Bildungsurlaubsprogramme und -angebote).

1.3 Vorgehen und Aufbau der Arbeit

Die gegenwärtigen Diskurse zum Bildungsurlaub lassen sich nur unter Berücksichtigung ihrer historischen Wurzeln verstehen. Daher wird in Kapitel 2 die

Entstehungsgeschichte des Bildungsurlaubs aufgearbeitet und der Bildungsurlaub zeitgeschichtlich eingeordnet: von den ersten gewerkschaftlichen Diskussionen in den 1960er Jahren bis zur gegenwärtigen Debatte. Zentral geht es um die Frage, wie der Bildungsurlaub in Bildungspolitik, Weiterbildungspraxis und Erwachsenenbildungsdisziplin im Zeitverlauf begründet und konzipiert wurde.

Da die Angebotsplanung wesentlich durch die Bildungsurlaubsgesetze gerahmt wird, ist es notwendig, die rechtlichen Regelungen zum Bildungsurlaub differenziert zu betrachten. Im Kapitel 3 werden die aktuellen Bildungsurlaubsgesetze in den Bundesländern vergleichend ausgewertet unter der Fragestellung, welche Ziele die Gesetzgeber mit Bildungsurlaub verfolgen.

Davon ausgehend, dass die Entwicklung und Planung von Bildungsurlaubsveranstaltungen gesellschaftlich eingebettet ist und von verschiedenen Diskursen gesellschaftlicher Interessengruppen beeinflusst wird, wird forschungsmethodologisch eine diskursanalytische Perspektive (vgl. Keller 2011; Nolda 1998) eingenommen (Kapitel 5). Die Einnahme einer diskursanalytischen Perspektive auf die Programmplanung im Allgemeinen und die Planung von Bildungsurlaubsangeboten im Besonderen ist neu und wird in dieser Arbeit erstmalig entfaltet. Sie schließt an den aktuellen Forschungsstand zur Programmplanung an, welcher in Kapitel 4 dargestellt wird.

Die Bildungsurlaubsdiskurse der Planenden werden am Beispiel Bremen untersucht, da in Bremen kürzlich das Bildungsurlaubsgesetz novelliert wurde. Die Gesetzesänderung vom April 2010 umfasst zum einen die Zulassung gewerblicher Weiterbildungsanbieter, zum anderen die zeitliche Flexibilisierung der Formate. Beide Änderungen führen zu einer Ausdehnung der beruflichen Bildung. Die Gesetzesänderung in Bremen lässt sich daher als exemplarischer Fall für einen auch in anderen Bundesländern beobachtbaren Trend einer Akzentverschiebung von einem gesellschaftspolitischen Anliegen hin zu einer stärkeren Wirtschafts-, Berufs- und Arbeitsorientierung deuten. Die empirische Untersuchung der BU-Diskurse in der Weiterbildungspraxis ist qualitativ-vergleichend angelegt und basiert auf leitfadengestützten Expert/inn/eninterviews mit den Programmplanenden in verschiedenen Weiterbildungseinrichtungen und Fachbereichen sowie auf einer Analyse der Programmdaten des Bremischen Bildungsurlaubsangebots des Jahres 2012. Kapitel 6 präsentiert das Forschungsdesign der empirischen Studie und benennt die Untersuchungsfragen und -ziele, operationalisiert den Forschungsgegenstand, begründet die Auswahl des Untersuchungsraums sowie die Zusammenstellung des Samples und erläutert die Verfahren der Datenerhebung und -auswertung.

Die empirischen Befunde der Studie werden in den Kapiteln 7, 8, 9 und 10 vorgestellt. Kapitel 7 präsentiert die Befunde zu den Planungsstrategien, Kapitel 8 die Ergebnisse zu den Konzeptionen von Bildungsurlaub und Kapitel 9 die Ergebnisse zu den Begründungslogiken. In Kapitel 10 werden die empirischen Befunde zu den Planungsstrategien, Konzeptionen und Begründungslogiken zusammengeführt und aus diskursanalytischer Sicht zu drei Bildungsurlaubsdiskursen verdichtet.

In Kapitel 11 werden die empirischen Befunde theoretisch eingeordnet.

Abschließend werden in Kapitel 12 zentrale Ergebnisse zusammengefasst, die methodische Vorgehensweise kritisch reflektiert, Forschungsdesiderate aufgezeigt und Empfehlungen für die Weiterbildungspraxis und die Bildungspolitik abgeleitet.

Die Arbeit gliedert sich somit in folgende Teile: Einen zeitgeschichtlichen Teil (Kapitel 2), einen rechtlichen Teil (Kapitel 3), zwei theoretische Teile (Kapitel 4 und 11), einen forschungsmethodologischen Teil (Kapitel 5), einen methodischen Teil (Kapitel 6) und einen empirischen Ergebnisteil (Kapitel 7, 8, 9 und 10).[3]

1.4 Ziel und Beitrag der Arbeit

Die Arbeit will einen diskursanalytischen Beitrag zur Steigerung der Reflexivität in der diskursiven Auseinandersetzung um den Bildungsurlaub leisten sowie die Aufmerksamkeit für begriffliche Verschiebungen und damit verbundene Veränderungen in der Bildungspolitik, -forschung und -praxis schärfen. Negative Stereotypen sollen widerlegt, die pädagogische Arbeit in den Weiterbildungseinrichtungen sichtbar gemacht und die Profession gestärkt werden. Aus der Analyse der Bildungsurlaubsdiskurse der Planenden lassen sich Erkenntnisse über das Verhältnis der Weiterbildung zu anderen gesellschaftlichen Teilbereichen gewinnen (Grad der Autonomie). Zudem will die Arbeit mit dem diskursanalytischen Zugang und einer differenzierten Betrachtung von einrichtungs- und fachbereichsspezifischen Planungsstrategien, Konzeptionen und Begründungslogiken einen Beitrag zur Entwicklung einer Programmplanungstheorie leisten.

3 Die unveröffentlichten Anlagen der Arbeit (Interviewleitfäden, Transkripte, Kategoriensysteme der Programmanalyse) können bei der Autorin angefragt werden.

Für die Weiterbildungspraxis können die empirischen Befunde der Reflexion des eigenen Planungshandelns im Sinne einer erwachsenenpädagogischen Professionalisierung dienen und Anregungen für zukünftige Angebotsplanungen liefern.

Für die Bildungspolitik können aus den empirischen Befunden Handlungsempfehlungen zur Steuerung und Gestaltung der rechtlichen und finanziellen Rahmenbedingungen des Bildungsurlaubs abgeleitet werden.

Zeitgeschichtlicher Teil

2. Zeitgeschichtliche Einordnung des Bildungsurlaubs in Politik, Praxis und Forschung

Der Bildungsurlaub blickt inzwischen auf eine über 50-jährige Geschichte zurück, wobei sich die politischen und pädagogischen Begründungen im Zeitverlauf gewandelt haben.

Auf Basis der Literaturauswertungen kann die Entstehungsgeschichte des Bildungsurlaubs in drei Phasen eingeteilt werden:

- Die *Konstitutionsphase* in den 1960er und 1970er Jahren, in der die Bildungsurlaubsidee von gewerkschaftlicher Seite in den bildungspolitischen Diskurs eingebracht wurde und die ersten Bildungsurlaubsgesetze erlassen wurden. Zentral waren gesellschaftspolitische Forderungen nach mehr Chancengleichheit und Mitbestimmung. (Kapitel 2.1)
- Die *Transformationsphase* in den 1990er Jahren, in der insbesondere in den neuen Bundesländern Bildungsfreistellungsgesetze erlassen sowie bestehende Gesetze novelliert wurden. Diese Phase ist gekennzeichnet durch eine Transformation der Bildungsurlaubsidee von einem gesellschaftspolitischen Instrument zu einem Instrument beruflicher Qualifizierung. (Kapitel 2.2)
- Die gegenwärtige *Reaktivierungs- und Differenzierungsphase*, in der nach einer langen Phase des Stillstands die Bildungsurlaubsforschung reaktiviert wird und - wie die empirische Untersuchung weiter unten zeigen wird – differenzierte einrichtungs- und fachbereichsspezifische BU-Konzeptionen im Spannungsfeld erwachsenenpädagogischer, gesellschaftspolitischer und ökonomischer Begründungslogiken entwickelt werden. (Kapitel 2.3)

Die Phaseneinteilung folgt (mehr oder weniger) in 20 Jahresschritten und orientiert sich an entscheidenden Veränderungen in den Begründungszusammenhängen und Legitimationsstrategien für Bildungsurlaub. Sie ist das Ergebnis der theoretischen Aufarbeitung der Diskurse zum Bildungsurlaub unter dieser spezifischen Perspektive. Unter einer anderen Perspektive könnten auch andere Phaseneinteilungen vorgenommen werden.

Die hier vorgeschlagene Phaseneinteilung dient primär Darstellungszwecken und zielt darauf ab, die Entwicklung des Bildungsurlaubs zu rekonstruieren. Zu berücksichtigen ist jedoch, dass „der“ (eine) Bildungsurlaubsdiskurs nicht existiert, sondern dass es unterschiedliche Diskurse in Bildungspolitik,

Weiterbildungspraxis und Erwachsenenbildungsforschung gibt, die parallel verlaufen, sich gegenseitig durchdringen und wechselseitig beeinflussen. Anders als die Einteilung in klar abgrenzbare Phasen suggeriert, ist also von Überlappungen auszugehen.

In den nächsten Kapiteln wird für jede Phase die Entwicklung des Bildungsurlaubs in der Bildungspolitik, der Weiterbildungspraxis und der Erwachsenenbildungsforschung dargestellt.

Die Auswertung der vorliegenden empirischen Studien aus der Bildungsurlaubsforschung beschränkt sich auf jene, die für das Erkenntnisinteresse der Arbeit als besonders relevant eingeschätzt werden. Fokussiert werden Untersuchungen, die die Perspektive der Weiterbildungseinrichtungen, die Anbieter- und Angebotsstrukturen, die Planungsstrategien und die BU-Konzeptionen erforschen. Studien zur Teilnahmestruktur und zu Teilnahmemotiven werden nur am Rande behandelt. Die Perspektive der Teilnehmenden im Bildungsurlaub erforscht die aktuelle Dissertation von Lena Heidemann (vgl. auch Heidemann 2015).

Auch auf die zahlreichen rechtlichen Auseinandersetzungen um den Bildungsurlaub zwischen Arbeitgeber- und Arbeitnehmerverbänden soll an dieser Stelle nicht eingegangen werden (siehe hierzu u.a. Düwell 2001; Reichling 1996).

Im Vordergrund dieses Kapitels stehen die entwickelten Konzeptionen und die politischen, pädagogischen und ökonomischen Begründungen für Bildungsurlaub. Die rechtlichen Grundlagen werden in Kapitel 3 gesondert behandelt.

2.1 Konstitutionsphase (1960er und 1970er Jahre)

Die ersten bildungspolitischen Diskussionen um den Bildungsurlaub und die ersten rechtlichen Bildungsfreistellungsregelungen in der BRD[4] lassen sich zeitgeschichtlich in der Phase der Bildungsreform in den 1960er und 1970er Jahren verorten. In diesem Kapitel werden zunächst die gesellschaftspolitischen Rahmenbedingungen dieser Zeit skizziert. Daran anschließend wird die Entwicklung des Bildungsurlaubs nachgezeichnet: von der ersten bildungspolitischen Initiative und dem ersten Bildungsurlaubskonzept, über die ersten didaktischen Modelle und die umfangreichen Modellprojekte zur Implementierung des Bildungsurlaubs in die Weiterbildungspraxis, bis hin zu den ersten Bildungsurlaubsgesetzen und empirischen Forschungsergebnissen.

4 In der SBZ/DDR gab es keine vergleichbaren Bildungsfreistellungsgesetze (vgl. Siebert 1970, 2001). Erst nach der deutschen Wiedervereinigung wurden in den neuen Bundesländern entsprechende Gesetze erlassen.

2.1.1 Gesellschaftspolitische Rahmenbedingungen: Phase der Bildungsreform

Olbrich (2001) charakterisiert die gesellschaftspolitischen und kulturellen Rahmenbedingungen in der BRD der 1960er Jahre als eine „Phase allgemeiner, umfassender Neuorientierung" (ebd.: 352), die sich stichpunktartig durch folgende Entwicklungen umreißen lässt:

- Die außerparlamentarische Opposition (APO), insbesondere die Studentenbewegung, fordert einen umfassenden Systemwechsel weg von den kapitalistischen, restaurativen, repressiven Tendenzen hin zu einer Demokratisierung aller Institutionen des gesellschaftlichen Lebens.
- Die kritische Theorie der Frankfurter Schule (Adorno, Horkheimer, Marcuse, Habermas) wird zu einer sozialwissenschaftlichen Leittheorie.
- In ökonomischer Hinsicht findet ein Wandel von der industriellen zur postindustriellen Gesellschaft statt. (vgl. ebd.)

Um den Strukturwandel und die Modernisierungsherausforderungen zu bewältigen, wird die Erwachsenenbildung in ihrer Bedeutung für die Wirtschafts- und Sozialpolitik, insbesondere auch Arbeitsmarkt- und Strukturpolitik, erkannt und gefördert (vgl. Olbrich 2001: 367). Zudem soll sie zur Verbesserung der Selbst- und Mitbestimmungsfähigkeit beitragen (vgl. Tietgens 1984: 289).

Die (Re-)Orientierung der Erwachsenenbildung auf gesellschaftspolitische und ökonomische Anforderungen verändert ihr Verhältnis zum Staat (vgl. Olbrich 2001: 367). Die bis dahin weitgehend unabhängig von staatlichen Interventionen entstandenen institutionellen und personellen Strukturen der Weiterbildung werden als nicht mehr hinreichend angesehen (vgl. Schrader 2011: 32).

Bildungspolitisch wird eine umfassende Bildungsreform initiiert. Die (auch für die Entwicklung des Bildungsurlaubs) wichtigsten bildungspolitischen Dokumente der BRD dieser Zeit sind das Gutachten des Deutschen Ausschusses für das Erziehungs- und Bildungswesen „Zur Situation und Aufgabe der Deutschen Erwachsenenbildung" von 1960 und der „Strukturplan für das Bildungswesen" des Deutschen Bildungsrats von 1970.[5] In dem Gutachten von 1960 wird

5 Weitere wichtige bildungspolitische Dokumente in der BRD dieser Zeit waren der Bochumer Plan „Erwachsenenbildung am Wendepunkt" von 1967, der Picht-Plan „Gesamtplan für ein kooperatives System der Erwachsenenbildung" von 1968, der „Bildungsbericht 70", der „Zwischenbericht der Bund-Länder-Kommission" von

die Erwachsenenbildung erstmalig als ein gleichberechtigter Teil des Bildungssystems öffentlich anerkannt und später, im Strukturplan von 1970, wird die Weiterbildung als quartärer Bereich des Bildungswesens bestimmt. Die in dem Strukturplan entwickelte Definition der Weiterbildung als „Fortsetzung oder Wiederaufnahme organisierten Lernens nach Abschluss einer unterschiedlich ausgedehnten ersten Bildungsphase" (Deutscher Bildungsrat 1970) wird noch heute verwendet, z.B. im Wörterbuch Erwachsenenbildung (Arnold et al. 2010). Das Gutachten überwindet den bis dahin postulierten Gegensatz zwischen „einer soziokulturell und politisch fokussierten Erwachsenenbildung einerseits und einem umfassenden, auch berufs- und aufstiegsorientierten Bildungsangebot andererseits" (Olbrich 2001: 354) und fordert die Verbindung von beruflicher, allgemeiner und politischer Bildung (vgl. ebd.: 353) – eine Forderung, die auch die ersten Bildungsurlaubskonzepte prägt.[6]

Die Erwachsenenbildungsarbeit wird zunehmend institutionalisiert, professionalisiert und systematisiert: In den meisten Bundesländern der BRD werden Anfang der 1970er Jahre Erwachsenen-/Weiterbildungsgesetze erlassen, die öffentliche Finanzierung steigt an, die Hauptberuflichkeit der Leitenden und der pädagogisch Planenden wird befördert, Zertifikats- und Baukastensysteme werden implementiert (vgl. ebd.: 370ff.).

Parallel zu den bildungspolitischen Entwicklungen vollzieht sich auch in der Theorie und Forschung der Erwachsenenbildung ein Paradigmenwechsel: Die erfahrungswissenschaftlich-empirische Erziehungswissenschaft löst die geisteswissenschaftlich-hermeneutisch orientierte Pädagogik ab. Erziehungswissenschaftliche Forschung wird als Handlungsforschung begriffen und „versozialwissenschaftlicht" (ebd.: 354f.) sich. In dieser Zeit entstehen die großen

---

1971 sowie der „Bildungsgesamtplan der Bund-Länder-Kommission für Bildungsplanung" von 1973 und der Schulenberg-Plan „Strukturplan für den Aufbau des öffentlichen Weiterbildungssystems in der Bundesrepublik Deutschland" von 1975 (vgl. Olbrich 2001: 359).

6 Pflüger (2010) deutet das didaktische Konzept des fächerübergreifenden integrativen Lernens als Antwort auf die „historische Fehlinterpretation W. v. Humboldts durch den Neuhumanismus (…), die mit der institutionellen Trennung von beruflicher und allgemeiner Bildung den Prozess der schichtspezifischen Trennung von Beruf und Politik, beruflicher Ausbildung für ausführende Arbeiten und allgemeiner Bildung als Grundlage für privilegierte berufliche und gesellschaftliche Positionen in der bürgerlich-industriellen Gesellschaft ausgelöst hat" (ebd.: 155). Der Integrationsansatz will im Sinne der kritisch aufklärerischen Tradition der Erwachsenenbildung diese Folgen überwinden und den Menschen zur mündigen Selbstorientierung und gleichberechtigten gesellschaftlich verantwortlichen Partizipation befähigen (ebd.).

empirischen Leitstudien der Erwachsenenbildung wie z.B. die Göttinger-Studie von Strzelewicz/Raapke/Schulenberg (1966) zum Thema Bildung und gesellschaftliches Bewusstsein, die Hannoveraner-Studie von Siebert/Gerl (1975) zum Lehr-Lernverhalten Erwachsener und die Heidelberger-Studie von Kejcz et al. (1979), die das Bildungsurlaubs-Versuchs- und Entwicklungsprogramm (BUVEP) der Bundesregierung wissenschaftlich begleitet.

Zusammenfassend lassen sich für die 1960er und 1970er Jahre Entwicklungen der Verrechtlichung, Verberuflichung und Verwissenschaftlichung der Erwachsenenbildung/Weiterbildung identifizieren, die zu ihrer Institutionalisierung und Professionalisierung beitragen (vgl. Gieseke 2010). Schrader interpretiert die Strategien zum Aufbau eines quartären Bildungssystems in öffentlicher Verantwortung und zur Professionalisierung des beruflichen pädagogischen Handelns als „wohlfahrtstaatliche Modernisierungsstrategien" (Schrader 2011: 26), die sich am Modell des korporativen Pluralismus und am Subsidiaritätsprinzip orientieren (vgl. ebd.: 37).

2.1.2 Bildungsurlaub als gesellschaftspolitisches Instrument

In dem skizzierten gesellschaftlichen Klima der Phase einer umfassenden Bildungsreform bringt der Bundesarbeitskreis „Arbeit und Leben" im Jahr 1960 die Forderung nach Bildungsurlaub für alle Arbeitnehmenden in die bildungspolitische Diskussion ein. Unter dem Eindruck des rasanten gesellschaftlichen Wandels geht es um die Frage, wie die Arbeitnehmerschaft an der demokratischen Entwicklung sowie den technologischen, wirtschaftlichen und sozialen Entwicklungen beteiligt werden kann. Durch Freistellung von Berufsarbeit soll den Arbeitnehmenden die gleichberechtigte Teilnahme an lebensbegleitender Weiterbildung ermöglicht werden (vgl. Jansen/Länge 2000: 145). Bildungsurlaub wird als gesellschaftspolitisches Instrument legitimiert (vgl. Strzelewicz 1969) und erwachsenenpädagogisch begründet (vgl. u.a. Kuhlenkamp 1975).

Die ersten Bildungsurlaubsgesetze werden 1974 in Hamburg, Niedersachsen und Bremen verabschiedet. Weiterhin gibt es Bildungsurlaubsgesetze in Berlin (1970) und Hessen (1974), die jedoch altersmäßig auf jüngere (unter 25-jährige) Arbeitnehmende beschränkt bleiben (weitere Ausführungen zu den Bildungsurlaubsgesetzen erfolgen in Kapitel 3).

In Kooperation von Politik, Praxis und Forschung werden in den 1970er Jahren didaktische Konzepte und curriculare Modelle für Bildungsurlaub entwickelt sowie Modellprogramme zur Umsetzung des Bildungsurlaubs durchgeführt und wissenschaftlich begleitet. Einige ausgewählte, zentrale Konzepte, didaktische Modelle und Forschungsprojekte werden im Folgenden behandelt, mit dem Ziel zentrale Ideen und Begründungslinien herauszuarbeiten. Ein Anspruch auf eine vollständige und detaillierte historische Darstellung besteht nicht.

Bildungspolitische Anstöße: Erstes Konzept für Bildungsurlaub der Bildungskommission des 2. Deutschen Bildungsrats (1973)

Anfang der 1970er Jahre legt der von der Bildungskommission des 2. Deutschen Bildungsrats eingesetzte Ausschuss „Weiterbildung" ein erstes Konzept für Bildungsurlaub mit dem Titel „Bildungsurlaub als Teil der Weiterbildung" vor (vgl. Deutscher Bildungsrat / Bildungskommission 1973). Mitglieder des Ausschusses sind Personen aus der Bildungstheorie mit dem Arbeitsschwerpunkt Weiterbildung, aus Weiterbildungseinrichtungen in staatlicher und kommunaler Trägerschaft (VHS), aus der Wirtschaft und den Gewerkschaften. Außerdem werden Vertreter/innen von der evangelischen und katholischen Kirche, von verschiedenen Trägerverbänden und von den Bundes- und Länderverwaltungen an den Diskussionen beteiligt. Die Notwendigkeit des Bildungsurlaubs wird mit seinem Beitrag zur Chancengleichheit der Weiterbildung begründet (vgl. ebd.: 14). Bildungsurlaub soll Bildungsteilhabe für alle erwerbstätig Beschäftigten ermöglichen und „mit dem Prinzip des lebenslangen Lernens institutionell ernst machen, indem er Weiterbildungsmöglichkeiten (...) fortlaufend Jahr für Jahr eröffnet" (ebd.). Die Notwendigkeit kontinuierlicher Weiterbildung wird mit einem Wandel der Qualifikationsanforderungen aufgrund gesellschaftlicher Veränderungen, wie dem Wandel der Arbeit durch Rationalisierung, Mechanisierung, Automatisierung, der Zunahme des technischen Wissens und dem Wandel der Sozialbeziehungen, begründet (vgl. ebd.: 15). Durch Bildungsurlaub sollen Voraussetzungen geschaffen werden, damit „grundsätzlich jeder an den gesellschaftlich möglichen Lebenschancen voll teilhaben kann" (ebd.: 20). Lernen in der Weiterbildung wird als „rollenbezogenes Lernen" konzipiert und auf die drei Lebensbereiche Berufsarbeit, Familie und Öffentlichkeit bezogen (vgl. ebd.: 22). Weiterbildungsprozesse sollen von den konkreten Handlungssituationen bzw. Erfahrungsbereichen der Erwachsenen ausgehen (vgl. ebd.: 20). Die politische Funktion des Bildungsurlaubs wird darin gesehen, die „Interdependenz der institutionell getrennten Rollen innerhalb des Curriculums aufzuweisen" (ebd.: 22).

Konzeptionelle Begründungen: Chancengleichheit und Mitbestimmung als zentrale gesellschaftspolitische Ziele des Bildungsurlaubs

In seiner Publikation „Bildungsurlaub – eine Zwischenbilanz" führt Siebert (1972) insbesondere zwei normative Postulate zur gesellschaftlichen Legitimation des Bildungsurlaubs an:

(1) Bildungsurlaub soll der Herstellung von Chancengleichheit dienen und insbesondere sozial- und bildungsbenachteiligten Arbeitnehmenden Zugänge zu Weiterbildung ermöglichen.
(2) Bildungsurlaub soll im Sinne einer politischen Arbeiterbildung die Mitbestimmung, insbesondere im betrieblichen und gewerkschaftlichen Kontext, fördern.

Die erste Legitimation, die den Bildungsurlaub als gesellschaftspolitisches Instrument zur Herstellung von Chancengleichheit begründet, stellt nach Siebert eine Antwort auf die Defizite der etablierten Weiterbildung dar, denn es sei „unbestritten, daß Erwachsenenbildung in der Vergangenheit das Bildungsgefälle zwischen den sozialen Schichten eher vergrößert als verringert hat. Dadurch, daß das Weiterbildungsinteresse mit dem Niveau der Schulbildung und mit den beruflichen Lernanreizen steigt und dadurch, daß die Weiterbildungsmöglichkeiten in ländlichen Gegenden geringer sind als in Ballungsräumen, vergrößert sich tendenziell die Bildungsschere zwischen Volksschulabsolventen und Abiturienten sowie zwischen Stadt und Land. Die propagierte Freiwilligkeit in der Erwachsenenbildung hat diese faktischen Chancenungleichheiten im Bereich der Weiterbildung lange Zeit verdeckt" (ebd.: 14). Chancengleichheit zur Weiterbildung setze, so Siebert (ebd.: 15), nicht nur ein flächendeckendes Weiterbildungsangebot und einen offenen Zugang für alle voraus, sondern Weiterbildungsaktivität hänge auch von der Motivation ab, die nicht in allen Schichten gleichmäßig stark ausgeprägt sei und in den „unteren Sozialschichten" erst geweckt werden müsse. Bildungsurlaub soll einen solch motivierenden Anreiz zur Weiterbildung darstellen, „wobei zunächst nebensächlich ist, daß die Teilnahme überwiegend extrinsisch motiviert ist, d.h. der Arbeitnehmer sich weniger aus Interesse an dem Lerninhalt als im Blick auf Abwechslung und Entspannung für einen Bildungsurlaub entscheidet" (ebd.). Vorrangiges Ziel soll die Aktivierung neuer Gruppen zur Weiterbildung sein. Bildungsurlaub soll eine „Initialzündung zum Weiterlernen für Erwachsene mit geringer Lernpraxis" (ebd.: 15) leisten, d.h. als Einstieg für kontinuierliche Weiterbildung dienen und Anreize zum Weiterlernen geben. Um keine einmalige Episode, sondern ein Baustein in einem längerfristigen Lernprozess zu sein, soll Bildungsurlaub Lernängste abbauen und die Lernbereitschaft sowie die Lernfähigkeit steigern. Unabhängig von der Thematik sollen im Bildungsurlaub Lerntechniken erworben werden, die ein selbstständiges Weiterlernen (das „Lernen lernen") ermöglichen, d.h. Bildungsurlaub soll als „Lerntraining" konzipiert werden. Außerdem sollen entsprechende Anschlussveranstaltungen angeboten werden, z.B. Abendkurse, die nach dem Bildungsurlaub besucht werden können.

Neben der Forderung nach gleichberechtigter Bildungsteilhabe und Chancengleichheit führt Siebert die Forderung nach gesellschaftlicher Teilhabe und betrieblicher Mitbestimmung als zweite wichtige Begründungslinie des Bildungsurlaubs an. Wie auch die Erwachsenenbildung im Allgemeinen soll Bildungsurlaub im Besonderen in der Tradition der Aufklärung den Prozess der Selbstbestimmung durch Erkenntnis fördern sowie eine demokratische Gesellschaft durch kritische, politisch informierte und engagierte Bürger/innen unterstützen (vgl. ebd.: 11). Davon ausgehend, dass Erwachsenenbildung „weder ein abhängiger Dienstleistungsbetrieb der gesellschaftlichen Gruppen noch eine apolitische pädagogische Provinz (ist), sondern ein kritisches Korrektiv der Gesellschaft, das durch ständige Rückkopplung demokratisches Potential freisetzt" (ebd.: 13), soll Erwachsenenbildung Freiräume schaffen, in denen herrschaftsfreie, kritische und emanzipatorische Lernprozesse organisiert werden können. Der spezifische Fokus im Bildungsurlaub soll auf der Arbeit, dem Beruf und dem Betrieb liegen. Im Bildungsurlaub sollen Kompetenzen zur betrieblichen Mitbestimmung erworben werden, die politische Urteilsfähigkeit soll gefördert, das gewerkschaftliche Engagement gestärkt und somit die Lebenslage der Arbeitnehmenden verbessert werden. (vgl. ebd.) Das spezifische didaktische Profil des Bildungsurlaubs sieht Siebert in der Berufsorientierung. Der berufliche Erfahrungshorizont soll das primäre didaktische Bezugsfeld für den Bildungsurlaub darstellen – allerdings nicht mit dem Ziel einer arbeitsplatzspezifischen Qualifizierung oder fachlichen Weiterbildung, sondern Bildungsurlaub soll „relativ unabhängig von ökonomischen Leistungsanforderungen eine Analyse und kritische Reflexion der beruflichen Situation zum Ziel haben" (ebd.: 16). D.h. Bildungsurlaub soll „weitgehend berufsbezogen, aber nicht arbeitsplatzspezifisch" (ebd.) konzipiert sein. Als spezifische Aufgabe des Bildungsurlaubs schlägt Siebert die „Erhöhung der Disponibilität" (ebd.)[7] vor, die eine

---

7 Das Konzept der Disponibilität weist Parallelen zum später entwickelten Konzept der Schlüsselqualifikationen (vgl. Kaiser/Kaiser 2010: 260) und zum Kompetenzbegriff (vgl. Arnold 2010: 172f.) auf. Angesichts immer komplexer werdender, schwer prognostizierbarer und unspezialisierter beruflicher Qualifikationsanforderungen betonen die drei Konzepte formale Kenntnisse, Fertigkeiten und Fähigkeiten, die alternative Optionen für eine große Zahl von Aufgaben, Rollen und Positionen ermöglichen.

flexible Anpassung an wechselnde Arbeitsanforderungen sowie die Fähigkeit zum Rollenwechsel und -kritik ermöglicht. Es geht um „den disponiblen Menschen, der vielseitig interessiert ist, der im Betrieb mitbestimmen kann, der mehrere – politische, soziale und kulturelle – Rollen ausüben kann" (ebd.: 17). Disponibilität ermögliche den Arbeitnehmenden, so Siebert (ebd.: 17), die Einordnung der speziellen beruflichen Tätigkeit in umfassende technologische, ökonomische und politische Zusammenhänge sowie ein höheres Maß an Unabhängigkeit vom momentanen Arbeitsplatz und Betrieb. Disponibilität verbessere sowohl die politische Position der Arbeitnehmenden, als auch die ökonomische Produktivität. Mit dem Konzept der Disponibilität soll dichotomes Denken zwischen den Bereichen der Allgemeinbildung und der Berufsbildung sowie zwischen der demokratischen und der ökonomischen Zielrichtung von Bildungsurlaub überwunden werden. (vgl. ebd.)

Didaktische Modelle: Planungshilfen der Arbeitsgruppe der Pädagogischen Arbeitsstelle des Deutschen Volkshochschulverbandes

Um die Frage zu beantworten, wie der Bildungsurlaub pädagogisch organisiert sein könnte, entwickelt eine Arbeitsgruppe der Pädagogischen Arbeitsstelle des Deutschen Volkshochschulverbandes (PAS, heute: Deutsches Institut für Erwachsenenbildung DIE) didaktische Modelle für Bildungsurlaubskurse, die als Planungshilfe fungieren sollen (vgl. Kuhlenkamp 1975). Die Arbeitsgruppe aus pädagogischen und wissenschaftlichen Mitarbeitenden an Volkshochschulen, Universitäten und wissenschaftlichen Dienstleistungsbetrieben verständigt sich auf ein Konzept, das Bildungsurlaub „nicht primär als berufsbezogen versteht, sondern meint, dieser solle innerhalb des Weiterbildungsbereichs von Marktregulationen unabhängig machen und eine größere Transparenz der gesellschaftlichen, beruflichen und familialen Umwelt anstreben" (ebd.: 5). In den Bildungsurlauben soll „politische Bildung in weitem Sinne (...), die eine soziale Bildung impliziert" (ebd.: 19), realisiert werden. Angestrebt wird eine Verzahnung von:

(1) berufsbezogener, jedoch nicht arbeitsplatzspezifischer Qualifizierung
(2) gesellschaftspolitischer Analyse
(3) der Hilfe zum Artikulieren von Bedürfnissen und Problemen sowie zum Durchschauen ihrer gesellschaftlichen Bedingtheit
(4) der Anleitung zum selbstständigen Lernen und zur kritischen Auseinandersetzung mit Meinungen und Informationen
(5) der Befähigung zum solidarischen Handeln bei rational überschaubaren politischen Aktivitäten. (vgl. ebd.: 19f.)

Als Bildungsziele formuliert die Arbeitsgruppe:

- „Flexibilität gegenüber neuen Anforderungen,
- Mobilität gegenüber neuen Situationen,
- Sensibilität gegenüber Interaktionen,
- Analyse von sozialem und technischem Wandel,
- Kritische Reflexion von Herrschaftsverhältnissen,
- Verstehen von sozialen und ökonomischen Kausalitätsgefügen und Bereitschaft zum reflektierten Engagement" (ebd.: 21).

Zur Erreichung der Bildungsziele können aus Sicht der Arbeitsgruppe unterschiedliche inhaltliche Schwerpunkte behandelt werden, die sich auf das Generalthema „Auseinandersetzung mit der sozialen Umwelt" und auf die sozialen Felder Familie, Beruf und Gesellschaft beziehen (vgl. ebd.). Die Inhalte sollen exemplarisch bearbeitet werden, d.h. die ausgewählten Inhalte sollen zugleich an die Lebenssituation der Arbeitnehmenden anknüpfen sowie den gesellschaftlichen Kontext aufschlüsseln helfen („Dialektik von Nähe und Ferne der Lerngegenstände zu den Lebenssituationen der Lernenden") und Kausalitätsgefüge, Begründungs- und Handlungszusammenhänge repräsentieren (vgl. ebd.). Als zeitlicher Rahmen wird der 10-Tageskurs bzw. der über 10 Wochen hinweg stattfindende Ein-Tageskurs vorgeschlagen.

Ausgehend von den drei Bereichen Beruf/Betrieb, Familie und Gesellschaft setzen die entwickelten didaktischen Modelle an bestimmten Zielgruppen an. Beispiele sind die entwickelten Kursmodelle für Bildungsurlaub mit

- abhängig Arbeitenden in Produktions- und Dienstleistungsbetrieben (Albert Pflüger)
- Industriearbeitern (Adolf Brock und Dieter Görs)
- weiblichen Lohnabhängigen (Marianne Kaiser)
- 45–55-jährigen Beamtinnen und Beamten im einfachen und gehobenen Dienst (Gabriele Kallmeyer)
- Eltern und Kindern im vorschulischen Alter (Hubert Wudtke). (alle in Kuhlenkamp 1975)

In allen Modellen wird eine Integration von beruflicher, politischer und allgemeiner Bildung angestrebt. Die Arbeitsgruppe begründet die Integrationsforderung damit, dass

- bestimmte beruflich-fachliche Zusammenhänge nur verstanden werden können, wenn politisch-ökonomische Herrschaftszusammenhänge mit betrachtet werden.

- komplexe Verwendungssituationen Qualifikationen im technisch-organisatorischen, im politisch-ökonomischen und im sozial-interaktionistischen Bereich erfordern.
- sich die Lernbereitschaft erhöht, wenn soziale Bedingungsfaktoren von Lernschwierigkeiten thematisiert werden und der Einzelne von seinen Lernschwierigkeiten entlastet wird und mit gestärktem Selbstwertgefühl zum Weiterlernen motiviert wird. (vgl. ebd.: 19)

Die Kombination von berufsbezogenen und gesellschaftspolitischen Inhalten soll nach Ansicht der Arbeitsgruppe auch gegen die manifesten Wünsche der Teilnehmenden durchgehalten werden, denn der Wunsch nach kurzfristigen, ziel- und verwertungsorientierten, instrumentellen Fähigkeiten sei Ausdruck der subjektiven Einschätzung der Situation am Arbeitsplatz, die von Konkurrenzdruck, Angst vor Arbeitsplatzverlust oder sehr zielgerichteten Aufstiegswünschen geprägt ist (vgl. ebd.).

Ende der 1970er Jahre und Anfang der 1980er Jahre werden weitere didaktische Modelle und Planungshilfen für Bildungsurlaub entwickelt. Zu nennen sind u.a.:

- Didaktische Modelle für den Bildungsurlaub in der Arbeiterbildung (Kohler 1977; 1979)
- Didaktikmodell für den Bildungsurlaub mit Familien (Schiersmann/Thiel 1981)
- Bildungsurlaub für Ehrenamtliche (Weinberg 1981)
- Erfahrungsorientiertes Lernen im Bildungsurlaub (Holzapfel 1982)
- Modellseminar der IG-Metall (Johannson 1981)
- Bildungsurlaub für Schichtarbeiter (Körber 1983)
- Bildungsurlaub für Stahlarbeiter (Isenberg et al. 1983)
- Bildungsurlaub für kirchliche Mitarbeiter/innen (Dylong 1985)
- Bildungsurlaub für Erwerbslose und ihre Angehörigen (Becker 1994)

In fast allen didaktischen Modellen ist der Zielgruppenbezug deutlich.

Modellprojekte und empirische Bestandsaufnahmen

Zur Implementierung des Bildungsurlaubs in die Praxis fördert die damalige Bundesregierung umfangreiche Modellprojekte (vgl. Nuissl/Schenk 1980). Zu nennen sind insbesondere:

- das Bildungsurlaubs-Versuchs- und Entwicklungsprogramm der Bundesregierung (vgl. Kejcz et al. 1979) sowie

- das Modellprojekt zum Bildungsurlaub in Nordrhein-Westfalen (vgl. Brödel et al. 1982).

Etwa 10 Jahre nach der Einführung der ersten Bildungsurlaubsgesetze in Hamburg, Bremen und Niedersachsen werden die ersten Bestandsaufnahmen zum Bildungsurlaub vorgelegt, u.a. von:

- Hindrichs/Holzapfel/Körber/Thomssen (1984), die eine Bestandsaufnahme zur politischen Arbeiterbildung im Bildungsurlaub der Länder Bremen und Niedersachsen vorlegen.[8]

Bildungsurlaubs-Versuchs- und Entwicklungsprogramm (Kejcz et al. 1979)

Im Bildungsurlaubs-Versuchs- und Entwicklungsprogramm (BUVEP) werden in den Jahren 1975 und 1976 bundesweit insgesamt 52 Bildungsurlaubsseminare mit Modellcharakter durchgeführt und durch die Arbeitsgruppe für empirische Bildungsforschung in Heidelberg wissenschaftlich begleitet (vgl. Kejcz et al. 1979). Der Endbericht der wissenschaftlichen Begleituntersuchung des BUVEP umfasst acht Bände, die verschiedene Forschungsschwerpunkte behandeln. Die Studie zählt zu einer Leitstudie der Erwachsenenbildung (vgl. Schlutz 2010a). Für die vorliegende Arbeit sind insbesondere die Befunde zur Angebotsplanung für bildungsbenachteiligte Zielgruppen aus dem Band II relevant:

Die Forschenden gehen zunächst davon aus, dass die Planenden bei der Entwicklung von Bildungsangeboten für bildungsbenachteiligte Zielgruppen vor der Herausforderung stehen, nicht artikulierte Bedürfnisse, nicht erkennbare Bedarfe und fehlende Nachfrage durch Vermutungen über Bedarfs- und Bedürfnislagen der Zielgruppe zu substituieren. Sie müssen innovative Angebote „gegen den Strom“ entwickeln, „Setzungen“ vornehmen und Bedarfe und Bedürfnisse erst wecken. Dies verlangt ein völlig anderes Vorgehen als die für den Weiterbildungsmarkt typische nachfrageorientierte Planungsstrategie, die auf die Nachfrage bildungsgewohnter Gruppen reagiert, sich aber somit im Angebot immer mehr von den bildungsbenachteiligten Zielgruppen entfernt. (vgl. Kejcz et al. 1979: 17)

In ihrer Studie untersucht die Forschergruppe auf Basis halbstandardisierter Interviews mit pädagogischen Mitarbeitenden in verschiedenen Weiterbildungseinrichtungen, unter welchen Bedingungen die Angebotsplanung stattgefunden

8 Eine weitere Bestandsaufnahme liegt von Nuissl/Sutter (1984) vor, die die Entwicklung der Angebote und Teilnehmenden in den fünf Bundesländern mit Bildungsurlaubsgesetz untersuchen.

hat und welche Erfahrungen die Pädagog/inn/en mit der Entwicklung neuer Angebote für bildungsbenachteiligte Zielgruppen gesammelt haben.

Die Planenden gehen von erheblichen Sozialisationsdefiziten (geringe Artikulations-, Abstraktions- und Aufnahmefähigkeit, geringe Lernmotivation) bei den bildungsbenachteiligten Zielgruppen aus und versuchen dies in der methodisch-didaktischen Anlage der Seminare zu berücksichtigen: u.a. durch eine offene Anlage des Seminars, die ein flexibles Reagieren auf Teilnehmerwünsche zulässt, sowie die Orientierung am Erfahrungsprinzip (der behandelte Gegenstand soll unmittelbar die Probleme der Teilnehmenden betreffen). Um mehr Informationen über die Zielgruppe zu erhalten, haben die Planenden verschiedene Strategien entwickelt: vom Literaturstudium bis zu eigenen, zum Teil sehr aufwendigen Untersuchungen wie Expertengespräche, Betriebsbesuche und Vorbereitungsveranstaltungen. Die Planenden bemängeln, dass die vorhandene Literatur weitgehend ungeeignet sei. (vgl. ebd.: 63–99)

Bei der Vorbereitung und Durchführung von Bildungsurlauben für benachteiligte Zielgruppen kooperieren die Veranstalter häufig. Kejcz et al. (1984) unterscheiden drei Kooperationsformen: *innerorganisatorische Kooperation*, bei der zwei Bildungsstätten derselben Organisation miteinander kooperieren, *rekrutierende Kooperation*, bei der mehrere Organisationen zum Zweck der Teilnehmerrekrutierung miteinander kooperieren, und *konzeptuelle Kooperation*, bei der mehrere Organisationen zur inhaltlichen Veranstaltungskonzeption und -durchführung miteinander kooperieren. (vgl. ebd.: 100–107) Durch die differenten Kooperationsformen können entsprechend verschiedene Zugänge zu den Zielgruppen gewonnen werden.

Die Forschenden fragen weiter, in welcher Weise am BUVEP beteiligte Weiterbildungseinrichtungen ihre Bildungsurlaubsangebote bereits vor der Veranstaltung auf die Bedürfnisse und Lerninteressen der Teilnehmenden abgestimmt haben, und untersuchen, welche Maßnahmen entwickelt wurden, um die Teilnehmenden in Vorbereitung und Planung einzubeziehen. Bei etwa einem Drittel aller Bildungsurlaube werden Vorbereitungsveranstaltungen durchgeführt. An den Vorbereitungsveranstaltungen nehmen sowohl bildungsgewohnte (betriebliche Ausbildende, Angestellte aus dem öffentlichen Dienst und der Privatwirtschaft) als auch bildungsungewohnte Teilnehmende (Arbeitnehmerinnen, Schichtarbeitende, Arbeitende aus strukturschwachen Gebieten und Kleinbetrieben, jugendliche Arbeitnehmende) teil. Die Formen der Beteiligung variieren in ihrer Intensität von mehreren oder einmaligen Treffen vor dem Bildungsurlaub, Wochenendseminaren bis zu schriftlichen Befragungen. Die vorbereitenden Maßnahmen konzentrieren sich auf unterschiedliche Schwerpunkte/Entscheidungsfelder wie

Information über bzw. Mitgestaltung der inhaltlichen und organisatorischen Seminaraspekte, Verhältnis von Lernen und Freizeit, Kennenlernen der Dozierenden und anderen Teilnehmenden, Klärung der Lernbedingungen (in Abgrenzung zur Schule) und Befürchtungen. Die meisten Teilnehmenden und Pädagog/inn/en schätzen die vorbereitenden Maßnahmen als sinnvoll ein, da sie den Einstieg in den Bildungsurlaub in sozialer, thematischer und methodischer Hinsicht erleichtern. Schwierigkeiten bestehen jedoch in der Rekrutierung und Freistellung der Teilnehmenden für die Vorbereitungsveranstaltungen. Auch fühlen sich Teilnehmende, die nicht an der Vorbereitungsveranstaltung teilnehmen konnten, ausgegrenzt und schätzen in der abschließenden Evaluation den Bildungsurlaub als weniger gewinnbringend ein. (vgl. ebd.: 117–164)

Um die entwickelten Planungsstrategien besser einschätzen zu können, untersucht die Forscher/innengruppe auch die Bedingungen der pädagogischen Arbeit für haupt- und nebenamtliche Pädagog/inn/en. Ein zentraler Befund ist, dass beide Gruppen berufserfahren sind, jedoch nur ein geringer Teil erwachsenenpädagogisch qualifiziert ist. Daraus (und aus weiteren Gründen) resultieren verschiedene Probleme bei der Planung: technisch-organisatorische Probleme hinsichtlich der Auswahl einer geeigneten Bildungsstätte, mangelnde Kenntnis von Zielgruppe und Seminargegenstand sowie Probleme bei der methodisch-didaktischen Vorbereitung des Seminars. (vgl. ebd.: 33–51)

Modellprogramm „Bildungsurlaub für Arbeitnehmer" in Nordrhein-Westfalen (Brödel et al. 1982)

Anfang der 1980er Jahren wird in Vorbereitung auf eine Gesetzesinitiative in Nordrhein-Westfalen ein weiteres Modellprogramm mit dem Titel „Bildungsurlaub für Arbeitnehmer" mit insgesamt 20 Bildungsurlaubskursen durchgeführt. Auch in diesem Programm sollen vorrangig bildungsbenachteiligte Zielgruppen, wie Arbeitnehmende aus kleinen und mittleren Betrieben, Schichtarbeitende und Familien, adressiert werden.

In der empirischen Begleituntersuchung wird die Teilnehmerperspektive (Teilnehmerbefragung), die mikrodidaktische Perspektive der Veranstaltungsdurchführung (Lehr- und Lernprozessbeobachtung), die Seminargruppenperspektive (Gruppendiskussion) und die organisatorisch-pädagogische Perspektive (Interviews mit Pädagog/inn/en) eingefangen (vgl. Brödel et al. 1982). Unter anderem wird untersucht, inwieweit Teilnehmende an der Auswahl der Themen beteiligt sind. Die Forschenden kommen zu dem Ergebnis, dass sich der Prozess der Themenkonstitution sehr unterschiedlich gestaltet, und bestimmen vier Typen des Verhältnisses zwischen Planung und Durchführung:

(1) Lineares Ableitungsverhältnis: Die Themen werden von den Pädagog/inn/en eingebracht, Gespräche mit den Teilnehmenden gibt es nicht.
(2) Kommunikatives Scheinverhältnis: Die Lerninteressen der Teilnehmenden werden zu Beginn des Seminars zwar erfragt, jedoch nicht in den Seminarverlauf einbezogen.
(3) Einseitig von den Pädagog/inn/en bestimmtes kommunikatives Verhältnis: Die Pädagog/inn/en stellen Leitthemen vor, die durch die Teilnehmenden konkretisiert und präzisiert werden.
(4) Wechselseitiges kommunikatives Verhältnis: Die didaktischen Entscheidungen werden in Abstimmung mit den Teilnehmenden getroffen (Artikulations-, Klärungs- und Entscheidungsgespräche). (vgl. ebd.: 187–192)

Die Autoren problematisieren, dass in den meisten Bildungsurlauben die Themenauswahl von den Pädagog/inn/en vorgenommen wird und zu wenig mit den Teilnehmenden über Inhalte und Themen verhandelt werde. Dies führen die Autoren auf eine Überschätzung des systematischen Wissens der Wissenschaft bzw. auf eine Unterschätzung des lebenspraktischen Wissens der Teilnehmenden zurück (vgl. ebd.: 286). Zur Erreichung der bildungspolitischen Ziele des Bildungsurlaubs sei es jedoch wichtig, die Lerngegenstände an der Lebenslage und an der subjektiven Betroffenheit der Adressat/inn/en und Teilnehmenden auszurichten und „den Teilnehmern auch für die Inhaltsdimension die Subjektrolle“ zuzuerkennen (ebd.: 287).

Vor dem Hintergrund der empirischen Befunde bestimmt Brödel (1982) das Verhältnis von Bildungsurlaub und Weiterbildung folgendermaßen: Bildungsurlaub soll, so Brödels Empfehlung (ebd.: 271f.), weder eine „Alternative zur Weiterbildung“ noch eine „Abbildung der Weiterbildung“ sein: Eine Abbildung der Weiterbildung soll der Bildungsurlaub nicht sein, da er auf die Defizite der etablierten Weiterbildung reagieren und den speziellen Ansprüchen des neuen „Adressatenkreises mit seinen anders gearteten Problemen und Lebenslagen“ (ebd.: 272) gerecht werden soll. Dazu müssen „eigene Formen, neue didaktische Ansätze“ (ebd.) entwickelt werden. Bildungsurlaub soll als ein eigenständiger didaktischer Bereich konzipiert werden, der sich qualitativ von Weiterbildung unterscheidet. In diesem „anderen konzeptionellen Rahmen mit seinem Bedingungsgefüge“ sehen die Autoren zugleich das Innovationspotential des Bildungsurlaubs für die Weiterbildung (vgl. ebd.: 273). Bildungsurlaub soll jedoch auch keine Alternative zur Weiterbildung sein: Der Anspruch, bildungsungewohnte Arbeitnehmende zu adressieren, soll nicht zu einem „Bildungsghetto“ führen, das sich „abseits und unabhängig neben der etablierten Weiterbildung“ (ebd.: 269) entwickelt, denn „[d]as Schicksal pädagogischer Inseln endet entweder in der lebensfremden Idylle oder aber in der Exklusivität behaupteter Sonderansprüche“ (ebd.). Bildungsurlaub soll von der gesamten Gesellschaft akzeptiert werden und wie die Weiterbildung ein gleichberechtigter integraler Bestandteil des gesamten Bildungswesens sein (vgl. ebd.). Bildungsurlaub soll einen Einstieg in lebenslange Weiterbildung bieten. Das Verhältnis von Bildungsurlaub und Weiterbildung bestimmt Brödel schließlich als ein sich wechselseitig ergänzendes: Das Bildungsurlaubsgesetz soll eine Ergänzung des Weiterbildungsgesetzes darstellen und als eine „dritte Zeitform der Weiterbildung“ neben dem Lernen in der Freizeit und dem Lernen innerhalb der Arbeitszeit fungieren (vgl. ebd.: 105).

Studie zur politischen Arbeiterbildung im Bildungsurlaub (Hindrichs et al. 1984)

In ihrer „Bestandsaufnahme der politischen Arbeiterbildung im Bildungsurlaub der Länder Bremen und Niedersachsen“ fragen Hindrichs/Holzapfel/Körber/Thomssen (1984), „in welcher Weise sich die Bedingungen, die durch Weiterbildungsgesetze und Bildungsurlaubsgesetze in Bremen und Niedersachsen geschaffen wurden, auf die Entwicklung der politischen Arbeiterbildung im Bildungsurlaub ausgewirkt haben“ (ebd.: 14). Die Studie basiert auf Dokumentenanalysen und 10 Interviews mit Vertretenden von bremischen und niedersächsischen Weiterbildungseinrichtungen, die besonders aktiv in der politischen Arbeiterbildung sind, u.a. gewerkschaftliche Weiterbildungseinrichtungen und Volkshochschulen. Behandelt werden die Themen: (1) politische, institutionelle und finanzielle Bedingungen und Voraussetzungen, (2) Zielsetzungen, Programme und Konzeptionen, (3) Struktur der Teilnehmenden und Kursleitenden sowie (4) Einschätzungen zur staatlichen Weiterbildungspolitik und zu den Rahmenbedingungen der Weiterbildung. Mit Blick auf das Erkenntnisinteresse der vorliegenden Arbeit ist insbesondere der zweite Punkt, die Konzeption politischer Arbeiterbildung im Bildungsurlaub, von Interesse:

Alle befragten Weiterbildungseinrichtungen orientieren sich an den Interessen der Arbeitnehmenden (*gesellschaftlich-politisches Selbstverständnis*). Die Interviewten verstehen diese als kollektive Interessen, die sich aus der sozialstrukturellen Lage ergeben, und gehen davon aus, dass diese den Arbeitnehmenden häufig nicht bewusst sind. Zentrale *Lernziele* sind daher das Erkennen der eigenen Interessen sowie die Befähigung zu ihrer Durchsetzung.

Der *Adressatenkreis* bezieht sich bei den befragten Einrichtungen auf die Gesamtheit der abhängig Beschäftigten (Arbeiter/innen, Angestellte und Beamte) sowie die in gleicher sozialstruktureller Lage befindlichen Bevölkerungsgruppen wie Auszubildende, Rentner/innen, Hausfrauen und Arbeitslose. Der Adressatenkreis geht somit in mehrerer Hinsicht über die traditionelle Teilnehmerstruktur der Einrichtungen hinaus: So streben die dem Deutschen Gewerkschaftsbund (DGB) nahen Weiterbildungseinrichtungen eine Realisierung der Arbeiterbreitenbildung über den Kreis von Funktionären des Interessenvertretungssystems (Betriebsratsmitglieder, gewerkschaftliche Vertrauensleute) hinaus an. Bildungsurlaubskonzeption und -programm werden dementsprechend nicht durch gewerkschaftliche Funktionsträger und ihre Weiterbildungsbedürfnisse bestimmt, obgleich diese häufig am BU teilnehmen. Weiterhin unterscheiden die Befragten nicht zwischen Angestellten und Arbeiter/innen, obwohl sich das Arbeiterbildungszentrum im versicherungsrechtlichen Sinne an Arbeiter/innen und die Sozialakademie an Angestellte wendet. Aufgrund der durch das Gesetz vorgegebenen Offenheit des Angebots nehmen jedoch jeweils auch andere Angehörige einer Arbeitnehmergruppe an den Seminaren teil.

Auch wenn die Einrichtungen grundsätzlich alle Arbeitnehmenden ansprechen wollen, haben einzelne Einrichtungen ein bestimmtes *Teilnehmerprofil* entwickelt aufgrund ihres besonderen Auftrages, spezieller Kooperationsbeziehungen oder konzeptioneller Schwerpunktsetzungen. Die VHS und das Berufsfortbildungswerk des DGB geben an, insbesondere Arbeitnehmende der unteren Einkommensgruppen oder besonders belastete und benachteiligte Schichten erreichen zu wollen. Als Zielgruppen werden benannt: Türk/inn/en, Arbeiterfamilien, Reinigungskräfte, Arbeitslose, Schichtarbeiter/innen, Frauen mit Doppelbelastung durch Berufsarbeit und Hausarbeit, weiterhin Sekretärinnen, Auszubildende, Altenarbeit, Behinderte, Krankenpflegepersonal. Arbeit und Leben Niedersachsen hat daneben eine besondere Variante der Zielgruppenorientierung entwickelt. Diese Einrichtung führt BU-Veranstaltungen überwiegend mit Beschäftigten eines bestimmtes Betriebes oder einer bestimmten Branche durch.

Die wesentlichen *Aufgaben* der politischen Arbeiterbildungsarbeit sehen die Interviewten in der Aufklärung über die gesellschaftliche Lage, die Befähigung zu ihrer analytischen Durchdringung und zur Fixierung der eigenen Interessenposition in der Gesellschaft. Die historisch-gesellschaftlichen Bedingungen des individuellen Lebenszusammenhangs und der klassenspezifischen historischen Lebenslage sollen exemplarisch verdeutlicht werden. Dies impliziert eine Auseinandersetzung mit Vorurteilen und Vermeidungsstrategien als Anpassungsformen an die „schlechte Realität“. Als weitere *Ziele* werden die Verbesserung der kollektiven Lebensumstände und gesellschaftliche

Veränderung benannt. Bei den Teilnehmenden soll ein Verständnis für die Notwendigkeit von Gewerkschaften und die eigene Mitarbeit in diesen geweckt werden. Handlungskompetenzen, wie Mut zum Kontakt mit Betriebsrat oder Vertrauensleuten, Befähigung zur Inanspruchnahme gesetzlicher und tariflicher Rechte, regelmäßige Inanspruchnahme von Bildungsurlaub, sollen vermittelt werden. Die Auffassungen darüber, inwieweit konkretes Handeln im Bildungsurlaub vorbereitet werden kann, variieren in den Einrichtungen. In didaktisch-methodischer Hinsicht sollen zum einen die Erfahrungen und Bedürfnisse der Teilnehmenden einbezogen werden, zum anderen neues Wissen und Kompetenzen vermittelt werden. (vgl. ebd.: 133–164)

2.2 Transformationsphase (seit 1990er Jahre)

Während mit der Forderung nach Bildungsurlaub in den 1960er und 1970er Jahren vorrangig gesellschaftspolitische Ziele verbunden waren, wird seit den 1990er Jahren politisch eine Akzentverschiebung zu einer stärkeren Wirtschafts-, Berufs- und Arbeitsorientierung forciert: Der Bildungsurlaub wird immer mehr als Instrument der beruflichen Qualifizierung legitimiert (vgl. Wagner 1996: 8; Jansen/Länge 2000: 147; Schmidt-Lauff 2013). Empirische Belege für die Transformation der Bildungsurlaubsidee finden sich in den rechtlichen Regelungen zur Bildungsfreistellung sowie in der Entwicklung der Angebotsstrukturen. Bevor diese betrachtet werden, wird zunächst der gesellschaftspolitische Kontext der Nachwendezeit, in dem sich die Transformation der Bildungsurlaubsidee vollzieht, skizziert.

2.2.1 Gesellschaftspolitische Rahmenbedingungen: Neoliberale Modernisierung

Während in den 1960er und 1970er Jahren bildungspolitisch intendiert war, „den historisch gewachsenen und stark an sozialen Gemeinschaften gebundenen Strukturen der Erwachsenenbildung mit den Mitteln einer linearen, staatszentrierten Steuerung eine neue Gestalt zu geben“ (Schrader 2011: 44), beginnt schon in den 1980er Jahren der Rückzug des Staates aus der öffentlichen Verantwortung. Angesichts der Finanzkrise der öffentlichen Haushalte wird der Anspruch einer Integration der Weiterbildung in das öffentliche Bildungssystem aufgegeben und für einen offenen Weiterbildungsmarkt mit einem vielfältigen Angebot plädiert, das sich im Wettbewerb bewähren muss und rasch auf neue Anforderungen und eine veränderte Nachfrage reagiert (vgl. ebd.: 39). Kommerzielle Anbieter lösen in den 1980er und 1990er Jahren „einen zweiten

Institutionalisierungsschub" (ebd.: 40) aus. Hinzu kommen Weiterbildungsanbieter aus den neuen sozialen Bewegungen (Umwelt-, Gleichstellungs- und Friedensthemen) mit antiinstitutionellem und antiprofessionellem Anspruch. Und auch die innerbetriebliche Weiterbildung expandiert (vgl. ebd.). Das genuin bildungspolitische Interesse an der Weiterbildung schwindet; Weiterbildung wird zum Instrument der Arbeits-, Konjunktur- und Sozialpolitik und die Bundesanstalt für Arbeit wird mit der Qualitätsoffensive zu einer zentralen Akteurin (vgl. ebd.: 43). Schrader bezeichnet diese Entwicklung als „neoliberale Modernisierungsstrategie" in Abgrenzung zur „konservativen Modernisierungsstrategie" der Bildungsreformphase (vgl. ebd.: 26).

Im bildungspolitischen Diskurs der 2000er Jahre wird dann auf außerorganisationales Lernen (informelles Lernen) und die Selbstverantwortung der Individuen abgehoben sowie auf die bildungsbereichsübergreifende Vernetzung bestehender Strukturen, wie in dem Programm „Lernende Regionen" (vgl. ebd.: 43f.). Zentrale bildungspolitische Dokumente sind u.a. das EU-Memorandum für Lebenslanges Lernen (Kommission der Europäischen Gemeinschaften 2000), die Empfehlungen des Forum Bildung (Arbeitsstab Forum Bildung 2001) sowie die Strategien der Bund-Länder-Kommission (BLK) zum Lebenslangen Lernen (2004). Neben der Selbststeuerung und Informalisierung des Lernens benennt Schrader die Europäisierung, Internationalisierung und Globalisierung als zentrale gesellschaftliche Tendenzen in dieser Zeit (vgl. ebd.).

2.2.2 Bildungsfreistellung als Instrument beruflicher Qualifizierung

Neuausrichtung der Bildungsfreistellungsgesetze

Nach der deutschen Wiedervereinigung werden in den neuen Bundesländern sowie in einigen alten Bundesländern Bildungsfreistellungsgesetze erlassen: So verabschieden 1990 zunächst Berlin[9], das Saarland und Schleswig-Holstein Bildungsfreistellungsgesetze, 1993 dann Brandenburg und Rheinland-Pfalz. Es

9 In Berlin gab es bereits im Jahr 1970 das „Gesetz zur Förderung der Teilnahme an Bildungsveranstaltungen". Allerdings galt in diesem der Freistellungsanspruch nur für junge Arbeitnehmende bis 21 Jahre. In dem „Berliner Bildungsurlaubsgesetz" 1990 haben alle Berliner Arbeitnehmenden unabhängig vom Alter einen Rechtsanspruch auf bezahlte Freistellung von der Arbeit für Bildungszwecke. (vgl. Informationsbroschüre der Berliner Senatsverwaltung für Arbeit, Integration, und Frauen in URL: https://www.berlin.de/sen/arbeit/berlinarbeit-ziel-3/bildungsurlaub/, letzter Abruf: 05.03.2016)

folgen Freistellungsregelungen in Sachsen-Anhalt im Jahr 1998 und Mecklenburg-Vorpommern im Jahr 2001.

Auffällig ist, dass in den rechtlichen Regelungen seit den 1990er Jahren der Begriff „Bildungsurlaub“ durch den Begriff „Bildungsfreistellung“ ersetzt wird. Der Freistellungsbegriff ist ein arbeitsrechtlicher Begriff und neutraler als der Urlaubsbegriff, der mit Erholung assoziiert ist. In der Veränderung der verwendeten Begrifflichkeit drückt sich bereits die stärkere Berücksichtigung der Arbeitgeberseite aus (vgl. Jansen/Länge 2000: 147; Schmidt-Lauff 2013: 5). Denn der „Bildungsurlaub“ hat ein Imageproblem: So wurde (und wird zum Teil bis heute) angezweifelt, ob es sich tatsächlich um Bildung und nicht etwa um Erholung und Freizeit handelt. Die geringe Akzeptanz aufseiten der Arbeitgeber wird als eine Ursache für die geringe Teilnahmequote von durchschnittlich 1–2% Anfang der 1990er Jahre angesehen (vgl. Wagner 1996: 7; Grauer et al. 1996; Ciupke 1998). Dem Bildungsurlaub fehlt – bis heute – eine öffentliche Lobby.

Um die Akzeptanz zu stärken und die Bildungsurlaubsteilnahme zu erhöhen, berücksichtigen die Bildungsfreistellungsregelungen der 1990er Jahre stärker betriebliche Interessen, indem zum einen Freistellungsregelungen eingeschränkt werden und zum anderen die Zielsetzungen und Themen auf berufliche Bildung fokussiert werden (siehe hierzu ausführlicher Kapitel 3). Die Regelungen lassen sich als Indikatoren für eine Akzentverschiebung der Bildungsurlaubsidee hin zum Instrument beruflicher Qualifizierung interpretieren. Zwar war die Berufsorientierung von Beginn an ein zentrales didaktisches Prinzip des Bildungsurlaubs, jedoch sollte Bildungsurlaub gerade nicht der beruflichen (Anpassungs- oder Aufstiegs-)Fortbildung im engeren Sinne dienen, sondern im Sinne einer Integration von beruflicher und politischer Bildung sollte politische Bildung „unter dem Aspekt ihrer beruflichen Nützlichkeit“ und berufliche Qualifizierung „in einem gesellschaftlich-politischen Reflexionshorizont“ (Sander 1996: 3) ausgelegt werden.

Empirische Studien zum Bildungsurlaub in den 1990er Jahren

Für die 1990er Jahre liegen empirische Untersuchungen zum Bildungsurlaub in einzelnen Bundesländern vor, die sich insbesondere mit dem Problem der geringen Teilnahmequote am Bildungsurlaub beschäftigen und den ursächlichen Interessenkonflikten. Zu nennen sind u.a. die Studien zum

- Bildungsurlaub in Nordrhein-Westfalen von Bernstein/Grauer/Guth (1993)
- Weiterbildungsangebot in Bremen von Körber et al. (1995) sowie die Expertise zum Bremer Bildungsurlaubsangebot von Siebert (1995)
- Bildungsurlaub in Schleswig-Holstein von Rudnik (1999)

- Teilnehmerwandel im Bildungsurlaub zur politischen Bildung in Niedersachsen von Bremer (1999)[10]

Studie zum Bildungsurlaub in Nordrhein-Westfalen (Bernstein et al. 1993)

Vor dem Hintergrund der geringen Teilnahmequote, der zahlreichen juristischen Auseinandersetzungen zum Bildungsurlaub und der Novellierung des Nordrhein-Westfälischen Bildungsurlaubsgesetzes im Jahr 1992 gehen Bernstein/Grauer/Guth (1993) den Interessenkonflikten zwischen Arbeitgeber- und Arbeitnehmerseite nach. Auf der Grundlage von Teilnehmerbefragungen und Umfragen in Betrieben (Experteninterviews mit Betriebsleitungen und Arbeitnehmervertretungen) untersuchen die Autoren Möglichkeiten, Einschätzungen und Wirkungen des Bildungsurlaubs aus der Perspektive der Arbeitnehmenden und der Arbeitgeber.

Ein Befund der Studie ist, dass die Fünf-Tage-Blockveranstaltung insbesondere bei kleineren Betrieben zu organisatorischen Problemen (auf der Arbeitgeberseite) und zur zusätzlichen Belastung für Kolleg/inn/en der Bildungsurlauber/innen führt. Daher sollen verstärkt kürzere Formate angeboten werden.

Ein weiterer Befund markiert einen zentralen Interessenkonflikt zwischen Arbeitgeber- und Arbeitnehmerseite: So steige die Akzeptanz auf Seiten der Arbeitgeber, wenn die Bildungsurlaubsveranstaltungen einen konkreten Arbeitsplatzbezug aufweisen. Die Arbeiternehmervertreter fordern jedoch, dass die erworbenen Qualifikationen auch nach einem Arbeitsplatzwechsel und im sonstigen sozialen und politischen Kontext verwertbar sein sollen (Personenbezug). Um eine konfliktfreie Inanspruchnahme des Bildungsurlaubsrechts zu erreichen und die geringe Teilnahmequote zu erhöhen, empfehlen die Autoren, Kommunikationsprozesse zwischen den Unternehmen, den Teilnehmenden und den Bildungsanbietern anzustoßen und in die Planungsüberlegungen einzubeziehen. (vgl. ebd.; Grauer et al. 1996)

Studie zu den kontroversen Positionen der Interessenvertreter in Schleswig-Holstein (Rudnik 1999)

Rudnik (1999) untersucht den Einfluss verschiedener Interessenvertreter (Arbeitgeber, Gewerkschaften, Weiterbildungseinrichtungen, Parteien) beim

10 Darüber hinaus liegen folgende weitere Studien vor: Befragung zum Bildungsurlaub in Hamburg (Rohlmann 1989), Akzeptanz des Bildungsurlaubsgesetzes in Rheinland-Pfalz (Krug 1996) und Anerkennungspraxis und Rechtslage des Bildungsurlaubs in Hessen (Tiemann 1996).

Gesetzgebungsverfahren zum Bildungsfreistellungsgesetz in Schleswig-Holstein. Auf der Basis von Interviews mit den Interessenvertretern und Dokumentenanalysen arbeitet er die kontroversen Positionen der Akteure und deren Bildungsverständnisse heraus:

Die befragten *Arbeitgeber* sehen keinen Bedarf an gesetzlichen Regelungen zur Stärkung des Weiterbildungsbereichs und lehnen ein Bildungsurlaubsgesetz grundsätzlich ab. Für sie sind nur berufliche und betriebliche Weiterbildung inhaltlich von Bedeutung; alle anderen Fachbereiche haben Freizeitcharakter. Rudnik kritisiert das enge, einseitig interessengesteuerte Bildungsverständnis der Arbeitgeber sowie die kurzsichtige, wenig innovationsfreundliche Haltung, die selektive Wahrnehmung der gesellschaftlichen Veränderungen und Unterschätzung der damit verbundenen neuen Herausforderungen.

Im Unterschied zu den Arbeitgebern fordern die befragten Vertreter der *Gewerkschaften* ein öffentliches Weiterbildungssystem, eine gesetzlich geregelte Bildungsfreistellung (strukturelle Forderung) sowie eine Stärkung der integrativen Bildungsansätze im Bildungsurlaub und eine Förderung bildungsbenachteiligter Zielgruppen (inhaltliche Forderung). Die Gewerkschaftsvertreter/innen verfolgen, so Rudnik, einen breiten, ganzheitlichen Bildungsansatz, der sich aus einem Sozialstaatsverständnis ableitet, dem nach Weiterbildung eine öffentliche Aufgabe ist. Die Argumentation der Gewerkschaften bewertet Rudnik als defensiv zur Stabilisierung des Status quo.

Beim *Landesverband der Volkshochschulen* konstatiert Rudnik eine inhaltlich den Gewerkschaften ähnliche Position. Die befragten Vertreter/innen betonen die politischen und gesellschaftlichen Funktionen der Weiterbildung und haben ein bildungstheoretisch differenziert begründetes Weiterbildungsverständnis.

Bei den *parteipolitischen Vertreter/innen* zeigt Rudnik, dass sich die CDU inhaltlich an den Positionen der Arbeitgeber orientiert und ein enges Weiterbildungsverständnis vertritt, während die regierende SPD im Gesetzgebungsverfahren die Forderungen der Gewerkschaften und des Landesverbands der Volkshochschulen aufgreift.

Um die geringe Teilnahmequote von 1% im Jahr 1990 zu erhöhen, empfiehlt Rudnik (ebd.: 23) eine öffentliche Kampagne, in der für Bildungsurlaub geworben wird.

Studie zum Bremer Bildungsurlaubsangebot (Körber et al. 1995, Siebert 1995)

Die von der Strukturkommission Weiterbildung in Auftrag gegebene Studie zum „Weiterbildungsangebot im Lande Bremen“ (Körber, K./ Kuhlenkamp, D./ Peters, R./ Schlutz, E./ Schrader, J./ Wilckhaus, F. 1995) erforscht mittels

Programmanalyse das gesamte Bremische Weiterbildungsangebot des Jahres 1992 von insgesamt 100 bremischen Weiterbildungsanbietern. Zusätzlich wurde eine historische Teiluntersuchung des Bremer Weiterbildungsangebots des Frühjahrssemester 1979 durchgeführt (vgl. Körber et al. 1995: 13).

Für die vorliegende Arbeit interessieren insbesondere die Befunde und Interpretationen, die die Entwicklung des Bremer Bildungsurlaubsangebots nachzeichnen:

Anstieg der BU-Angebote

Im Jahr 1979, vier Jahre nach Inkrafttreten des bremischen Bildungsurlaubsgesetzes, boten die anerkannten Weiterbildungseinrichtungen jede zehnte Veranstaltung in Form des Bildungsurlaubs an. Im Jahr 1992 wird jede fünfte Veranstaltung im Bildungsurlaubsformat angeboten – wobei einige Einrichtungen, wie die Bremer VHS, ihr BU-Angebot verzehnfachte, während es bei anderen Einrichtungen stagnierte (vgl. ebd.: 80).

Verschiebungen im Angebotsprofil

Das Bildungsurlaubsprogramm der 1970er Jahre war im Wesentlichen eines der politischen Bildung, in weit geringerem Umfang auch eines der Schlüssel- und Kommunikationsfähigkeiten (Fremdsprachen) und hatte geringfügige Anteile in der beruflichen Weiterbildung (vor allem der kaufmännisch-verwaltenden). In den 1990er Jahren verschieben sich die Funktionen: Stark angewachsen ist die Vermittlung von Schlüsselqualifikationen, Fremdsprachen und EDV, die Ansätze zur sonstigen beruflichen Bildung sind zahlreicher geworden, Alltagskompetenzen (wie ökologische und gesundheitliche Bildung) und Allgemeinwissen (insbesondere kulturelles) sind angewachsen. Die politische und soziale Bildung bleibt zwar wichtig, stagniert aber im Vergleich zur Gesamtentwicklung des Bildungsurlaubs (vgl. ebd.: 91). Im Jahr 1992 gibt es kaum einen Fachbereich, in dem kein Bildungsurlaub angeboten wird; dazu gehören die nachträglichen Schulabschlüsse und wenige Fachbereiche der beruflichen Bildung, wie naturwissenschaftlich-technische Berufe, Lager/Handel/Verkehr und sonstige Dienstleistungsberufe (vgl. ebd.: 85).

Verhältnis „stationäre" (d.h. mit externer Unterbringung, z.B. in einem Internat) und „ambulante" (ohne Unterbringung) Bildungsurlaube

Während im Jahr 1979 ca. ein Drittel der BU-Seminare vor Ort in Bremen und zwei Drittel außerhalb der Landesgrenzen in Internationsform durchgeführt wurde, hat sich das Verhältnis von ambulanten und stationären BU-Seminaren im Jahr 1992 umgekehrt: Zwei Drittel der BU-Seminare finden vor Ort und ein Drittel außerhalb, z.B. in Bad Zwischenahn oder Wremen, statt. (vgl. ebd.: 80)

Schwindende Zielgruppenorientierung

Im Unterschied zu den 1970er und 1980er Jahren, die durch eine Zielgruppenorientierung gekennzeichnet waren (vgl. Kejcz et al. 1979; Hindrichs et al. 1984), konstatieren die Forscher/innen für das Jahr 1992, dass im Bildungsurlaub seltener Zielgruppen angesprochen werden als im sonstigen Programmangebot (vgl. Körber et al. 1995: 82). In der Regel sollen sich alle Arbeitnehmenden von den BU-Seminaren angesprochen fühlen bzw. insbesondere solche, die sich als Anfänger in dem jeweiligen Themenfeld empfinden. Die Autor/innen geben jedoch zu bedenken, dass, wenn viele angesprochen werden und nur wenige gezielt, zu befürchten sei, dass gerade jene, die mit dieser Veranstaltungsform zusätzlich angesprochen werden sollen, nicht kommen (vgl. ebd.: 83).

In seiner auf den Daten der Programmanalyse von Körber et al. (1995) beruhenden Expertise des Bremer Bildungsurlaubsangebots geht Siebert (1995) u.a. der Frage nach, inwieweit sich der Bildungsurlaub zu einem Veranstaltungsformat mit einem eigenen didaktischen Profil entwickelt habe. Seine Bilanz fällt negativ aus: Im Bremer Bildungsurlaubsangebot lassen sich weder spezielle Bildungsurlaubsthemen noch spezifische Zielgruppen erkennen. Zudem werden die meisten BU-Seminare als geschlossene Einheiten geplant und durchgeführt, eine Verzahnung von Bildungsurlauben mit anderen Veranstaltungsformen sei im Programmangebot von 1992 kaum zu erkennen (vgl. ebd.: 22f.). Aus diesen Gründen sei Bildungsurlaub nur bedingt eine Lernform mit besonderem didaktischem Profil (vgl. Siebert 1996: 59). Hierin wird eine Hauptursache für das Legitimationsproblem des Bildungsurlaubs gesehen (vgl. Sander 1996: 3).

Studie zum Teilnehmerwandel im politischen Bildungsurlaubsangebot in Niedersachsen (Bremer 1999)

In seiner Studie „Arbeitnehmermilieus als Zielgruppen des Bildungsurlaub“ untersucht Helmut Bremer (1999) Angebote, Motivationen und Barrieren des Bildungsurlaubsprogramms von Arbeit und Leben Niedersachsen e.V. Ausgangspunkt der Untersuchung ist „das Problem des Teilnehmerwandels und der zuletzt stagnierenden bzw. zurückgehenden Nachfrage nach dem politischen Bildungsurlaubsangebot“ (Bremer 1999: 10). Gemeint ist der Wandel der Arbeitnehmermilieus seit den 1970er Jahren, der emanzipative und partizipative Lebensweisen befördert hat. Gefragt wird, inwieweit Bildungsurlaubsangebote auf den Milieu- und Mentalitätswechsel der Gesellschaft abgestimmt sind.

Für die vorliegende Studie sind insbesondere die Befunde aus den exemplarischen Programmanalysen des Bildungsurlaubsangebots von Arbeit und Leben der Landesgeschäftsstelle Hannover und der Region Wolfsburg in Abgleich mit der Auswertung der Teilnehmendenstatistik von Interesse.

Für das Jahr 1996 bildet Bremer ab, welche Bildungsurlaube angeboten wurden und welche stattgefunden haben bzw. ausgefallen sind (vgl. ebd.: 91–102). Folgende Themenschwerpunkte wurden gut nachgefragt: Ökologie mit Exkursionen und Praxisanteilen in der Naturlandschaft, Persönlichkeitsentwicklung, Selbstreflexion und Lebensgestaltung, Rhetorik und Kommunikation, „kleine" Politik mit lokalem oder persönlichem Bezug, EDV-Seminare. Nicht nachgefragt wurden Seminare mit Aufklärungscharakter zu politischen, sozialen, ökologischen Themen (‚große' Politik), Rechtsfragen sowie Kunst- und Kulturthemen mit relativ hohem Anspruchsniveau. Neben der inhaltlichen Ausrichtung erweisen sich insbesondere die Zugangsweisen als entscheidender Faktor für die Nachfrage: „So sind ökologische Seminare deswegen beliebt, weil sie durch Exkursionen in die Natur eine praktische und anschauliche Bildungserfahrung ermöglichen und einen Erlebniswert bekommen. (…) Seminare zur Lebensgestaltung und Persönlichkeitsentwicklung bieten für Teilnehmende die Möglichkeit, eigene Erfahrungen einzubringen und zu thematisieren. (…) EDV-Seminare (wie auch Englisch, Rhetorik etc.) vermitteln praktische Kenntnisse, die für das ‚Leben nach dem Seminar' hilfreich sind" (ebd.: 102). Die Teilnehmenden bevorzugen praktische Zugänge mit Erfahrungs- und Lebensweltbezug, hoher Anschaulichkeit und Möglichkeiten der Beteiligung. Kognitiv-abstrakte Zugangsweisen werden als zu „trocken" und „kopflastig" empfunden (vgl. ebd.).

Bremer interpretiert die Befunde im Anschluss an Bourdieu mit dem Konzept der sozialen Milieus. Der Zugang zu Bildung und zum Politischen sei klassenkulturell unterschiedlich und mit der Alltagspraxis verknüpft. Das Problem der mangelnden Nachfrage an politischer Bildung bestehe in einer „Kulturschranke" zwischen den intellektuellen Milieus (Planende/Kursleitende, die politische Bildungsveranstaltungen konzipieren bzw. durchführen) und den praktischen Milieus (Zielgruppen/Teilnehmende) (ebd.: 69–90). In der intellektuell-akademischen Sicht ist politische Bildung mit ideeller Motivation verknüpft. Die praktische Orientierung ist durch ein Bestreben gekennzeichnet „zwischen äußeren (materiellen) Zwängen und Notwendigkeiten und inneren (ideellen) Ansprüchen und Strebungen realitätstüchtige Kompromisse zu finden" (ebd.: 17). Für praktische Milieus macht Bildung nicht schon an sich Sinn, sondern erst dann, wenn die Erkenntnisse auf die konkreten Lebensumstände bezogen und dafür genutzt werden können. Die pragmatische Frage nach dem Nutzen bzw. den

Anwendungs- und Verwertungsmöglichkeiten von Bildung ist Ausdruck einer praktischen Logik, für die rein gedankliche, von der Alltagserfahrung abstrahierte Bildungsinhalte (kognitive Logik) keinen Sinn macht (ebd.: 76). Dementsprechend werden Bildungsveranstaltungen zur „großen Politik" von den praktischen Milieus nicht nachgefragt, da die Auseinandersetzung mit diesen Fragen nicht zur Alltagsbewältigung beiträgt und der Nutzen daher unklar bleibt (ebd.). Wenn politische Bildung abstrakt vermittelt wird und keine Verwendung in der Alltagserfahrung findet, fühlen sich die Teilnehmenden überfordert oder bevormundet (ebd.). Die Kulturschranke kann durch einen reflexiven Perspektivwechsel aufgebrochen werden (ebd.: 17).

Als Fazit konstatiert Bremer (1999: 15), dass die These einer zunehmenden Entpolitisierung als Ursache für die geringe Nachfrage nach politischer Bildung durch die empirischen Befunde aus den Teilnehmerbefragungen nicht gestützt werden kann. Die Teilnehmenden sind durchaus an gesellschaftlichen Entwicklungen und politischen Fragen interessiert, der Bedarf an Orientierungswissen ist nach wie vor hoch. Allerdings verlangen die Teilnehmenden nach anderen Formen der Vermittlung sowie nach einer Überwindung des Dualismus von ökonomischer (materieller) und kultureller (ideeller) Logik. Die in den 1970er Jahren entwickelten Konzepte der politischen Bildung, die die Aufklärung bildungsbenachteiligter Zielgruppen über grundlegende Gesellschaftszusammenhänge in den Mittelpunkt gestellt haben, seien aus einem anderen Grund in die Krise geraten: Sie überforderten die Teilnehmenden durch Akademisierungen und stützen sich auf ein autoritäres Lehrer-Schüler-Gefälle. Der Milieuwandel hat zu einer Pluralität von Teilnehmererwartungen geführt, die sich in der Gleichzeitigkeit von Über- und Unterforderungen durch die Angebote zeigt (vgl. Vesper 1999: 7).

Konzeptionelle Begründung: Bildungsurlaub als Selbstlernhilfe (Brödel 2003)

Angesichts der anhaltend geringen Teilnahmequote zu Beginn des 21. Jahrhunderts sieht Brödel (2003) die Notwendigkeit, den Bildungsurlaub konzeptionell neu begründen und zu reaktivieren. Der Autor schlägt vor, den Bildungsurlaub zu modernisieren und seine Funktionen ausgehend von aktuellen gesellschaftlichen Entwicklungen neu zu bestimmen:

Angesichts der zunehmenden Individualisierung, Selbstorganisation und Entinstitutionalisierung der Weiterbildung sollte Bildungsurlaub als „Selbstlernhilfe" konturiert werden: „Bildungsurlaub müsste sich in Richtung eines Moratoriums für die *Stärkung von Selbstlernkompetenzen* zu profilieren versuchen" (ebd.: 425). Bildungsurlaubsangebote sollten häufiger Strategien einer Selbstlerndidaktik und Selbstevaluation von Lernprozessen thematisieren. Bildungspolitisch erhielte der Bildungsurlaub somit eine elementare Funktionsbestimmung als „reflexives Milieu" für Empowerment zum selbstgesteuerten lebenslangen Lernen (vgl. ebd.).

Vor dem Hintergrund des Wandels der Erwerbsarbeit (zunehmende Beschleunigung und Flexibilisierung) sei es zudem notwendig, das „starre Zeitmuster" zu durchbrechen und die Inanspruchnahme von Bildungsurlaub im Rahmen von *individuellen Lernzeitkonten* zu realisieren. Im Bildungsurlaub könnte thematisiert werden, wie man als Arbeitnehmer/in ein Lernzeitkonto erfolgreich artikulieren und realisieren kann. (vgl. ebd.)

Angesichts des mit dem sozialen Wandel verbundenen Orientierungsverlusts, dem Verlust identitätssichernder Institutionen und Sinnzusammenhänge sollte im Bildungsurlaub eine kritische Auseinandersetzung mit dem eigenen Alltag sowie den herrschenden Ideologien erfolgen (vgl. ebd.: 425f.).

Im Zusammenhang der zunehmenden Internationalisierung und Europäisierung von Staats-, Gesellschafts- und Lebensverhältnissen sieht Brödel im Bildungsurlaub die Möglichkeit Bildungsreisen zu unternehmen und Mobilitätskompetenz zu erwerben, d.h. die „Fähigkeit, sich in fremden Räumen bewegen zu können, ohne die eigene Identität zu verlieren" (ebd.: 426).

Brödel konzipiert den Bildungsurlaub als Antwort auf die gesellschaftlichen Entwicklungen. Er soll die Arbeitnehmenden beim Umgang mit aktuellen Herausforderungen im Zusammenhang der Individualisierung, Flexibilisierung und Internationalisierung unterstützen. Ziel ist die Stärkung der Selbstverantwortung der Individuen für den selbstgesteuerten Lernprozess.

2.3 Reaktivierungsphase (Gegenwart)

Auch gegenwärtig ist die Teilnahmequote am Bildungsurlaub nach wie vor gering: Im aktuellen Adult Education Survey (AES) geben 5% der Befragten an, im Jahr 2014 eine Weiterbildungsaktivität während einer bezahlten Freistellung nachgegangen zu sein (vgl. Bilger/Strauß 2015: 19). Dennoch kann ein leichter Aufschwung in der Bildungsurlaubsdebatte konstatiert werden: In zwei Bundesländern wurden neue Bildungszeitgesetze erlassen. Und mit dem aktuellen Forschungsprojekt zum Bremer Bildungsurlaub von Robak et al. (2015) wurde auch die Bildungsurlaubsforschung reaktiviert. Die aktuellen Entwicklungen werden daher – vorsichtig optimistisch – als *Reaktivierungsphase* gedeutet.

In den nächsten Kapiteln wird ein Überblick über die neuen Bildungszeitgesetze, konzeptionelle Begründungen und zentrale empirische Befunde aus der Bremer BU-Studie gegeben.

2.3.1 Neue Bildungszeitgesetze

Im Jahr 2015 wurde in Baden-Württemberg ein Bildungszeitgesetz und in Thüringen ein Bildungsfreistellungsgesetz verabschiedet.

Der neu eingeführte Begriff der „Bildungszeit" scheint der bisher passendste Begriff zu sein. Analog zu den Begriffen „Arbeitszeit", „Familienzeit", „Freizeit" bezeichnet der Begriff „Bildungszeit" den gemeinten Sachverhalt treffend: Es geht um Zeit für Bildung.

Im Bundesland Bremen wurde im April 2010 das Bremische Bildungsurlaubsgesetz novelliert, um die Attraktivität des Bildungsurlaubs und die Teilnahmequote zu erhöhen. Seitdem dürfen auch private Weiterbildungseinrichtungen Bildungsurlaubsveranstaltungen anbieten und neben der Kompaktwoche sind auch kürzere Formate anerkennungsfähig.

2.3.2 Konzeptionelle Begründung: Bildungsurlaub als temporale Ressource (Schmidt-Lauff 2013)

In den aktuellen Diskursen der Erwachsenenbildungsdisziplin wird Bildungsurlaub als temporale Ressource zur Realisierung lebenslangen Lernens begründet (vgl. Schmidt-Lauff 2013). Die gesellschaftspolitischen Forderungen der „ursprünglichen BU-Idee" aufgreifend betont Schmidt-Lauff (2013), dass Bildungsurlaub für die Arbeitnehmenden eine Chance sei, über betriebliche und individuelle Weiterentwicklung an der Entwicklung der Zukunftsfähigkeit der Gesellschaft teilzuhaben (ebd.: 18). Im Unterschied zu den Diskursen der 1960er und 1970er Jahre visiert die Autorin aber über die Fokussierung auf bildungsbenachteiligte Zielgruppen hinaus einen breiteren Adressatenkreis an: Während Bildungsurlaub damals „vor allem eine Initialzündung zum Weiterlernen für Erwachsene mit geringer Lernpraxis" (Siebert 1972: 15) leisten sollte und als extrinsischer motivationaler Anreiz zur Weiterbildung für untere Sozialschichten gedacht war (vgl. ebd.), bestimmt Schmidt-Lauff den Bildungsurlaub aus zeittheoretischer Perspektive als temporale Ressource für die Realisierung lebenslangen Lernens aller erwerbstätig Beschäftigten. Anders als in der Kindheit und Jugend mit ihren festgelegten Zeitinstitutionen, wie z.B. der Schule, stellt Zeit im Erwachsenenalter eine zentrale Herausforderung dar. Denn im Erwachsenenalter konkurriert Lernzeit mit Erwerbsarbeitszeit, Familienzeit und Freizeit. Schmidt-Lauff (2011: 213) problematisiert die fehlenden

Signale einer „bildungspolitisch nicht nur proklamierten, sondern auch übergreifend getragenen (temporalen) Bildungskultur. (…) Trotz des allgegenwärtigen Bekenntnisses zum Lebenslangen Lernen werden in unserer Gesellschaft bislang außerhalb von Schule und Ausbildung keine kollektiven Lernzeitfenster vorgehalten“ (ebd.). Die temporale (und monetäre) Ressourcenaufbringung für das lebenslange Lernen sei weitgehend ungeklärt. Wo Lernen keine festen Zeitinstitutionen in Angebotsstrukturen, rechtlichen Regelungen und begleitender Unterstützung besitzt, werden temporale Aspekte zu machtvollen und einflussreichen Faktoren einer Teilhabe bzw. Nicht-Teilhabe an Weiterbildung. Zeit wird als vorrangiges Ausschlusskriterium bzw. als bedeutsames Kennzeichen milieuspezifischer Hinderungsgründe für die Teilnahme an Weiterbildung benannt (vgl. ebd.: 213f.). Die Bildungsurlaubsdebatte berührt daher ein grundsätzliches gesellschaftliches Problem: Es geht um die Verfügung über Zeit, es geht um Lernzeit. An der Diskussion um den Bildungsurlaub zeige sich, so Schmidt-Lauff (2005), „die große Schwierigkeit, lebensbegleitendes Lernen als gesellschaftlich zu realisierenden Anspruch in Deutschland umzusetzen“ (ebd.: 221). Schmidt-Lauff (2013) verteidigt den Bildungsurlaub als ein Modell zur Durchsetzung individueller Lernzeiten durch eine gleichzeitige Kofinanzierung des Lebenslangen Lernens durch öffentliche Hand, Unternehmen und Individuen. Bildungsurlaub stellt eine Chance dar, eine kooperative Verfügungskultur von Zeit für Lernen über die Lebensspanne zu etablieren: Mit Bildungsurlaub ist die Möglichkeit verbunden, gemeinsam Verantwortung für die Weiterbildung zu tragen – die Arbeitgeber übernehmen die Kosten der Lohnfortzahlung, der Staat trägt die Veranstaltungskosten (Einrichtung und pädagogisches Personal) und die Lernenden bringen ihre Initiative ein (vgl. ebd.: 20). Bildungsurlaub wird den spezifisch separierenden Bedingungen von Lernchancen in der Arbeitswelt entgegen und ermöglicht allen erwerbstätig Beschäftigen Bildungspartizipation.

Faulstich (2006) hält in diesem Zusammenhang an der Integrationsforderung eines „arbeitsorientiert-politikbezogenen“ Bildungsurlaubskonzepts fest, in dem handlungsentlastet über berufliche, gesellschaftliche und persönliche Probleme nachgedacht werden kann und Fragen zukünftiger Arbeits- und Lebensgestaltung kreativ, z.B. in Form von Zukunftswerkstätten, diskutiert werden können (vgl. ebd.: 235). Der Autor betont die Bildungs-und Entschleunigungsfunktion des Bildungsurlaubs: „Wenn lebensentfaltende Bildung nicht zu einem lebenslänglichen Hinterherhetzen degenerieren, sondern Muße zur Entfaltung eröffnen soll, braucht es ein Rückbesinnen auf Eigenzeiten und auf den Eigensinn des Lernens für Persönlichkeitsentfaltung, die sich nicht auflöst in Funktionalität für

Ökonomie und Politik: also auf die Möglichkeit von Bildung" (ebd.). Insbesondere die Kompaktkurse, d.h. einwöchige Seminare mit Unterkunft und Verpflegung, sollen durch die Distanz zum Alltag ein Moratorium, eine Besinnung, eine Denkpause ermöglichen. (vgl. ebd.)

Über die didaktische Integration von „fachlich qualifizierenden WB für Arbeit und Beruf mit gesellschaftlich-politischer Aufklärung" hinaus sieht Pflüger (2010) auch für andere Inhaltsbereiche, wie kulturelle Bildung, fremdsprachliche Bildung, Umweltbildung oder Verbraucherbildung, Kombinationsmöglichkeiten im Sinne des Integrationskonzepts.[11]

2.3.3 Empirische Studie zum Bremer Bildungsurlaub (Robak et al. 2015)

Aktuelle Befunde zur Anbieter- und Angebotsstruktur sowie zur Teilnahmestruktur und Teilnahmemotiven liefert die empirische Studie zum Bremer Bildungsurlaub von Robak et al. (2015).

Das Forschungsprojekt mit dem Titel „Wirkungen von Bildungsurlaub und Steuerungseffekte – eine wissenschaftliche Begleituntersuchung zur Novellierung des Bremischen Bildungsurlaubsgesetzes" wurde anlässlich der Novellierung des Bremischen Bildungsurlaubsgesetzes im April 2010 unter der Leitung von Prof. Dr. Steffi Robak und Dr. Horst Rippien in Kooperation mit der Senatorischen Behörde für Bildung und Wissenschaft in Bremen und der Arbeitnehmerkammer Bremen durchgeführt. In einem mehrperspektivisch angelegten

11 Einer umfassenden Realisierung des Integrationskonzepts entgegen steht jedoch die Fortsetzung der Trennung in unterschiedlichen Gesetzgebungen mit getrennten Förderungsbedingungen (vgl. Pflüger 2010). Auch das Bremische Weiterbildungsgesetz und das Bremische Bildungsurlaubsgesetz gruppieren das Gesamtangebot in die drei großen Fachbereiche allgemeine, berufliche und politische Weiterbildung mit getrennten Förderungsbedingungen. Obwohl die Unterscheidung von beruflicher und politischer Bildung weder bildungstheoretisch noch aus Sicht der Adressat/inn/en (übergreifende Verwendungsbezüge und Interessenbereiche) vertretbar ist (vgl. Faulstich 2004) und obwohl sich auch immer mehr Überschneidungen und Entgrenzungsprozesse auf der Ebene der Inhaltsbereiche beobachten lassen – und dies beschränkt sich nicht nur auf den Bildungsurlaub, sondern die Diffundierungstendenzen beziehen sich auf die Erwachsenenbildung/Weiterbildung insgesamt (vgl. Giese/Wittpoth 2011) – hat sich die Trennung der Bereiche auf rechtlicher, institutioneller und finanzieller Ebene so verfestigt, dass trotz der theoretischen Bedenken und der praktischen Entwicklungen die Bereiche nicht einfach harmonisch zusammengeführt werden können (vgl. Faulstich 2004: 26 zit. in Schmidt-Lauff 2005: 233).

Forschungsdesign wurde die Perspektive der Anbieter und Angebote (vgl. Programmanalyse von Rippien 2015a und Interviews zur Angebotsplanung von Pohlmann 2015), die Perspektive der Teilnehmenden (vgl. die Auswertung der Teilnehmendenstatisik von Rippien 2015b, die quantitative Teilnehmendenbefragung von Heidemann 2015 und die qualitative Teilnehmendenbefragung von Robak 2015b) sowie die Perspektive der Betriebe (vgl. Betriebsrätebefragung von Hermeling 2015) erforscht.

Im folgenden Kapitel werden ausgewählte Befunde zur Angebotsstruktur des Bremer Bildungsurlaubs vorstellt. Um die Entwicklung des Bremer BU-Angebots im Zeitverlauf nachzuvollziehen, werden die Befunde zum Bremer BU-Angebot des Jahres 2012 aus der Programmanalyse von Rippien (2015a) mit den Befunden der Programmanalysen von 1992 (vgl. Körber et al. 1995) und 2006 (vgl. Schrader 2011) verglichen. Schließlich werden ausgewählte Befunde zur Teilnahmestruktur und zu den Teilnahmemotiven der Bremer Arbeitnehmenden vorgestellt.

Angebotsstruktur des Bremer Bildungsurlaubs

Im Jahr 2012 haben die 14 nach dem Bremischen Weiterbildungsgesetz anerkannten Weiterbildungseinrichtungen insgesamt 1730 BU-Veranstaltungen angeboten, wobei fast drei Viertel der Veranstaltungen von der Volkshochschule Bremen und der Wirtschafts- und Sozialakademie gGmbH angeboten wurden (vgl. Rippien 2015a: 155–158). Die nicht öffentlich anerkannten Weiterbildungseinrichtungen haben schätzungsweise 1300 Veranstaltungen angeboten (vgl. ebd.: 175). Das gesamte Bremer BU-Angebot umfasst somit ca. 3030 Veranstaltungen im Jahr 2012.

In der Programanalyse wertet Rippien (2015) die 1730 BU-Angebote der öffentlich anerkannten Weiterbildungseinrichtungen aus. Methodisch schließt er an das in der Leitstudie von Körber et al. (1995) entwickelte Kategoriensystem an und analysiert das Bremer BU-Angebot differenziert auf der Ebene der Bildungsbereiche, der Ebene der Fachbereiche und der Ebene der Themenbereiche. Rippien (2015a) kommt zu folgenden Befunden:

Bildungsbereiche

Die Anteile der *Bildungsbereiche* am gesamten BU-Angebot der öffentlichen anerkannten Weiterbildungseinrichtungen betragen 39% in der beruflichen Bildung, 36% in der allgemeinen Bildung und 25% in der politischen Bildung (vgl. ebd.: 115).

Fachbereiche

Betrachtet man differenzierter die Anteile der *Fachbereiche* am Gesamtangebot dominieren Bildungsurlaube zur politischen Bildung (22%), gefolgt von Veranstaltungen zur Gesundheitsbildung (15%), Fremdsprachen (10%), EDV-Grundbildung (11%) und Schlüsselqualifikationen (11%). Im mittleren Feld liegen Veranstaltungen zum EDV-Spezialwissen (5,5%), zur kulturellen Bildung (5%) und Angebote für kaufmännisch-verwaltende Berufe (5%). Den geringsten Anteil (unter 3%) am Gesamtangebot haben die Fachbereiche soziale Bildung, Angebote für soziale/pädagogische/psychologische Berufe, Freizeit/Sport/Urlaub, Haushalt und Umwelt, personale Bildung, Angebote für gewerblich-technische Berufe, Alphabetisierung, Handwerk/Baugewerbe, Lager/Handel/Verkehr, Mathematik/Naturwissenschaft/Technik. (vgl. ebd.: 119–121)

Themenbereiche

In der *politischen Bildung* dominieren unter den behandelten Themenbereichen Umwelt, -recht und -politik. Viele dieser Veranstaltungen weisen einen regionalen Bezug auf und thematisieren z.B. Fragen der Meeresökologie am Beispiel des Wattenmeeres mit Erkundungen direkt vor Ort (vgl. ebd.: 151). Auch die Bereiche Geschichte, Stadt- und Lokalgeschichte weisen einen regionalen Bezug auf. Der quantitativ zweitstärkste Themenbereich nach Umwelt, -recht und -politik ist der Bereich Arbeit, Betrieb und Gewerkschaften. Thematisiert wird die Arbeits- und Lebenssituation der Arbeitnehmenden unter der Perspektive einer gewerkschaftlichen Interessenvertretung, z.B. die Arbeitsbedingungen in der Schichtarbeit oder Fragen zur gerechten Entlohnung (vgl. ebd.: 151f.). Die anderen Themenbereiche behandeln generellere politische Fragen, z.B. Gesellschaft/Soziologie, Weltpolitik, Technikfolgen, -kritik, Wirtschaft(spolitik), Kommunalpolitik, Renten- und Sozialpolitik etc., und dienen eher der Vermittlung allgemeinen politischen Wissens und der Entwicklung entsprechender Analyse- und Urteilsfähigkeit (vgl. ebd.: 152f.).

In der *sozialen Bildung* findet sich ein relativ großer Anteil im Bereich Ehrenamt, der auf die Angebote für Übungsleiter/innen im Sport des Bildungswerkes des Landessportbundes zurückzuführen ist. Weitere Themenbereiche sind Biografie und Alter(n) sowie Fremdheit und Ausländer. (vgl. ebd.: 149)

In der *Gesundheitsbildung* dominieren Veranstaltungen, in denen Techniken der Entspannung und Meditation erlernt werden können, Angebote, die der Prävention und dem Ausgleich beruflicher Belastung dienen sowie Bildungsurlaube, in denen es um Bewegung und Körpererfahrung geht. Appelliert wird an die Selbstfürsorge und -verantwortung. (vgl. ebd.: 135)

In den *Fremdsprachen* wird die Liste von Englisch- und Spanischkursen angeführt. Französisch und Italienisch liegen im Mittelfeld. Andere Fremdsprachen werden nur vereinzelt angeboten (vgl. ebd.: 138f.).

In der *beruflichen Bildung* dominieren EDV-Grundbildungsangebote und der Bereich Schlüsselqualifikationen (vgl. ebd.: 122–125). Die *EDV-Grundbildungsangebote* weisen eine doppelte Standardisierung auf: Zum einen orientieren sich die Lehr-Lernziele an Vorgaben des Europäischen Computerführerscheins. Zum anderen konzentrieren sich die Angebote auf Microsoft-Produkte. (vgl. ebd.: 122–125) Dominate Themen im Bereich *Schlüsselqualifikationen* sind Burn-Out, Stress und Work-Life-Balance, gefolgt von Veranstaltungen zur Kommunikation und Konfliktbearbeitung. Weitere Themen betreffen Führungskompetenzen, Coaching, Rhetorik, Selbstpräsentation, Zeitmanagement, Lern-/Arbeitstechniken und Moderations- und Präsentationstechniken. (vgl. ebd.: 129–131) Weiterhin gibt es in der beruflichen Bildung Angebote für spezielle Berufssparten, wie IT-Berufe/ EDV-Spezialwissen, kaufmännisch-verwaltende Berufe, gewerblich-technische Berufe, Handwerk/Baugewerbe, Lager/Handel/Verkehr und soziale/ pädagogische/psychologische Berufe (vgl. ebd.: 123–129).

Entwicklung des Bremer BU-Angebots im Zeitvergleich

Die Entwicklung des Bremer BU-Angebots der öffentlich anerkannten Weiterbildungseinrichtungen lässt sich auf der Grundlage der Befunde aus den Programmanalysen von 1992 (vgl. Körber et al. 1995), 2006 (vgl. Schrader 2011) und 2012 (vgl. Rippien 2015a) vergleichend betrachten. Die Vergleichbarkeit ist gewährleistet, da alle drei Studien das Bremer Bildungsurlaubsangebot der öffentlich anerkannten Weiterbildungseinrichtungen untersuchen und dasselbe Kategoriensystem verwenden. Das Kategoriensystem von Körber et al. (1995) wird daher auch als „Muttersystem" (Robak 2012: 3) bezeichnet, da es für viele Programmanalysen eine Vorbildfunktion hat(te).

Insgesamt wurden 1992 die meisten BU-Veranstaltungen angeboten (2088) (vgl. Körber 1995: 85), 2006 waren es 1689 und 2012 1730 BU-Veranstaltungen[12] (vgl. Rippien 2015a: 114).

12 Allerdings trifft diese Aussage nur auf das Angebot der nach dem Bremischen Weiterbildungsgesetz anerkannten Weiterbildungseinrichtungen zu. Die Daten beinhalten nicht die BU-Angebote der gewerblichen Weiterbildungsanbieter. Rippien (2015a: 175) schätzt, dass die nicht öffentlich anerkannten Weiterbildungseinrichtungen ca. 1300 Veranstaltungen im Jahr 2012 angeboten haben. Das gesamte Bremer BU-Angebot umfasst dann immerhin 3030 Veranstaltungen im Jahr 2012.

Die Verteilung der BU-Veranstaltungen nach *Bildungsbereichen* stellt sich folgendermaßen dar:

Tabelle 1: Entwicklung der Bildungsbereiche im Zeitverlauf

	1992	**2006**	**2012**
Politische Bildung	491 (24%)	380 (22%)	429 (25%)
Berufliche Bildung	742 (35%)	574 (34%)	681 (39%)
Allgemeine Bildung	853 (41%)	735 (44%)	620 (36%)
Gesamt	*2088 (100%)*	*1689 (100%)*	*1730 (100%)*

Während 1992 und 2006 die allgemeine Bildung der dominante Bildungsbereich war, führt in 2012 die berufliche Bildung die Rangliste an. Den geringsten Anteil am BU-Angebot hat über alle drei Untersuchungszeitpunkte hinweg die politische Bildung.

Eindeutige Trends lassen sich beim Vergleich der Bildungsbereiche über den Zeitverlauf nicht ablesen, in allen drei Bildungsbereichen sind Schwankungen zu verzeichnen: In der politischen Bildung sinkt der Anteil von 24% im Jahr 1992 auf 22% im Jahr 2006 und steigt wieder auf 25% im Jahr 2012. Parallel dazu sinkt der Anteil in der beruflichen Bildung von 35% auf 34% und steigt wieder auf 39%. Komplementär zur politischen und beruflichen Bildung steigt der Anteil der allgemeinen Bildung von 41% in 1992 auf 44% in 2006 und fällt auf 36% in 2012. Betrachtet man die absoluten Veranstaltungszahlen, zeigt sich dagegen eine deutliche Abnahmetendenz in der allgemeinen Bildung: von 853 Veranstaltungen im Jahr 1992 auf 735 Veranstaltungen im Jahr 2006 und 620 Veranstaltungen im Jahr 2012. Auch in der politischen Bildung und der beruflichen Bildung liegen die Veranstaltungszahlen im Jahr 2012 unter denen von 1992 (429:491 bzw. 681:742).

Aus der Aufschlüsselung der Veranstaltungszahlen nach *Fachbereichen* lassen sich weitere Tendenzen ablesen. In dem folgenden Koordinatensystem werden die Fachbereiche nach Veranstaltungszahlen verortet. So gewinnt man einen räumlichen Eindruck von der Größe der Fachbereiche über die drei Untersuchungszeitpunkte hinweg. Auf der X-Achse sind die Untersuchungszeitpunkte eingetragen (1992, 2006 und 2012). Auf der Y-Achse sind die Veranstaltungszahlen (1–390 Veranstaltungen) eingetragen.

Tabelle 2: Entwicklung der Fachbereiche nach Veranstaltungszahlen im Zeitverlauf

	1992	2006	2012
390	EDV-Grundbildung (381)		Politische Bildung (384)
380			
370			
360			
350	Politische Bildung (347)		
340			
330	Fremdsprachen (330)		
320			
310		Politische Bildung (301)	
300			
290			
280			
270			Gesundheitsbildung (264)
260		Gesundheitsbildung (256)	
250		EDV-Grundbildung (243)	
240			
230			
220			
210			
200			EDV-Grundbildung (194) Schlüsselqualifikationen (191)
190		Fremdsprachen (189)	
180			Fremdsprachen (173)
170	Gesundheitsbildung (165)		
160			
150	Soziale Bildung (144)		
140	Haushalt und Umwelt (139)		
130		Schlüsselqualifikationen (130)	
120	kulturelle Bildung (112) EDV-Spezialwissen (112)		
110		Kulturelle Bildung (109)	

	1992	2006	2012
100	Schlüsselqualifikationen (98)		EDV-Spezialwissen (96) kulturelle Bildung (93) kaufmännisch-verw. B. (92)
90			
80	kaufmännisch-verw. B. (72)	soziale Bildung (79) EDV Spezialwissen (73)	
70			
60	personale Bildung (56)	Haushalt und Umwelt (52) kaufmännisch-verw. B. (52)	
50		Freizeit/Sport/Urlaub (46) personale Bildung (42)	soziale Bildung (45)
40	gewerblich-techn. B.(38)	Mathem./Naturwiss./ Techn.(33)	soz./päd./psych. B.(39)
30	Freizeit, Sport, Urlaub (30)	Fach- u. Wirtschaftsengl. (23)	Freizeit, Sport, Urlaub (26) Fach- u. Wirtschaftsengl. (25) Haushalt und Umwelt (24) personale Bildung (21) gewerblich-technische B.(21)
20	Soz./päd./psych. B.(18) Alphabetisierung (14) Fach- u. Wirtschaftsengl. (13)	Soz./päd./psych. B. (17) gewerblich-technische B.(16) sonstige berufliche WB (16)	Alphabetisierung (14) Handwerk/Baugewerbe (12)
10	Mathem./Naturwiss./ Techn.(7) Handwerk, Baugewerbe (7) Umweltschutz/ Gartenbau-B.(3)	Alphabetisierung (8) Handwerk/Baugewerbe (4)	Lager/Handel/Verkehr (7) Mathem./Naturwiss./ Techn.(5) Sonstige berufliche WB (4)

Bei Betrachtung der Verteilung der Fachbereiche über die drei Untersuchungszeitpunkte fällt auf:

- Das BU-Angebot zeichnet sich über die drei Untersuchungszeitpunkte 1992, 2006 und 2012 durch ein breites Fachbereichsspektrum aus.
- Die Veranstaltungszahlen in den Fachbereichen erreichen eine Spanne von Fachbereichen mit unter 5 BU-Veranstaltungen (Umweltschutz/Gartenbau-

Berufe mit 3 Veranstaltungen in 1992) bis zu Fachbereichen mit über 350 BU-Veranstaltungen (Politische Bildung mit 384 Veranstaltungen in 2012 und EDV mit 381 Veranstaltungen in 1992).

- In den meisten Fachbereichen finden weniger als 100 Veranstaltungen statt: In 10 von 18 Fachbereichen 1992; in 13 von 19 Fachbereichen 2006; in 14 von 19 Fachbereichen 2012.
- Die stärksten Fachbereiche mit mehr als 150 Veranstaltungen sind über die drei Untersuchungszeitpunkte hinweg, wenn auch in wechselnder Rangfolge, politische Bildung, EDV-Grundbildung, Gesundheitsbildung und Fremdsprachen. In 2012 zählen auch die Schlüsselqualifikationen mit 191 Veranstaltungen zu einem dominanten Fachbereich.
- Deutliche Zuwächse im Vergleich der Jahre 1992 und 2012 verzeichnen die Gesundheitsbildung (Anstieg von 165 auf 264) und die Schlüsselqualifikationen (von 98 auf 191).
- Deutlich gesunken sind die Veranstaltungszahlen hingegen in der EDV-Grundbildung (von 381 im Jahr 1992 auf 194 Veranstaltungen im Jahr 2012), im Bereich Haushalt und Umwelt (von 139 auf 24), in der sozialen Bildung (von 144 auf 45), in den Fremdsprachen (von 330 auf 173) sowie in der personalen Bildung (von 56 auf 21).
- Schwankungen sind in der politischen Bildung festzustellen (Abnahme von 347 in 1992 auf 301 Veranstaltungen in 2006 und Zunahme auf 384 in 2012).
- Kaum Veränderungen gibt es in der kulturellen Bildung (allenfalls eine leicht sinkende Tendenz von 112 auf 109 und auf 93), dem EDV-Spezialwissen und den Angeboten für kaufmännisch-verwaltende Berufe.

Bildungsurlaubsspezifische Entwicklungen? Vergleich mit der Verbundstatistik

Die Daten aus der Programmanalyse geben Auskunft über die Struktur und den Wandel des Bremischen BU-Angebots. Es stellt sich die Frage, inwieweit es sich hierbei um bildungsurlaubsspezifische Angebotsstrukturen handelt bzw. inwiefern die Entwicklungen allgemeinen Trends der EB/WB entsprechen. Eine Einschätzung bietet der Vergleich der Befunde mit der Weiterbildungsstatistik im Verbund, welche die Verbandstatistiken des Deutschen Volkshochschul-Verbands e.V. (DVV), des Bundesarbeitskreises Arbeit und Leben (BAK AL), der Deutschen Evangelischen Arbeitsgemeinschaft für Erwachsenenbildung (DEAE), der Katholischen Erwachsenenbildung Deutschland (KEB) und des Arbeitskreises deutscher Bildungsstätten (AdB) auswertet. Die Verbundstatistik repräsentiert damit ein breites Trägerspektrum der öffentlichen EB/WB in Deutschland und bietet daher eine gute Vergleichsgrundlage für die vorliegenden Daten zum

Bremer Bildungsurlaub. Gleichzeitig ist die Vergleichbarkeit eingeschränkt, da beispielsweise die Einteilungen der Fach-/Themenbereiche nicht identisch sind. So differenziert die Verbundstatistik beispielsweise nicht die Fachbereiche der beruflichen Bildung aus, sondern fasst diese unter „Arbeit – Beruf". D.h. es können keine differenzierten Aussagen zur beruflichen Bildung getroffen werden und es bleibt offen, ob der im Bildungsurlaub zu beobachtende Rückgang der EDV-Grundbildungsangebote und der Zuwachs der Schlüsselqualifikationen ein bundesweiter Trend der EB/WB ist. Weiterhin existiert die Verbundstatistik erst seit 2002. Für das Jahr 1992 liegen daher keine Vergleichsdaten aus der Verbundstatistik vor. Dennoch lassen sich Tendenzen ablesen und Hinweise zur Einschätzung der Befunde gewinnen, z.B. inwieweit es sich um bildungsurlaubsspezifische Angebotsentwicklungen handelt.

In einem ersten Schritt werden die Anteile der Fachbereiche im Bildungsurlaub und in der gesamten EB/WB im Bezugsjahr 2012 miteinander verglichen, um das Verhältnis von Bildungsurlaub und EB/WB näher zu bestimmen. Hierbei fällt insbesondere auf, dass

- die politische Bildung und die berufliche Bildung im Bremer Bildungsurlaub einen deutlich höheren Anteil am Gesamtangebot haben als in der EB/WB insgesamt: So beträgt der Anteil politischer Bildung im Bremer Bildungsurlaub im Jahr 2012 fast 25% (vgl. Rippien 2015a: 121), in der Verbundstatistik jedoch nur unter 5% (vgl. Horn/Ambos 2014: 31). Der Anteil der beruflichen Bildung im Bremer Bildungsurlaub beträgt 39% (vgl. Rippien 2015a: 119), in der gesamten EB/WB hingegen nur rund 10% (vgl. Horn/Ambos 2014: 31).
- Auf der anderen Seite sind die Anteile der Gesundheitsbildung (29%), der Sprachen (24%) und der kulturellen Bildung (16%) am Gesamtangebot der EB/WB laut Verbundstatistik (vgl. Horn/Ambos 2014: 31) deutlich höher als im Bremer Bildungsurlaub (Gesundheitsbildung: 15%, Sprachen: 10%, kulturelle Bildung: 5%) (vgl. Rippien 2015a: 120f.), obgleich die Rangfolge bestehen bleibt.

Der Bremer Bildungsurlaub weist demzufolge im Vergleich zur gesamten EB/WB ein spezifisches Themenprofil auf, wobei die politische Bildung und die berufliche Bildung eine besondere Bedeutung haben.

In einem zweiten Schritt werden die Befunde im Zeitvergleich gegenübergestellt, um zu klären, inwieweit es sich um bildungsurlaubsspezifische Entwicklungen oder um allgemeine Trends handelt. Der Vergleich der Befunde zum Bremer Bildungsurlaubsangebot mit der Weiterbildungsstatistik im Verbund in den Jahren 2006 und 2012 zeigt, dass

- der Anstieg der Gesundheitsbildungskurse im Bremer Bildungsurlaubsangebot ein allgemeiner Trend der EB/WB insgesamt ist: Im Jahr 2006 wurden 183.000 Kurse zur Gesundheitsbildung angeboten (vgl. Weiland/Ambos 2008: 27); im Jahr 2012 bereits 215.000 Kurse (vgl. Horn/Ambos 2014: 28).
- der Rückgang der beruflichen Bildung im Bildungsurlaub ein allgemeiner Trend ist: Zur beruflichen Bildung wurden im Jahr 2006 83.000 Kurse angeboten (vgl. Weiland/Ambos 2008: 27), im Jahr 2012 nur noch 76.000 Kurse (vgl. Horn/Ambos 2014: 28).

Es ist demnach davon auszugehen, dass die Angebotszuwächse und -abnahmen keine bildungsurlaubsspezifischen Entwicklungen sind, sondern Trends, die die gesamte öffentliche EB/WB betreffen.

Hypothesen zu den Ursachen der Angebotsentwicklungen

Studien aus der Programmplanungsforschung zeigen, dass sich Programmplanung im Modus von Angleichungshandeln (vgl. Gieseke 2000) und im Spannungsfeld heterogener Erwartungen (vgl. von Hippel 2011) vollzieht. D.h. es ist von vielfältigen Einflussfaktoren auf die Programmplanung und von Wechselwirkungsprozessen auszugehen, die sich nicht durch kausale Ursache-Wirkungszusammenhänge erklären lassen. Die Veränderungen in den Angebotsstrukturen können beispielsweise auf eine veränderte Nachfrage hinweisen, auf andere Förderlogiken oder auf sich verändernde gesellschaftliche Bedarfslagen. Erklärungen für die Angebotsentwicklungen (Zuwächse, Abnahmen, Kontinuitäten) lassen sich demnach weder direkt aus der Programmanalyse noch aus der Verbundstatistik ableiten.

Es lassen sich jedoch folgende Hypothesen aufstellen:
Kurszuwächse können hinweisen auf

- neue Bedarfs- und Bedürfnislagen aufgrund wirtschaftlicher, ökologischer, politischer, sozialer, kultureller u.a. Herausforderungen, die zu einer steigenden Nachfrage führen, wie z.B. in der Gesundheitsbildung.
- neue Angebote bzw. Neuauslegungen in den Fach-/Themenbereichen, wie im Bereich Schlüsselqualifikationen, wo die in 2012 angebotenen Themenbereiche anders als 1992 einen beruflichen Bezug aufweisen und die berufliche Nutzbarkeit in den Vordergrund stellen.

Kursabnahmen können darauf hinweisen, dass

- kein Bedarf (mehr) besteht, wie bei den EDV-Grundbildungsangeboten (vgl. Rippien 2015a: 124).

- Bedarf besteht, der aber anders befriedigt wird, beispielsweise von Informationsmedien, wie bei den Haushalts- und Umweltthemen (vgl. ebd.: 132).
- zusätzliche (private) Weiterbildungsanbieter auf den Markt treten und Angebote vorhalten, wie im Bereich Fremdsprachen oder berufliche Bildung, die zu einer sinkenden Nachfrage bei den anderen (öffentlichen) Weiterbildungseinrichtungen führen.

Teilnehmendenstruktur

Die Analyse der Teilnehmendenstruktur im Bremer Bildungsurlaub basiert auf Auswertungen der Teilnehmendenstatistik des Landes (Rippien 2015b) und einer quantitativen Teilnehmendenbefragung (Heidemann 2015).

Teilnahmefälle insgesamt

Im Jahr 2011 haben sich 11.148 Lernende für eine Teilnahme an 924 verschiedenen BU-Veranstaltungen entschieden. Damit besitzt der Bildungsurlaub einen Anteil von 20% aller Teilnahmefälle an Veranstaltungen nach dem Bremischen Weiterbildungsgesetz. (vgl. Rippien 2015b: 187) Die Teilnahmequote an Bildungsurlaub beträgt ca. 3% (vgl. Hermeling 2014).

Soziodemografische Merkmale

Geschlechterverteilung: ist im Bildungsurlaub fast ausgewogen (53% Männer). In anderen Formaten der Weiterbildung dominieren hingegen Frauen (67%). (vgl. Rippien 2015b: 189)

Altersgruppen: Im Bildungsurlaub sind die Altersgruppen der 36–50-Jährigen (45%) und der 51–60-Jährigen (28%) am stärksten vertreten. Der Altersdurchschnitt ist im Bildungsurlaub somit höher als in anderen Veranstaltungsformaten. (vgl. ebd.: 190)

Bildungsabschlüsse: Im Bildungsurlaub werden Teilnehmende mit Realschulabschluss (33%) und Hauptschulabschluss (18%) deutlich stärker angesprochen als in anderen Formaten. Insbesondere in der politischen Bildung werden Lernende mit geringen und mittleren Schulabschlüssen erreicht. (vgl. ebd.: 190f.)

Familiäre Situation: Die meisten Teilnehmenden (73%) leben in einer Partnerschaft/Ehe. Teilnehmende ohne Kinder (im Haushalt) sind mit 58% gegenüber jenen mit Kindern leicht in der Mehrheit. (vgl. Heidemann 2015: 283)

Erwerbsstatus: Angestellte bilden die größte Gruppe sowohl im Bildungsurlaub (47%) als auch in anderen Formaten (32%). Arbeiter/innen sind im Bildungsurlaub (30%) überproportional vertreten (in anderen Formaten: 6,5%). (vgl. Rippien 2015b: 191)

Betriebliche Merkmale

Branchen: Beschäftige des öffentlichen Dienstes (33%) und aus der Industrie (27%) sind die dominanten Gruppen im Bildungsurlaub (in anderen Formaten: 22% öffentlicher Dienst und 10,5% Industrie). Es folgen Beschäftige nicht-öffentlicher Dienstleistungen (22%). Die Anteile von Beschäftigten aus dem Handwerk und Handel sind mit jeweils 3% gering. (vgl. ebd.: 192)

Arbeitssituation: Die Mehrheit der BU-Teilnehmenden ist in Vollzeit beschäftigt (79%), 21% arbeitet Teilzeit. Ein signifikanter Unterschied besteht im Geschlechterverhältnis: Ca. 40% der Frauen, aber nur ca. 7% der Männer sind teilzeitbeschäftigt. (vgl. ebd.: 287) Besonders auffällig ist der der hohe Anteil an Schichtarbeiter/innen (42%). Zum Vergleich: In Bremen arbeiten nur ca. 13% der Beschäftigten in Schichtarbeit. (vgl. Heidemann 2015: 288)

Betriebsgröße: Bildungsurlaub erreicht vorrangig Arbeitnehmende in Großunternehmen mit über 250 Beschäftigten (ca. 70%), während Beschäftigte von Kleinstunternehmen unterrepräsentiert sind (ca. 6%) (vgl. Heidemann 2015: 286). Zum Vergleich: Im Land Bremen arbeiten nur etwa 37% aller sozialversicherungspflichtig Beschäftigten in Großbetrieben.

Interessenvertretung: Fast 50% der BU-Teilnehmenden sind Gewerkschaftsmitglieder. Über einen Betriebsrat verfügen 88% der Herkunftsunternehmen der erwerbstätigen Teilnehmenden. Zum Vergleich: In Deutschland sind nur ca. 19% der Beschäftigten Mitglied in einer Gewerkschaft. Und nur 45% aller Beschäftigten in der westdeutschen Privatwirtschaft arbeiten in mitbestimmten Betrieben. (vgl. ebd.: 288) Die Betriebsrätebefragung unterstreicht den Einfluss der Aktivitäten des Betriebsrats auf die Bildungsurlaubsteilnahme: Die Betriebsräte können auch gegen Widerstände eine Toleranz gegenüber Bildungsurlaub schaffen und eine Eisbrecherfunktion übernehmen, wenn sie selbst ihr Bildungsurlaubsrecht in Anspruch nehmen und den Beschäftigen vermitteln, dass auch sie ihre Themen frei wählen (vgl. Hermeling 2015: 347).

Teilnahmemotive und Lern-Verwertungsinteressen der Teilnehmenden

Die qualitative Befragung der Bildungsurlaubsteilnehmenden (vgl. Robak 2015b) und die quantitative Befragung der Bildungsurlaubsteilnehmenden (vgl. Heidemann 2015) belegen, dass die Teilnehmenden differentielle Lern-Verwertungsinteressen[13] verfolgen.

---

13 Als Lern-Verwertungsinteresse wird der Zusammenhang von Lerninteressen und differentielle Verwertungsinteressen bezeichnet. Intentionsfelder der Lern-

So zeigt die qualitative Teilnehmendenbefragung von Robak (2015b), dass Bildungsurlaub

- Gestaltungsraum für biografische Entwicklung und politische Teilhabe ist,
- der selbstbestimmten Employabilitysicherung dient oder
- als paralleler geschlossener Bildungsraum eine erschöpfende Routinetätigkeit bzw. Schichtarbeit kompensiert (vgl. ebd.: 218–259).

Die quantitative Teilnehmendenbefragung von Heidemann (2015) bestätigt den Befund, dass die Teilnahme am Bildungsurlaub eine intentionale Bildungsentscheidung ist und, dass die Teilnehmenden vielfältige Lern-Verwertungsinteressen verfolgen:

- Insbesondere in der allgemeinen Bildung deutet sich eine Doppelstruktur von „privaten" Lern-Verwertungsinteressen (differenzielle Lebenszusammenhänge des Individuums) und beruflichen Intentionen (Beruflichkeit, Employability) an.
- In der beruflichen Bildung sind der unmittelbare Tätigkeitsbezug sowie die langfristige Entwicklung von Beruflichkeit die primär relevanten Lern-Verwertungsinteressen.
- In der politischen Bildung sind die nicht-beruflichen, differenziellen Lern-Verwertungsinteressen des Individuums dominant. (vgl. ebd.: 295–311)

Wie die empirischen Befunde aus den Teilnehmendenbefragungen von Robak (2015b) und Heidemann (2015) beweisen, erfüllt Bildungsurlaub für die Lernenden unterschiedliche Funktionen, die sich jenseits von rein beruflichen bzw. rein privaten Interessen bewegen. Die Bildungsurlaubsteilnehmenden verfolgen differenzielle Lern-Verwertungsinteressen. Bildungsurlaub entfaltet polyvalente Wirkungen. Davon profitieren letztlich auch die Arbeitgeber.

Auf der Grundlage der empirischen Befunde bescheinigt die Forscher/innengruppe dem Bildungsurlaub einen „doppelten Nutzen" – für die Arbeitnehmer- und für die Arbeitgeberseite. Damit der Bildungsurlaub seine polyvalenten Wirkungen entfaltet und verschiedenen Beschäftigtengruppen vielfältige Zugänge zu Bildung ermöglicht, sollte er als Instrument freiheitlicher Bildungspartizipation ausgestaltet sein. D.h. Lernende sollen weiterhin selbst entscheiden können, an welchen Angeboten sie teilnehmen und individuelle Lern-Verwertungsinteressen verfolgen können. Dies setzt voraus, dass in den Bildungsurlaubsangeboten ein

---

Verwertungsinteressen können sein: Tätigkeit, langfristige Beruflichkeit und differentielle Lebenszusammenhänge (vgl. Robak 2015a: 48).

weiter Bildungsbegriff realisiert werden kann, der demokratische Teilhabe, Persönlichkeitsentwicklung und Identitätsbildung, emotionale Bildung und leiblich-physische Stabilisierung sowie Beruflichkeit, Arbeitsfähigkeit und Employability umfasst. Weiterhin sollten unterschiedliche Formate und Lernformen angeboten werden, die den aktuellen Arbeits- und Lebenssituationen, Bedarfs- und Bedürfnislagen der Beschäftigten gerecht werden. (vgl. Robak et al. 2015: 384)

2.4 Zwischenfazit: Vom Bildungsurlaub zur Bildungsfreistellung zur Bildungszeit

Die zeitgeschichtliche Entwicklung des Bildungsurlaubs wurde in drei Phasen (Konstitutionsphase, Transformationsphase und Reaktivierungsphase) dargestellt, die durch unterschiedliche konzeptionelle Schwerpunktsetzungen und Argumentationslinien gekennzeichnet sind:

In der *Konstitutionsphase* stand die gesellschaftspolitische Idee im Vordergrund, mit Bildungsurlaub Bildungsbenachteiligungen abzubauen und mehr Chancengleichheit herzustellen sowie die gesellschaftliche Teilhabe und betriebliche Mitbestimmung der Arbeitnehmenden zu fördern. Im gesellschaftlichen Klima einer umfassenden Bildungsreformphase sollte Bildungsurlaub als „Initialzündung zur Weiterbildung“ (Siebert 1972) fungieren, d.h. als Einstiegsformat für sozial- und bildungsbenachteiligte Zielgruppen, und wurde als Instrument der politischen Arbeiterbildung angesehen. Dazu wurde eine Verbindung von politischer, beruflicher und allgemeiner Bildung angestrebt (Integrationsforderung). Bildungsurlaub sollte berufsbezogen, aber nicht arbeitsplatzspezifisch sein. Es galt, die politische Dimension im Beruflichen und die berufliche Dimension im Politischen zu thematisieren. Arbeitnehmende sollten über ihre klassenspezifische historische Lebenslage aufgeklärt und zur Veränderung dieser motiviert werden, z.B. durch gewerkschaftliche Mitarbeit (vgl. Hindrichs et al. 1984).

Die zahlreichen didaktischen Modelle, Konzepte und Planungshilfen dieser Zeit wiesen dementsprechend einen deutlichen Zielgruppenbezug auf und schlugen unterschiedliche Verknüpfungen von politischer und beruflicher Bildung vor. Erarbeitet wurden Kursmodelle für Industriearbeiter, Schichtarbeiter, Familien, Beamte usw. (vgl. Kuhlenkamp et al. 1975).

Auch die damaligen empirischen Studien widmeten sich der Frage, wie bildungsbenachteiligte Zielgruppen im Bildungsurlaub erreicht werden können (vgl. Kejcz et al. 1979; Brödel et al. 1982; Hindrichs et al. 1984). Empfohlen wurde eine Orientierung an den didaktischen Prinzipien der Zielgruppen-, Erfahrungs-, Handlungs- und Lebensweltorientierung, die Beteiligung (potentieller) BU-Teilnehmender an der Themenauswahl sowie kooperative Planungsstrategien mit anderen Organisationen, um verschiedene Zugänge zu den Zielgruppen zu gewinnen.

Durch zahlreiche Gesetzesnovellen im Kontext der neoliberalen Modernisierung in den 1990er Jahren wurde der Bildungsurlaub zunehmend als Instrument beruflich-betrieblicher Qualifizierung akzentuiert. Dieser Wandel von einem gesellschaftspolitischen Anliegen hin zu einer stärkeren Wirtschafts-, Berufs- und Arbeitsorientierung wird in dieser Arbeit als *Transformationsphase* bezeichnet. Die neu erlassenen bzw. novellierten Bildungsfreistellungsgesetze berücksichtigten angesichts vehementer arbeitgeberseitiger Widerstände und Abwehrkämpfe bis hin zu rechtlichen Auseinandersetzungen stärker die betrieblichen Interessen, um die Akzeptanz des Bildungsurlaubs zu steigern und die geringe Teilnahmequote von 1–2% zu erhöhen.

Die wissenschaftlichen Studien der 1990er Jahre beschäftigen sich mit den Ursachen der geringen Teilnahmequote im Bildungsurlaub. Es lassen sich unterschiedliche Ansatzpunkte ausmachen, die zu verschiedenen Schlüssen führen:

Bernstein et al. (1993) und Rudnik (1995) sehen die Interessenkonflikte zwischen Arbeitgeber- und Arbeitnehmerseite als Hauptursache für die geringe Teilnahmequote und empfehlen mehr Kommunikation zwischen Unternehmen, Teilnehmenden und Weiterbildungseinrichtungen (Bernstein et al. 1993) bzw. eine öffentliche Kampagne zur Verbesserung des Images (Rudnik 1995).

Körber et al. (1995) und Siebert (1995) setzen an der didaktischen Konzeption des Bildungsurlaubs an und problematisieren auf der Grundlage programmanalytischer Befunde, dass Bildungsurlaub nur bedingt eine Lernform mit besonderem didaktischem Profil sei. So zeigen die Programmanalysen des Bremer Weiterbildungsangebots, dass im Bildungsurlaub weniger Zielgruppen angesprochen werden als im sonstigen Programmangebot, dass es keine speziellen Bildungsurlaubsthemen gibt und dass die meisten BU-Seminare als geschlossene Einheit konzipiert werden. Hierin sehen die Autor/inn/en eine Hauptursache für das Legitimationsproblem des Bildungsurlaubs.

Bremer (1999) hingegen führt das Problem der geringen Teilnahmequote (in der politischen Bildung) auf die „Kulturschranke“ zwischen den intellektuellen Milieus (Planende, Kursleitende) und den praktischen Milieus (Zielgruppen/Teilnehmende) zurück. Die Teilnehmenden seien durchaus an gesellschaftlichen Entwicklungen und politischen Fragen interessiert, verlangen aber nach anderen Formen der Vermittlung. So zeigen die Befunde von Bremer (1999), dass insbesondere die von den intellektuellen Milieus bevorzugten kognitiv-abstrakten Zugangsweisen sowie politische BU-Seminare mit Aufklärungscharakter von den praktischen Milieus abgelehnt werden, da sich die Teilnehmenden überfordert oder bevormundet fühlen. Bremer empfiehlt, die Kulturschranke durch einen reflexiven Perspektivwechsel aufzubrechen und mehr praktische Zugänge mit Erfahrungs- und Lebensweltbezug, hoher Anschaulichkeit und Möglichkeit der Beteiligung anzubieten.

Brödel (2003) sieht das Problem der geringen Teilnahmequote in einem Modernisierungsstau begründet und fordert eine Neubestimmung der funktionalen Begründungen des Bildungsurlaubs. Seiner Ansicht nach sollte Bildungsurlaub den Arbeitnehmenden beim Umgang mit aktuellen Herausforderungen im Zusammenhang der Individualisierung, Flexibilisierung und Internationalisierung helfen und die Selbstverantwortung der Individuen für den selbstgesteuerten Lernprozess stärken.

In den 2000er Jahren hatte das Interesse der Erwachsenenbildungsforschung am Bildungsurlaub deutlich abgenommen und es wurden verhältnismäßig wenige empirische und theoretische Studien zum Bildungsurlaub durchgeführt. Erst in einem aktuellen Forschungsprojekt (vgl. Robak et al. 2015) wurde der Bildungsurlaub wieder in den Fokus gerückt. Zusammen mit den jüngsten Verabschiedungen der Bildungszeitgesetze in Baden-Württemberg und Thüringen wurden die gegenwärtigen Entwicklungen als *Reaktivierungsphase* gedeutet. Als ein weiteres Zeichen für eine Reaktivierung des Bildungsurlaubs kann die in Bremen geplante politische Initiative für Bildungsurlaub gedeutet werden, in der im Anschluss an die Gesetzesnovelle von 2010 und die wissenschaftliche Begleituntersuchung (vgl. Robak et al. 2015) der Bildungsurlaub in Bremen beworben werden soll, um den Bekanntheitsgrad zu erhöhen, das Image zu verbessern und die Teilnahmequote von derzeit ca. 3% in Bremen zu erhöhen.

Eine konzeptionelle Neubegründung nimmt Schmidt-Lauff (2013) vor. Die Autorin begründet den *Bildungsurlaub* vor dem Hintergrund aktueller gesellschaftlicher Herausforderungen zeittheoretisch als *temporale Ressource zur Realisierung lebenslangen Lernens*. Nach Ansicht der Autorin ist der Faktor Zeit der zentrale Hinderungsgrund zur Teilnahme an Weiterbildung. Anders als in der Kindheit und Jugend gibt es im Erwachsenenalter keine festen Lernzeitfenster/ Zeitinstitutionen für Bildung. Der Bildungsurlaub stelle eine Möglichkeit dar, eine kooperative Verfügungskultur von Zeit für Lernen zu etablieren.

Robak et al. (2015) begründen den *Bildungsurlaub als Instrument freiheitlicher Bildungspartizipation* und stellen empirisch fundiert seine polyvalenten Wirkungen mit doppeltem Nutzen für Arbeitgeber- und Arbeitnehmerseite heraus.

Die aktuellen Analysen zur *Teilnehmendenstruktur* im Bremer Bildungsurlaub (vgl. Heidemann 2015, Rippien 2015b) belegen die hohe Bedeutung des Bildungsurlaubs für die Bildungsteilhabe bildungsbenachteiligter Gruppen:

Bildungsurlaub erreicht Beschäftigungsgruppen, die an anderen Weiterbildungsformaten kaum partizipieren (können). Besonders fällt der hohe Anteil an Schichtarbeiter/innen auf, für die Bildungsurlaub häufig die einzige Möglichkeit ist, überhaupt an Weiterbildung zu partizipieren. Weiterhin sind Arbeiter/innen im Bildungsurlaub überproportional vertreten. Die Auswertung der Teilnehmendenstatistik (vgl. Rippien 2015b) zeigt ferner, dass in der politischen Bildung insbesondere Lernende mit geringen und mittleren Schulabschlüssen erreicht werden. Bildungsurlaub dämpft somit in dreifacher Hinsicht Selektionsmechanismen und ermöglicht bildungsbenachteiligten Zielgruppen Bildungsteilhabe.

Die *Analyse der Themen im Zeitverlauf* (1992, 2006, 2012) belegt auf der Ebene der Fachbereiche die relative Abnahme der allgemeinen Bildung bzw. die Zunahme der beruflichen Bildung im Bremer BU-Angebot. Die stärksten Fachbereiche über die verschiedenen Untersuchungszeitpunkte hinweg sind die politische Bildung, die EDV-Grundbildung, die Gesundheitsbildung und die Fremdsprachen. Angebotszuwächse haben die Gesundheitsbildung und die Schlüsselqualifikationen im Zeitverlauf erfahren. Abnahmen sind u.a. in der EDV-Grundbildung, dem Bereich Haushalt und Umwelt, in der sozialen und personalen Bildung zu verzeichnen. Der Vergleich mit der Verbundstatistik hat gezeigt, dass es sich bei den Kurszuwächsen bzw. -abnahmen nicht um bildungsurlaubsspezifische, sondern um allgemeine Trends der öffentlichen EB/WB handelt. Gleichzeitig weist das Bremer BU-Angebot im Vergleich zur gesamten öffentlichen EB/WB ein spezifisches Themenprofil auf: Der Anteil der politischen und der beruflichen Bildung ist höher als in der EB/WB insgesamt.

In der Tabelle 3 werden die Entwicklungen auf den Ebenen der Bildungspolitik (bildungspolitische Dokumente und gesetzliche Grundlagen), der Weiterbildungspraxis (Angebotsentwicklungen) und der Erwachsenen- und Weiterbildungsforschung (Erkenntnisinteresse in theoretischen und empirischen Studien) überblicksartig zusammengefasst.

Tabelle 3: Zeitgeschichtlicher Überblick zur Entwicklung des Bildungsurlaubs in Politik, Praxis und Forschung

	Konstitutionsphase (1960, 1970er Jahre):	**Transformationsphase (1990er, 2000er Jahre):**	**Reaktivierungs- und Differenzierungsphase (Gegenwart):**
	BU als gesellschaftspolitisches Instrument zur Herstellung von Chancengleichheit für bildungsbenachteiligte Zielgruppen und Förderung der gesellschaftlichen und betrieblichen Mitbestimmung (Siebert 1972)	Bildungsfreistellung als Instrument zur beruflichen Qualifizierung; Bildungsurlaub als Selbstlernhilfe (Brödel 2003)	BU als temporale Ressource zur Realisierung LLL (Schmidt-Lauff 2013); BU als Instrument freiheitlicher Bildungspartizipation (Robak et al. 2015)
Politik: BU-Gesetze	Phase der Bildungsreform, Aufbau eines quartären Bildungssektors: Erstes BU-Konzept vom 2. Deutschen Bildungsrat (1973); BU-Gesetze in Bremen, Hamburg, Niedersachsen (1974); altersbeschränkte Freistellungsregelungen in Berlin (1970) und Hessen (1974); dann in NRW (1984) und in Hessen ohne Altersbeschränkung (1985); Modellprogramme zur Implementierung von Bildungsurlaub in den Praxis (u.a. BUVEP);	Neoliberale Modernisierung (Rückgang öffentlicher Finanzierung, Privatisierung); Bildungsfreistellungsgesetze in Berlin, Saarland und Schleswig-Holstein (1990), Brandenburg, Rheinland-Pfalz (1993), Sachsen-Anhalt (1998), Mecklenburg-Vorpommern (2001) mit stärkerer Berücksichtigung betrieblicher Interessen, um mehr Akzeptanz bei den Arbeitgebern zu schaffen und die geringe Teilnahmequote zu erhöhen	Bildungszeitgesetz in Baden-Württemberg und Bildungsfreistellungsgesetz in Thüringen (2015)
Praxis: BU-Angebote	Überwiegend politische Bildung, Zielgruppenansatz, Integrationsansatz	Expansion des Angebots, insbesondere zur beruflichen Bildung bei Stagnation bzw. Abnahme politischer BU-Angebote	Zunahme der beruflichen Bildung und Abnahme der allgemeinen Bildung; dominante Fachbereiche: politische Bildung, EDV, Gesundheitsbildung, Fremdsprachen

	Konstitutionsphase (1960, 1970er Jahre):	Transformationsphase (1990er, 2000er Jahre):	Reaktivierungs- und Differenzierungsphase (Gegenwart):
Forschung: BU-Studien	Didaktische Konzepte und Modellentwicklungen zum Bildungsurlaub unter Berücksichtigung des Zielgruppen- und Integrationsansatzes (Kuhlenkamp 1975: Siebert 1972); empirische Studien zur Frage, wie bildungsbenachteiligte Zielgruppen erreicht werden können (Kejcz et al. 1979; Brödel 1982) und wie eine Integration von politischer und beruflicher Bildung im Rahmen politischer Arbeiterbildung gelingen kann (Hindrichs et al. 1984)	Bestandsaufnahmen zur Angebotsstruktur des Bildungsurlaubs (Körber et al. 1995; Siebert 1995) und zur Teilnahmestruktur (u.a. Wagner 1995; Siebert 1995); Ursachenforschungen zur geringen Teilnahmequote und zu Interessenkonflikten zwischen Arbeitnehmenden- und Arbeitgeberseite (vgl. Bernstein u.a. 1993; Rudnik 1999; Bremer 1999);	Studie zu Planung, Programm und Bildungspartizipation im Bremer Bildungsurlaub, unter der besonderen Fragestellung, welche Wirkungen Bildungsurlaub entfaltet (Robak et al. 2015)

Der Rückblick in die Entstehungsgeschichte des Bildungsurlaubs bis in die Gegenwart zeigt, wie Bildungsurlaub mit aktuellen gesellschaftlichen Entwicklungen verwoben ist und wie Bildungspolitik, Weiterbildungspraxis und Erwachsenenbildungsforschung zusammenwirken und sich wechselseitig beeinflussen.

Der Wandel in den Begründungen und Konzepten für Bildungsurlaub spiegelt sich auch in den Begrifflichkeiten wider: In den 1970er Jahren wurde der Begriff Bildungsurlaub verwendet, in den 1990er Jahren der Begriff der Bildungsfreistellung eingeführt und aktuell der Begriff Bildungszeit diskutiert.

Vor dem Hintergrund der zeitgeschichtlichen Entwicklung des Bildungsurlaubs stellt sich die Frage, wie der Bildungsurlaub gegenwärtig konzipiert wird, welchen Stellenwert die gesellschaftspolitischen Begründungen aus der Konstitutionsphase des Bildungsurlaubs haben bzw. ob sich der Trend einer zunehmenden Wirtschafts-, Arbeits- und Berufsorientierung fortsetzt.

Dazu sollen zunächst die rechtlichen Regelungen zum Bildungsurlaub betrachtet werden: Welche Akzente setzen die Gesetzgeber in den Landesgesetzen zum Bildungsurlaub? Welchen Stellenwert räumen sie den gesellschaftspolitischen Zielen bzw. den Interessen der Arbeitgeber ein?

Rechtlicher Teil

3. Rechtliche Grundlagen: Landesgesetze zum Bildungsurlaub

Der Anspruch auf Bildungsurlaub ist in den Bildungsurlaubs-, Bildungsfreistellungs- bzw. Bildungszeitgesetzen geregelt und wird durch Verordnungen konkretisiert. In Brandenburg und Schleswig-Holstein sind die Bestimmungen zur Bildungsfreistellung in den Weiterbildungsgesetzen festgelegt. Derzeit gibt es in 14 Bundesländern Landesgesetze zum Bildungsurlaub.

Die ersten Bildungsurlaubsgesetze, aus denen ein Freistellungsanspruch für alle Arbeitnehmenden (AN) abgeleitet werden konnte, wurden 1974 in Hamburg, Niedersachsen und Bremen verabschiedet. In Berlin (1970)[14] und Hessen (1974)[15] bestanden altersbeschränkte Freistellungsregelungen für junge Arbeitnehmende. Mitte der 1980er Jahre traten in Nordrhein-Westfalen (1984) und in Hessen (1985 – dann für alle Altersgruppen) Bildungsurlaubsgesetze in Kraft. Nach der deutschen Wiedervereinigung wurden auch in den neuen Bundesländern Bildungsfreistellungsgesetze erlassen. Parallel traten auch in einigen weiteren westdeutschen Bundesländern rechtliche Regelungen in Kraft. So verabschiedeten 1990 zunächst Berlin, das Saarland und Schleswig-Holstein Bildungsfreistellungsgesetze, 1993 dann Brandenburg und Rheinland-Pfalz. Es folgten Sachsen-Anhalt 1998 und Mecklenburg-Vorpommern im Jahr 2001. Zuletzt wurden im Jahr 2015 in Baden-Württemberg und Thüringen Bildungszeit- bzw. Bildungsfreistellungsgesetze verabschiedet. In Bayern und Sachsen gibt es bis heute keine entsprechenden Regelungen.

Theoretisch müsste der Bildungsurlaubsanspruch in der gesamten Bundesrepublik Deutschland gelten, denn die BRD hat sich bereits im Jahr 1976 mit der Ratifizierung des Übereinkommens 140 der Internationalen Arbeitsorganisation (ILO) dazu verpflichtet, für die Umsetzung des Bildungsurlaubsrechts auf nationaler Ebene Sorge zu tragen. In dem Übereinkommen bekräftigt die ILO das Recht auf bezahlten Bildungsurlaub für berufliche, allgemeine und politische

14 Das Berliner „Gesetz zur Förderung der Teilnahme an Bildungsveranstaltungen" von 1970 galt für junge Arbeitnehmende bis einschließlich 21 Jahre. (vgl. Informationsbroschüre der Berliner Senatsverwaltung für Arbeit, Integration, und Frauen in URL: https://www.berlin.de/sen/arbeit/berlinarbeit-ziel-3/bildungsurlaub/, letzter Abruf: 05.03.2016)

15 Das Bildungsurlaubsgesetz in Hessen von 1974 galt für junge Arbeitnehmende bis einschließlich 25 Jahre (vgl. Tiemann 1996).

Bildung mit Verweis auf Artikel 26 der Allgemeinen Erklärung der Menschenrechte, in dem festgehalten wird, dass jeder Mensch das Recht auf Bildung hat (vgl. ILO Übereinkommen 140, 1974).

Vermutlich sind die arbeitgeberseitigen Abwehrkämpfe eine Ursache dafür, dass bis heute kein Bundesrecht zum Bildungsurlaub existiert. Die Widerstände der Arbeitgeber gehen bis hin zu rechtlichen Klagen (vgl. Düwell 2001; Reichling 1996). In einem Urteil von 1987 bestätigte das Bundesverfassungsgericht jedoch die Verfassungsgemäßheit des Bildungsurlaubs:

„(…) Dem einzelnen hilft die WB, die Folgen des Wandels beruflich und sozial besser zu bewältigen. (…) Die den Arbeitgebern (…) gesetzlich auferlegten Freistellungs- und Entgeltfortzahlungspflichten für Arbeitnehmer, die an Bildungsveranstaltungen teilnehmen, sind durch Gründe des Allgemeinwohls gerechtfertigt" (NJW, Heft 31/1988: 189ff.)

Laut eines Urteils des Bundesarbeitsgerichts von 2011 muss der Bildungsurlaub aber einen Mindestnutzen für den Arbeitgeber im Sinne einer perspektivischen Weiterentwicklung des beruflichen Werdegangs haben (Az: 9AZR381/98, Augsburg 2011: 2).

Die folgende Tabelle gibt einen Überblick über die aktuell geltenden gesetzlichen Regelungen in den einzelnen Bundesländern. Berücksichtigt werden Anspruchsberechtigte, Dauer und Übertragbarkeit auf das Folgejahr der Bildungsfreistellung, Kriterien anerkennungsfähiger Veranstaltungen sowie Besonderheiten zur Gewährung der Bildungsfreistellung (Freistellungsquoten) und Erstattungsansprüche der Arbeitgeber gegenüber dem Land.

Tabelle 4: Vergleich der Landesgesetze zum Bildungsurlaub, Bildungsfreistellung bzw. Bildungszeit

Rechtliche Grundlage	**Dauer, Übertrag**	**Anerkennungsfähigkeit**	**Einschränkungen und Besonderheiten**
Bildungszeitgesetz Baden-Württemberg (BzG BW) vom 11.03.2015, in Kraft seit 1.07.2015	5 Tage pro Jahr; nicht übertragbar	Berufliche WB, politische WB, Ehrenamt; Mind. 1 Tag mit 6 UE	Anspruch erst nach 12 Monaten Beschäftigung; für Auszubildende nur 5 Tage für gesamte Ausbildungszeit und nur für politische und ehrenamtliche Bildung; kein Anspruch in Kleinbetrieben mit < 10 AN; Freistellungsquote max. 10%; Anrechnung betriebseigener Schulungen
Berliner Bildungsurlaubsgesetz (BiUrlG) vom 24.10.1990 (GVBl., S. 2209), zuletzt geändert durch Artikel X des Gesetzes vom 17.05.1999 (GVBl., S. 178), in Kraft seit 1.01.1991	für AN > 25 Jahre: 10 Tage innerhalb von 2 Jahren; Übertragbarkeit nur für berufliche WB	Politische WB, berufliche WB; Mind. 1 Tag	Für AN <25 Jahre 10 Tage Anspruch pro Jahr; für Auszubildende nur politische Bildung; kein Anspruch für Beamte; Freistellungsquote max. 50% in Betrieben mit < 20 AN
Brandenburgisches Weiterbildungsgesetz (BbgWBG) vom 15.12.1993 (GVBl.I/93, S. 498), zuletzt geändert durch Artikel 10 des Gesetzes vom 25.01.2016 (GVBl.I/16, [Nr. 5])	10 Tage in 2 Jahren; Übertragbarkeit nur für berufliche WB	Berufliche WB, kulturelle WB, politische WB; Mind. 1 Tag mit 6 UE	Kein Anspruch für Beamte; Freistellungsquote max. 50%; Freistellungsquote max. 33% in Betrieben mit < 20 AN; Kinderbetreuung für unter Sechsjährige in Heimbildungsstätten

Rechtliche Grundlage	Dauer, Übertrag	Anerkennungsfähigkeit	Einschränkungen und Besonderheiten
Bremisches Bildungsurlaubsgesetz (BremBUG) vom 18.12.1974, zuletzt geändert am 23.03.2010	10 Tage innerhalb von 2 Jahren; nicht übertragbar	Politische WB, berufliche WB, allgemeine WB, Ehrenamt; Mind. 1 Tag mit 8 UE	Kein Anspruch für Beamte
Hamburgisches Bildungsurlaubsgesetz vom 21.1.1974 mit den Änderungen vom 16.4.1991 und 5.12.2009	10 Tage innerhalb von 2 Jahren; Übertragbarkeit nur für berufliche WB	Politische WB, berufliche WB, Ehrenamt; Mind. 3 Tage oder Veranstaltungsreihe	Kein Anspruch für Beamte
Hessisches Gesetz über den Anspruch auf Bildungsurlaub vom 28.07.1998, zuletzt geändert durch Artikel 73 des Gesetzes vom 13.12.2012	5 Tage pro Jahr; 1 Jahr übertragbar	Politische WB, berufliche WB 5 Tage mit mind. 6 Zeitstunden pro Tag oder in 2 Blöcken	Kein Anspruch für Beamte, Freistellungsquote max. 33%
Gesetz zur Freistellung für Weiterbildungen für das Land Mecklenburg-Vorpommern (Bildungsfreistellungsgesetz - BfG M-V) vom 13.12.2013 (löst das Gesetz vom 7.05.2001 ab)	5 Tage pro Jahr	Berufliche WB, politische WB, Ehrenamt; Mind. 3 Tage mit je 8 UE	Für Auszubildende nur politische Bildung und Ehrenamt; Freistellungsquote max. 50%; Erstattungsanspruch für Arbeitgeber: 110,- Euro pro Tag für polit. und ehrenamtl. WB, 55,- Euro für berufliche WB
Niedersächsisches Gesetz über den Bildungsurlaub für Arbeitnehmer und Arbeitnehmerinnen, Fassung vom 25.01.1991, zuletzt geändert durch Gesetz vom 17.12.1999	5 Tage pro Jahr; 3 Jahre übertragbar	Politische, berufliche WB, allgemeine WB; Mind. 3 Tage oder Veranstaltungsreihe	Kein Anspruch für Beamte; Freistellungsquote max. 50%

Rechtliche Grundlage	Dauer, Übertrag	Anerkennungsfähigkeit	Einschränkungen und Besonderheiten
Nordrhein-Westfalen: Arbeitnehmerweiterbildungsgesetz (AWbG) vom 6.11.1984 (Fn 1), zuletzt geändert durch Gesetz vom 9.12.2014	5 Tage pro Jahr; 1 Jahr übertragbar	Berufliche WB, politische WB und deren Verbindung; Mind. 8 UE	Für Auszubildende nur politische Bildung und nur 5 Tage innerhalb der Ausbildungszeit; kein Anspruch für Beamte; kein Anspruch in Kleinbetrieben mit < 10 AN; Freistellungsquote max. 10% in Betrieben mit < 50 AN
Rheinland-Pfalz: Bildungsfreistellungsgesetz (BFG) vom 30.03.1993, letzte berücksichtigte Änderung: § 1 geändert durch Artikel 20 des Gesetzes vom 22.12.2015	10 Tage innerhalb von 2 Jahren; 2 Jahre übertragbar	Berufliche WB, politische WB und deren Verbindung; Mind. 3 Tage mit je 6 UE	Für Auszubildende nur politische Bildung und nur 5 Tage innerhalb der Ausbildungszeit; kein Anspruch in Kleinbetrieben mit < 5 AN; Erstattungsanspruch für Arbeitgeber von KMU mit < 50 AN
Saarländisches Bildungsfreistellungsgesetz (SBFG) (Art. 1 des Gesetzes Nr. 1704) vom 10.02.2010, geändert durch das Gesetz vom 13.20.2015 (Amtsbl. I S. 790)	3 Tage pro Jahr; Ausnahme: 5 Tage pro Jahr für das Nachholen von Schulabschlüssen und nach der Elternzeit für berufliche WB; 1 Jahr übertragbar	Berufliche WB, politische WB; Mind. 1 Tag mit 5 Zeitstunden	Nur unter der Voraussetzung, dass im gleichen Umfang arbeitsfreie Zeit verwendet wird; erst nach 12 Monaten Beschäftigung im Betrieb; reduzierter Anspruch bei Betrieben mit < 5 AN, sofern betriebliche WB vorgehalten wurde; Freistellungsquote in Betrieben mit < 100 AN, wenn genehmigte BU-Tage die Zahl der AN erreichen

Rechtliche Grundlage	Dauer, Übertrag	Anerkennungsfähigkeit	Einschränkungen und Besonderheiten
Sachsen-Anhalt: Bildungsfreistellungsgesetz vom 4.03.1998, letzte Änderung: § 9 geändert durch Artikel 38 des Gesetzes vom 18.11.2005	5 Tage pro Jahr; 1 Jahr übertragbar	Berufliche WB; mehrtägig oder Veranstaltungsreihe	Kein Anspruch in Kleinbetrieben mit < AN; kein Anspruch, wenn genehmigte BU-Tage die Zahl der AN erreichen
Weiterbildungsgesetz Schleswig-Holstein (WBG) vom 6.03.2012, Abschnitt II Bildungsfreistellung	5 Tage pro Jahr; 1 Jahr übertragbar	Allgemeine WB, politische WB, berufliche WB, Ehrenamt	
Thüringer Bildungsfreistellungsgesetz (ThürBfG) vom 15.07.2015	5 Tage pro Jahr; 1 Jahr übertragbar	Politische WB, berufliche WB, Ehrenamt; Mind. 2 Tage mit je 6 UE	Für Auszubildende nur 3 Tage pro Jahr; kein Anspruch in Kleinbetrieben mit < 5 AN; kein Anspruch in Betrieben mit < 25 AN, wenn bereits 5 Tage BU gewährt wurden; kein Anspruch in Betrieben mit < 50 AN, wenn genehmigte BU-Tage die Hälfte der AN-Zahl erreichen; kein Anspruch in Betrieben mit > 50 AN, wenn genehmigte BU-Tage die Zahl der Beschäftigten erreichen

Die tabellarische Übersicht zeigt, dass eine Reihe von Gemeinsamkeiten in den Bundesländern bestehen. In einigen Punkten unterscheiden sich die rechtlichen Regelungen jedoch.

Die Schnittmengen und Spezifika der Landesgesetze zum Bildungsurlaub werden im Folgenden dargestellt. Bremen als Untersuchungsraum der empirischen Studie erfährt dabei besondere Berücksichtigung.

3.1 Anspruchsberechtigte

Anspruchsberechtigt sind in der Regel Arbeitnehmende, Auszubildende, Heimarbeitende, arbeitnehmerähnliche Personen und Arbeitnehmende in Werkstätten für behinderte Menschen. Der Rechtsanspruch besteht in dem Land, in dem schwerpunktmäßig das Arbeits- bzw. Ausbildungsverhältnis besteht, und kann frühesten 6 Monate nach bestehendem Beschäftigungsverhältnis geltend gemacht werden. In Baden-Württemberg und im Saarland gilt der Freistellungsanspruch sogar erst nach 12 Monaten Beschäftigung. Für Auszubildende gelten in einigen Bundesländern eingeschränkte Freistellungsansprüche, z.B. ist der Anspruch auf politische Bildung beschränkt und/oder zeitlich reduziert. In einigen Bundesländern, so auch in Bremen, sind Beamt/innen nicht anspruchsberechtigt. Für sie gelten die Regelungen zum Sonderurlaub.

3.2 Dauer der Bildungsfreistellung

Die Dauer der Freistellung beträgt fünf Tage im Kalenderjahr bzw. zehn Tage in zwei Jahren. Der Anspruch bezieht sich auf eine Arbeitszeit von 5 Arbeitstagen in der Woche und verringert bzw. erhöht sich bei weniger bzw. mehr Wochenarbeitszeit. Eine Ausnahme stellt das Saarland dar. In diesem Bundesland werden lediglich bis zu drei Tage innerhalb eines Kalenderjahres gewährt und dies auch nur unter der Voraussetzung, dass im gleichen Umfang arbeitsfreie Zeit (z.B. unbezahlter Urlaub, Überstunden, arbeitsfreie Samstage) verwendet wird.

3.3 Übertragbarkeit

In den meisten Bundesländern kann der Bildungsurlaub auf das Folgejahr übertragen werden, in Berlin, Brandenburg und Hamburg jedoch nur für berufliche Weiterbildung. In Niedersachsen können sogar bis zu vier Wochen Bildungsurlaub „angespart" werden. In Bremen dagegen ist ein Übertrag auf das Folgejahr seit der Novellierung des Bremischen Bildungsurlaubsgesetzes im April 2010 nicht mehr möglich.

3.4 Anerkennungsfähige Veranstaltungen

Die Freistellung von Arbeit kann nur für anerkannte Veranstaltungen erfolgen, die folgende Kriterien erfüllen:

Anbieter

In einigen Bundesländern werden einzelne Veranstaltungen anerkannt, in anderen Bundesländern (Baden-Württemberg und Nordrhein-Westfalen) Veranstalter. Die Voraussetzungen für die Anerkennung umfassen i.d.R. folgende Kriterien:

- Der Arbeitsschwerpunkt der Einrichtung muss Bildungsarbeit sein.
- Die Bildungseinrichtung muss sich an der freiheitlichen demokratischen Grundordnung im Sinne des Grundgesetzes orientieren.
- Die Einrichtung muss seit mindestens 2 Jahren bestehen, mit den notwendigen personellen (pädagogischen), sachlichen und räumlichen Ressourcen ausgestattet sein und über ein anerkanntes Qualitätssiegel/-managementverfahren verfügen.
- Der Zugang zu den Bildungsveranstaltungen muss offen sein und freiwillig erfolgen.

Auch in Bremen dürfen die nach dem Bremischen Weiterbildungsgesetz anerkannten Einrichtungen Bildungsurlaubsveranstaltungen ohne Prüfung durch die senatorische Behörde anbieten. In der Regel gelten öffentlich anerkannte Weiterbildungseinrichtungen für die Durchführung von Bildungsurlaubsveranstaltungen als qualifiziert und müssen keine zusätzliche Anerkennung bei der zuständigen Landesbehörde beantragen. Seit der Gesetzesnovelle können zudem gewerbliche Weiterbildungsanbieter eine Bildungsurlaubsanerkennung für einzelne Seminare bei der Senatorischen Behörde beantragen.

Veranstaltungsziele und -inhalte

In den meisten Bundesländern wird eine Bildungsfreistellung für politische und berufliche Weiterbildung gewährt. Die Ziele sind i.d.R. in den Grundsätzen der Bildungsfreistellung (§ 1) definiert.

Die politische Bildung dient bundeslandübergreifend

- der Information, dem Verständnis und der Fähigkeit zur Beurteilung gesellschaftlicher, politischer und sozialer Zusammenhänge.
- der Teilhabe und der Mitwirkung am gesellschaftlichen, politischen und sozialen Leben sowie der Befähigung zur Wahrnehmung politischer Aufgaben.

Die berufliche Bildung dient bundeslandübergreifend

- dem Erhalt, der Erneuerung, der Anpassung, der Verbesserung und der Erweiterung beruflicher Kenntnisse, Fertigkeiten, Fähigkeiten und Kompetenzen, einschließlich des Erwerbs von Schlüsselqualifikationen. Die berufliche Bildung muss/soll nicht auf die bisher ausgeübte Tätigkeit beschränkt sein. In Nordrhein-Westfalen muss sie aber einen „mittelbar wirkenden Vorteil für den Arbeitgeber“ aufweisen.
- der Vermittlung von Kenntnissen in gesellschaftliche, politische und betriebliche Zusammenhänge der Arbeitswelt.

In Rheinland-Pfalz sollen die politische und die berufliche Weiterbildung zudem der Förderung der Gleichstellung von Mann und Frau, Behinderten und Nicht-Behinderten dienen.

In einigen Bundesländern wird neben der beruflichen und politischen Bildung auch eine Bildungsfreistellung für die Qualifizierung für ehrenamtliche Tätigkeiten gewährt.

Die ehrenamtsbezogene Bildung dient bundeslandübergreifend

- der Qualifizierung für die Wahrnehmung ehrenamtlicher Tätigkeiten bzw. der Vermittlung von Kenntnissen für die Ausübung des Ehrenamts.
- der Stärkung des ehrenamtlichen Engagements.
- der Vermittlung gesellschaftspolitischer Zusammenhänge.

Inhalte der allgemeinen Erwachsenenbildung sind nur in Bremen, Niedersachsen und Schleswig-Holstein anerkannt. In Brandenburg wird kulturelle EB/WB als Teilbereich der allgemeinen Bildung anerkannt. Ein Sonderfall stellt Sachsen-Anhalt dar, wo ein Freistellungsanspruch ausschließlich für berufliche Weiterbildung besteht.

Neben der positiven Bestimmung der inhaltlichen Ausrichtung listen die Gesetze auch Veranstaltungen auf, die nicht anerkennungsfähig sind (Negativkriterien). Die Ausschlusskataloge umfassen bundesländerübergreifend Veranstaltungen, die

(1) nicht offen im Zugang sind, sondern bei denen die Teilnahme von der Zugehörigkeit zu einer bestimmten Partei, Gewerkschaft, einem Berufsverband, einer Religionsgemeinschaft oder einer ähnlichen Vereinigung abhängig gemacht wird.
(2) der Durchsetzung partei- oder verbandspolitischer Ziele oder der Durchsetzung religiöser oder weltanschaulicher Überzeugungen dienen.
(3) der Schulung betrieblicher Interessenvertretenden dienen.

(4) der Erholung, der Unterhaltung oder der Freizeitgestaltung dienen bzw. touristisch geprägt sind (z.B. Studienreisen).
(5) der privaten Lebens- oder Haushaltsführung, der Körper- und Gesundheitspflege dienen.
(6) der Vermittlung sportlicher, künstlerischer, kunsthandwerklicher oder psychologischer Fähigkeiten ohne Berufsbezug dienen. Ausnahmen betreffen die Qualifizierungen für das Ehrenamt.
(7) dem Erwerb der Fahrerlaubnis dienen.
(8) der beruflichen Ausbildung, der beruflichen Einarbeitung auf einen bestimmten betrieblichen Arbeitsplatz, der beruflichen Umschulung, der beruflichen Rehabilitation oder der beruflichen Fortbildung, die überwiegend betrieblichen Interessen folgen, dienen.

Veranstaltungsformate

Die Dauer der anerkennungsfähigen Veranstaltungen variiert bundeslandspezifisch von eintägigen Bildungsurlaubsveranstaltungen, über geblockte oder in Intervallform organisierte Veranstaltungsreihen bis zu fünftägigen Kompaktkursen. In Bremen sind seit der Gesetzesnovelle auch eintägige Veranstaltungen mit mindestens acht Unterrichtsstunden (UE) anerkennungsfähig.

Gewährung der Bildungsfreistellung und Einschränkungen

Der Arbeitgeber muss rechtzeitig informiert werden, d.h. vier bis acht Wochen vor Beginn der Veranstaltung müssen die Arbeitnehmenden eine Bildungsfreistellung beantragen. Die Arbeitnehmenden können über die Teilnahme an einer Bildungsurlaubsveranstaltung selbst bestimmen und den Zeitpunkt und den Inhalt entsprechend der gesetzlichen Bestimmungen frei wählen. Sie dürfen wegen der Inanspruchnahme der Bildungsfreistellung nicht benachteiligt werden. Die Kosten für die Weiterbildung und gegebenenfalls Unterkunft, Fahrtkosten und Verpflegung müssen die Teilnehmenden selbst tragen.

Unter bestimmten Bedingungen kann der Arbeitgeber den Bildungsurlaub ablehnen, z.B. aus dringenden betrieblichen oder dienstlichen Gründe oder wenn Urlaubswünsche anderer Beschäftigter unter sozialen Gesichtspunkten Vorrang haben. Bei Lehrenden darf die Bildungsfreistellung nur in der unterrichts- bzw. vorlesungsfreien Zeit erfolgen. Daneben besteht in sechs Bundesländern kein Bildungsurlaubsanspruch in Betrieben mit weniger als 5 bzw. 10 Beschäftigten: Baden-Württemberg, Nordrhein-Westfalen, Rheinland-Pfalz, Sachsen-Anhalt und Thüringen. In den meisten Bundesländern existieren Freistellungsquoten von 10%, 33% oder 50%. D.h. Arbeitgeber dürfen Bildungsurlaubsanträge ablehnen, wenn ein bestimmter Prozentsatz der Beschäftigten bereits Bildungsurlaub beansprucht hat. Im Saarland und in Baden-Württemberg können zudem betriebliche Schulungen unter bestimmten Voraussetzungen angerechnet werden und reduzieren somit den frei verfügbaren Bildungsurlaubsanspruch. Ansonsten ist eine Anrechnung der Bildungsfreistellung auf andere Gesetze, tarifvertragliche Vereinbarungen, betriebliche Vereinbarungen, Dienstvereinbarungen und Einzelverträge i.d.R. nur dann möglich, wenn diese den Zielen der Bildungsfreistellung entsprechen.

Fortzahlung des Arbeitsentgelts und Erstattungsansprüche

Für die Zeit der Bildungsfreistellung müssen Arbeitgeber das zustehende Arbeitsentgelt ohne Minderung fortzahlen. Eine Ausgleichszahlung für nicht in Anspruch genommenen Bildungsurlaub darf nicht verlangt werden.

In Mecklenburg-Vorpommern und in Rheinland-Pfalz können Arbeitgeber Erstattungsansprüche für das fortzuzahlende Arbeitsentgelt gegenüber dem Land geltend machen. So erstattet Rheinland-Pfalz einen Pauschalbetrag an Unternehmen mit weniger als 50 Beschäftigten. In Mecklenburg-Vorpommern erstattet das Land im Falle einer Freistellung für Veranstaltungen zur politischen Bildung und Qualifizierung für die Wahrnehmung ehrenamtlicher Tätigkeiten einen pauschalisierten Betrag in Höhe von 110,- Euro pro Tag, für berufliche Weiterbildung 55,- Euro pro Tag.

3.5 Zwischenfazit: Bildungsurlaub jenseits von privaten und betrieblicher Interessen

Bei Betrachtung der aktuell geltenden rechtlichen Regelungen zum Bildungsurlaub im Hinblick auf die Frage, inwiefern die gesellschaftspolitischen Ziele aus der Konstitutionsphase des Bildungsurlaubs bzw. die Interessen der Arbeitgeber berücksichtigt werden, lässt sich folgendes feststellen:

Mit Blick auf die gesellschaftspolitischen Forderungen der „ursprünglichen" Bildungsurlaubsidee (Herstellung von Chancengleichung und Förderung der Teilhabe) fällt auf, dass sich in den Landesgesetzen zum Bildungsurlaub, -freistellung bzw. -zeit keine expliziten Hinweise auf die Förderung bildungsbenachteiligter Zielgruppen finden. Allerdings verweist das Bremische Bildungsurlaubsgesetz auf die im Weiterbildungsgesetz und Jugendförderungsgesetz formulierten Bildungsziele[16], in denen die Förderung bildungsbenachteiligter Zielgruppen als

16 „Bildungsurlaub dient der politischen, beruflichen und allgemeinen Weiterbildung im Sinne der §§ 1 und 2 des Gesetzes über die Weiterbildung im Lande Bremen und von

ein Ziel der Weiterbildung bzw. der außerschulischen Jugendbildung benannt wird.[17]

In Bezug auf die Integrationsforderung lässt sich feststellen, dass in einigen Bildungsurlaubsgesetzen (Nordrhein-Westfalens und Rheinland-Pfalz) die Verbindung von beruflicher und politischer Bildung explizit benannt wird: „Die Bildungsfreistellung erfolgt nur für anerkannte Veranstaltungen der beruflichen oder der gesellschaftspolitischen Weiterbildung oder deren Verbindung" (Rheinland-Pfalz, §3 Absatz 1). Implizite Ansätze der Verschränkung von beruflicher und politischer Bildung im Sinne der Integrationsforderung finden sich weiterhin auch in den Bildungsfreistellungsgesetzen Berlins, Hessens und Thüringens: So steht in den Gesetzen, dass im Rahmen der beruflichen Bildung auch Kenntnisse in gesellschaftliche, politische und betriebliche Zusammenhänge der Arbeitswelt vermittelt werden sollen. Zudem sollen in der politischen Bildung Beschäftigte in die Lage versetzt werden, „ihren Standort in Betrieb oder Gesellschaft (…) zu erkennen" und die „anzustrebende Mitsprache in Staat, Gesellschaft oder Betrieb" (Hessen) gefördert werden. Darüber hinaus sollen im Rahmen ehrenamtlicher Bildung Kenntnisse gesellschaftspolitischer Zusammenhänge vermittelt werden, damit die Beschäftigten „ihren Standort in Betrieb oder Gesellschaft erkennen" (Thüringen, Hessen).

Die vergleichende Gegenüberstellung der Bildungsfreistellungsgesetze zeigt aber auch, dass eine Reihe arbeitgeberfreundliche zeitliche und inhaltliche (Neu-)Regelungen sowie Einschränkungen des Freistellungsanspruchs bestehen:

---

§ 13 Absatz 2 und 3 des Bremischen Kinder-, Jugend- und Familienförderungsgesetzes" (BremBUG § 1 Absatz 1).

17 In den Paragraphen 1 und 2 des Bremischen Weiterbildungsgesetzes werden die Stellung und Aufgaben der Weiterbildung sowie die Ziele der Weiterbildung festgelegt. U.a. wird ausgeführt, dass das Gesetz „zur Förderung von bildungsbenachteiligten Erwachsenen" (BremWBG § 2 Absatz 2.2) beitragen soll und dass Weiterbildung insbesondere dazu befähigen soll, „die durch Geschlecht, kulturelle und soziale Herkunft, Behinderung oder durch gesellschaftliche Entwicklungsprozesse entstandenen und neu entstehenden Ungleichheiten zu überwinden (…)" (BremWBG, § 2, 1.3). Die Ziele und Aufgaben der außerschulischen Jugendbildung werden im Paragraph 13 Absatz 2 und 3 des Bremischen Kinder-, Jugend- und Familienförderungsgesetzes beschrieben. Außerschulische Jugendbildung soll junge Menschen u.a. dazu befähigen, „die durch Geschlechterrollen, soziale Herkunft, durch gesellschaftliche Entwicklungen und durch ungleiche Bildungsverhältnisse entstandenen Ungleichheiten abzubauen" (BremKJFFöG § 13 Absatz 2)

(1) Fokussierung der Zielsetzungen und der Themen auf berufliche Bildung

- Anerkennungsfähige Themen und Inhalte sind auf die Entwicklungen der Arbeitswelt und deren Auswirkungen auf die Gesellschaft beschränkt, z.B. in Sachsen-Anhalt.
- Durch die Zulassung gewerblicher Anbieter und die Flexibilisierung der Veranstaltungsformate (Auflösung der Kompaktwoche) wird die berufliche Bildung gestärkt, z.B. in der Gesetzesnovelle des Bremischen Bildungsurlaubsgesetzes im Jahr 2010.
- Mindestnutzen für den Arbeitgeber: Laut eines Urteils des Bundesarbeitsgerichts muss Bildungsurlaub in Nordrhein-Westfalen einen Mindestnutzen für den Arbeitgeber im Sinne einer perspektivischen Weiterentwicklung des beruflichen Werdegangs haben (Urteil des Bundesarbeitsgerichts (Az: 9AZR381/98), Augsburg 2011: 2 zit. in Schmidt-Lauff 2013).

(2) Einschränkungen des Freistellungsanspruchs

- In einigen Bundesländern, z.B. im Saarland und in Baden-Württemberg, können betriebliche Weiterbildungsmaßnahmen auf Bildungsurlaub angerechnet werden.
- In Kleinbetrieben besteht in vielen Bundesländern häufig kein Bildungsurlaubsanspruch, z.B. in Baden-Württemberg, Nordrhein-Westfalen, Rheinland-Pfalz, Sachsen-Anhalt und Thüringen.
- In den meisten Bundesländern ist der Freistellunganspruch durch Quoten limitiert. Nur in Bremen, Hamburg und Schleswig-Holstein gibt es keine Freistellungsquoten.
- Reduzierter Bildungsurlaubsanspruch: Im Saarland beträgt der Freistellungsanspruch höchstens drei Arbeitstage pro Jahr unter der Bedingung, dass Arbeitnehmende im gleichen Umfang arbeitsfreie Zeit einbringen.
- Verlängerte Wartezeiten: Im Saarland und in Baden-Württemberg tritt der Freistellungsanspruch erst nach 12 Monaten Beschäftigungszeit im Betrieb ein (in den anderen Bundesländern bereits ab 6 Monaten).
- Kein Übertrag nicht ausgeschöpften Bildungsurlaubsanspruchs auf Folgejahre in Baden-Württemberg und Bremen: In Berlin, Brandenburg und Hamburg kann der Freistellungsanspruch nur für berufliche Weiterbildung auf das Folgejahr übertragen werden.

Gleichzeitig wird der Bildungsurlaub in den Gesetzen deutlich von den Interessen Dritter abgrenzt: Von betrieblichen Interessen, privaten Interessen und Interessen gesellschaftlicher Großgruppen (Kirche, Gewerkschaften, Verbände, Parteien). Die Ausschlusskataloge schützen den Bildungsurlaub vor der Instrumentalisierung für andere Zwecke. Es ist somit eindeutig definiert, dass Bildungsurlaub weder ein „Urlaub" ist, der primär der Erholung dient bzw. Freizeitcharakter oder touristische Anteile hat, noch dass Bildungsurlaub ein Instrument zur beruflich-betrieblichen Qualifizierung ist.

Zusammenfassend lässt sich festhalten, dass sich in den aktuellen Gesetzen sowohl Spuren aus den gesellschaftspolitischen Diskursen der 1960er und 1970er Jahre finden als auch Tendenzen einer zunehmenden Arbeits-, Wirtschafts- und Berufsorientierung.

Wie die gesetzlichen Vorgaben im konkreten Planungshandeln umgesetzt und vor dem Hintergrund der kontroversen Diskurse in Politik, Praxis und Forschung in Bildungsurlaubsangebote transformiert werden, wird die empirische Untersuchung klären. Da die Planung und Entwicklung von Bildungsurlaubsangeboten besondere didaktische Planungsleistungen verlangt, die unter verschiedenen theoretischen Perspektiven betrachtet werden können, ist es zunächst notwendig, diese zu beleuchten und ein eigenes Planungsverständnis zu entwickeln.

Theoretischer Teil

4. Forschungsstand zur Programmplanung

Obwohl Programmplanung und Angebotsentwicklung[18] erwachsenenpädagogische Kernaufgaben in allen Weiterbildungseinrichtungen sind, gibt es weder eine übergeordnete Theorie der Programmplanung im Allgemeinen noch eine Theorie zur Angebotsentwicklung von Bildungsurlaubsveranstaltungen im Besonderen. Es liegen jedoch einige didaktische Konzepte und Modelle zur Programmplanung und Angebotsentwicklung sowie empirische Studien aus der Programm(planungs)forschung vor. Die Auswertung dieser zeigt den Wandel des Programmplanungsverständnisses und die unterschiedlichen Fokussierungen im Zeitverlauf auf, die sich in Zusammenhang mit den weiter oben beschriebenen gesellschaftlichen Entwicklungen bringen lassen.

4.1 1970er Jahre: Programmplanung als disponierende, organisierende Tätigkeit

In den 1970er Jahren wurde Programmplanung zunächst als disponierende, organisierende Tätigkeit verstanden. Im Mittelpunkt stand die Frage, wie der Planungsprozess organisatorisch optimiert, durchstrukturiert und gesteuert werden kann, um bestimmte Ziele der jeweiligen Institution umzusetzen. (vgl. Gieseke 2003: 195f.) Diese Annahme einer zielgerichteten Steuerbarkeit des Planungsprozesses lässt sich vor dem Hintergrund der intendierten staatlichen Regulierung der EB/WB (konservative Modernisierung in der Phase der Bildungsreform) in den 1970er Jahren verstehen.

18 In der Literatur werden die Begriffe Programmplanung und Angebotsentwicklung häufig synonym verwendet. Nach Schlutz (2010b: 248) meint Angebotsentwicklung die „fachlich-didaktische Konzeptionierung, Realisierung, Evaluierung und Verbesserung einer einzelnen Maßnahme oder Leistung, die sich in das Programm einfügt", während die Programmplanung die „Vorbereitung und Auswertung des Veranstaltungs- und Leistungsangebots einer Bildungseinrichtung, aber auch das Herstellen des entsprechenden Publikationsorgans, des Programms" (ebd.: 247) umfasst. Reich-Claasen/von Hippel (2011: 1005) verorten die Angebotsplanung zwischen Makrodidaktik (Programmplanungsebene) und Mikrodidaktik (Veranstaltungsebene) auf der Ebene der Mesodidaktik.

4.2 1980er Jahre: Programmplanung als kommunikatives Handeln

In Abgrenzung zur ersten eher technischen Auslegung von Programmplanung haben Siebert (1982) und Tietgens (1982) in den 1980er Jahren das Planungshandeln als kommunikatives, prinzipiell unabgeschlossenes, offenes und flexibles Handeln beschrieben, bei dem es um Suchbewegungen der Planenden geht, die auf Suchbewegungen von Bildungsinteressierten treffen (Gieseke 2003: 195f.).

4.3 1990er Jahre: Programmplanung als Teil von Bildungsmanagement

Zu Beginn der 1990er Jahren traten Fragen der Bedarfsorientierung in den Vordergrund (vgl. u.a. Gerhard 1992). Der Prozess des Planungshandelns wurde als indirekte Wechselwirkung von Angebot und Nachfrage konstruiert. Programmplanung wurde als Teil des Weiterbildungsmanagements (vgl. Merk 1992; Geißler 1993; Geißler et al. 1994) bzw. als Teil des Weiterbildungsmarketings ausgelegt (vgl. Schlutz 1998a-c). Die verstärkte Bedarfsorientierung sowie die zunehmende Berücksichtigung ökonomischer Anforderungen sind die logischen Konsequenzen der neoliberalen Modernisierung der EB/WB in den 1990er Jahren. Denn mit dem Rückgang der öffentlichen Finanzierung seit den 1990er Jahren nehmen auch im öffentlichen EB/WB-Bereich ökonomische Denk- und Handlungslogiken zu: EB/WB wird als Markt, Bildung als Produkt oder Investition, die Lernenden als Kund/inn/en und die pädagogische Planung als Managementhandeln oder Marketingstrategie ausgelegt.

Der inflationäre und unreflektierte Gebrauch betriebswirtschaftlicher Begriffe im pädagogischen Kontext wurde und wird von verschiedenen Vertreter/inne/n der Disziplin kritisch betrachtet. Einige warnten davor, dass eine begriffliche Entdifferenzierung zur Deprofessionalisierung der EB/WB und letztendlich zur Selbstauflösung der Erwachsenenpädagogik führen könne. Nittel (1997) beispielsweise führt „das Schicksal des Apothekers" als warnendes Beispiel an: Die kommerzielle Massenproduktion von Medikamenten drängte die eigenverantwortliche, auf den einzelnen Patienten bzw. die einzelne Patientin zugeschnittene Erstellung eines pharmazeutischen Heilmittels zurück. Stattdessen wird der Heilerfolg den Ärzt/inn/en und der Pharmaindustrie zugeschrieben. Das fallspezifische Wissen der Apothekerin bzw. des Apothekers kann nur selten angewendet werden und spielt neben dem betriebswirtschaftlichen Wissen eine untergeordnete Rolle. Der/Die Apotheker/in wird zum Geschäftsmann bzw. -frau und verliert seine bzw. ihre Zuständigkeit, Autonomie und die Zurechenbarkeit professionellen Handelns. Mit der Deprofessionalisierung der Apothekerin bzw. des Apothekers ändert sich auch der Status der Patient/inn/en; sie werden zu Kund/inn/en. Um dieser Entwicklung in der EB/WB vorzubeugen bzw. gegenzusteuern, plädiert Nittel (1997) für eine sehr vorsichtige und reflektierte Verwendung betriebswirtschaftlicher Begriffe im erwachsenenpädagogischen Kontext. Betriebswirtschaftliche Konzepte müssen einer aufwendigen erwachsenenpädagogischen Reinterpretation unterzogen werden, so der Autor, da eine plumpe Adaption sich nicht mit dem Eigensinn pädagogischer Sinnwelten vertrage.

4.4 Seit den 2000er Jahren: Programmplanung im Spannungsfeld pädagogischer und ökonomischer Anforderungen

Seit den 2000er Jahren fokussieren Studien aus der Programmplanungsforschung, der erwachsenenpädagogischen Organisationsforschung und der Professionsforschung das Spannungsfeld von pädagogischen und ökonomischen Anforderungen in der Programmplanung. Ausgewählte Studien, die den Diskurs besonders prägen und für das empirische Forschungsvorhaben dieser Arbeit relevant sind, werden im Folgenden vorgestellt.

4.4.1 Programmplanungshandeln als Angleichungshandeln (Gieseke/Gorecki 2000)

Im Anschluss an das kommunikative Planungsverständnis von Tietgens und Siebert aus den 1980er Jahren weisen Gieseke/Gorecki (2000) in einer empirischen Studie in konfessionellen Weiterbildungseinrichtungen nach, dass Programmplanungshandeln nicht schematisch und linear erfolgt, wie deduktive Ablaufmodelle suggerieren, sondern sich kommunikativ-vernetzt, sukzessive im Modus von Angleichungshandeln realisiert: „Angleichungshandeln meint in der Praxis nicht Anpassung, sondern eine Angleichung der Positionen durch Aushandlung, meint Abstimmung, meint, so gesehen, auch Optimierung der Bedarf- und Bedürfniserschließung für die Programmentwicklung. Die Programmentwicklung folgt keinem linearen Entwicklungsgang, sie durchläuft verschiedene Etappen, wie das Ziel erreicht wird, und ist von situativen Kontexten abhängig. Jedes Angebot im Programm nimmt einen anderen Weg“ (Gieseke 2008a: 105). Programmplanende haben eine seismografische Funktion, das bedeutet „Entwicklungen, Veränderungen aufnehmen zu können, sich aktiv Umwelt anzueignen, hören, lesen und sehen zu können, auf Veränderungen reagieren zu können und diese Entwicklungen auf ihre Transformierbarkeit für Bildung zu befragen“

(Gieseke 2000: 217). In kommunikativen Abstimmungsprozessen mit verschiedenen Akteurinnen und Akteuren greifen die Planenden Impulse, Themen, aktuelle Herausforderungen aus dem Umfeld (Politik, Medien, Wissenschaft etc.) auf, analysieren und interpretieren die verschiedenen Perspektiven differenziert, erschließen rückgebunden an ethische Werthaltungen/Menschenbilder entsprechende Bildungsbedarfe, entwickeln inhaltlich begründet Bildungsangebote, strukturieren Programme und bewerten und optimieren diese mittels Evaluation (vgl. Gieseke 2003). Nach Gieseke (2003: 217) verknüpfen die Planenden situationsspezifisch verschiedene Wissensinseln zur Bedarfs- und Bedürfniserschließung[19], Zielgruppengewinnung und Teilnehmeranalyse, Angebotsentwicklung und Dozentengewinnung, Ankündigung und Marketing/Öffentlichkeitsarbeit, Controlling, Kostenkalkulation und Evaluation. Zusammenfassend charakterisiert Gieseke (2008) professionelle Planungskompetenz als eine „analytisch-empirische, historisch-kulturell einordnende Fähigkeit, gesellschaftliche Entwicklungen im Handlungsfeld diagnostizieren und prognostizieren zu können", um „Bedarfe und Bedürfnisse zu erschließen sowie entsprechende Inhalte und Lernformen für den Aneignungsprozess zu gestalten und analytisch zu begleiten" (ebd.: 11). Es geht darum zu identifizieren, vor welchen Herausforderungen das Individuum in einer globalisierten, schnelllebigen Welt steht und wie es sich auf diese Wandlungsprozesse einlassen kann (vgl. ebd.: 15).

19 Als Bildungsbedarf wird „das in einer bestimmten Lage an Bildung Benötigte oder Gewünschte" bezeichnet (Schlutz 2010c: 44). Der Bildungsbedarf oder auch das Lernerfordernis ergibt sich aus einer Diskrepanz zwischen vorhandenen und wünschenswerten Kompetenzen (vgl. Schlutz 2006: 42). Da das Benötigte aber nicht das Gewünschte sein muss und umgekehrt, unterscheidet Schlutz zwei Seiten des Bedarfs: Eine subjektive und eine objektive Seite: „Mit dem Wort ‚Bedarf' assoziiert man eher ein objektiv nachweisbares Qualifizierungserfordernis, bezogen auf eine größere Gruppe, einen Betrieb, die gesellschaftliche Entwicklung. Der subjektive Aspekt des Bedarfs, der in der Motivation des Individuums und in seinen sozialen Lebensbedingungen verankert ist, wird häufig auch als ‚Bildungsbedürfnis' bezeichnet" (Schlutz 2010c: 44). Ein Bedarf kann latent oder manifest sein. Ein Bildungsbedarf ist keine feststehende Größe, sondern kann z.B. durch Bildungsberatung oder konkrete Bildungserfahrungen verändert werden (vgl. Schlutz 2006: 41). Er kann sich in Nachfrage zeigen, muss aber nicht zur Bildungsnachfrage oder -teilnahme führen, da die Individuen nicht unbedingt wissen, ob und welches Bildungsangebot ihre Bedürfnisse befriedigt, bzw. Institutionen nicht immer wissen, wie ihre Bedarfe zielgerichtet gedeckt werden können. Es wird dann auf andere Lösungen ausgewichen oder aus anderen Gründen auf eine Bildungsbeteiligung verzichtet (vgl. Schlutz 2010c: 44).

4.4.2 Weiterbildungsangebote als pädagogische Dienstleistungsbeziehungen (Schlutz 2006, Schäffter 2014)

Während Gieseke mit den „Wissensinseln" und dem „Angleichungshandeln" eigene Begrifflichkeiten zur Entwicklung einer erwachsenenpädagogisch begründeten Programmplanungstheorie entwickelt hat, rekonzeptualisieren Schlutz (2006) und Schäffter (2014) im Anschluss an den betriebswirtschaftlich geprägten Diskurs der 1990er Jahre das Dienstleistungskonzept für die Angebotsentwicklung. Schlutz (2006) definiert das Weiterbildungsangebot als eine Bildungsdienstleistung:

„Das Weiterbildungsangebot besteht in der Zusage, ein vorhandenes Leistungspotential in Form einer bestimmten Bildungsdienstleistung zu realisieren und dabei Eigenleistungen der Abnehmer einzubeziehen" (ebd.: 74).

Anders als bei Konsumgütern handelt es sich, so Schlutz, bei einem Weiterbildungsangebot um ein immaterielles Vertrauensgut, d.h. das Leistungsversprechen wird in Form eines Programmhefts vorgelegt. Wie die Veranstaltung jedoch tatsächlich verläuft, wie ihre Qualität ist, welche Effekte sie hat, ob sie erfolgreich ist, hängt von einer Vielzahl von Faktoren ab, insbesondere von der Eigenleistung der Teilnehmenden. Die spezifische Differenz zwischen Bildungsangeboten, anderen Gütern und Dienstleistungen besteht nach Schlutz darin, dass die Teilnehmenden in besonderem Ausmaß zur Mitarbeit gefordert sind. Weiterbildungseinrichtungen können demzufolge auch keine Bildung verkaufen, vielmehr können sie Lernende dabei unterstützen ihre Bildungsmotive und Lerninteressen zu klären, Lerngelegenheiten dafür anbieten und angemessene Lernhilfen zur Verfügung stellen. (vgl. ebd.)

Auch Schäffter (2014) erachtet den Begriff der „pädagogischen Dienstleistung" als geeignet, da er die Gleichzeitigkeit von Leistungserstellung und -aneignung sowie die reziproke Wechselwirkung zwischen der Dienstleister- und der Nutzerseite als Prozess der interaktiven Wertschöpfung hervorhebt (vgl. ebd.: 43). Schäffter betont, dass im pädagogischen Dienstleistungskonzept Bildung nicht als marktfähige Ware, sondern als ein gesellschaftliches Gemeingut gefasst wird. Dementsprechend betrachtet der Autor Weiterbildungseinrichtungen nicht als privatwirtschaftliche Unternehmen, denen es um Gewinnmaximierung geht, sondern als Non-Profit-Organisation. (vgl. ebd.: 101)

Nach Schlutz (2006) kann die pädagogische Dienstleistungsbeziehung als Angebots-Nachfrage-Beziehung konstruiert werden, wobei sowohl auf der Anbieter- als auch auf der Nachfrageseite unterschiedliche Akteurinnen und Akteure in Erscheinung treten und dementsprechend unterschiedliche Anbieter-Nachfrager-Konstellationen existieren (vgl. Schlutz 2006: 31–36). Das Besondere an der Angebots-Nachfrage-Beziehung in der EB/WB ist, dass es häufig neben dem individuellen Teilnehmenden einen weiteren, institutionellen Auftraggebenden gibt, z.B. das Land/die Kommune, die Arbeitsagentur oder ein Betrieb, sodass die Weiterbildungseinrichtung eine doppelte Loyalität entwickeln muss: gegenüber der Auftrag gebenden (und häufig zahlenden) Institution als direkter Kundin sowie dem lernenden Individuum. Da die Interessen und eingebrachten Leistungen der individuellen und der institutionellen „Kund/inn/en" unterschiedlich sein können, muss die Weiterbildungseinrichtung ggf. zwischen Zielkonflikten vermitteln. (vgl. ebd.: 33f.)

Dem Verhältnis von Angebot und Nachfrage entsprechend unterscheidet Schlutz Angebots- bzw. Nachfrageorientierung als grundsätzliche Programmplanungsstrategien: Bei der *angebotsorientierten Planung* wird ein vollständiges Programm mit konkreten Einzelangeboten in strukturierten Programmbereichen veröffentlicht, während bei der *nachfrageorientierten Planung* „maßgeschneiderte" Lösungen je nach Nachfrage und Bedarf entwickelt werden (vgl. ebd.: 248, zu den Vor- und Nachteilen der beiden Strategien vgl. auch Gieseke 2008).

4.4.3 Organisationsspezifische Planungskulturen (Dollhausen 2008, Gerhard 2009)

Wie Programmplanende mit pädagogischen und ökonomischen Anforderungen in unterschiedlichen Weiterbildungsorganisationen umgehen, erforschen Dollhausen (2008) und Gerhard (2009) aus organisationspädagogischer Sicht.

Gerhard (2009) analysiert eine Planungssitzung einer konfessionellen Einrichtung und beschreibt, wie in der praktischen Planungsarbeit einer Bildungseinrichtung einrichtungs- und organisationsspezifische Handlungsroutinen und Lösungsmuster entwickelt werden, um mit gegensätzlichen gesellschaftlichen Ansprüchen, Forderungen und Konfliktlinien umzugehen.

Dollhausen fragt nach den „Formen der Verknüpfung von wirtschaftlichen und pädagogischen Orientierungen bei der Planung von Angeboten" (ebd.: 12) in der konkreten Bildungspraxis. In einer empirischen Studie rekonstruiert die Forscherin die Deutungs- und Interpretationszusammenhänge der Leitungskräfte und des pädagogischen Personals in Weiterbildungseinrichtungen, die sie als Planungskulturen beschreibt. Zum einen weist sie nach, dass wirtschaftliche Denk- und Handlungsmuster organisationsübergreifend an Bedeutung gewinnen (vgl. ebd.: 117). Zum anderen zeigt die Analyse, dass es einen organisationskulturabhängigen Umgang mit den wirtschaftlichen Handlungsorientierungen gibt (vgl. ebd.: 119). Die von außen gestellten Anforderungen werden in Weiterbildungseinrichtungen nicht einfach angenommen im Sinne einer passiven „Betroffenheit", sondern gemäß der je entwickelten Planungskultur eigenständig gedeutet und interpretiert (vgl. ebd.), sodass die Weiterbildungseinrichtungen auf die Verhältnisse, in denen sie agieren, zurückwirken: „Durch die Art, wie pädagogisches Planungshandeln organisationsintern programmiert und kulturell ausformuliert wird, bestimmen Weiterbildungsorganisationen durchaus mit, ob und wie gesellschaftliche, individuelle und nicht zuletzt auch professionelle Ansprüche an die Gestaltung von Weiterbildungsangeboten und -programmen instruktive Bedeutung gewinnen und mithin pädagogische Effekte zeitigen" (ebd.: 121). Dollhausen arbeitet drei organisationsspezifische Planungskulturen heraus: Die integrierte Planungskultur, die differenzierte Planungskultur und die fragmentierte Planungskultur.

Beide Studien belegen, dass es in der EB/WB-Praxis einen organisationsspezifischen Umgang mit dem Spannungsfeld von pädagogischen und ökonomischen Anforderungen gibt.

4.4.4 Gesellschaftliche Widerspruchskonstellationen und Antinomien (von Hippel 2011)

Die Balancierung von pädagogischen und ökonomischen Zielen deutet von Hippel (2011) aus soziologisch-professionstheoretischer Sicht als zentrale Widerspruchskonstellation der öffentlich geförderten EB/WB: Einerseits weisen Politik und Gesellschaft der EB/WB eine zunehmende Bedeutung zu und fordern eine Erhöhung der Weiterbildungsbeteiligung insbesondere bildungsbenachteiligter Zielgruppen, andererseits werden öffentliche Zuschüsse gekürzt. Hierin spiegele sich das Auseinanderklaffen von Mandat (gesellschaftlicher Auftrag) und Lizenz (gesellschaftliche Erlaubnis, formale Berechtigung) wider: „Erwachsenenbildner verfügen zwar über ein weitläufiges Mandat sowohl in den eigenen wie in den von außen auferlegten Zielen, jedoch über engere Lizenz, da die Ressourcen, die für das Erreichen der mit dem Mandat formulierten Ziele erforderlich sind, nicht zur Verfügung gestellt werden" (ebd.: 53). Die Widerspruchskonstellation halte die Planenden davon ab, so von Hippel (2011: 55), reflektiert mit den Antinomien umzugehen. Mit Antinomien bezeichnet von Hippel im Anschluss an Helsper (2002) logische Widersprüche in Werten, Zielen und Handlungsanforderungen, die dem Planungshandeln selbst inhärent sind. Eine konstitutive Antinomie pädagogischen Planungshandelns besteht z.B. in der Tatsache, dass durch die stellvertretende Deutung für die Bildung einer anderen Lebenspraxis etwas ermöglicht wird, was noch nicht ist (vgl. von Hippel 2011: 48). Antinomien sind nicht aufhebbar, man kann nur reflexiv mit ihnen umgehen (vgl. ebd.: 45). Im Unterschied dazu sind Widerspruchskonstellationen, die durch die Institutionalisierung der pädagogischen Praxis entstehen und in der interdependenten Beziehung zu anderen gesellschaftlichen Teilbereichen begründet sind, prinzipiell auflösbar und transformierbar (vgl. ebd.).

Das Verhältnis von Antinomien und Widerspruchskonstellationen beschreibt von Hippel wie folgt: „Sie [die gesellschaftlichen Widerspruchskonstellationen, C.P.] können die konkrete Ausgestaltung der konstitutiven Antinomien entlasten oder erschweren, sie spezifisch konturieren und zu einer Anforderungsseite der Antinomien hin verschieben" (ebd.: 51). Diese äußeren Erwartungen, Strukturen und Widerspruchskonstellationen erweitern und begrenzen die Spielräume im Planungshandeln, sie beeinflussen den Umgang mit den Antinomien im Planungshandeln.

4.5 Zwischenfazit: Programmplanung zwischen Organisation und Kommunikation sowie zwischen Pädagogik und Ökonomie

Die Literaturauswertung zeigt die unterschiedlichen Planungsverständnisse und Fokussierungen im Zeitverlauf auf:

Die theoretischen Positionen in den 1970er und 1980er Jahren lassen sich im Spannungsfeld von Organisation und Kommunikation verorten. Das Planungsverständnis wandelte sich von der Vorstellung eines zielgerichteten, linear ablaufenden Organisationsprozesses (technisches Verständnis) zu einem offenen, flexiblen Kommunikationsprozess (beiderseitige Suchbewegungen).

Die theoretischen Positionen in den 1990er und 2000er Jahren lassen in systematischer Hinsicht danach unterscheiden, welchen Stellenwert sie der Pädagogik bzw. der Ökonomie einräumen bzw. aus welcher theoretischen Perspektive das Programmplanungshandeln betrachtet wird. Es lassen sich vier Verhältnisse bestimmen:

(1) Auf der einen Seite gibt es Ansätze, die Programmplanungshandeln aus einer betriebswirtschaftlichen Perspektive betrachten und als funktionellen Teilaspekt eines (Weiter-)Bildungsmanagements oder (Weiter-)Bildungsmarketings beschreiben (vgl. z.B. Höffler-Mehlmer 2011).
(2) Auf der anderen Seite gibt es Ansätze, die Programmplanungshandeln aus einer erwachsenenpädagogischen Perspektive als eigenständiges makrodidaktisches Handlungsfeld begründen (vgl. z.B. Siebert 2012; Reich-Claasen/von Hippel 2011) und vom Bildungsmanagement abgrenzen (vgl. z.B. Gieseke et al. 2000).

Während der erste Ansatz der Ökonomie einen Primat einräumt, räumt der zweite Ansatz der Pädagogik einen Primat ein. Zwischen diesen beiden Polen vermitteln integrative Ansätze, die nach einer Verbindung von Pädagogik und Ökonomie suchen:

(3) So gibt es Ansätze, die versuchen, ökonomisches Denken in pädagogische Theorieentwicklung zu integrieren. Ein Beispiel für eine ökonomische Kategorie, die erwachsenenpädagogisch rekonzeptualisiert wird, ist der Begriff „Weiterbildungsangebot" bzw. „pädagogische Bildungsdienstleistung" (vgl. z.B. Schlutz 2006; Schäffter 2014).
(4) Als ein weiterer integrativer Ansatz lassen sich Arbeiten aus dem Bereich der Bildungsökonomie auffassen, die pädagogische Konzepte in betriebswirtschaftliches Denken integrieren.[20]

In einem Schaubild lassen sich die Ansätze im Spannungsfeld von Pädagogik und Ökonomie folgendermaßen verorten:

Abbildung 1: Theoretische Positionen zur Programmplanung im Spannungsfeld Pädagogik und Ökonomie

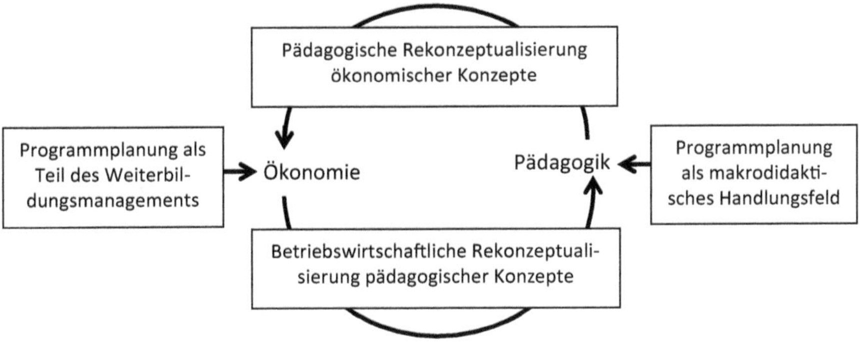

Die Entscheidung, aus welcher Perspektive Programmplanung betrachtet bzw. auf welche Bezugswissenschaft bei der theoretischen Beschreibung des Planungshandelns rekurriert wird, hat Konsequenzen für die Entwicklung der pädagogischen Professionalität. Die Erwachsenenbildungsdisziplin steht einerseits vor der Herausforderung, als Handlungswissenschaft die Entwicklungen in der Weiterbildungspraxis adäquat zu beschreiben, denn das Programmplanungshandeln in der EB/WB findet nicht in pädagogischen Provinzen statt, sondern ist eingebunden in gesellschaftliche Entwicklungen und realisiert sich im Unterschied

20 Dieser Ansatz wird im Folgenden nicht weiter verfolgt, da er der Betriebswissenschaft zuzuordnen ist.

zur schulischen Bildung im Spannungsfeld von Angebot und Nachfrage. Andererseits steht die Disziplin vor der Herausforderung, eine pädagogische Eigenlogik zu entfalten, die wiederum Einfluss auf die Gestaltung gesellschaftlicher Entwicklungen nehmen kann. Will EB/WB nicht Erfüllungsgehilfe für andere Zwecke sein, muss sie sich um ein Verhältnis zu anderen gesellschaftlichen Teilbereichen bemühen, das sich mit dem Terminus der relativen Autonomie beschreiben lässt (vgl. u.a. Forneck/Wrana 2005).

Als zusammenfassender Anspruch an die erwachsenenpädagogische Begriffs- und Theoriebildung im Allgemeinen und im Bereich der Programmplanung im Besonderen lässt sich festhalten, dass die Erwachsenenbildungsforschung eigene Begrifflichkeiten entwickeln bzw. Kategorien aus anderen Disziplinen erwachsenenpädagogisch rekonzeptualisieren sollte.

In der vorliegenden Arbeit wird die Programmplanung als pädagogisches Handlungsfeld verstanden. Damit grenzt sich das Verständnis von Ansätzen ab, die Programmplanung aus einer wirtschaftlichen Perspektive betrachten und als funktionellen Teilaspekt eines (Weiter-)Bildungsmanagements oder (Weiter-)Bildungsmarketings auffassen. Im Anschluss an Gieseke (2003: 193f.) wird begrifflich zwischen Bildungsmanagement und Programmplanung differenziert: *Bildungsmanagement* beschreibt die Leitungsaufgaben einer Einrichtung (vgl. Robak 2004) und umfasst die betriebswirtschaftliche Dimension, *Programmplanung* meint den pädagogischen Kern der Arbeit von hauptamtlich beschäftigten pädagogischen Mitarbeitenden (vgl. Gieseke 2003: 193). Die *Angebotsentwicklung* wird als eine Unterform der Programmplanung aufgefasst.

In dieser Arbeit wird die Programmplanung bzw. Angebotsentwicklung von Bildungsurlaubsveranstaltungen aus einer diskursanalytischen Perspektive beleuchtet. D.h. der Bildungsurlaub wird als diskursives Feld betrachtet und die Programmplanung und Angebotsentwicklung werden als diskursive pädagogische Praktiken verstanden.

Im nächsten Kapitel werden die theoretischen und methodologischen Grundlagen der wissenssoziologischen Diskursanalyse (WDA) nach Keller (2011) vorgestellt, um dann denn Bildungsurlaub als Diskursfeld zu beschreiben sowie das diskursanalytische Planungsverständnis zu entfalten.

Forschungsmethodologischer Teil

5. Diskursanalytische Forschungsperspektive

Der bzw. die Bildungsurlaubsdiskurse der Planenden werden in dieser Arbeit aus einer diskursanalytischen Forschungsperspektive beleuchtet. Das bedeutet: Bildungsurlaub wird als diskursives Feld betrachtet, die Programmplanung und Angebotsentwicklung werden als diskursive Praktiken verstanden und die Bildungsurlaubsangebote bzw. Bildungsprogramme als Diskurseffekte gedeutet.

Warum die Diskursanalyse für das vorliegende Forschungsvorhaben gewählt wird und welche methodologischen Implikationen damit verbunden sind, wird in den nächsten Kapiteln erläutert. Es werden grundlegende Begriffe, theoretische Annahmen und Forschungsperspektiven der wissenssoziologischen Diskursanalyse (WDA) nach Keller (2011) vorgestellt und auf die Angebotsplanung von Bildungsurlaubsveranstaltungen bezogen.

5.1 Diskursforschung

Die Diskursforschung hat in den letzten Jahrzehnten in verschiedenen sozial- und geisteswissenschaftlichen Disziplinen enorm an Bedeutung gewonnen. Keller (2011) sieht die Konjunktur zum einen in der exponentiellen Zunahme der Wissensproduktion, zum anderen in der enormen Verbreitung von professionalisierten Kommunikationsprozessen und Kommunikationstechnologien in den verschiedenen gesellschaftlichen Handlungsfeldern begründet (vgl. ebd.: 10).

Auch in den Erziehungs- und Bildungswissenschaften werden Diskursperspektiven immer stärker genutzt. Zu den zentralen diskursanalytischen Arbeiten in der Erwachsenenbildungsforschung zählen u.a. die Studien von Forneck/Wrana (2005) zu Gouvernementalität als Perspektive auf das Feld der EB, Kossack (2006) zur Analyse des Diskurses zum Lernen und zur Lernberatung, Langer/Ott/Wrana (2006) zur Analyse von Stellenanzeigen, Truschkat (2008) zur Analyse des Kompetenzdiskurses, Rothe (2011) zur Analyse der diskursiven Formation Lebenslangen Lernens im bildungspolitischen Diskurs sowie die aktuelle Arbeit von Rosenberg (2015) zur Analyse des Diskurses der Erwachsenenbildungsdisziplin.

Für diese Arbeit von besonderem Interesse sind die Studien von Forneck/Wrana (2005), Rothe (2011) und Rosenberg (2015), da sie das Verhältnis von Bildungspolitik und Erwachsenenbildungsforschung betrachten.

Die Diskursforschung knüpft an die sozialwissenschaftliche Einsicht an, dass die Beziehungen der Menschen zur Welt durch kollektiv erzeugte symbolische

Sinnsysteme oder Wissensordnungen vermittelt werden (vgl. Keller 2011: 7). Diskurse werden als Versuche verstanden, „Bedeutungszuschreibungen und Sinn-Ordnungen zumindest auf Zeit zu stabilisieren und dadurch eine kollektiv verbindliche Wissensordnung in einem sozialen Ensemble zu institutionalisieren" (ebd.: 8).

Die sozialwissenschaftliche Diskursforschung beschäftigt sich dementsprechend mit „dem Zusammenhang zwischen Sprechen/Schreiben als Tätigkeit bzw. soziale Praktiken und der (Re-)Produktion von Sinnsystemen/Wissensordnungen, den darin eingebundenen sozialen Akteuren, den diesen Prozessen zugrunde liegenden Regeln und Ressourcen sowie ihren Folgen in sozialen Kollektiven. (…) Im Zentrum (…) steht (…) die Analyse institutioneller Regulierungen von Aussagepraktiken und deren performative, wirklichkeitskonstituierende Macht" (ebd.).

Während *Diskurstheorien* allgemeine theoretische Grundlagenperspektiven auf die „sprachförmige Konstituiertheit der Sinnhaftigkeit von Welt" (ebd.: 8f.) entwickeln, konzentrieren sich *Diskursanalysen* auf die empirische Untersuchung von Diskursen, wobei der Begriff Diskursanalyse keine spezifische Methode, sondern „eine Forschungsperspektive auf besondere, eben als Diskurse begriffene Forschungsgegenstände" (ebd.: 9) bezeichnet.

Inzwischen liegen eine Vielzahl diskurstheoretischer und -analytischer Ansätze vor, darunter die *Wissenssoziologische Diskursanalyse*, an die sich diese Arbeit orientiert.

5.2 Diskursbegriff

Der Diskursbegriff leitet sich aus dem altlateinischen ‚discurrere' oder ‚discursus' ab und bedeutet so viel wie ‚Umherlaufen'. In der Alltagssprache wird mit dem Begriff ‚Diskurs' ein öffentlich diskutiertes Thema (z.B. der Bildungsurlaubsdiskurs), eine spezifische Argumentationskette (z.B. der ‚neoliberale Diskurs') oder die Position einer bestimmten Interessengruppe (z.B. der ‚Gewerkschaftsdiskurs') bezeichnet. Im wissenschaftlichen Sprachgebrauch wird der Diskursbegriff unterschiedlich verwendet und es liegt eine Vielzahl diskursanalytischer Ansätze vor. Einen umfassenden Überblick über die verschiedenen historischen Verständnisse des Diskursbegriffs (u.a. im philosophischen Pragmatismus nach Peirce und Mead, im US-amerikanischen sprachwissenschaftlichen Strukturalismus und der Distributionslinguistik nach Harris, im französischen Strukturalismus und Poststrukturalismus nach Saussure, Lévi-Strauss und Foucault) bis hin zu aktuellen Begriffsverständnissen unterschiedlicher Ansätze der Diskursforschung gibt Keller (2011: 13–64).

In dieser Arbeit wird an den Diskursbegriff von Foucault (1969) und seiner Weiterentwicklung in der wissenssoziologischen Diskursanalyse (WDA) nach Keller (2011) angeknüpft. Im Anschluss an Foucault (1969) definiert Keller (2013) Diskurse als „historisch entstandene und situierte, geregelte Aussagenpraktiken, welche die Gegenstände konstituieren, von denen sie handeln“ (ebd.: 30). Wenn Diskurse die Gegenstände erzeugen, über die sie sprechen, bedeutet das, dass Diskurse die ‚Welt‘ nicht abbilden, sondern die Realität in spezifischer Weise konstituieren. Durch Diskurse wird ein bestimmtes Wissen über einen Gegenstand produziert, Differenzbildungen werden erzeugt und Ein- und Ausschlüsse werden vorgenommen. Somit entsteht eine Kopplung von Wissen und Macht. (vgl. Truschkat 2013)

Der hier im Anschluss an Foucault verwendete Diskursbegriff grenzt sich vom Diskursbegriff Jürgen Habermas‘ und der linguistischen Gesprächsanalyse („discourse analysis“) ab. Im Unterschied zur linguistischen Gesprächsanalyse, die sich für die Organisation des konkreten Sprachgebrauchs interessiert, und zum Diskursbegriffs Habermas‘, den es um die Begründung und Reflexion von Normen und deren Geltung im Medium eines herrschaftsfreien Dialogs geht, hebt der Diskursbegriff von Foucault die Abhängigkeit der Individuen von Beschränkungen dessen, was und wie etwas gesagt werden kann, hervor: „[Diskurse] bestimmen, worüber zu einem gegebenen Zeitpunkt in einer gegebenen gesellschaftlichen Formation gesprochen werden kann“ (Nolda 2010a: 68)

Foucault selbst hat keine Methodologie seines Forschens entfaltet. Diese wurde erst später von anderen Autor/inn/en aus Foucaults empirischen und theoretischen Abhandlungen hergeleitet – u.a. in der WDA.

5.3 Wissenssoziologische Diskursanalyse (WDA)

Die WDA ist ein Forschungsprogramm bzw. eine Forschungsperspektive, die sich auf als Diskurse verstandene Forschungsgegenstände und -fragen bezieht und ein analytisches Vokabular bereitstellt, das Fragen von Wissen, Macht, Interessen und Beziehungen in den Fokus rückt (vgl. Keller 2011; Rausch 2012: 280ff.). Sie wurde in den 1990er Jahren in den Sozialwissenschaften begründet. Ihre theoretischen Bezüge sind in der Diskurstheorie von Foucault (1969) und der sozialkonstruktivistischen Wissenssoziologie von Berger/Luckmann (1966) verankert.

Die theoretische Grundannahme der WDA ist, dass alles, was wir wahrnehmen, erfahren und spüren über sozial konstruiertes, typisiertes, in unterschiedlichen Graden als legitim anerkanntes und objektiviertes Wissen (Bedeutungen, Deutungs- und Handlungsschemata) vermittelt wird (vgl. Berger/Luckmann 1966). D.h. der Mensch hat weder einen unmittelbaren Zugang zur Welt ‚an sich', noch basiert sein Weltwissen auf einem angeborenen, kognitiven Kategoriensystem, sondern beruht auf gesellschaftlich hergestellten symbolischen Systemen oder Ordnungen, die in und durch Diskurse produziert werden (vgl. Keller 2011: 58f.).

Das Erkenntnisinteresse der WDA richtet sich auf die Prozesse der Erzeugung, Stabilisierung und Transformation gesellschaftlicher Wissensverhältnisse und Wissenspolitiken (vgl. ebd.: 10). Gesellschaftliche Wissensverhältnisse definiert Keller im Anschluss an Berger/Luckmann (1966) als „sozial erzeugte und historisch situierte Konfigurationen von Wirklichkeits-, d.h. Faktizitäts- und Normativitätsbehauptungen, die den lokalen, nationalen, transnationalen, globalen Horizont dessen aufspannen, was als ‚gesellschaftliche Wirklichkeit' gilt" (Keller 2013: 27f.). Der Begriff der Wissenspolitiken verweist auf den Prozess- und Wandlungscharakter der Wissensverhältnisse, die immer nur temporär und relativ stabil sind, und auf die aktive Rolle der sozialen Akteure, die mit der Produktion und Veränderung von Wissensverhältnissen befasst sind. Wissenspolitiken sind „Ausdruck des konflikthaften und umstrittenen Charakters der gesellschaftlichen Konstruktion der Wirklichkeit" (ebd.: 28). Pointiert zusammengefasst: Die WDA untersucht die diskursive Konstruktion der Wirklichkeit. Im Unterschied zur kritischen Diskursanalyse (vgl. u.a. Jäger 2012), die primär auf Ideologiekritik zielt, hat die WDA kein Interventionsinteresse, sondern stellt ein analytisches Programm dar.

Ziel der WDA ist es, durch die Identifikation von Machtspielen vermeintliche „Selbstverständlichkeiten oder Normalitäten aufzubrechen", „das Fraglose zum Ereignis zu machen" und „scheinbar Unproblematisches zu problematisieren", um die Kontingenz der Möglichkeiten aufzuzeigen und zu verdeutlichen, dass die vorgefundene historische Situation nur eine unter vielen möglichen ist (vgl. Truschkat 2013: 71). Diskurse werden nicht als zwingende Ereignisse eines linearen Entwicklungsprozesses betrachtet, sondern die vorgefundene Realität ist nur eine unter vielen möglichen. In der Analyse geht es dann darum zu verstehen, wie sich Diskurse formieren, und zu erklären, warum sich Diskurse formieren und welche Wirkungen sie haben. (vgl. ebd. 52) Dementsprechend definiert Keller (2011) Diskurse als „eine nach unterschiedlichen Kriterien abgrenzbare Aussagepraxis bzw. Gesamtheit von Aussageereignissen, die im Hinblick auf institutionell stabilisierte gemeinsame Strukturmuster, Praktiken, Regeln und Ressourcen der Bedeutungserzeugung untersucht werden" (ebd.: 68). Bei der WDA geht es dementsprechend zentral um zwei Fragen: *Wer* darf legitimer Weise *wo* sprechen? Und: *Was* darf/kann *wie* gesagt werden? (vgl. ebd.: 67)

Die Forschungsperspektiven der WDA richten sich auf die (1) Subjekte/Akteure des Diskurses), (2) die Praktiken der Diskursproduktion, (3) die Aussagendimensionen des Diskurses und/oder die (4) Dispositive des Diskurses (vgl. ebd.: 65ff.):

(1) Subjekte: Wer darf sprechen?
Die Untersuchung der *Subjekte des Diskurses* umfasst die Analyse der sozialen Akteure als Individuen oder Gruppen, die Sprecher- bzw. Subjektpositionen einnehmen. *Sprecherpositionen* sind Rollen, von denen eine legitime Beteiligung am Diskurs möglich ist, z.B. Gewerkschaftsvertreter/innen im Bildungsurlaubsdiskurs. Es ist davon auszugehen, dass die gesellschaftlichen Akteure, die als Sprecher/innen in Diskursen in Erscheinung treten, die jeweiligen Sprecherpositionen besetzen und mitunter ex- oder implizite *Diskurskoalitionen* bilden, über unterschiedliche und ungleich verteilte Ressourcen der Artikulation und Resonanzerzeugung verfügen. Entscheidend ist daher, wer legitimer Weise wo sprechen darf und was wie gesagt werden kann/darf. (vgl. ebd.: 67)

In Bezug auf den BU-Diskurs stellen sich auf der Ebene der Subjekte folgende Fragen: Welche sozialen Akteure sind am Bildungsurlaubsdiskurs beteiligt? Welche Diskurskoalitionen werden gebildet? Mit welchen Ressourcen, Interessen und Strategien besetzen die Akteure die Sprecherpositionen?

(2) Diskursive Praktiken: Wie werden Diskurse konstituiert?
Als *diskursive Praktiken* werden die sprachlichen Formen der Aussagen(re)produktion eines spezifischen Diskurses bezeichnet, die sich textförmig materialisieren (können), z.B. in Presseerklärungen. Von den diskursiven Praktiken sind *nicht-diskursive Praktiken* als Formen des nicht-sprachlichen Handelns zu unterscheiden, die in bestimmten Fällen einem Diskurs zurechenbar sind, sich davon aber auch unabhängig und eigendynamisch entwickeln können, z.B. symbolische Gesten wie das Händeschütteln. (vgl. ebd.)

Im Hinblick auf den BU-Diskurs stellt sich die Frage, wie (mittels welcher Praktiken) der Bildungsurlaubsdiskurs (re)produziert wird sowie welche sprachlichen und symbolischen Mittel eingesetzt werden.

(3) Aussage: Was wird gesagt?
Eine *Aussage* ist der typisierbare Kerngehalte eines bzw. vieler diskursiver Ereignisse (Äußerungen) und lässt sich über wissensanalytische Konzepte (Deutungsmuster, Phänomenstruktur, Klassifikationen, story line) erschließen. (vgl. ebd.)

Bezogen auf den Bildungsurlaubsdiskurs ließe sich untersuchen, welche Aussagen, Begriffe, Formationen dieser enthält.

(4) Dispositive: Welche gesellschaftlichen Wirkungen und Machteffekte haben Diskurse?

Dispositive sind institutionalisierte infrastrukturelle Momente und Maßnahmebündel, z.B. Gesetze, Zuständigkeitsbereiche, Ausbildungsgänge oder Sanktionsinstanzen, die zur (Re-)Produktion eines Diskurses beitragen, den Diskurs stabilisieren, und somit Machteffekte realisieren, die über den Diskurs hinaus gehen. (vgl. ebd.)

Mit Blick auf den BU-Diskurs kann gefragt werden, welche gesellschaftlichen Wirkungen und Machteffekte dieser entfaltet.

Im nächsten Kapitel wird das Diskursfeld Bildungsurlaub skizziert.

5.4 Bildungsurlaub als Diskursfeld

Mithilfe des analytischen Vokabulars der WDA und auf der Grundlage der zeitgeschichtlichen Einordnung der Bildungsurlaubsdiskurse in Politik, Praxis und Forschung lässt sich der Bildungsurlaub als diskursiv umkämpftes Feld differenziert betrachten und beschreiben.

Es besteht allerdings kein Anspruch einer umfassenden Analyse und Darstellung des Bildungsurlaubsdiskurses im Hinblick auf alle beschriebenen Forschungsperspektiven. Dies wäre ein eigenes, umfangreiches Forschungsvorhaben, das weit über das Erkenntnisinteresse dieser Arbeit, das die Perspektive der Planenden fokussiert, hinausgeht. An dieser Stelle geht es darum, einen Überblick über die verschiedenen Diskursarenen, mit denen die BU-Planung auf komplexe Weise verwoben ist, zu schaffen.

Zunächst lassen sich im Diskursfeld Bildungsurlaub unterschiedliche *Diskursarenen* unterscheiden, z.B. die Diskursarena der Sozialpartner, die bildungspolitische Diskursarena, die Diskursarena der Weiterbildungspraxis, die wissenschaftliche Diskursarena und die öffentliche Diskursarena. Innerhalb dieser Diskursarenen können folgende *soziale Akteure* identifiziert werden, die Sprecherpositionen besetzen und Diskurskoalitionen mit Akteuren aus anderen Diskursarenen bilden:

- In der *Diskursarena der Sozialpartner* stehen auf der einen Seite die Gewerkschaften und die Betriebsräte als Interessenvertreter der Arbeitnehmer/innen, die den Bildungsurlaub befürworten, und auf der anderen Seite die Unternehmensverbände und die Kammern als Interessenvertreter/innen der Arbeitgeber, die den Bildungsurlaub (tendenziell) ablehnen.
- In der *bildungspolitischen Diskursarena* gibt es parteipolitisch verschiedene Positionen: Während die SPD und Bündnis 90/Die Grünen die Position der

Gewerkschaften teilen, bilden die CDU und die FDP eine Diskurskoalition mit den Arbeitgebervertreter/innen.

- In der *Diskursarena der Weiterbildungspraxis* lassen sich ebenfalls trägerspezifische Positionen und Diskurskoalitionen identifizieren: Gewerkschaftliche Träger, wie z.B. Arbeit und Leben, die Volkshochschulen und die konfessionell gebundenen Weiterbildungseinrichtungen bilden eine Diskurskoalition mit den Gewerkschaften und konzipieren Bildungsurlaub als gesellschaftspolitisches Instrument. Die von den Unternehmensverbänden getragenen Weiterbildungseinrichtungen, wie die Bildungswerke der Wirtschaft, und die gewerblichen Weiterbildungsanbieter stehen (tendenziell) der Position der Arbeitgebervertreter nah und legen den Bildungsurlaub als Instrument beruflicher Qualifizierung aus.
- Eine eindeutige Position pro Bildungsurlaub vertreten Wissenschaftler/innen aus der *Erwachsenenbildungsdisziplin*, die somit eine Diskurskoalition mit den Gewerkschaften bilden.
- Im *massenmedialen Diskurs* (in Presse, Rundfunk, Internet) lassen sich ebenso unterschiedliche Sprecherpositionen wie in der digitalen Öffentlichkeit, z.B. in den sozialen Netzwerken im Internet, identifizieren. Im Unterschied zu den oben genannten Diskursen, die in gesellschaftlichen Teilöffentlichkeiten stattfinden und Spezialdiskurse (re-)produzieren, in denen nur bestimmte autorisierte Personen sprechen dürfen, sind der massenmediale Diskurs und die *Diskurse in den sozialen Netzwerken* öffentliche Diskurse, in denen im Grunde jede/r sprechen darf.

Die sozialen Akteure nutzen verschiedene *diskursive Praktiken*, z.B.

- politische Stellungnahmen und/oder Presseerklärungen (Sozialpartner),
- politische Reden und Diskussionen, die sich in bildungspolitischen Dokumenten, Empfehlungen, Bildungsurlaubsgesetzen und -verordnungen materialisieren (Bildungspolitik),
- Programmplanungen, die sich in den Bildungsprogrammen materialisieren (Weiterbildungspraxis),
- wissenschaftliche Vorträge und Publikationen (Erwachsenenbildungsdisziplin),
- Presse-, Rundfunk- und Onlinebeiträge (Medien), Beiträge in sozialen Netzwerken (z.B. Facebook, Twitter), Weblogs oder Internetforen (digitale Öffentlichkeit).

Auf der Ebene der *Aussagen* können zunächst zwei gegensätzliche Positionen im Diskursfeld Bildungsurlaub bestimmt werden: die Position „Pro“ und die

Position „Kontra“ Bildungsurlaub. Zwischen den beiden Polen lassen sich unterschiedliche Auslegungen zum Bildungsurlaub und Funktionszuschreibungen verorten, die – so die These – durch eine zunehmende Akzentverschiebung vom gesellschaftspolitischen Anliegen zum Instrument beruflicher Qualifizierung charakterisiert sind.

Als *Dispositive* lassen sich im Diskursfeld Bildungsurlaubs folgende Infrastrukturen deuten:

- die Bildungsurlaubsgesetze und -verordnungen,
- die von der Handelskammer, den Unternehmensverbänden und dem Senat eingerichtete „Clearingstelle Bildungsurlaub“ in Bremen, an die sich Unternehmen wenden können, wenn sie den Verdacht haben, dass die beantragten Bildungsurlaubsveranstaltungen eher „Freizeitcharakter“ haben.

Das folgende Schema bildet die zentralen Diskursarenen ab.

Abbildung 2: *Diskursfeld Bildungsurlaub*

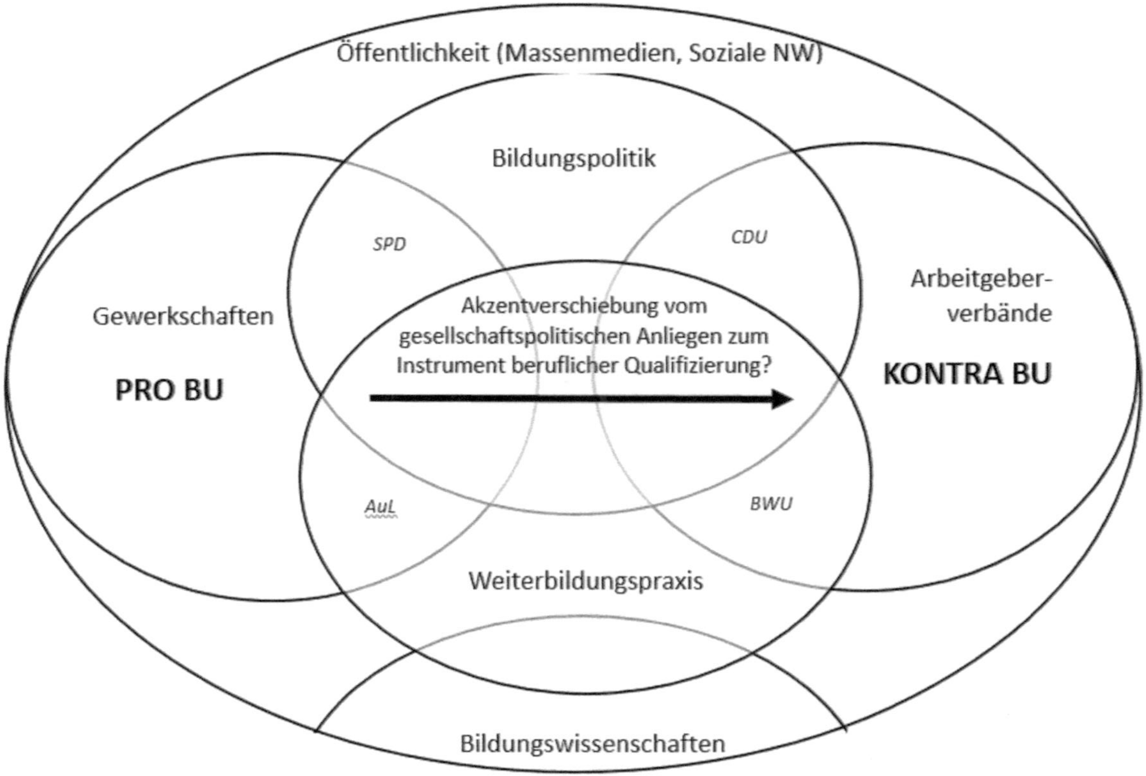

In der empirischen Studie der Arbeit wird die Diskursarena der Weiterbildungspraxis fokussiert, konkreter: Die an der Planung beteiligten Akteure, die Praktiken des Planungshandelns und die in den Bildungsurlaubsangeboten materialisierten Aussagen (Konzepte). Es interessiert, wie sich die Planenden in unterschiedlichen Weiterbildungseinrichtungen im Bildungsurlaubsdiskurs positionieren, welche Spuren von anderen Diskursen in den Angeboten wiederzufinden sind und welche Spezialdiskurse zum Bildungsurlaub in unterschiedlichen Weiterbildungseinrichtungen (re-)produziert werden.

Mit Nolda (1998) wird angenommen, dass der pädagogische Diskurs von anderen Diskursen durchdrungen ist: „Statt nun aber pädagogische bzw. andragogische Diskurse als von anderen Diskursen getrennte zu denken, ist davon auszugehen, daß in diesen trotz einer spezifischen Eigengesetzlichkeit, die bestimmte Aussagen nahelegt und andere ausschließt, die anderen Diskurse ihre Spuren hinterlassen" (ebd.: 204). Ziel der diskursanalytischen Untersuchung von Veranstaltungsankündigungen sei es, die Spuren unterschiedlicher Diskurse in ihrer spezifischen Mischung und ihrer Bedeutung zu erfassen (vgl. ebd.: 206). Schwierig ist jedoch zum einen, dass in Programmen von Weiterbildungseinrichtungen, die über ein breites Angebotsspektrum verfügen und sich ausdrücklich dem Pluralismus verschrieben haben, kaum eindeutige Diskurse zu identifizieren sind. Zum anderen werden durch die Institutionenvielfalt und das Aufkommen vieler kleiner, spezialisierter Anbieter schnell neu entstehende oder sich verändernde Diskurse aufgegriffen. (vgl. ebd.: 205)

5.5 Programmplanung als diskursive pädagogische Praktik

Aus diskurstheoretischer Sicht wird die Programmplanung in dieser Arbeit als diskursive pädagogische Praktik ausgelegt. Damit wird eine neue theoretische Position vorgeschlagen, die an den aktuellen, in Kapitel 4 dargestellten Forschungsstand anschließt (insbesondere an die Arbeiten von Cervero/Wilson 1994/2006; Dollhausen 2008; Gieseke/Gorecki 2000; von Hippel 2011; Schäffter 2014; Schlutz 2006). Mit Rekurs auf den pädagogischen Grundgedanken nach Benner (2015) wird versucht, eine spezifische pädagogische Deutungsperspektive zu entfalten, die sich von einer sozialwissenschaftlichen Perspektive unterscheidet.

5.5.1 Diskursanalytische Deutung

Es wird davon ausgegangen, dass erwachsenenpädagogische Programmplanung weder in isolierten pädagogischen Provinzen stattfindet, noch in einem direkten Ableitungsverhältnis anderer gesellschaftlicher Bereiche steht, sondern

Programmplanung in der EB/WB ist relativ autonom und durch ein Wechselwirkungsverhältnis gekennzeichnet: Zum einen wird die Planung durch verschiedene Diskurse beeinflusst; sie ist eingebettet in gesellschaftliche, historische, soziale, kulturelle, ökonomische Entwicklungen und orientiert sich an gesellschaftlichen Bedarfen und individuellen Bedürfnissen. In ihrer seismografischen Haltung rezipieren die Planenden bei der Bedarfserschließung und Themenentwicklung gesellschaftliche, öffentliche, medial vermittelte, bildungspolitische, wissenschaftliche u.a. Diskurse und selektieren diese entsprechend des Trägerinteresses und des Bildungsauftrags der Weiterbildungseinrichtung sowie ihrer professionellen Haltung. Zum anderen gestalten die Planenden die gesellschaftlichen Entwicklungen mit, indem sie die gesellschaftlichen Anforderungen in pädagogisch legitime transformieren und eigene Spezialdiskurse (z.B. zum Bildungsurlaub) produzieren, die sich in den Planungsentscheidungen, -begründungen und schließlich in den Bildungsprogrammen materialisieren. Im Sinne eines kommunikativ-vernetzten Angleichungshandelns (vgl. Gieseke 2003) beziehen die Planenden verschiedene Positionen ein, verhandeln unterschiedliche (Macht-) Interessen (vgl. Cervero/Wilson 2006[21]) und gehen mit gesellschaftlichen Widerspruchskonstellationen und pädagogischen Antinomien um (vgl. von Hippel 2011), wobei von organisationsspezifischen Planungskulturen (vgl. Dollhausen 2008) auszugehen ist. Das bedeutet, Planende reagieren nicht einfach nur auf gesellschaftliche Entwicklungen im Sinne einer Anpassung, sondern sind relativ autonom, d.h. sie besitzen die Fähigkeit, feldexterne Zwänge und Anforderungen zu brechen und in die eigene (pädagogische) Logik zu übersetzen (vgl. Forneck/Wrana 2009: 176). Planende gestalten somit gesellschaftliche Entwicklungen und Diskurse mit, zum Teil auch gegensteuernd, indem sie sich selbstbewusst mit den gesellschaftlichen Anforderungen auseinandersetzen (vgl. Schäffter 2001). Die selbstbewusste Auseinandersetzung mit den externen Anforderungen setzt

---

21 Cervero/Wilson (1994, 2006) fokussieren in ihrer Programmplanungstheorie die Aspekte Macht und Interessen. Ausgangspunkt ihrer Theorie ist die auf Fallstudien basierende Beobachtung, dass die Programmplanenden in komplexen organisationalen Kontexten operieren, die historisch gewachsen und durch verschiedene soziale Machtkonstellationen gekennzeichnet sind. Bei der Programmplanung müssen die Pädagogen und Pädagoginnen dementsprechend unterschiedlichste Interessen berücksichtigen: „Program planning is defined as a social activity in which people negotiate personal and organizational interests to construct adult education programs" (Cervero/Wilson 1994: 249). Zur Illustration der Aushandlungsprozesse nutzen Cervero/Wilson (2006) die Metapher eines „Planning Table".

voraus, dass das EB/WB-Feld[22] eine eigene Logik, einen disziplinären Eigensinn, eine pädagogische Orientierung bzw. die Orientierung an einem pädagogischen Bezugshorizont ausbildet und von anderen Feldern anerkannt wird.

Wissenschaftliche Analysen, wie die Studie von Forneck/Wrana (2009) und die Studie von Rosenberg (2015), konstatieren jedoch eine schwach ausgebildete Autonomie des Weiterbildungsfeldes. Das Selbstverständnis der Erwachsenenbildungsdisziplin sei sehr fragil, die politischen und ökonomischen Felder funktionalisieren das Weiterbildungsfeld, die Erwachsenenbildung übernimmt häufig Funktionen für andere Institutionen und orientiert sich an anderen nicht-pädagogischen Bezugshorizonten (vgl. Forneck/Wrana 2009: 175, Rosenberg 2015: 172). So kommt Rosenberg (2015) zu dem Ergebnis, dass die Diskursproduktion in der Erwachsenenbildungsdisziplin im wesentlichen Maße von der Bildungspolitik beeinflusst werde: „Das Feld der Erwachsenenbildungswissenschaft wird damit vornehmlich bestimmt durch externe, meist politische Auftraggeber, die ein spezifisches Verwertungsinteresse an Erwachsenenbildung haben und sie zum Handlanger für unterschiedlichste Interessen machen (wollen)“ (ebd.: 170).

In der empirischen Analyse der Studie soll geprüft werden, ob es Widerständigkeiten und Gegensteuerungen gibt, d.h. inwiefern Angleichungshandeln und relative Autonomie im professionellen Planungshandeln realisiert werden können – oder ob es Durchsteuerungen und Anpassungen gibt.

Die Entwicklung einer (erwachsenen)pädagogischen Eigenlogik kann sich, so der Vorschlag im Anschluss an Benner (2015), auf den pädagogischen Grundgedanken, d.h. auf die konstitutiven und regulativen Prinzipien pädagogischen Denkens und Handelns, beziehen.

5.5.2 Pädagogische Deutung

Die WDA ist ein sozialwissenschaftliches Forschungsprogramm und bedarf einer spezifischen pädagogischen Auslegung, die die Eigenlogik des EB/WB-Feldes berücksichtigt.

Wenn nun mit der Eigenlogik eines Feldes argumentiert wird, stellt sich die Frage, worin genau die pädagogische Eigenlogik des EB/WB-Feldes besteht: Was ist das spezifisch Pädagogische in Abgrenzung zu anderen z.B. ökonomischen und politischen Denk- und Handlungslogiken? Kann „das Pädagogische“ überhaupt als autonomes Gebilde in Abgrenzung zu anderen Handlungsformen betrachtet werden oder steht es nicht vielmehr in komplexen Wechselwirkungsverhältnissen

22 Mit dem Feldbegriff bezeichnen Forneck/Wrana (2009: 176) im Anschluss an Bourdieu einen gesellschaftlichen Teilbereich als Ensemble von Praktiken und Diskursen.

zur Ökonomie und Politik? Und ist die Rede von „dem Pädagogischen" überhaupt legitim angesichts der ausdifferenzierten pädagogischen Handlungsfelder und Einzeldisziplinen? So kommt Benner zu dem Schluss: „Weder nach außen, gegenüber anderen „Wirklichkeiten", noch nach innen, im Hinblick auf eine innere Konsistenz, lässt sich heute ohne weiteres so etwas wie *die pädagogische Praxis* oder *die Pädagogik als Wissenschaft* identifizieren" (Benner 2015: 17, Herv. im Org.).

Trotz der skizzierten Schwierigkeiten unternimmt Benner in seiner „Allgemeinen Pädagogik" den Versuch, einen pädagogischen Grundgedanken zu entwickeln, der für die vielfältigen Handlungsfelder der pädagogischen Praxis sowie für die Theorieentwicklung und Forschung in den ausdifferenzierten Einzeldisziplinen der Pädagogik allgemeine Geltung beanspruchen kann (vgl. ebd.: 5).[23] Mit den allgemeinpädagogischen Unterscheidungen und Verhältnisbestimmungen können Konzepte aus unterschiedlichen Bereichspädagogiken analysiert, kritisiert und weiterentwickelt werden (vgl. ebd.: 332). Dies soll nun für die theoretischen Ansätze zur Programmplanung unternommen werden.

Der pädagogische Grundgedanke basiert auf einer allgemeinen Handlungstheorie und geht von einem philosophischen, an der praktischen Vernunft ausgerichteten Begriff menschlichen Handelns aus, der in der Leiblichkeit, Freiheit, Sprachlichkeit und Geschichtlichkeit menschlicher Existenz und Koexistenz begründet ist und zwischen einer politischen, ökonomischen, ethischen, religiösen, ästhetischen und pädagogischen Praxis als Grundphänomene menschlicher Praxis unterscheidet (vgl. Benner 2015: 30). Er besteht in der Annahme, dass jeder Mensch eine von Natur aus *unbestimmte Bildsamkeit* besitzt (vgl. ebd.: 74) und seine Bestimmung zu rezeptiver und spontaner Leiblichkeit, Sprachlichkeit, Geschichtlichkeit und Freiheit durch *Aufforderung zur Selbsttätigkeit* erlangen kann (vgl. ebd.: 82). Um in pädagogischen Interaktionen Wechselwirkungen zwischen

23 Die Frage nach der universellen Grundstruktur des Pädagogischen, durch die sich pädagogische Sachverhalte von anderen abgrenzen lassen, ist eine grundlagentheoretische Fragestellung, die genuiner Gegenstand der Allgemeinen Pädagogik ist. Forneck/Wrana (2005: 48) wenden ein, dass es keinen pädagogischen Grundgedanken geben könne, da er eine Einheit unterstellt, die es nie gegeben habe, denn die Subdisziplinen der Pädagogik, wozu auch die EB/WB zählt, haben verschlungene Entstehungsgeschichten. Diesem Einwand ist mit Benner (2015) zu entgegnen, dass der pädagogische Grundgedanke nicht erst mit der Entstehung der Subdisziplinen der Pädagogik entwickelt wurde und nun geschichtswissenschaftlich rekonstruiert werden muss. Vielmehr liegt der pädagogische Grundgedanke den pädagogischen Einzelhandlungen und den pädagogischen Disziplinen präreflexiv zugrunde (vgl. ebd.: 21), d.h. er beansprucht übergeschichtliche Geltung im Sinne eines historischen Apriori (vgl. ebd.: 60f.) und ist nur durch eine systematisch-problemgeschichtliche Vergewisserung zugänglich (vgl. ebd.: 23).

Selbst- und Welttätigkeiten zu stimulieren, müssen *gesellschaftliche Anforderungen und Einflüsse in pädagogisch legitime transformiert* werden (vgl. ebd.: 108). Dies setzt voraus, dass sich die menschlichen Einzelpraxen Ökonomie, Politik, Ethik, Religion, Kunst und Pädagogik gegenseitig anerkennen und in einem *nicht-hierarchischen und nicht-teleologischen Ordnungsverhältnis* zueinander stehen (vgl. ebd.: 118). Die beiden konstitutiven Prinzipien der *unbestimmten Bildsamkeit* und der *Aufforderung zur Selbsttätigkeit* beziehen sich auf die individuelle Seite pädagogischer Praxis, während sich die beiden regulativen Prinzipien der *Transformation gesellschaftlicher Einflüsse in pädagogisch legitime* und der *Nicht-Hierarchizität der Ordnung menschlicher Gesamtpraxis* auf die gesellschaftliche Seite pädagogischer Praxis beziehen. Alle vier Prinzipien pädagogischen Denkens und Handelns fungieren als Grundbegriffe pädagogischen Denkens und Handelns. Sie konfrontieren die verschiedenen pädagogischen Professionen mit dem Anspruch der pädagogischen Praxis und thematisieren das Selbstverhältnis dieser Praxis als auch die Beziehung zu anderen Praxen (vgl. ebd.: 61).

Der pädagogische Grundgedanke findet sich (implizit) auch in den aktuellen Diskursen zum Programmplanungshandeln wieder, insbesondere im Ansatz der professionellen Antinomien und Widerspruchskonstellationen im Planungshandeln von von Hippel (2011) und im Ansatz von Gieseke (2003) zum Angleichungshandeln:

Die Anerkennung der konstitutiven Prinzipien pädagogischen Denkens und Handelns lässt sich mit von Hippel (2011) als konstitutive, nicht auflösbare Antinomie deuten, die darin besteht, jemanden als etwas anzuerkennen, das er/sie noch nicht ist (Anerkennung des Prinzips der unbestimmten Bildsamkeit) und jemanden zu etwas aufzufordern, was er/sie noch nicht kann (Anerkennung des Prinzips der Aufforderung zur Selbsttätigkeit). Die Anerkennung der regulativen Prinzipien pädagogischen Denkens und Handelns lässt sich mit von Hippel (2011) auf den Umgang mit gesellschaftlichen und organisatorischen Widerspruchskonstellationen und heterogenen Erwartungen an das Programmplanungshandeln beziehen, die aufgrund der spezifischen rechtlichen, finanziellen und organisatorischen Rahmenbedingungen der EB/WB entstehen, wie die (meist) freiwillige Teilnahme (weder Bildungspflicht noch -recht), Finanzierung durch Teilnahmegebühren und das offene Curriculum (keine Lehrpläne), und von den Planenden im Sinne eines Angleichungshandelns abgestimmt, interpretiert und ausbalanciert werden müssen (vgl. Gieseke 2003).

Analog zu den Analysen, die Benner für die Theorie der Erziehung, die Theorie der Bildung und die Theorie der pädagogischen Institutionen vorgelegt hat, lassen sich auch die theoretischen Ansätze zur Programmplanung/Angebotsentwicklung daraufhin befragen, inwieweit sie die vier Prinzipien pädagogischen Denkens und Handelns berücksichtigen.

Benners Vorgehen folgend werden zunächst problemverkürzende, affirmative Fehlformen bestimmt, die den Fragehorizont entweder auf die individuelle Seite pädagogischer Praxis verkürzen bzw. die gesellschaftliche Seite der pädagogischen Praxis in den Vordergrund rücken. In Überwindung dieser Fehlformen soll dann der Fragehorizont einer nicht-affirmativen Programmplanungstheorie herausgearbeitet werden, die sowohl die individuelle als auch die gesellschaftliche Seite pädagogischer Praxis berücksichtigt.

Zunächst jedoch muss der Gegenstandsbereich einer pädagogischen Programmplanungstheorie bestimmt werden. Nach Gieseke geht es bei der Programmplanung im Wesentlichen darum zu identifizieren, vor welchen Herausforderungen das Individuum in einer globalisierten, schnelllebigen Welt steht und wie sich das Individuum auf diese Wandlungsprozesse einlassen kann (vgl. Gieseke 2008: 15). Als (ein wesentlicher) Gegenstandsbereich lässt sich daher die *Frage nach der Auswahl der Bildungsinhalte* bestimmen. Dem Programmplanungshandeln liegt somit ein bildungstheoretischer Fragehorizont zu Grunde.

Orientiert sich die Auswahl der Bildungsinhalte ausschließlich an den subjektiven Bedürfnissen und der individuellen Kräfteentwicklung der Individuen bzw. ausschließlich an den objektiven Bedarfen der Gesellschaft, handelt es um problemverkürzende Ansätze pädagogischen Planungshandelns.

Im ersten Fall wird die Welt nur als Instrument, das der Entfaltung der Kräfte des Menschen dienen soll, betrachtet. Der Fragehorizont wird auf die individuelle Seite der pädagogischen Praxis im Sinne formaler Bildungstheorien verkürzt. Es wird eine Primatstellung der pädagogischen Praxis gegenüber den anderen Praxen beansprucht und somit das regulative Prinzip eines nicht-hierarchischen Verhältnisses der Einzelpraxen missachtet.

Werden die Bildungsinhalte lediglich aus gesellschaftlichen Anforderungen abgeleitet, wie im zweiten Fall, besteht die Gefahr der Instrumentalisierung. Pädagogisches Planungshandeln lässt sich von anderen Praxisbereichen, z.B. der Politik oder der Wirtschaft, in den Dienst nehmen und ist lediglich Erfüllungsgehilfe für andere Zwecke. Die gesellschaftliche Seite wird in den Vordergrund gerückt und die individuelle Seite der pädagogischen Praxis vernachlässigt. Damit werden sowohl das konstitutive Prinzip der Bildsamkeit als auch die regulativen Prinzipen der pädagogischen Transformation und der Anerkennung der Nicht-Hierarchizität der menschlichen Gesamtpraxis missachtet.

In Abgrenzung zu den beiden problemverkürzenden Ansätzen ist der Fragehorizont einer nicht-affirmativen Programmplanungstheorie thematisch offen: Pädagogisch-professionelles Planungshandeln muss die unbestimmte Bildsamkeit der Lernenden anerkennen und im Sinne des Prinzips der Aufforderung zur Selbsttätigkeit versuchen, Angebote zu entwickeln, die bei den Lernenden Wechselwirkungen der Denk- und Welttätigkeit anregen und die Partizipation an gesellschaftlichen Praxisbereichen ermöglichen. Pädagogisch-professionelles Planungshandeln steht vor der Herausforderung, gesellschaftliche Anforderungen in pädagogisch legitime zu transformieren und dabei die nicht-hierarchischen Verhältnisse der Einzelpraxen zu berücksichtigen.

Methodischer Teil

6. Forschungsdesign der empirischen Studie

Das Kapitel stellt das Forschungsdesign der empirischen Studie vor, d.h. das Erkenntnisinteresse und Ziel der empirischen Untersuchung werden benannt (Kapitel 6.1), die Auswahl des Untersuchungsraums wird begründet (Kapitel 6.2) der Forschungsgegenstand wird operationalisiert und die Untersuchungsfragen werden konkretisiert (Kapitel 6.3), das methodische Vorgehen bei der Datenerhebung und -auswertung werden vorgestellt (Kapitel 6.4).

6.1 Erkenntnisinteresse und Ziel der empirischen Untersuchung

Vor dem Hintergrund der zeitgeschichtlichen Entwicklungen und den rechtlichen Regelungen zum Bildungsurlaub interessiert, welchen Stellenwert die gesellschaftspolitischen Forderungen nach Herstellung von Chancengleichheit und Mitbestimmung aus der Konstitutionsphase des Bildungsurlaubs gegenwärtig haben bzw. inwieweit sich der seit den 1990er Jahren beobachtbare Trend der zunehmenden Wirtschafts-, Berufs- und Arbeitsorientierung fortsetzt und welche aktuellen gesellschaftlichen Herausforderungen die Planenden als Lernanlässe deuten. Das erwachsenenpädagogische Erkenntnisinteresse der empirischen Studie richtet sich auf die Perspektive der pädagogischen Mitarbeitenden, die Bildungsurlaubsveranstaltungen in den Weiterbildungseinrichtungen planen. Es geht um die Frage, welche Diskurse die Planenden wie rezipieren, in Bildungsurlaubsangebote transformieren und schließlich, welche Diskurse sie (re)produzieren. Konkret: Wie positionieren sich die Planenden im kontroversen Bildungsurlaubsdiskurs? Wie konzipieren und begründen sie Bildungsurlaub vor dem Hintergrund der rechtlichen Vorgaben, der bildungspolitischen und öffentlichen Diskussionen, der gewerkschaftlichen Forderungen, der arbeitgeberseitigen Widerstände und der geringen Nachfrage?

In der empirischen Untersuchung sollen die unterschiedlichen Begründungslinien des gegenwärtigen Bildungsurlaubsdiskurses aus der Perspektive der Planenden diskursanalytisch rekonstruiert, die entwickelten Bildungsurlaubskonzeptionen herausgearbeitet und die Planungsstrategien identifiziert werden.

Da das Feld der Weiterbildung nicht homogen, sondern durch eine heterogene, plurale Trägerlandschaft gekennzeichnet ist, wird angenommen, dass es nicht den einen Bildungsurlaubsdiskurs gibt, sondern verschiedene Diskurse in den Weiterbildungseinrichtungen und Fachbereichen rekonstruiert werden können.

6.2 Untersuchungsraum Bremen

Die Bildungsurlaubsdiskurse der Planenden werden am Beispiel Bremen untersucht, da sich die Bremer Weiterbildungslandschaft aus mehreren Gründen als Untersuchungsraum anbietet:

Die Bremische Gesetzesnovelle (April 2010) wird in dieser Arbeit als exemplarischer Fall für einen auch in anderen Bundesländern beobachtbaren Trend einer Akzentverschiebung von einem gesellschaftspolitischen Anliegen hin zu einer stärkeren Wirtschaftsorientierung gedeutet.

Mit der Gesetzesnovelle wurde in Bremen eine breite Diskussion um den Bildungsurlaub angestoßen, an der Vertreter/innen aus Weiterbildungspolitik, -praxis und -forschung sowie Vertreter/innen von Arbeitgeber- und Arbeitnehmerverbänden beteiligt sind. Insbesondere in den Bremischen Weiterbildungseinrichtungen werden die mit der Gesetzesänderung verbundenen neuen Möglichkeiten intensiv diskutiert und gegebenenfalls Profilierungen im Bildungsurlaubsangebot vorgenommen. Dies ist ein günstiger Zeitpunkt für eine empirische Untersuchung, in der der Diskussionsstand in den Einrichtungen erhoben werden kann.

Die Auswahl des Untersuchungsraums Bremen hat auch forschungspragmatische Gründe, da die Verfasserin dieser Arbeit an der wissenschaftlichen Begleituntersuchung zur Novellierung des Bremischen Bildungsurlaubsgesetzes mitgewirkt hat (vgl. Robak et al. 2015) und auf umfangreiches Datenmaterial – sowohl aus eigenen Erhebungen als auch auf Daten von Kolleg/inn/en - zugreifen kann.

Bremen weist, zusammengefasst, eine hohe Exemplarität für den angenommen Bedeutungswandel des Bildungsurlaubs auf und eignet sich aufgrund der Aktualität des Diskussionsstandes sowie des vorliegenden Forschungsstandes mit dem verfügbaren Datenmaterial als Untersuchungsraum.

6.3 Operationalisierung des Forschungsgegenstandes und Untersuchungsfragen

Forschungsgegenstand der Arbeit ist der Bildungsurlaubsdiskurs in der Weiterbildungspraxis, der durch die diskursiven Praktiken des pädagogischen Planungshandelns (re-)produziert wird und sich in den Bildungsurlaubsangeboten materialisiert. Die Analyse fokussiert daher:

- die Planungsstrategien (diskursive Praktiken und Subjekte des Diskurses),
- die didaktischen Konzeptionen der BU-Angebote (Diskurseffekte) und
- die Begründungslogiken

6.3.1 Planungsstrategien

Um die Genese der entwickelten Angebotskonzeptionen nachzuvollziehen, sollen zunächst die Planungsstrategien erforscht werden. Die aktuellen theoretischen und empirischen Befunde zur Programmplanung und Angebotsentwicklung aufgreifend, werden folgende Fragestellungen bearbeitet:

- Im Anschluss an Gieseke (2008) und Schlutz (2006) interessiert, mit welchen Planungsstrategien und -instrumenten Bildungsurlaubsangebote geplant werden und ob sich die Angebotsplanung von Bildungsurlaubsveranstaltungen vom Planungshandeln in anderen Veranstaltungsformaten unterscheidet. Konkret: Welche Akteure sind wie an der Angebotsentwicklung beteiligt? Welche Angebots-Nachfragekonstellationen (Schlutz 2006) gibt es? Vollzieht sich Planungshandeln auch in anderen nicht-konfessionellen Weiterbildungseinrichtungen im Modus von Angleichungshandeln? Lassen sich angebots- und nachfrageorientierte Planungsstrategien identifizieren? Wird Bildungsurlaub als Einstiegsformat im Sinne einer „Initialzündung" zur Weiterbildung oder als weitgehend geschlossene Einheit konzipiert (vgl. Siebert 1995)?
- Im Anschluss an von Hippel (2011) wird der Frage nachgegangen, welche Bedingungen und Faktoren die Angebotsplanung beeinflussen und mit welchen gesellschaftlichen und organisationalen Widerspruchskonstellationen die Planenden umgehen (müssen).

6.3.2 Komponenten der BU-Konzeptionen

In einem zweiten Schritt werden die BU-Konzeptionen untersucht. Als wesentliche Komponenten einer Angebotskonzeption werden in Anlehnung an das Modell zur Angebotsentwicklung von Schlutz (2006) die Ziele, Adressat/inn/en, Themen und Formate des Bildungsurlaubs betrachtet.

Das Modell zur Angebotsentwicklung hat Schlutz (2006) in Auseinandersetzung mit Theorien der allgemeinen Didaktik konzipiert. Es bezieht sich auf die mesodidaktische Planungsebene. Schlutz schließt an Saul Robinsohn (1971) an, der Bildung als „Ausstattung zum Verhalten in der Welt" versteht und davon ausgeht, dass „diese Welt in unterschiedlichen Lebenssituationen erlebt wird, für deren Bewältigung der Mensch Kompetenzen erwerben muss. Vornehmste Aufgabe der Curriculumforschung und der Bildungsplanung sollte es sein, solche Verwendungssituationen zu finden und genauer zu identifizieren, die darin benötigten Qualifikationen zu ermitteln, dann erst die Bildungsinhalte zu suchen, die zu diesen Qualifikationen verhelfen und schließlich die Methoden, mit deren Hilfe Inhalte und Qualifikationen vermittelt und angeeignet werden" (vgl. Schlutz 2001: 10). Bildungsangebote sollen demnach helfen, Kompetenzen zu entwickeln, um Anforderungssituationen besser meistern zu können. Im Anschluss daran will Schlutz mit seinem Modell die Bedeutung der Lebens- oder Verwendungssituation betonen (vgl. ebd. 89). Bei deren Bestimmung geht es nach Schlutz darum, das zu bearbeitende Problem durch Situationsanalyse zu identifizieren (Ist-Stand) und den Soll-Horizont durch Bedarfsanalysen zu ermitteln. Es stellt sich die Frage, um welches Problem es sich handelt und ob das Problem durch Lernen und Bildung bearbeitet werden kann. Mittels eines Soll-Ist-Abgleichs soll eine Bedarfshypothese formuliert werden. Der Verwertungsaspekt kann sich, so Schlutz, auf berufliche, persönliche und soziale Ziele der Teilnehmenden beziehen und kann sich während und nach der Veranstaltung ändern. (vgl. Schlutz 2006)[24]

Das Modell umfasst sechs Komponenten[25], die sich wechselseitig aufeinander beziehen und in einem nicht-hierarchischen Ableitungsverhältnis zueinander stehen (vgl. ebd.: 78):

(1) Verwendungssituation (Wofür?)
(2) Zielgruppe (Für wen?)
(3) Lernziel (Wozu?)
(4) Inhalte (Was?)

---

24 In diesem Zusammenhang weist Schäffter (2001) daraufhin, dass man im Kontext der Transformationsgesellschaft nur selten von klar bestimmbaren Ausgangslagen und Zielwerten ausgehen kann, d.h. der Ist-Stand und der Soll-Horizont lassen sich nicht immer eindeutig bestimmen. In der EB/WB gehe es theoretisch und praktisch nicht mehr um das Verhältnis zwischen einem extern bestimmbaren Ausgangspunkt des Lernenden und einem daraus normativ ableitbaren Qualifizierungsziel, sondern um „mehrfach und in ihrem Veränderungsprozess wiederholt bestimmungsbedürftigen zukunftserschließenden Übergangssituation[en]“ (von Felden/Schäffter/Schicke 2014: 7) in transitorischen Lebenslagen. Die Klärung der individuellen Ausgangssituation und die individuelle Zielbestimmung können nur durch die Individuen selbst in einer pädagogisch unterstützten zielgenerierenden Suchbewegung erfolgen (vgl. Schäffter 2014: 48). Einseitige Orientierungen an den utilitaristischen Nahzielen der Lernenden bzw. an den instrumentellen Interessenlagen der Auftraggeber sollten vermieden werden, um nicht durch verengte Intentionalität und Zielvorwegnahme Lernen zu verhindern (Nutzenparadoxon). Dazu bedürfe es, so Schäffter (ebd.: 47) mit Bezug auf Tietgens, der „Gegensteuerung“, um auch solche Lernmöglichkeiten verfügbar zu machen, zu denen die Lernenden noch keinen Zugang gefunden haben.

25 Reich-Claasen/von Hippel (2011) ergänzen das Modell der Angebotsentwicklung durch die Frage nach dem „Wer?“; nach den Kursleitenden, die als ausschlaggebender Faktor subjektiv empfundener Qualität von Bildungsdienstleistungen gelten.

(5) Organisationsform (Wie?)
(6) Medien, Lernort (Womit? Wo?)

Das Modell beansprucht, die Besonderheiten der EB/WB gegenüber der Schule und der Universität zu berücksichtigen (vgl. Schlutz 2006: 85) und will übergreifende Strukturelemente der Angebotsplanung abbilden, d.h. es bezieht sich nicht einseitig auf besondere fachdidaktische Aufgaben oder weltanschauliche Vorgaben bestimmter EB/WB-Träger (vgl. ebd.: 84). Es soll den Praktiker/inne/n als weiterbildungsdidaktische Planungs- und Entscheidungshilfe bei der Angebotsentwicklung dienen. Im Rahmen dieser Arbeit dient es der Operationalisierung des Forschungsgegenstandes.

Abweichend zum Schlutzschen Modell werden bei der vorliegenden empirischen Untersuchung der BU-Konzeptionen nur vier Komponenten betrachtet: Im Anschluss an Schlutz werden die Adressat/inn/en („Für wen?"), die Inhalte („Was?") und die Organisationsform (hier: Formate „Wie?") untersucht. Die Verwendungssituation und die Lernziele werden in einer Kategorie („Ziele") zusammengefasst, da das „Wofür?" und „Wozu?" in der empirischen Analyse kaum zu differenzieren sind. Medien und Lernort („Womit? Wo?") sowie die Kursleitenden („Wer?") werden nur am Rande betrachtet, da diese Komponenten für das Erkenntnisinteresse der empirischen Studie weniger relevant sind.

Unter Berücksichtigung der historischen Begründungen des Bildungsurlaubs werden konkret folgende Untersuchungsfragen zur empirischen Erschließung der Konzeptionen bearbeitet:

- Welche *Ziele* verfolgen die Planenden mit dem Bildungsurlaubsangebot in den einzelnen Weiterbildungseinrichtungen und Fachbereichen? Welchen Stellenwert haben die gesellschaftspolitischen Ziele aus der Konstitutionsphase (Herstellung von Chancengleichheit und Förderung der Mitbestimmung)? Setzt sich der in den 1990er Jahren beginnende Trend einer zunehmenden Wirtschafts-, Arbeits- und Berufsorientierung fort? Welche Ziele werden darüber hinaus verfolgt?
- Welche *Adressatengruppen* sollen mit den Bildungsurlaubsangeboten in den einzelnen Weiterbildungseinrichtungen und Fachbereichen erreicht werden? Stehen bildungsbenachteiligte Zielgruppen noch im Fokus oder setzt sich der Trend einer schwindenden Zielgruppenorientierung (vgl. Körber et al. 1995) fort?
- Welche *Themen* werden im Rahmen von Bildungsurlaub angeboten? Wie haben sich die Themen im Zeitverlauf entwickelt? Gibt es integrative Ansätze? Wie ist das Verhältnis von politischer und beruflicher Bildung?

- Welche *Formate* (Kompaktwoche, Kurzzeitformate) werden im Bildungsurlaub angeboten?

6.3.3 Begründungslogiken

Auf der Basis der Befunde zu den Planungsstrategien und zu den BU-Konzeptionen wird rekonstruiert, wie die Planenden den Bildungsurlaub begründen und an welchen Bezugshorizonten sie sich dabei orientieren. Im Anschluss an Forneck (2009) und Schäffter (2001) soll erforscht werden, inwiefern die Planenden eine eigenständige erwachsenenpädagogische Begründungslogik entwickelt haben bzw. inwieweit sich die Planenden an Anforderungen und Erwartungen anderer gesellschaftlicher Teilbereiche orientieren.

6.4 Verfahren der Datenerhebung und -auswertung

Das methodische Vorgehen bei der Datenerhebung und -auswertung erfolgt in Anlehnung an die WDA (vgl. Keller 2011; Truschkat 2013).

Zur Erforschung des Bildungsurlaubsdiskurses der Weiterbildungspraxis werden leitfadengestützte Expert/inn/eninterviews mit den pädagogischen Mitarbeitenden in verschiedenen Weiterbildungseinrichtungen und Fachbereichen geführt sowie Bildungsurlaubsangebote mittels Programmanalyse ausgewertet.

Mit den Interviews können Erkenntnisse über die Planungsstrategien, die entwickelten Angebotskonzeptionen, insbesondere im Hinblick auf die BU-Ziele, und die Begründungslogiken gewonnen werden.

Die Programmanalyse liefert Erkenntnisse über die BU-Themen, Adressaten und Formate.

Bei den Experteninterviews handelt es sich um selbst erhobene, „künstliche" Daten, bei den Bildungsurlaubsprogrammen um natürliche Daten. Durch die Kombination der beiden Datensorten kann ein umfassendes Bild des Bildungsurlaubsdiskurses in der Weiterbildungspraxis gewonnen werden.

In den folgenden Kapiteln werden die methodischen Grundlagen der WDA dargestellt und daran anschließend die beiden Methoden, Experteninterview und Programmanalyse, beschrieben und deren konkrete Anwendung in der empirischen Studie erläutert.

6.4.1 Methodisches Vorgehen in Anlehnung an die WDA

Bei der WDA handelt es sich nicht um eine spezifische Forschungsmethode, sondern um eine spezifische, theoretisch angeleitete Forschungshaltung, die ein wissenschaftliches, d.h. methodologisches und methodisches Vorgehen nahelegt.

Die WDA ist weitgehend gegenstandsunabhängig konzipiert und bedarf dementsprechend einer gegenstandsspezifischen Übersetzung und Anpassung (vgl. Keller 2013: 46ff.). Das qualitativ-interpretative Instrumentarium soll am Gegenstand der Analyse entwickelt werden. Vorgeschlagen wird eine Kombination aus interpretativer Analytik und Grounded Theory (vgl. Keller 2011, Truschkat 2013). Forschungsmethodologisch wird die WDA in der sozialwissenschaftlichen Hermeneutik verortet (vgl. Keller 2011: 11).

Die Besonderheit der WDA im Vergleich zu anderen qualitativ-interpretativen Forschungsansätzen besteht in der Fokussierung auf textübergreifende Zusammenhänge und Regelmäßigkeiten, die den Diskurs strukturieren und produzieren. Dieses methodische Vorgehen bezeichnen Dreyfuß/Robinow (1994) im Anschluss an die Foucaultsche Diskurstheorie als „Interpretative Analytik". Es geht um die Rekonstruktion von Deutungsmustern. D.h. die Diskursforschung interessiert sich nicht für die Bedeutungseinheit eines einzelnen Dokuments; es geht nicht um die Erfassung der geschlossenen Sinnstruktur eines Textes, da davon ausgegangen wird, dass das Dokument weder den ganzen Diskurs vollständig repräsentiert, noch einen einzigen Diskurs beinhaltet, sondern ein Dokument artikuliert ein Bruchstück, ein Fragment eines oder mehrerer Diskurse (vgl. Keller 2013: 45f.). In der WDA werden Texte, Praktiken oder Artefakte nicht als Produkte subjektiver oder objektiver Fallstrukturen gefasst, sondern als „materiale Manifestationen gesellschaftlicher Wissensordnungen und damit als wichtigste Grundlage einer wissenssoziologischen Rekonstruktion der Produktion, Stabilisierung und Veränderung kollektiver Wissensvorräte" (ebd.: 49). Das Vorgehen entspricht daher einer „pragmatisch orientierten Lektüre" gesellschaftlicher Praktiken, die an sich „kein Wesen, keine Festigkeit, keine verborgen zugrundeliegende Einheit bilden" (Dreyfuß/Rabinow 1994: 154f. zitiert nach Truschkat 2013: 72). Es ist dann Aufgabe der Forscherin, Kohärenz herzustellen und spezifische Diskurse zu identifizieren (vgl. ebd.).

Neben der interpretativen Analytik nach Dreyfuß/Rabinow (1994) stellt die Grounded Theory (vgl. Glaser/Strauss 1967, Strauss/Corbin 1996) die zweite forschungsmethodologische Referenz der WDA dar.[26] Dies bedeutet konkret, die

26 Beide Ansätze kommen aus unterschiedlichen Theorietraditionen und ihre Kombination ist nicht unproblematisch. So weist Angermüller (2007: 101) kritisch auf „Das-Subjekt-ist-tot-es-lebe-das-Subjekt!"-Problem hin. In beiden Theorienansätzen werde der Rolle des Akteurs eine unterschiedliche Bedeutung beigemessen. Während die Interpretative Analytik intersubjektive Wissensformationen fokussiert, hebt die Grounded Theory die Handlungs- und Deutungspotentiale der Akteure hervor. Truschkat (2013: 74) entgegnet diesem Einwand, dass der gesellschaftliche Akteur im

WDA orientiert sich wie die Grounded Theory an den Prinzipien der Offenheit im Forschungsprozess, der abduktiven Forschungslogik, der empirisch begründeten Hypothesen- und Theoriebildung, der theoretischen Sensibilität, des theoretical samplings, der Methode des permanenten Vergleichs, der minimalen und maximalen Kontrastierung, der qualitativen Kodierung (vgl. Keller 2011; Truschkat 2013).

6.4.2 Experteninterviews

Zur Erforschung der Planungsstrategien, BU-Ziele und Begründungslogiken werden leitfadengestützte Expert/inn/eninterviews mit den für die Programmplanung verantwortlichen Akteuren geführt.

In Expert/inn/eninterviews werden nach Meuser/Nagel (1991) die Expert/inn/en als Repräsentant/inn/en einer Organisation angesprochen, die typische Problemlösungen und Entscheidungsstrukturen (re-)präsentieren (vgl. ebd.: 444). Die interviewte Person interessiert als Funktionsträger/in, nicht als Privatperson (vgl. Meuser/Nagel 2009: 469). In der empirischen Studie der vorliegenden Arbeit sind die gesuchten Expert/inn/en die für die Programmplanung verantwortlichen Akteure, die je nach Einrichtungstyp als Fachbereichsleiter/in, Bildungsmanager/in, Bildungsreferent/in oder pädagogische Mitarbeiter/in bezeichnet werden.

Mittels Experteninterview kann sogenanntes „Betriebswissen" und „Kontextwissen" erhoben werden (vgl. Meuser/Nagel 2009: 470ff.). Beim Betriebswissen, das für die angestrebte Forschung von Bedeutung ist, geht es um die Bedingungen des Handelns und dessen institutionelle Maxime, Regeln und Logiken – hier: um die Angebotsplanung von Bildungsurlaubsveranstaltungen. Betriebswissen zeichnet sich durch eine Mischung von explizitem und implizitem Wissen aus. Das implizite, vortheoretische, überindividuelle, handlungsleitende Erfahrungswissen kann nicht einfach im Interview „abgespult" werden, sondern muss rekonstruiert werden. Meuser/Nagel empfehlen dazu erzählgenerierende Leitfragen, die das „Wie" des Entscheidens und Handelns fokussieren (ebd.: 472).

Rahmen der interpretativen Analyse insofern eingeholt wird, da der/die Forschende in ihrer Situiertheit die Betroffenheit des Akteurs teilt. Der soziale Akteur hat zwar in der Analyseperspektive der interpretativen Analytik eine zunächst nachgeordnete Bedeutung, wird dann aber in der Analysetätigkeit einbezogen. Umgekehrt verhalte es sich, so Truschkat (ebd.) mit der Grounded Theory: Die Analyseperspektive richtet sich auf die Deutungsarbeit des Akteurs. Die Analysetätigkeit wird jedoch als ein „unbiased observer" konstruiert, dem es um die Entdeckung von abstrakten Generalitäten geht.

Anhand einer Erzählung über einen bestimmten Fall können allgemeine und organisationsbezogene Prinzipien und Maxime erfasst und die Entscheidungslogik rekonstruiert werden. Aus den narrativen Anteilen kann auf das implizite Handlungswissen der Befragten geschlossen werden.

Einschränkend ist anzumerken, dass der Prozess der Angebotsentwicklung mittels Interview durch die Planenden lediglich rekonstruiert werden kann. Wie sich die Angebotsentwicklung tatsächlich realisiert, ist durch Arbeitsplatzanalysen, wie sie Gieseke/Gorecki (2000) für konfessionelle Weiterbildungseinrichtungen durchgeführt haben, zu erforschen.

Interviewleitfaden

Der Empfehlung von Meuser/Nagel (1991, 2009) folgend wird ein Interviewleitfaden erstellt, der folgende Themenkomplexe umfasst:

(1) Klärung des Expert/inn/enstatus
(2) Begründungen für BU: Notwendigkeit, Bedeutung, Stellenwert von Bildungsurlaub in der Einrichtung und im Fachbereich
(3) BU-Konzeptionen: Ziele, Adressat/inn/en, Themen, Formate
(4) Planungsprozess: Planungsstrategien, -instrumente, beteiligte Akteure, Kooperationspartner

Zunächst wird die interviewte Person darum gebeten, sich selbst, ihren Zuständigkeitsbereich und ihre Funktion in der Weiterbildungseinrichtung zu beschreiben, um den Expertenstatus zu klären.

Dann wird der quantitative und qualitative Stellenwert des Bildungsurlaubs in der Weiterbildungseinrichtung und im Programmbereich erfragt. Dieser ist ein erster Indikator für die Positionierung im Bildungsurlaubsdiskurs.

Im Anschluss an das Modell zur Angebotsentwicklung von Schlutz (2006) werden die Interviewpartner zu den Zielen, Adressaten, Themen und Formaten der angebotenen Bildungsurlaubsveranstaltungen befragt. Hierbei interessiert insbesondere, wie die Planenden die Planungsentscheidungen begründen (Begründungslogiken) und welche Planungsstrategien und -instrumente die Pädagog/inn/en einsetzen. Um das implizite Handlungs- und Erfahrungswissen zu erforschen, werden die Planenden dazu aufgefordert, die Angebotsentwicklung anhand exemplarisch ausgewählter Bildungsurlaubsangebote konkret zu beschreiben:

Bitte schildern Sie mir, wie es zum Bildungsurlaubsangebot x gekommen ist! Wie wurde dieses Bildungsangebot entwickelt? Welche Akteure waren beteiligt? Welche Überlegungen haben Sie zu diesem Bildungsangebot geführt? Wie sind Sie auf das Thema gekommen? Ist der beschriebene ein typischer Planungsverlauf?

Der Leitfaden wird möglichst flexibel im Sinne eines thematischen Tableaus genutzt, um die Relevanzstruktur der Befragten zur Geltung zu bringen. Der Leitfaden wird also nicht systematisch abgearbeitet, sondern dient der Orientierung während des Interviews. Dadurch bleibt die Strukturierung bei den Befragten, größtmögliche Offenheit wird ermöglicht und gleichzeitig durch den Leitfaden sichergestellt, dass alle Themen angesprochen werden.

Qualitatives Sample und Frage der Repräsentativität

Im Sinne des theoretical sampling wird ein möglichst heterogenes qualitatives Sample zusammengestellt, in dem sowohl verschiedene Weiterbildungseinrichtungen als auch verschiedene Fachbereiche berücksichtigt werden.

Die Fallauswahl spielt in der qualitativen Forschung eine wichtige Rolle, da nicht für alle Fälle, über die etwas ausgesagt werden soll, Daten erhoben werden können. Die Anzahl der Fälle ist hierbei aber nicht das entscheidende, sondern die Zusammensetzung der Fälle. Im Unterschied zu quantitativen Untersuchungen, in denen die Stichprobe meist per Zufallsverfahren gezogen wird, werden in der qualitativen Forschung gezielt informationshaltige Fälle ausgewählt.

Mit der Fallauswahl ist zugleich die Frage nach der Repräsentativität der Studie insgesamt angesprochen, auf die an dieser Stelle eingegangen werden soll.

Qualitative Studien werden häufig mit der Frage konfrontiert, was man auf der Grundlage einiger weniger Fälle schon aussagen könne. Die Kritik, mit kleiner Fallzahl lassen sich keine aussagekräftigen Ergebnisse erzielen, basiert auf der Annahme, dass Stichprobenziehung immer auf empirische Repräsentativität ausgerichtet ist (bzw. sein muss). Qualitative Forschung zielt jedoch nicht vorrangig auf empirische Verallgemeinerung im Sinne statistischer Repräsentativität, sondern auf theoretische Verallgemeinerung: Es geht um die Entwicklung einer Theorie bzw. um die dichte Beschreibung eines Phänomens oder von Einzelfällen. Theoretische Verallgemeinerung beinhaltet eine Abstraktion von Einzelfällen, das Generieren von theoretisch gehaltvollen Kategorien und Annahmen über Zusammenhänge zwischen den Kategorien. Die Theorie soll möglichst alle Ausprägungen im Gegenstandsbereich umfassen. Der theoretischen Verallgemeinerung liegt die Logik der Replikation zu Grunde: Bei einem homogenen Sample wird versucht, die Ergebnisse zu replizieren (literal replication). Bei einem heterogenen Sample wird mittels gezielter Fallkontrastierung versucht, den Anwendungsbereich einer Theorie zu bestimmen, die Geltungsbedingungen zu spezifizieren, die theoretisch relevanten Bedingungen zu identifizieren (theoretical replication). Weiterhin kann eine Theorie auf diese Art getestet werden. (vgl. Schreier 2013: 189–192)

Dementsprechend zielt qualitative Stichprobenziehung nicht auf statistische Repräsentativität, sondern auf die Abbildung der Varianz bzw. Heterogenität im Untersuchungsfeld (vgl. Kelle/Kluge 2010: 52), d.h. bei der Fallauswahl sollen theoretisch bedeutsame Merkmalskombinationen möglichst umfassend berücksichtigt werden, um bislang unbekannte Phänomene zu identifizieren, neue Kategorien zu entwickeln und Typologien zu konstruieren (vgl. ebd.: 55). Das qualitative Sample wird durch systematische Kontrastierung von Fällen anhand von Kategorien bzw. Vergleichsdimensionen zusammengestellt (vgl. ebd.: 56).

Bei der Zusammenstellung des Samples bieten sich unterschiedliche Samplingstrategien an, die sich grob danach unterscheiden lassen, ob sie die Fälle sukzessive im Untersuchungsverlauf in das Sample aufnehmen, wie z.B. beim theoretical sampling, oder schon vor Beginn der Untersuchung eine Fallauswahl nach festgelegten Kriterien treffen, wie z.B. beim qualitativen Stichprobenplan. In der Forschungspraxis wird häufig eine Kombination beider Strategien angewendet. (vgl. Schreier 2013: 193–198) Dies ist auch in der vorliegenden Studie der Fall, in der zunächst ein qualitativer Stichprobenplan erstellt wird, der im Verlauf der Untersuchung erweitert wird.

Ziel des qualitativen Stichprobenplans ist die Erfassung eines Gegenstandsbereichs in seiner Heterogenität. Die verschiedenen Manifestationen und Ausprägungen eines Phänomens können aufgezeigt werden. Eine empirische Verallgemeinerung ist aber nicht möglich, d.h. die Ergebnisse besagen nichts über die Verbreitung der verschiedenen Manifestationen. Außerdem sind weitere Manifestationen möglich.

Zur Erstellung eines qualitativen Stichprobenplans müssen die relevanten Merkmale und Merkmalsausprägungen identifiziert werden. Durch diese a priori Definition von Auswahlmerkmalen wird sichergestellt, dass die ausgewählten Fälle über bestimmte theoretisch relevante Merkmalskombinationen verfügen. Die für die Fallauswahl relevanten Merkmale werden anhand der Untersuchungsfragestellung, der theoretischen Vorüberlegungen und des Vorwissens über das Untersuchungsfeld bestimmt. Vor der Erhebung muss festgelegt werden, welche Merkmale für die Fallauswahl relevant sind, welche Ausprägungen die Merkmale haben müssen und welche Größe das qualitative Sample haben soll. (vgl. Kelle/Kluge 2010: 50) Der Stichprobenplan sollte im Sinne der Erfassung relevanter Heterogenität so angelegt sein, dass Fälle mit allen relevanten Merkmalskombinationen im qualitativen Sample vertreten sind (vgl. ebd.: 52).

Für diese Studie wurde der qualitative Stichprobenplan in Absprache mit Vertreterinnen der senatorischen Behörde für Bildung und Wissenschaft Bremen sowie auf Grundlage der empirischen Befunde aus den vorliegenden Programmanalysen erstellt und im Untersuchungsverlauf erweitert. Das qualitative Sample deckt zum einen ein breites Spektrum an Institutionalformen ab (öffentliche, gewerbliche, konfessionell gebundene, gewerkschaftliche, arbeitgebernahe, arbeitnehmerorientierte Weiterbildungseinrichtungen) und berücksichtigt somit die verschiedenen Interessenlagen der Träger. Zum anderen werden alle drei Bildungsbereiche, in denen Bildungsurlaub in Bremen angeboten werden darf, in die Untersuchung einbezogen: Politische, Allgemeine und Berufliche Bildung. Die Tabelle gibt einen Überblick über die ausgewählten Weiterbildungseinrichtungen und die Bildungs- bzw. Fachbereiche.

Tabelle 5: Qualitatives Sample der Befragung

	Politische Bildung (PB)	Berufliche Bildung (BB)	Allgemeine EB		
			Fremdsprachen	Gesundheitsbildung (GB)	Kulturelle Bildung (KuBi)
Volkshochschule Bremen (VHS)			X	X	X
Wirtschafts- und Sozialakademie Bremen (Wisoak)	X	X		X	
Arbeit und Leben Bremerhaven (AuL BHV)	X				
Evangelisches Bildungswerk (Ev. BW)	X				
Bildungswerk des Landessportbundes (LSB)				X	
Bildungszentrum der Wirtschaft (BWU)		X			
gewerblicher, regionaler Anbieter Fortbildung direkt		X			
Gewerblicher, bundesweiter Anbieter Institut für Lernsysteme (ILS)		X			
Gewerblicher, internationaler Anbieter Berlitz			X		

Interviewdurchführung

Insgesamt werden 13 Interviews mit Programmplanenden geführt, davon:

- zehn Fachbereichsleitende von sechs öffentlich anerkannten Weiterbildungseinrichtungen: Aus dem Bereich Berufliche Bildung sind dies eine Fachbereichsleiterin einer arbeitnehmernahen (Wisoak) und ein Mitarbeiter einer arbeitgebernahen Weiterbildungseinrichtung (BWU). Aus dem Bereich Sprachen wird ein Fachbereichsleiter einer öffentlichen Weiterbildungseinrichtung (VHS) interviewt. Aus dem Bereich Politische Bildung werden pädagogische Mitarbeitende und zum Teil Leitende einer konfessionellen (Ev. BW), einer gewerkschaftlichen (AuL BHV) und einer arbeitnehmernahen Weiterbildungseinrichtung (Wisoak) befragt. Aus dem Bereich Gesundheitsbildung werden Fachbereichsleitende von der VHS, der Wisoak und des Bildungswerks des Landessportbundes befragt.[27] Und aus der kulturellen Bildung wird eine Fachbereichsleiterin der VHS interviewt.

- Neben den öffentlich anerkannten Weiterbildungseinrichtungen, die schon seit längeren Zeit Bildungsurlaubsveranstaltungen in Bremen anbieten („alte" BU-Anbieter), werden drei gewerbliche Weiterbildungsanbieter („neue" BU-Anbieter) untersucht, darunter ein regional (fortbildung direkt), ein bundesweit (ILS) und ein international (Berlitz) agierender Anbieter, die alle bereits mehrere Male eine Anerkennung für Bildungsurlaub bei der senatorischen Behörde für Bildung und Wissenschaft Bremen beantragt haben.

Die Befragungen fanden im Juli 2010, im August und November 2011 und im März 2015 statt.

Angefragt wurden die für die Bildungsplanung verantwortlichen Akteure. Dies sind überwiegend die Programmplanenden (bzw. je nach Einrichtungsbezeichnung die Bildungsreferent/inn/en, Bildungsmanager/innen oder Fachbereichsleitende). Einige der befragten Programmplanenden sind zugleich als Kursleitende im Bildungsurlaub tätig und somit Experten im makro- und mikrodidaktischen Bereich. In drei Einrichtungen stellten sich die Einrichtungsleitenden für ein Interview zur Verfügung.

Alle angefragten Personen erklärten sich für ein Interview bereit. Allerdings gestaltete sich der Zugang zu den gewerblichen Einrichtungen bzw. Anbietern beruflicher Weiterbildung deutlich schwieriger als zu den öffentlich anerkannten Weiterbildungseinrichtungen.

Die meisten Interviews wurden persönlich geführt. In wenigen Fällen, wo dies nicht möglich war, wurde ein Telefoninterview geführt. Die Dauer lag zwischen 20 und 120 Minuten.

Mit Einverständnis der Befragten wurden die Interviews digital aufgezeichnet und vollständig transkribiert. Die Transkripte wurden den Befragten, sofern dies

27 Die Interviews mit den Fachbereichsleitenden der Gesundheitsbildung hat Melanie Junge im Rahmen einer Diplomarbeit geführt. Sie hat mir die Transkripte dankenswerter Weise für diese Arbeit zur Verfügung gestellt.

gewünscht war, zur Verfügung gestellt und von diesen autorisiert, da zwar ein vertraulicher Umgang mit den Daten zugesichert wurde, aufgrund der übersichtlichen Größe der Bremer Weiterbildungslandschaft jedoch keine vollständige Anonymisierung gewährleistet werden konnte.

Interviewauswertung

Die Interviewtranskripte werden mit der speziell für qualitative Sozialforschung entwickelten Software MAXQDA ausgewertet. Durch deduktive und induktive Kategorienbildungen wird ein Codesystem zur Systematisierung der erhobenen Daten erstellt. Dazu werden alle Textstellen aus den Interviewtranskripten thematisch codiert, zum Teil auch mehrfach. Als Orientierung dienen die im Interviewleitfaden erstellten Themenkomplexe (deduktive Kategorienbildung), d.h. es werden gezielt Textstellen gesucht, die die interessierenden Untersuchungsfragen beantworten. Gleichzeitig werden im Sinne der methodischen Offenheit neue, von den Befragten aufgeworfene Themen berücksichtigt und codiert (induktive Kategorienbildung). Die Codes werden miteinander verglichen, zum Teil unter Obercodes subsumiert bzw. in Subcodes untergliedert. In Codememos werden Beziehungen zwischen den Codes bzw. Auffälligkeiten notiert. Entsprechend dem generierten Codesystem werden in einem zweiten Materialdurchgang die Zuordnungen überprüft, ggf. werden Textstellen neu codiert bzw. encodiert.

Entlang der Teilforschungsfragen werden die einem Code, bzw. Subcode, zugeordneten Textstellen mit der interpretativen Auswertungsstrategie für leitfadengestützte Experteninterviews nach Meuser/Nagel (1991, 2009) in mehreren Auswertungsschritten analysiert. Die Auswertungsschritte umfassen: (1) Transkription der Interviews, (2) Paraphrasieren und Extrahieren zentraler Aussagen aus den Textsequenzen, (3) textnahe (Fein)Codierung der paraphrasierten Aussagen, (4) thematischer Vergleich der Feincodes und Bündelung ähnlicher/thematisch vergleichbarer Aussagen/Feincodes, (5) bildungswissenschaftliche Konzeptualisierung zur empirischen Generalisierung und (6) theoretische Generalisierung (vgl. Meuser/Nagel 1991).

Exemplarisch wird die Anwendung des Verfahrens an der Teilforschungsfrage: „Wie begründen die Planenden die besondere Bedeutung des Bildungsurlaubs?" dargestellt: Zunächst werden die zentralen Aussagen aus den Textsequenzen extrahiert und paraphrasiert, z.B. „Der Bildungsurlaub ermöglicht mehr methodische Vielfalt als andere Veranstaltungsformen". Die paraphrasierten Aussagen werden dann textnah codiert, z.B. „methodische Vielfalt". Die Codes werden thematisch verglichen und ähnliche bzw. thematisch vergleichbare Aussagen gebündelt, z.B. „methodische Vielfalt", „verschiedene Unterrichtsformen",

„Rollenspiele“, „Gruppenarbeiten“. Schließlich erfolgt die Ablösung von den Texten und der Terminologie der Interviewten und im Rekurs auf bildungswissenschaftliche Wissensbestände werden Kategorien gebildet, z.B. „didaktisch-methodische Begründungen“ (empirische Generalisierung). Die Kategorien werden zueinander ins Verhältnis gesetzt und systematisiert, z.B. „erwachsenenpädagogische Begründungslogik“ (theoretische Generalisierung).

Die Auswertungsergebnisse wurden in einer Forschungswerkstatt im Sommersemester 2012 unter der Leitung von Prof. Dr. Steffi Robak diskutiert, um deren intersubjektive Nachvollziehbarkeit zu prüfen.

Folgende Kategorien werden gebildet:
Zur Analyse der Planungsstrategien werden zunächst zwei Oberkategorien gebildet, die zum einen allgemeine Planungsstrategien unterscheiden, die über den Bildungsurlaub hinaus auch auf andere Veranstaltungsformate übertragbar sind, und zum anderen bildungsurlaubsspezifische Aspekte der Angebotsplanung von Bildungsurlaubsveranstaltungen identifizieren. Den beiden Oberkategorien lassen sich jeweils folgende Unterkategorien zuordnen:

Tabelle 6: Kategorisierung der Planungsstrategien

Oberkategorie	Unterkategorie
Allgemeine Planungsstrategien	Neuentwicklung von Angeboten in Kooperation mit den Kursleitenden, den Kooperationspartner/inne/n bzw. den Teilnehmenden sowie durch die Rezeption öffentlich-medialer und fachlicher Diskurse
	Fortschreibung (und ggf. Modifikation) bestehender Angebote aufgrund einer stabilen Nachfrage, stabiler Kontakte bzw. einer hohen gesellschaftlichen Relevanz der Themen
	Streichung von Angeboten aufgrund wiederholt fehlender Nachfrage
Bildungsurlaubsspezifische Planungsstrategien	Berücksichtigung der im Bildungsurlaubsgesetz und in den entsprechenden Verordnungen formulierten Vorgaben des Gesetzgebers, insbesondere zum Theorie-Praxis-Verhältnis
	Einbettung des Bildungsurlaubs in das Gesamtprogramm
	Berücksichtigung der Interessen der Träger, insbesondere der gewerkschaftlichen Träger und der Arbeitgeberverbände
	Berücksichtigung der Interessen der Unternehmen, die die Arbeitnehmenden für Bildungsurlaub freistellen (müssen).

Die *Angebotskomponente BU-Ziele* gliedert sich in vier Kategorien:

Tabelle 7: Kategorisierung der BU-Ziele

Kategorien
Herstellung von Chancengleichheit und Förderung der Bildungsteilhabe für alle Arbeitnehmenden
Förderung der Mitbestimmung, Mitwirkung und Gestaltung an verschiedenen gesellschaftlichen Bereichen, wie Politik, Beruf, Kultur
Ermöglichung von Regeneration und Entschleunigung
Förderung der Beruflichkeitsentwicklung

Und hinsichtlich der *Begründungslogiken* lassen sich drei Bezugshorizonte unterscheiden:

Tabelle 8: Kategorisierung der Begründungslogiken nach Bezugshorizonten

Kategorien
Erwachsenenpädagogischer Bezugshorizont
Gesellschaftspolitischer Bezugshorizont
Ökonomischer Bezugshorizont

Im Anschluss an die Kategorienbildungen werden Vergleiche auf der Ebene der Weiterbildungseinrichtungen und Fachbereiche angestellt. Dieser Auswertungsschritt wird im Kapitel 6.4.4 erläutert.

6.4.3 Programmanalyse

Während mit den Interviews Erkenntnisse über die Handlungs- und Entscheidungslogiken bei der Angebotsplanung von Bildungsurlaubsveranstaltungen gewonnen werden können, liefern die Programmanalysen Aussagen über die Ergebnisse des Planungshandelns. Sie zeigen, welche Bildungskonzeptionen tatsächlich angeboten werden. Durch die Auswertung der Veranstaltungskündigungen der Bildungsurlaubsangebote können differenzierte Erkenntnisse über Adressaten, Themen und Formate der BU-Konzeptionen gewonnen werden. Die Programmanalyseergebnisse ergänzen somit die Interviewergebnisse, zeigen aber auch Diskrepanzen zwischen „talk and action", d.h. zwischen den in den Interviews artikulierten Intentionen und den in den Programmen materialisierten Angeboten auf. Zudem können mehr Weiterbildungseinrichtungen in die Programmanalyse einbezogen werden als bei den Interviews, sodass die

Befunde der Programmanalyse empirisch repräsentativ sind für die öffentlich anerkannten Weiterbildungseinrichtungen in Bremen.

Programme als Datenquelle

Programme sind „mehr oder weniger umfangreiche Dokumente (…), die in Veranstaltungsankündigungen primär Auskunft über das jeweils geplante Bildungsangebot (…) eines Anbieters und die Modalitäten einer Teilnahme geben" (Nolda 2010b: 246). Programme werden in verschiedenen Formaten und Medien präsentiert: vom Handzettel bis zur buchähnlichen Broschüre, gedruckt und digital.

Gieseke (2008) definiert Programme als „makrodidaktisch konzipierte Angebote, die eine Mixtur von Lernarrangements, Projekten, Kursen, Gesprächskreisen, Zielgruppenkonzeptionen bereit halten und diese jahres- oder halbjahresbezogene Planung unter einem Fokus bündeln. Mit dem Programm oder den Programmschwerpunkten zeigt eine Weiterbildungsinstitution, wie sie Bildung und Qualifizierung für Erwachsene anbietet. Das Programm ist Ausdruck eines bestimmten Lernkonzeptes. Es kann von Inhalten, Fachstrukturen, von Alltags- und Verwendungssituationen, von Verwertungsinteressen, Qualifikationsansprüchen Dritter im beruflichen Kontext bestimmt sein, und es kann für polyvalente Zusammenhänge maßgeblich sein" (ebd.: 105). Programme beschreiben die Leitidee und das Angebot einer Institution. Sie geben Auskunft darüber, welche Bildungskonzeptionen zu welchen Problembearbeitungen angeboten werden: „Ein Programm ist der zeitgeschichtlich materialisierte Ausdruck gesellschaftlicher Auslegung von Bildung. Es ist beeinflusst durch bildungspolitische Rahmung, nachfragende Teilnehmer/innen und gefiltert durch professionell Handelnde. Über das Programm repräsentiert sich die Institution" (Gieseke/Opelt 2003: 46). Ein Programm ist „Ausdruck eines pädagogischen Handlungskonzeptes, in das sowohl konzeptionelle Überlegungen als auch nachfrageorientierte Vorstellen eingehen" (ebd.: 45).

Dementsprechend haben Programme unterschiedliche Funktionen: Für die Bildungsinteressierten dienen Programme der *Information* und der *Entscheidungshilfe* und stellen eine Art Leistungsversprechen dar. Für die Weiterbildungseinrichtung ist das Programm ein wichtiges *Marketinginstrument*, das neue Teilnehmende gewinnen und die Einrichtung präsentieren soll. Auch ist das Programm eine wichtige *Planungshilfe* für künftige Angebote und kann für didaktische Überlegungen herangezogen werden. Und schließlich dienen Programme den Einrichtungen als *Tätigkeitsnachweise* zur Legitimierung gegenüber Geldgebern und politisch Verantwortlichen. (vgl. Nolda 2010b: 246)

Für die Erwachsenenbildungsforschung stellen Programme eine wichtige *Datenquelle* zur Erschließung der historischen und gegenwärtigen Erwachsenenbildungsrealität dar: „Programmanalysen als Beispiele von Dokumentenforschung können Aufschlüsse geben über den Stand und die Entwicklung von Bildungsangebote und damit über Veränderungen des Weiterbildungssystems, über Möglichkeiten der Früherkennung und Steuerung, über die Selbstdarstellung von Anbietern und die Ansprache von Adressaten sowie über die jeweils zeittypische Konstruktion von Bildungsinhalten" (Nolda 2010b: 247; vgl. auch Käpplinger 2008). Programmforschungen können auf Diskrepanzen zwischen den Selbstdarstellungen (Bildungsprogrammatik) und der Realität des Angebots aufmerksam machen und der Überprüfung und ggf. Korrektur von Vorurteilen und Pauschalisierungen dienen (vgl. Heuer/Robak 2000: 115). Programmanalysen zeigen, welche Themen Weiterbildungseinrichtungen als Fragen der Zeit ansehen. Sie geben die „empirische Bildungswirklichkeit" wieder - und zwar unabhängig davon, ob sie bildungspolitisch gewollt ist (vgl. Gieseke/Opelt 2003: 46). Für das Forschungsvorhaben, in dem es um gegenwärtige Auslegungen von Bildungsurlaub geht, stellen die Programme zum Bildungsurlaub daher eine zentrale Datenquelle neben den Interviews dar.

Datenkorpus

Für die Programmanalyse zum Bremer Bildungsurlaubsangebot kann auf Daten zurückgegriffen werden, die Rippien (2015a) im Rahmen der wissenschaftlichen Begleituntersuchung zur Bremischen Gesetzesnovelle für die 14 nach dem Bremischen Weiterbildungsgesetz anerkannten Weiterbildungseinrichtungen erhoben hat und die der Autorin dieser Arbeit freundlicher Weise für sekundäranalytische Auswertungen zur Verfügung gestellt wurden (insgesamt 1730 Bildungsurlaubsveranstaltungen). Darüber hinaus werden die Bildungsurlaubsangebote von drei gewerblichen Weiterbildungsanbietern erhoben, die seit der Gesetzesnovelle im April 2010 Bildungsurlaubsveranstaltungen in Bremen anbieten dürfen (insgesamt 44 als Bildungsurlaub anerkannte Veranstaltungen).

Der Datenkorpus der Programmanalyse zum Bremer Bildungsurlaubsangebot umfasst insgesamt 1774 Bildungsurlaubsveranstaltungen.

Datenauswertung

Die von Rippien (2015a) zur Verfügung gestellten Programmdaten liegen in einer Excel-Tabelle vor, die folgende Informationen enthält: Anbieter, Titel der Veranstaltung, Anzahl der Veranstaltungen im Jahr 2012, Fachbereich, Themenbereich,

Zielgruppe, Veranstaltungszeit, Stunden im Jahr 2012, Umfang, Gebührengruppe, Baustein und Reihe.

Die Programmdaten werden im Hinblick auf die Adressaten/Zielgruppen, die Themenbereiche und die Formate/BU-Form sekundäranalytisch ausgewertet. Dazu werden die Datensätze neu kodiert, wobei Mehrfachzuordnungen möglich sind. Dementsprechend unterscheidet sich das Kategoriensystem vom Codeplan, den Rippien (2015a) im Anschluss an die Studie von Körber u.a. (1995) verwendet hat.

Die *Kategorie Adressat/inn/en* wird in drei Adressatengruppen gegliedert, die wiederum weiter ausdifferenziert werden:

Tabelle 9: Kategorisierung der Adressatengruppen

Oberkategorie	**Unterkategorie**
Zielgruppen	Frauen
	Menschen mit Migrationshintergrund
	Ältere
	Jugendliche
	Menschen mit Behinderung
Funktions- und Statusgruppen	Führungskräfte
	Auszubildende
	Ausbildungsbeauftragte
	Betriebliche Interessenvertreter/innen
	Abfallbeauftragte
	Ehrenamtliche
Berufsgruppen	kaufmännisch-verwaltende Berufe
	gewerblich-technische Berufe
	handwerkliche Berufe
	Lager-/ Logistikberufe
	IT-Berufe
	soziale/ pädagogische/ psychologische Berufe

Für die *Kategorie Themen* werden folgende Ober- und Unterkategorien gebildet:

Tabelle 10: Kategorisierung der Themenfelder

Oberkategorie	Unterkategorie	Weitere Ausdifferenzierungen
Politik	Betriebspolitik	Strukturwandel der Arbeit in Bremen/ Bremerhaven, Arbeitnehmerrechte/ betriebliche Interessenvertretung, Arbeitszeit/ Schichtarbeit, Arbeitsentgelt, Ausbildung, Gender, Arbeitnehmende mit Migrationshintergrund, nachberufliche Lebensphase
	Lokalpolitik	Stadtentwicklung Bremen/Bremerhaven in wirtschafts-, finanz-, sozial- und energiepolitischer Hinsicht
	Bundespolitik	Wirtschafts- und Sozialpolitik, Bildungspolitik, Gesundheitspolitik, Außen- und Verteidigungspolitik, Finanzpolitik
	Europapolitik	EU-Gesetzgebung, EU-Mitgliedschaft
	Weltpolitik	Gesellschaftspolitische, ökonomische, ökologische, soziale, kulturelle Folgen der Globalisierung; Weltfinanzkrise, Migration/ Integration politische Entwicklungen im Ausland, Arabischer Frühling
Beruf	berufsgruppenübergreifende berufliche BU-Angebote (im Sinne von Schlüsselqualifikationen)	Kommunikation, Konfliktbearbeitung, Rhetorik, Moderation; Arbeitsorganisation, Projekt-, Zeit- und Selbstmanagement; Präsentations- und Arbeitstechniken; Führungskompetenzen, Teamentwicklung; Ausbildungskompetenzen; Betriebliche Mitbestimmung; Betriebswirtschaftliches Fachwissen; Informationstechnisches Fachwissen (EDV); Fachenglisch
	Berufsgruppenspezifisches Fachwissen	Betriebswirtschaftliches Fachwissen für Manager/innen, Vertriebler/innen, Personaler/innen usw.; Technisches Fachwissen; Pädagogisches, psychologisches und medizinisches Fachwissen

Oberkategorie	Unterkategorie	Weitere Ausdifferenzierungen
Gesundheit	Bewegung, Mobilisation, Stabilisierung, Fitness	
	Entspannung, Stressbewältigung, innere Ausgeglichenheit	
	Ernährung	
Kultur	Systematisch-rezeptives Portal	
	Selbsttätig-kreatives Portal	
	Verstehend-kommunikatives Portal	
Fremdsprachen	Englisch, Französisch, Spanisch usw.	
Umwelt	Umwelt- und Naturschutz	
	Wasser, Meer, Ozean	
	Tierschutz	
	Klimawandel und Klimaschutz	
	Energie: Windkraft, Atomkraft, Wasser, Öl	
	Verkehr	
Medien	Medienmacht	
	Internet/ soziale Netzwerk	
	Datenschutz	
Geschichte	Frühgeschichte	
	Mittelalter	
	Kolonialzeit	
	Industrialisierung	
	Nazi-Zeit	
	Nachkriegszeit	
	Deutsche Einheit	
Religion		

Und die *Kategorie Formate* wird gegliedert in:

Tabelle 11: Kategorisierung der Formate

Kategorie
Kompaktwoche (5–6 Tage)
Kurzzeitformate (1–4 Tage)
Langzeitformate (8–12 Tage)
Gesplittete Formate (z.B. 1+2 Tage)

Nach der Codierung werden im zweiten Analyseschritt Vergleiche auf der Ebene der Weiterbildungseinrichtungen und der Ebene der Fachbereiche angestellt. Dieser Auswertungsschritt wird im nächsten Kapitel erläutert.

6.4.4 Interorganisationale und intersektorale Vergleiche

Nach den Kategorienbildungen werden in einem zweiten Auswertungsschritt für jede Ober- bzw. Unterkategorie Vergleiche angestellt. Im abduktiven Analyseprozess (vgl. Reichertz 2003) stellen sich die Träger der Weiterbildungseinrichtungen und die Fachbereiche als zentrale Vergleichsdimensionen heraus.[28]

Im Sinne der minimalen und maximalen Kontrastierung werden auf der Ebene der Einrichtungen zum einen Vergleiche zwischen unterschiedlichen Einrichtungen angestellt (interorganisationale Vergleiche), zum anderen Vergleiche innerhalb einer Einrichtung (intraorganisationale Vergleiche). Analog werden auf der Ebene der Fachbereiche sowohl Vergleiche zwischen unterschiedlichen Fachbereichen (intersektorale Vergleiche), als auch Vergleiche innerhalb eines Fachbereichs (intrasektorale Vergleiche) vorgenommen. Durch die Kombination der beiden Vergleichsdimensionen ergeben sich vier Merkmalskombinationen bzw. vier Typen, die in der folgenden Kreuztabelle dargestellt sind:

28 Die Begriffe Träger, Einrichtung und Fachbereich werden im folgenden Sinne verwendet: Als Träger wird die Institution definiert, die die rechtliche und wirtschaftliche Verantwortung für die Weiterbildungseinrichtung trägt (vgl. Gnahs 2010: 288), z.B. die Kommune, die Kirchen, die Gewerkschaften oder die Arbeitgeberverbände. Weiterbildungseinrichtungen sind die konkreten Orte, an denen das Lernen organisiert wird (vgl. Faulstich 2010: 71), z.B. die VHS Bremen, das Evangelische Bildungswerk, die Wirtschaft- und Sozialakademie der Arbeitnehmerkammer oder das Bildungszentrum der Wirtschaft. Als Fachbereich werden die fachlich-inhaltlichen Angebote eines gemeinsamen Fachgebiets bezeichnet, die auch organisatorisch zusammengefasst bzw. der Planungsverantwortung eines Fachbereichsleitenden unterstellt sind (vgl. von Küchler 2010: 107), z.B. die politische Bildung, die berufliche Bildung, die Gesundheitsbildung, die kulturelle Bildung, die Fremdsprachenbildung.

Tabelle 12: Kreuztabelle zu Kombinationsmöglichkeiten von Einrichtungen und Fachbereichen

	fachbereichsübergreifend (intersektoraler Vergleich)	**fachbereichsspezifisch** (intrasektoraler Vergleich)
einrichtungsübergreifend (interorganisationaler Vergleich)	Allgemeine Merkmale (Typ 1)	fachbereichsspezifische Merkmale (Typ 2)
einrichtungsspezifisch (intraorganisationaler Vergleich)	Einrichtungsspezifische Merkmale (Typ 3)	Spezifische Merkmale (Typ 4)

(1) Es lassen sich allgemeine Merkmale identifizieren, die übergreifend in mehreren Fachbereichen und Einrichtungen zu finden sind. Z.B. ist die Förderung der gesellschaftlichen Teilhabe ein allgemeines Bildungsurlaubsziel.

(2) Davon lassen sich fachbereichsspezifische Merkmale unterscheiden, die nur in einem bestimmten Fachbereich vorkommen, wie z.B. die Förderung des Fremdsprachenerwerbs im Fachbereich Fremdsprachen, die Förderung der kulturellen Partizipationskompetenz im Fachbereich kulturelle Bildung usw.

(3) Davon zu unterscheiden sind einrichtungsspezifische Merkmale, die nur in einer bestimmten Einrichtung vorkommen, z.B. die Orientierung an Arbeitgeberinteressen bei den gewerblichen Weiterbildungseinrichtungen im Unterschied zur Orientierung an den Arbeitnehmerinteressen bei den gewerkschaftlichen Weiterbildungseinrichtungen.

(4) Schließlich gibt es Merkmale, die für einen bestimmten Fachbereich in einer bestimmten Einrichtung typisch sind, z.B. die spezifische Auslegung der Gesundheitsbildung als Teil des organisierten Sport beim Bildungswerk des Landessportbundes im Vergleich zur Auslegung der Gesundheitsbildung als Teil der politischen Bildung bei der Wirtschafts- und Sozialakademie.

Die allgemeinen, fachbereichsspezifischen, einrichtungsspezifischen und spezifischen Merkmalskombinationen werden für die Planungsstrategien, die Konzeptionen und die Begründungslogiken bestimmt.

Da das Sample der qualitativen Befragung mehr Einrichtungen als Fachbereiche beinhaltet, ist es forschungsökonomischer mit den intersektoralen Vergleichen zu beginnen. Das Vorgehen bei der empirischen Analyse lässt sich in einem Ablaufschema wie folgt darstellen:

Tabelle 13: Ablaufschema zum Auswertungsverfahren

<table>
<tr><td colspan="4">(1) Intersektoraler Vergleich: In welchen Fachbereichen kommen die Planungsstrategien/Ziele/Adressaten/Themen/Formate/Begründungslogiken vor?</td></tr>
<tr><td colspan="2">A) in mehreren Fachbereichen</td><td colspan="2">B) in nur einem Fachbereich</td></tr>
<tr><td colspan="4">(2) Interorganisationaler bzw. intrasektoraler Vergleich: In welchen Weiterbildungseinrichtungen kommen die Planungsstrategien/Ziele/Adressaten/Themen/Formate/Begründungslogiken vor?</td></tr>
<tr><td>A) in mehreren Einrichtungen</td><td>B) in nur einer bestimmten Einrichtung</td><td>C) in mehreren Einrichtungen</td><td>D) in nur einer Einrichtung</td></tr>
<tr><td>Typ 1: allgemeine Merkmale</td><td>Typ 3: einrichtungsspezifische Merkmale</td><td>Typ 2: fachbereichsspezifische Merkmale</td><td>Typ 4: spezifische Merkmale</td></tr>
</table>

Möglichkeiten und Grenzen der empirischen Analyse

Die theoretisch denkbaren Kombinationsmöglichkeiten von fachbereichsspezifischen bzw. fachbereichsübergreifenden und einrichtungsspezifischen bzw. einrichtungsübergreifenden Merkmale und die sich daraus ergebenden (1) allgemeinen, (2) fachbereichsspezifischen, (3) einrichtungsspezifischen und (4) spezifische Merkmale sind theoretisch konstruierte Idealtypen. Der empirischen Analyse und Bestimmung sind durch die Weiterbildungspraxis und durch forschungsmethodische Gegebenheiten Grenzen gesetzt. Denn die Durchführung der Vergleiche setzt zum einen voraus, dass ein bestimmter Fachbereich von mehreren Einrichtungen angeboten wird bzw., dass eine bestimmte Einrichtung mehrere Fachbereiche anbietet, zum anderen müssen auch alle Kombinationsmöglichkeiten in das Sample aufgenommen werden. Beide Voraussetzungen sind nicht vollständig gegeben:

Wie die Programmanalyse zeigt, gibt es Weiterbildungseinrichtungen, die in mehreren Fachbereichen Bildungsurlaubsveranstaltungen anbieten (General- bzw. Mehrspartenanbieter) und Einrichtungen, die sich auf einen bestimmten Fachbereich spezialisiert haben (Spezialanbieter) (vgl. Rippien 2015a: 160–167).[29] Für die

29 Zu den Generalanbietern, die 10 bis 14 Fachbereiche anbieten, zählen die VHS Bremen, die VHS Bremerhaven und die Wisoak. Zu den Mehrspartenanbietern, die 5 bis 7 Fachbereiche anbieten, zählen Arbeit und Leben Bremen, die HandWERK gGmbH, das Evangelische Bildungswerk und das Bildungswerk des Landessportbundes. Zu den Spezialanbietern zählen das Bildungswerk der Wirtschaft im Unterwesergebiet e.V., AuL BHV e.V., das Berufsfortbildungswerk des DGB, die Akademie des Handwerks an der Unterweser e.V., die Deutsche Angestellten Akademie Bremen GmbH, das Institut für Berufs- und Sozialpädagogik e.V., das Paritätische Bildungswerk LV Bremen e.V. sowie die drei gewerblichen Anbieter fortb.direkt GmbH, Institut für Lernsysteme GmbH und Berlitz. (vgl. Rippien 2015a: 160–167)

empirische Analyse bedeutet das, dass die Vergleichsmöglichkeiten eingeschränkt sind: Bei den Spezialanbietern können keine intraorganisationalen-intersektoralen Vergleiche (Vergleiche mehrerer Fachbereiche innerhalb einer Einrichtung) durchgeführt werden.

Weitere Einschränkungen sind forschungsmethodisch begründet: Bei der Zusammenstellung des qualitativen Samples wurde zwar versucht, ein breites Spektrum an Institutionen und Fachbereichen einzubeziehen, um Vergleiche zwischen unterschiedlichen Einrichtungen (interorganisational) und verschiedenen Fachbereichen (intersektoral) anzustellen. Aufgrund der begrenzten Ressourcen konnten aber weder alle Einrichtungen noch alle Fachbereiche Berücksichtigung finden.

Dies hat folgende Konsequenzen für die empirische Analyse und den Aussagewert der Ergebnisse:

Bei den meisten Einrichtungen (den Spezialanbietern bzw. bei den Einrichtungen, bei denen nur ein Fachbereich in die Untersuchung einbezogen wurde) können keine intraorganisationalen-intersektoralen Vergleiche angestellt werden, d.h. es lässt sich bei den meisten Einrichtungen empirisch nicht bestimmen, ob es sich um einrichtungsspezifische Konzeptionen handelt, die fachbereichsübergreifend sind (Typ 3) oder um einrichtungsspezifische Konzeptionen, die fachbereichsspezifisch sind (Typ 4). Auf Basis des empirischen Materials aus der Befragung lässt sich somit nur feststellen, ob eine Einrichtungsspezifik vorliegt oder nicht. Analoges gilt für die Fachbereiche: Wurde nur ein Bereich in die Untersuchung einbezogen, können keine interorganisationalen-intrasektoralen Vergleiche angestellt werden und es lässt sich empirisch nicht bestimmen, ob Typ 2 oder Typ 4 vorliegt. Dies trifft allerdings nur für die kulturelle Bildung zu. Bei allen anderen Fachbereichen können derartige Aussagen getroffen werden.

6.5 Zusammenfassung

Das erwachsenenpädagogische Erkenntnisinteresse der empirischen Studie richtet sich auf den *gegenwärtigen Bildungsurlaubsdiskurs in der Weiterbildungspraxis*, konkret: auf die *Perspektive der pädagogischen Mitarbeitenden*, die Bildungsurlaubsveranstaltungen in den Weiterbildungseinrichtungen planen.

Am Beispiel *Bremen* werden zum einen die *Planungsstrategien als diskursive Praktiken*, die den Bildungsurlaubsdiskurs (re-)produzieren, analysiert, zum anderen die *Diskurseffekte*, d.h. die *BU-Angebote bzw. Konzepte*, in denen sich der BU-Diskurs materialisiert, untersucht.

Die *Analyse der Planungsstrategien* basiert auf leitfadengestützten Expert/inn/eninterviews mit den Programmplanenden. Die von den Planenden exemplarisch beschriebenen Planungsverläufe werden im Hinblick auf die beteiligten Akteure, die eingesetzten Planungsinstrumente, Einflussfaktoren und Widerspruchskonstellationen untersucht und in Anlehnung an die WDA (Keller 2011) diskursanalytisch ausgewertet.

Die *Analyse der BU-Konzeptionen* orientiert sich am Modell zur Angebotsentwicklung nach Schlutz (2006) mit den Komponenten Ziele, Adressaten, Themen und Formate. Mittels Programmanalyse werden die Adressaten, Themen und Formate untersucht. Die Ziele werden in den Interviews erfragt.

Auf der Grundlage der Befunde zu den Planungsstrategien und zu den BU-Konzeptionen werden *Begründungslogiken* rekonstruiert und zu *drei Spezialdiskursen der Weiterbildungspraxis* verdichtet.

Als zentrale Vergleichsdimensionen erweisen sich im Analyseverlauf die Weiterbildungseinrichtungen und die Fachbereiche, die zu vier Merkmalskombinationen (allgemeiner, fachbereichsspezifischer, einrichtungsspezifischer und spezifischer Typus) führen.

Empirische Befunde

7. Empirische Befunde zu den diskursiven Praktiken (Planungsstrategien)

In diesem Kapitel werden die diskursiven Praktiken der (Re-)Produktion des BU-Diskurses beleuchtet. Fokussiert werden die Planungsstrategien, d.h. die Vorgehensweisen zur Planung von BU-Angeboten, die die Planenden in den Interviews am Beispiel ausgewählter BU-Angebote beschrieben haben.

Auf der Basis der Interviewauswertungen lässt sich zunächst eine Unterscheidung treffen zwischen

- allgemeinen Planungsstrategien (Kapitel 7.1) und
- bildungsurlaubsspezifischen Planungsstrategien (Kapitel 7.2).

7.1 Allgemeine Planungsstrategien

Allgemeine Planungsstrategien, die in allen untersuchten Einrichtungen über alle Fachbereiche hinweg angewendet werden, sind über den Bildungsurlaub hinaus auch auf andere Veranstaltungsformate übertragbar. Zu unterscheiden sind folgende:

- die *Neuentwicklung* von Angeboten in Kooperation mit den Kursleitenden, den Kooperationspartner/inne/n bzw. den Teilnehmenden sowie durch die Rezeption öffentlich-medialer bzw. fachlicher Diskurse (Kapitel 7.1.1),
- die *Fortschreibung* (und ggf. Modifikation) bestehender Angebote aufgrund einer stabilen Nachfrage, stabiler Kontakte bzw. einer hohen gesellschaftlichen Relevanz der Themen (Kapitel 7.1.2) und
  die *Streichung* von Angeboten aufgrund fehlender Nachfrage (Kapitel 7.1.3).

7.1.1 Kooperative Neuentwicklungen von Angeboten: Keine „Kopfgeburten“

Neue Angebote entstehen nicht am Reißbrett, im stillen Kämmerlein und sind selten reine „Kopfgeburten“ (Ev. BW: 681) der Planenden, sondern werden kooperativ mit

- den Kursleitenden,
- verschiedenen Kooperationspartner/inne/n und
- den Teilnehmenden entwickelt.

Neue Themen werden zudem durch

- die Rezeption der öffentlich-medialen bzw. fachlichen Diskurse generiert.

Kooperative Angebotsentwicklung mit Kursleitenden

Besonders hervorzuheben ist die Rolle der Kursleitenden als wichtige Impulsgeber für die Themengenerierung und Angebotsentwicklung. Die Kursleitenden sind häufig hauptberuflich in dem Feld, in dem sie nebenberuflich lehren, wie z.B. im künstlerischen Bereich (kulturelle Bildung) oder in der Industrie bzw. Wirtschaft (berufliche Bildung), tätig und somit nah an den aktuellen Bedarfen und Bedürfnissen der Teilnehmenden. Sie bringen Themenvorschläge ein, haben Zugang zu den Zielgruppen und binden Teilnehmende. Desweiteren geben sie den Planenden Rückmeldung zu durchgeführten Seminaren, woraus neue Ideen abgeleitet werden können.

Neben den Kursleitenden, die bereits für die Einrichtung tätig sind, bringen auch Bewerber/innen neue Ideen und Konzepte ein. Die Programmplanenden besprechen die Konzepte mit den potentiellen Kursleitenden, prüfen sowohl inhaltlich, ob die Angebote zum Programmbereich sowie zum Profil der Einrichtung insgesamt passen, als auch die organisatorischen Voraussetzungen, z.B. bezüglich der Veranstaltungsform, der gegebenen Räumlichkeiten usw. und entwickeln ggf. in Abstimmung mit den Kursleitenden die Konzepte weiter.

Zur Illustration werden im Folgenden exemplarisch ausgewählte Zitate aus den Interviews mit den Planenden in unterschiedlichen Fachbereichen angeführt.

Wie Kursleitende die Planenden bei der Bedarfserschließung und Angebotsentwicklung im Bereich der *beruflichen Bildung* unterstützen, verdeutlicht das folgende Zitat aus einem Interview mit einem Bildungsmanager eines gewerblichen Weiterbildungsanbieters:

„Wir haben einen Großteil unserer Dozenten, die eben in der Industrie tätig sind, und für uns nebenberuflich tätig werden. Sodass wir also dort immer einen sehr engen Draht zur Wirtschaft haben, wo signalisiert wird: Mensch, da entstehen Bedarfe. [...] Beispielhaft können wir mal ein Seminar rauspicken. Das ist der Abfallbeauftragte. So, da haben wir einen Dozenten hier im Hause, der in der Industrie tätig ist, und der selber vor dem Problem stand, dass die für ihren Betrieb nen Abfallbeauftragten suchen und dementsprechend eine entsprechende Weiterbildung. So, und das sind also Bedarfe, die tatsächlich in der Industrie vor Ort hier vorhanden sind. Woraufhin wir uns dann gemeinsam an Tisch gesetzt haben und dafür ein entsprechendes Seminar entwickelt haben" (Fortbildung direkt: 16–21).

Sowohl die Bedarfserschließung, die Themengenerierung als auch die Angebotsentwicklung erfolgt in kooperativer Zusammenarbeit zwischen dem Bildungsmanager und dem Dozenten.

Ebenfalls sehr anschaulich für die *politische Bildung* beschreibt der Bildungsreferent des Evangelischen Bildungswerks, wie wichtig eine langjährige und gute Zusammenarbeit mit den Kursleitenden sei:

„Ich denke mal, ein sehr bewährter Weg ist, dass wir bestimmte Dozenten haben, mit denen wir sehr gern zusammenarbeiten und wo man über die Jahre weiß, was die für ein Kompetenz- und Interessenspektrum haben. [...] Vor allen Dingen in den ersten Jahren, wenn man die Leute noch nicht so kennt, [...] da habe ich mir oft einfach so Kopfgeburten, irgendwie tolle Themen ausgedacht und händeringend versucht, einen Dozenten zu finden, der das kann. Das ist dann manchmal nicht so richtig gelungen oder ist sehr aufwendig. Man muss jemand von weiter holen oder man kann nicht die Hand dafür ins Feuer legen, ob das pädagogisch gut läuft. Mittlerweile, wenn man länger da ist, kennt man die Leute, was man denen zutrauen kann, auch an Neuentwicklungen" (Ev. BW: 679–685).

In der jahrelangen Zusammenarbeit mit den Dozierenden haben die Planenden gute Erfahrungen gesammelt, kennen deren Interessen- und Kompetenzspektrum und tragen bestimmte Themen an die Kursleitenden heran.

In dem folgenden Beispiel aus dem Bereich der *Gesundheitsbildung* beschreibt die Hauptamtliche Pädagogische Mitarbeiterin (HPM), wie die VHS versucht, durch Arbeitskreise, Ausschüsse und Planungskonferenzen Kursleitende aktiv in die Planung einzubinden:

„Wir machen viel in der Zusammenarbeit mit Kursleitern, da entstehen ja viele neue Anregungen auch. Da gebe ich manchmal Anregungen rein von der Bundesregierung zum Beispiel. Bekomme aber auch Anregungen, die dann in Planung umgesetzt werden können. Zweimal im Jahr mache ich so einen Arbeitskreis Gesundheit mit den Lehrkräften, wo wir uns Zeit nehmen und einfach mal reinschauen, was sich verändert im Unterricht. Wo die Kursleiter spüren, das sich was verändern müsste und bekommen neue Ideen. Bei Bedarf würden wir da auch mehr machen, aber die Kursleiter sind auf so vielen Hochzeiten aktiv, die können oft zeitlich gar nicht mehr. Dann machen wir Planungskonferenzen mit den Lehrkräften, wo konkret dann die nächsten Semester geplant werden und wo es auch immer darum geht, neue Trends zu erkennen" (VHS, GB: 85–94).

Die Expertise der Kursleitenden wird für die Angebotsplanung genutzt. Ein Problem bei der Einbindung der Kursleitenden ist, dass diese keine vollwertigen Mitglieder der Einrichtungen sind, sondern frei- und nebenberuflich für die Einrichtungen tätig sind.

Auch in der *kulturellen Bildung* erfolgt die Angebotsentwicklung kooperativ mit den Kursleitenden: Zum einen entwickeln für die VHS bereits tätige, erfahrene Kursleitende eigenständig Konzeptionen, die sie der Programmplanenden vorlegen und die dann prüft, „ob das schlüssig ist oder wo es haken könnte" (VHS, KuBi: 325). Zum anderen gibt es Künstler/innen, die sich bei der HPM mit einer bestimmten Idee bewerben und die HPM prüft dann zunächst, ob die Idee in das Einrichtungsprofil passt und entwickelt dann ggf. gemeinsam mit der/dem Kursleitenden eine Angebotskonzeption:

„Es gibt Künstler, die sich bei mir melden, die sich bewerben und sagen: Ich habe Interesse, hier Dozent zu sein. Ich möchte gern dieses und jenes machen. Dann gucke ich, ob das ins Profil passt. Und dann gucke ich, in welchen Lernformaten, wenn das für uns passend ist, man das am besten anbieten kann. Und dann, ja, wird das durchgesprochen, was da sinnvoll ist, was die Leute auch wollen. Nicht jeder kann Kompaktseminare machen. Es gibt Leute, die können wirklich nur in Kursform arbeiten. [...] Die Feinabstimmungen müssen dann gemacht werden. Dann überlegt man das und dann schälen sich zwei oder drei Ideen heraus. Dann kommt es dazu, dass man ein Exposé, also der Künstler macht dann ein Exposé davon. Und dann guckt man, wie man das klein arbeitet. Dann macht er dann Vorschläge und ich gehe die dann auch als Pädagogin durch. Ja, gemeinsam guckt man dann, wie man das Ganze aufstellt" (VHS, KuBi: 310–321).

Die Angebotsentwicklung erfolgt in einem gemeinsamen Arbeitsprozess: Der oder die Kursleitende bringt das Fachwissen ein und die HPM ihre pädagogische Expertise.

Kooperativ-vernetzte Angebotsentwicklungen mit anderen (Weiterbildungs-)Einrichtungen

Über alle Einrichtungen und Fachbereiche hinweg betonen die Planenden, dass Programmplanung Netzwerkarbeit[30] sei. Die Kooperationen reichen über die gemeinsame Planung und Durchführung von BU-Veranstaltungen, z.B. Literatur-Bildungsurlaube, die von der VHS und dem Evangelischen Bildungswerk

30 Die Begriffe Netzwerk und Kooperation werden häufig synonym verwendet. Im Anschluss an die erwachsenenpädagogische Netzwerkforschung (vgl. u.a. Jütte 2002; Schäffter 2004; Dobischat/Stuhldreier/Düsseldorf 2006; Tippelt/Reupold/Stroble/Kuwan 2009; Dollhausen/Feld/Seitter 2013) werden die Begriffe in dieser Arbeit im folgenden Sinne verstanden: Netzwerke sind mehr oder weniger formalisierte Zusammenschlüsse vieler Institutionen, die ein gemeinsames Anliegen/Thema haben. Kooperationen sind konkrete Arbeitsbeziehungen zwischen zwei oder mehr Akteuren, die ein gemeinsames Ziel bzw. konkretes Projekt verfolgen.

angeboten werden, bis zur gegenseitigen Nutzung von Räumen, z.B. nutzt die VHS die Räumlichkeiten der Kunsthalle Bremen zur Realisierung kultureller BU-Angebote.

Im Anschluss an Dobischat/Stuhldreier/Düsseldorf (2006) lassen sich die Kooperationsbeziehungen danach unterscheiden, ob sie

- auf *horizontaler Ebene*, d.h. zwischen Anbietern eines Bildungsbereichs, (*typidentische Partnerschaft*) oder
- auf *vertikaler Ebene*, d.h. zwischen Anbietern mehrerer Bildungsbereiche, (*typübergreifende Partnerschaft*) stattfinden.

Bei einer Kooperation auf horizontaler Ebene, bei der z.B. eine Weiterbildungseinrichtung mit einer anderen kooperieren würde, handelt es sich nach Dobischat et al. (2006) um eine *typidentische Partnerschaft* mit einem *hohen Risiko einer direkten Konkurrenzsituation*. Im Unterschied dazu birgt eine *typübergreifende Partnerschaft* auf vertikaler Ebene, z.B. zwischen einer Weiterbildungseinrichtung und einer Schule, ein geringes Konkurrenzpotential (vgl. ebd.).

Kooperationen auf horizontaler Ebene (typidentisch)

Alle Befragten sind in horizontale Netzwerke eingebunden und kooperieren mit verschiedenen Akteurinnen und Akteuren aus dem Weiterbildungsbereich, um Bedarfe und Bedürfnisse zu erschließen, neue Themen zu entwickeln, Angebote zu planen, zu bewerben, Veranstaltungen zu organisieren und durchzuführen. Um sich über aktuelle Entwicklungen zu informieren, nehmen die Planenden an verschiedenen Arbeitsgruppen und Gremien teil.

Auf der Grundlage der Interviewauswertungen können die typidentischen Kooperationen auf der horizontalen Ebene weiter ausdifferenziert werden. Die Kooperationen zwischen den Weiterbildungseinrichtungen lassen sich danach unterscheiden, ob sie

- *trägerspezifisch*, d.h. auf bestimmte Weiterbildungsträger beschränkt sind, oder
- *trägerübergreifend*, d.h. zwischen verschiedenen Weiterbildungsträgern bestehen.

Die trägerspezifischen Kooperationen bestehen meist *überregional*, während die trägerübergreifenden Kooperationen i.d.R. *regional* begrenzt sind.

Trägerspezifische Kooperationen (überregional)

Ein fachlicher Austausch der Programmplanenden findet in den trägerspezifischen Netzwerken statt, z.B. den Bundes- und Landesverbänden der Volkshochschulen, der Gewerkschaften, der Kirchen oder der Unternehmensverbände. Ein konkretes Beispiel für eine trägerspezifische überregionale Netzwerkarbeit gibt die befragte HPM der kulturellen Bildung an der VHS, die sich über den Volkshochschulverband bundesweit mit Kolleginnen und Kollegen austauscht und sich an den aktuellen Trends und Entwicklungen in Berlin und Hamburg orientiert:

„Ich gucke dann sehr genau: Was passiert in Berlin und in Hamburg? Und zwei, drei Jahre später ist es dann auch in Bremen angekommen als Tendenz. Und da klaue ich sozusagen Ideen oder werde bestärkt im Ideenfesthalten. […]. Ja, wenn in Berlin das schon wieder eine andere Bedeutung hat, dann kommt es auch irgendwann hier an" (VHS, KuBi: 442f.).

Ein weiteres Beispiel für eine trägerspezifische überregionale Vernetzungsarbeit im Bereich Gesundheitsbildung liefert das folgende Zitat:

„Sehr produktiv ist für mich der Bundesarbeitskreis Gesundheit, in dem alle 16 Landesverbände der Volkshochschule ihre Fachreferenten hinschicken. Und da vertrete ich eben Bremen. Und da sind wir einfach in diesem Austausch und eben auch in Projekten, die wir da gemeinsam entwickeln, das ist ein ganz wichtiges Feld, weil das bedeutet, dass wir nicht als Bremer Volkshochschule jetzt alles machen und erfinden müssen. Sondern ich profitiere dann auch zum Beispiel davon was Baden-Württemberg macht. Oder wir tauschen auch Konzepte aus und hecken neue Projekte zusammen aus. Ich bin jetzt neu in einem Projekt mit der Bundeszentrale für gesundheitliche Aufklärung, wo wir praktisch eine Handlungsempfehlung konzipieren für die Erwachsenenbildung zum Thema ‚Gesund älter werden' mit all ihren Facetten und wie Erwachsenenbildung damit umgehen könnte" (VHS GB: 94–103).

Trägerübergreifende Kooperationen (regional)

Die Vertreter/innen der öffentlichen Weiterbildungseinrichtungen in Bremen begegnen sich regelmäßig, z.B. im Rahmen von Ausschüssen, Arbeitskreisen oder Fachtagungen. Im Unterschied zu den trägerspezifischen überregionalen Netzwerken lässt sich dieses Netzwerk als regional und trägerübergreifend charakterisieren.

Die Kooperationsbeziehungen der öffentlich anerkannten Weiterbildungseinrichtungen untereinander sind durch wechselseitige Akzeptanz, ein kollegiales Miteinander, einen respektvollen Umgang und gegenseitige Unterstützung zur

Verfolgung gemeinsamer Interessen gekennzeichnet. (Markttypisches) Konkurrenzdenken wird abgelehnt. Wo gute persönliche Kontakte bestehen, gebe es auch fachlichen Austausch, die Programme werden wechselseitig zugesandt. Wenn es politischen Druck gegen Bildungsurlaub gibt, bilden die Vertreter/innen Koalitionen, wie im folgenden Zitat für die Gesundheitsbildung deutlich wird:

„Frau K. zum Beispiel. Ich kenne die natürlich gut. Wir haben auch über bestimmte Sachen geredet. Es gab mal den allgemeinen Druck gegen, also gegen Bildungsurlaub im Gesundheitsbereich. Dann gab es das auch, dass wir uns abgestimmt haben: Wie müssen dann solche Programme aussehen, die wir dann ans Land schicken? Und all solche Sachen. Das haben wir schon mal gemacht" (Wisoak GB: 1068–1073).

Kooperationen auf vertikaler Ebene (typübergreifend)

Neben den Kooperationsbeziehungen zu anderen Weiterbildungseinrichtungen existieren eine Vielzahl an Kooperationen zu Nicht-Weiterbildungseinrichtungen, wie beispielsweise Kultureinrichtungen in der kulturellen Bildung, Unternehmen und Krankenkassen in der Gesundheitsbildung, Zeitarbeitsfirmen und Unternehmen in der beruflichen Bildung etc.

Beispielsweise kooperiert die VHS im Bereich kulturelle Bildung mit der Kunsthalle Bremen: Einige BU-Veranstaltungen, z.B. Literaturschreib-Workshops, werden regelmäßig in den Räumen der Kunsthalle durchgeführt (vgl. VHS, KuBi: 557). Im Gegenzug hat die VHS der Kunsthalle Bremen während einer Umbauphase Ausstellungsräume zur Verfügung gestellt. Die befragte HPM begründet die Kooperationsaktivitäten zum einen damit, dass die Einrichtungen gemeinsame Zielgruppen haben (z.B. Familien), zum anderen resultieren die Kooperationen aber auch aus finanziellen Zwängen:

„Man tut sich zusammen, weil man es alleine kräftemäßig, finanziell und so gar nicht gebacken kriegt. […] Aus den Gründen arbeite ich dann viel mit anderen zusammen, wo sich das anbietet, und man hat dann immer eine Win-Win-Situation. […] manchmal kommt ja auch Gutes bei raus aus Zwang" (VHS, KuBi: 510–517).

Gleichzeitig stellen die Kultureinrichtungen mit ihren eigenen Bildungsangeboten eine Konkurrenz für die VHS dar, da sie für Kinder, Jugendliche und Erwachsene Angebote bereit halten und so, aus Sicht der HPM, Nachwuchs rekrutieren und einen Marktvorteil gegenüber der VHS haben:

„Zum Beispiel die Kunsthalle bietet, sage ich mal, Kurse an. Oder anders ausgedrückt: Alle wollen Nachwuchs, alle wollen Migranten. Die Frage ist: Wie komme ich daran? Mit Kinder und Jugendlichen, weil wir ja eigentlich eine klassische Erwachsenenbildungseinrichtung sind, ist es ein bisschen schwieriger. Da bräuchten wir immer enge Kooperationen, entweder im Stadtteil, das ist dann, was unsere Zweigstellen machen, sehr fruchtbar. Wir hier in der Zentrale sind nirgendwo an Schulen, zum Beispiel, angebunden, haben dann auch Probleme, Kinder und Jugendliche in unser Programm zu holen. Also für die Jugendlichen ist es vielleicht zu altmodisch und für Kinder sind die Eltern nicht vernetzt mit uns, als dass sie vertrauensvoll ihre Kinder hierher schicken würden. Das geht dann mehr vor Ort im Viertel, im Stadtviertel. Und die Kunsthalle will ja das Gleiche machen, die wollen auch Kinder als späteren Nachwuchs und spätere Eintrittszahler, sage ich mal, oder so. Da geht es einfach … wir trocknen irgendwann aus oder die Alten sterben alle weg und dann kommt niemand mehr, das ist diese Angst. Und dann will man eben die Kinder früh genug reinziehen, damit es nachwächst, genauso wie die große Gruppe der Migranten, dass man die einbindet, damit man, ja, nicht austrocknet, sage ich mal.

I: Das sind ja auch richtige werbestrategische Maßnahmen.

Frau S.: Genau. Darum geht es. Das heißt, die Kunsthalle macht regelmäßig Kinder- und Jugendworkshops. Auch in den Ferien, da haben die ein ganz etabliertes Programm. Das ist auch in Ordnung. Wir könnten das in dem Sinne gar nicht leisten. Aber die machen dann natürlich auch normale Kurse mit Erwachsenen, wie wir auch, also Malkurse, Acryl oder sonst was, auf eigene Rechnung" (VHS, KuBi: 527–580).

In dem Zugang zu Kindern und Jugendlichen sieht die HPM einen entscheidenden Marktvorteil für die Kunsthalle, denn anders als bei anderen Fachbereichen sei es typisch für die kulturelle Bildung, dass diese von Erwachsenen nachgefragt werde, die bereits in der Kindheit und Jugend Begegnungen mit kultureller Bildung erfahren haben.

Partizipation von Teilnehmenden

In allen untersuchten Weiterbildungseinrichtungen werden Evaluationen durchgeführt, in denen die Teilnehmenden ein Feedback (Lob, Kritik, Verbesserungsvorschläge) zu den besuchten BU-Veranstaltungen geben und ggf. Anregungen für zukünftige BU-Veranstaltungen. Auf diese Weise partizipieren die Teilnehmenden indirekt an der Angebotsplanung – insofern deren Rückmeldung von den Planenden berücksichtigt wird.

Darüber hinaus können in einigen Einrichtungen die Teilnehmenden direkt an der Angebotsplanung partizipieren. Beispielsweise beteiligt das Evangelische Bildungswerk von der Lerngruppe ausgewählte Gruppensprecher/innen an den Planungssitzungen:

„Was auch gut funktioniert bei uns, wir haben ein Instrument, dass in den etwas längeren Kursen ab zehn Unterrichtsstunden Gruppensprecherinnen gewählt werden, die die Gruppe gegenüber uns Einrichtung vertreten, aber auch die Interessen der Teilnehmenden im Einrichtungsplanungsgeschehen. Die kommen alle halbe Jahre zu einer Gruppensprecherinnenversammlung zusammen. Und das wird sehr genutzt in den Bildungsurlauben, dass sie tatsächlich diese Sprecherinnen wählen und die auch in der Regel dann bei der Versammlung im entsprechenden Halbjahr, sie werden über einen Zeitraum von zwei Jahren gewählt, wenn sie wiederkommen, berichten von ihren Bildungserfahrungen. (…) Sie sind darüber hinaus auch an dem Planungshandeln der Einrichtung beteiligt. (…) Wenn man das richtig rüberbringt, finden sich auch gute Leute, die wirklich dann daraus was machen aus diesem Amt, indem sie gute Ideen einbringen, auch Kritik, wo es nötig ist, wo man was verbessern, voranbringen kann. Dass dieser Rückfluss aus den Seminargruppen nicht nur über den Dozenten passiert, sondern zusätzlich auch nochmal über diese gewählten Vertreter" (Ev. BW: 566–601).

Die demokratisch gewählten Gruppensprecher/innen vertreten die Interessen der Teilnehmenden in den Planungssitzungen und können direkten Einfluss auf die Angebotsplanung des Evangelischen Bildungswerks nehmen.

Auch das Bildungswerk des Landessportbundes initiiert eine ehrenamtliche Ausschussbildung, an der neben den Kursleitenden auch Teilnehmende partizipieren und über aktuelle Themen diskutieren (können).

Rezeption der öffentlichen und fachlichen Diskurse

Um aktuelle Themen für neue Angebote zu generieren, rezipieren die Planenden den öffentlichen Diskurs sowie die Fachdiskurse aus den jeweiligen Disziplinen. Beispielsweise wertet die HPM des Programmbereichs Gesundheitsbildung an der VHS Fachzeitschriften und Testberichte aus, z.B. interdisziplinäre Fachartikel aus den Bereichen Sport, Pädagogik und Psychologie, um sich über aktuelle Entwicklungen zu informieren. Insbesondere in der politischen Bildung besteht der Anspruch, aktuelle, gesellschaftlich relevante und diskutierte Themen als Lernanlässe aufzugreifen, wie das Zitat aus dem Interview mit der Programmbereichsleiterin von Arbeit und Leben exemplarisch illustriert:

„AuL: Wir nehmen allerdings auch zu Rate politische konkrete Themen. […] Was wird aktuell diskutiert oder was ist ein Thema, was sich ein bisschen längerfristig breit machen wird? Wir haben da natürlich unsere Netzwerke mit der Akademie für Arbeit und Politik, mit der Uni etc. pp., wo wir natürlich auch inhaltlich uns mit dem einen oder andern beschäftigen, und von daher wissen, was wird Thema sein oder was kann Thema sein.

I: Was ist derzeit gerade aktuell?

AuL: Wir gehen jetzt auf Atomkraft im nächsten Jahr und hoffen, von da aus nochmal nachplanen zu können. Wir werden schauen, wie sich dieses Thema jetzt umsetzt. Und das ist mit dem Teamer auch schon abgesprochen. Wenn da jetzt wirklich ganz viele Leute kommen, die sagen, da wollen wir uns jetzt mit beschäftigen, das interessiert uns wirklich, dann machen wir ein weiteres Thema daraus. Wir haben jetzt eins, das beschäftigt sich schlicht und ergreifend nicht nur mit Fukushima, sondern geht auch nochmal auf Harrisburg und Tschernobyl ein und stellt aber so die Frage: Was macht Politik in diesem Ganzen eigentlich? Warum hören wir jetzt nichts mehr von Fukushima? Das sind dann aber auch die Fragen, die unsere Teilnehmerinnen beschäftigen. Das Thema ist ja von der Bildfläche" (AuL: 449–457).

Dieses Zitat verdeutlicht das Zusammenspiel von Angebots- und Nachfrageorientierung: Ein neues Thema wird mit einem Angebot angestoßen, die Nachfrage wird abgewartet und ggf. wird das Thema weiter ausgebaut.

7.1.2 Nachfrageorientierte Fortschreibungen bzw. Modifikationen bestehender Angebote: „Flaggschiffe"

Neben der Entwicklung neuer Angebote hat die Fortschreibung bewährter Angebote einen hohen Stellenwert in allen untersuchten Einrichtungen. Kein Programm wird von Grund auf neu entwickelt, jedes Programm enthält Angebote aus dem Vorjahr. Die Herausforderung besteht aus Sicht der Planenden darin, eine Balance zwischen bestehenden und aktuellen Angeboten zu finden:

„Ja, vielleicht einerseits, immer wieder zielgruppenorientiert was auf den Markt zu bringen, sag ich jetzt mal, und immer am Puls der Zeit zu sein, das ist im Prinzip immer eine Herausforderung. Aber nichtsdestotrotz, nicht immer alles Alte über den Haufen zu werfen, sondern einfach nur regelmäßig gucken, in kritischen Reflexionen, was muss geändert werden. Das ist, glaube ich, allgemein die Herausforderung" (LSB, GB: 500–504).

Es gibt Bildungsurlaube, die über mehrere Jahre immer wieder angeboten werden und einen festen Bestandteil im Programm bilden. Für diese bewährten Angebote, die im Programm fortgeschrieben werden, haben die Planenden eigene Termini entwickelt, z.B. „Dauerläufer" (Ev.BW) oder „Flaggschiffe" (AuL). Andere Angebote werden aktualisiert bzw. modifiziert, z.B. in dem ein BU-Angebot mit einem neuen Kurstitel oder einem überarbeiteten Ankündigungstext versehen wird (bei gleich bleibendem Kursinhalt).

Die befragten Planenden begründen die Fortschreibung mit

- der Nachfrage,
- den stabilen Kontakten zu den Kooperationspartner/inne/n und
- der gesellschaftlichen Relevanz bestimmter Angebote.

Nachfrageorientierung

Die Nachfrage stellt bei allen Befragten eine zentrale Planungsgröße dar. Bei stabiler Nachfrage werden bestehende BU-Angebote fortgeschrieben, wie das folgende Zitat exemplarisch verdeutlicht:

„Wir haben in unserem Angebot zum Teil ‚Flaggschiffe', nenne ich das immer. [...] ‚Lebensraum Nordseeküste zum Verhältnis von Arbeit und Umweltschutz in der Region.' – da sage ich mal, Flaggschiff, weil wir jetzt schon Anrufe haben: Wisst ihr schon, wann das wieder kommt? Das spricht sich also rum. Das finde ich auch sehr bedeutsam und gut, dass die Leute darüber reden, was sie gemacht haben und was ihnen da gefallen hat. Darum sind es Wiederholungsgeschichten, die wir dann nochmal aktualisieren" (AuL: 177–184).

Zur Bestimmung der Nachfrage werden Teilnahmestatistiken ausgewertet, Evaluationen durchgeführt und Anmeldelisten erstellt. Aus der Entwicklung der Teilnehmerzahlen in den vorangegangenen Semestern werden Trends und Prognosen für die Zukunft abgeleitet.

Die Nachfrage ist jedoch nicht immer konstant bzw. eindeutig bestimmbar, wie die folgenden zwei Interviewzitate aus der politischen Bildung und der beruflichen Bildung verdeutlichen:

„Wir haben ein Seminar ‚Mensch, Natur, Umwelt'. Im letzten Jahr mussten wir das absagen, weil das nicht von großem Interesse gewesen ist anscheinend. In diesem Jahr ist das Teil voll. Wir haben die Teamerin gefragt, die es machen wird, ob sie beworben hätte. Sagt sie: Nein" (AuL: 299–302).

„Also es ist im Prinzip so, ich sach mal, ich hätt gern mal irgendwie sone Wahrsagerkugel bei der Veranstaltungsplanung, dann würd ich wissen, wie das alles so gehen würde. Es gibt so Veranstaltungen, da gibt's in einem Semester überhaupt keine Anmeldungen. Und im nächsten Semester, da is er nach vier Wochen ausgebucht. Und alles dazwischen. Ich hab viele Jahre nach irgendwelchen Rationalitäten da gesucht, aber keine gefunden. Jetzt geb ich's auf. Das hängt einfach von viel zu vielen Faktoren ab. Das geht los mit dem Termin. Wenn es 10 Interessenten gibt, die sich für das Thema interessieren, aber nur zwei können zu dem Termin, haben Sie schon verloren" (Wisoak, BB: 192–199).

Die beiden Zitate verdeutlichen die Komplexität der Nachfrageorientierung. Zwar werden in allen untersuchten Einrichtungen Instrumente zur Nachfragebestimmung eingesetzt, exakt prognostizieren lässt sich diese jedoch nicht.

Stabile Kontakte zu den Kooperationspartner/inne/n

Die Planenden entscheiden sich auch für die Fortbeschreibung von Angeboten, wenn stabile Kontakte zu den Kooperationspartner/inne/n bestehen, mit denen BU-Veranstaltungen gemeinsam organisiert und/oder durchgeführt werden:

„‚Jüdisches Leben in Bremen' ist ein Thema, was über eine lange Zeit obenauf liegt und sich dann doch immer wieder bewährt. [...] da war es so, dass ein Dozent das über viele Jahre ungefähr einmal im Jahr gemacht hat [...]. Und hat dann auch mit Synagogen-Besuch und Begegnung auf dem Friedhof, auch mit Verantwortlichen der jüdischen Gemeinde einen Kontakt aufgebaut. Und der hat dann irgendwann gesagt: Ich kann das nicht mehr aus gesundheitlichen Gründen, ich muss es abgeben. [...] Da mussten wir jetzt innerhalb eines Jahres zweimal eine neue Dozentur finden, weil uns das als Dauerläufer so wichtig ist. [...] Das Thema muss bleiben, weil es einfach ein stabiler Kontakt ist und ein stabiles Interesse. Einmal im Jahr kommt da eine hinreichend große Gruppe neuer Menschen zusammen, die das gerne haben wollen, und wir fühlen uns dafür jetzt sozusagen zuständig, dass wir das machen, weil es für die jüdische Gemeinde auch einfacher ist, wenn sie sich da nicht jedes Mal auf neue Partner einstellen müssen. Wenn sie weiß: Aha, da kommt die gleiche Gruppe vom Evangelischen Bildungswerk, so und so haben wir das das letzte Mal gemacht, und dann ist das für die einfach auch besser zu handeln" (Ev. BW: 726–761).

Dieses Beispiel illustriert die Bedeutung von interpersonalen Kooperationen (neben den interorganisationalen Kooperationsstrukturen). Zwischen dem Bildungsreferenten des Evangelischen Bildungswerks und dem Vertreter der jüdischen Gemeinde besteht eine starke Beziehung, sodass das BU-Seminar verschiedene Kursleitende „überlebt", weil ein „stabiler Kontakt und ein stabiles Interesse" besteht.

Gesellschaftliche Relevanz

Weitgehend nachfrageunabhängig gibt es Themen, die die Planenden aufgrund der gesellschaftlichen Relevanz wichtig finden und im Programm beibehalten. Das folgende Zitat aus dem Interview mit dem Bildungsreferenten des Evangelischen Bildungswerks verdeutlicht eine inhaltlich begründete Fortschreibung eines Familienbildungsurlaubs – auch gegen das Kostenargument:

„Dieses ‚Alte und neue Kinderspiele – Eins, zwei, drei‘: Ich würde sagen, ein Nachdenken und auch Praktizieren von Großeltern, Eltern und Kindern an dem Thema: Wie wachsen Kinder heute eigentlich auf? Was haben wir früher gespielt? Was spielen die heute? Wie verändert sich die Alltagsrealität auch von Kindern? […] Einmal ist das noch so ein, wie soll ich sagen, ein Überbleibsel klingt so verniedlichend. Wir hatten früher mehr Bildungsurlaube mit Kinderbetreuung, also Eltern-Bildungsurlaube. Das ist einfach eine Frage des Kostenaufwands […] Da schießen wir am meisten zu. Aber dieses haben wir beibehalten, weil wir finden, dass dieses Drei-Generationen-Thema das verträgt, dass man das immer wieder macht. Weil, das ist eben nicht Standard, werden Sie wenige finden, wenn Sie die anderen Programme studieren“ (Ev. BW: 686–703).

Das Thema wird beibehalten, da es aus Sicht des Interviewten eine hohe gesellschaftliche Relevanz hat und profilbildend für die Einrichtung ist. Das Besondere an diesem Angebot besteht in seiner konzeptionellen Anlage: Es verbindet drei Generationen. Da Kinderbetreuung organisiert werden muss, ist das Angebot verhältnismäßig kostenintensiv. Dennoch wird es beibehalten, da es ein profilbildendes Alleinstellungsmerkmal der Weiterbildungseinrichtung ist („kein Standard“).

7.1.3 Streichen von Angeboten

In allen Fachbereichen gibt es Themen, die aus Sicht der Planenden von hoher gesellschaftlicher Relevanz sind – für die also ein objektiver Bedarf besteht –, die jedoch nicht nachgefragt werden und die dann aus dem Programm gestrichen werden. Die folgenden Zitate liefern entsprechende Beispiele aus den Fachbereichen Gesundheitsbildung, politische Bildung und kulturelle Bildung:

„Es gibt aber auch bestimmte Themen, die ich wichtig finde und die wir wichtig finden, aber die nicht funktionieren in so einem Seminar, weil sie nicht nachgefragt werden. Also ‚Sucht‘ ist da so ein Beispiel oder auch ‚Nichtrauchertraining‘ haben wir mal gemacht. Das läuft mal, aber dann doch oft auch nur schleppend“ (Wisoak, GB: 588–592).

„Ich fände es ganz spannend, zum Beispiel Seminare zum Bereich Faschismus – Antifaschismus zu machen. Ich würde gerne Bildungsurlaubsreisen anbieten, […] weil ich es zum Beispiel ganz spannend finde, nach Krakau, Auschwitz zu fahren. Ich fände es ganz spannend, die Staaten in Südosteuropa anzugucken. Was entwickelt sich da in den neuen Mitgliedsstaaten der Europäischen Union? Mit welchem vermessenen Anspruch zum Teil geht auch eine Europäische Union in diese Staaten rein und macht da alles so nieder? Das wären so meine Interessen, da nochmal zu schauen auf noch vorhandene Lebens- und Arbeitsstrukturen, die es dort gibt. […] Dafür haben wir aber nicht die

Teilnehmendenstruktur, dafür haben wir nicht das Geld. Das finde ich schade" (AuL: 595–607).

In der kulturellen Bildung ist die Planende sogar „sehr frustriert" (VHS, KuBi: 177) und ärgert sich „höllisch", „wenn man was Tolles entwickelt und kein Schwein interessiert sich dafür. Das ist schon hart" (VHS, KuBi: 831f.). Auch sie sieht die fehlende Nachfrage in der Teilnehmerstruktur begründet. Bremer Bürger/innen sind nach Einschätzung der Interviewten „in ihrer Mehrheit [...] schon sehr klassisch und sehr konventionell", „wenig experimentierfreudig" und „möchten immer das, was sie schon kennen" (VHS, KuBi: 482f.). Es fehle „so ein bisschen mehr Weltoffenheit und Interesse" (VHS, KuBi: 176f.).

Neben bestimmten Themen gibt es auch bestimmte Formate, die nicht nachgefragt und schließlich aus dem Programm gestrichen wurden. Dies betrifft die Kurzzeitformate in der politischen Bildung, der Gesundheitsbildung, der kulturellen Bildung und im Bereich Fremdsprachen. Nur in der beruflichen Bildung wurden die Kurzzeitformate gut angenommen und dementsprechend beibehalten bzw. weiter ausgebaut (siehe hierzu weiterführend Kapitel 8.4).

7.2 Bildungsurlaubsspezifische Aspekte der Programmplanung

Von den allgemeinen Planungsstrategien lassen sich bildungsurlaubsspezifische Überlegungen unterscheiden. Bei der Planung von BU-Angeboten berücksichtigen die Planenden folgende Aspekte:

- die im Bildungsurlaubsgesetz und in den entsprechenden Verordnungen formulierten Vorgaben des Gesetzgebers, insbesondere zum Theorie-Praxis-Verhältnis (Kapitel 7.2.1),
- die Einbettung des Bildungsurlaubs in das Gesamtprogramm (Kapitel 7.2.2),
- die Interessen der Träger, insbesondere der gewerkschaftlichen Träger und der Arbeitgeberverbände (Kapitel 7.2.3) und
- die Interessen der Unternehmen, die die Arbeitnehmenden für Bildungsurlaub freistellen (müssen) (Kapitel 7.2.4).

7.2.1 Gesetzliche Vorgaben zum Theorie-Praxis-Verhältnis

Bei der Planung von BU-Angeboten müssen die Planenden die gesetzlichen Vorgaben des Bremischen Bildungsurlaubsgesetzes berücksichtigen (vgl. hierzu Kapitel 3).

Eine gesetzliche Vorgabe, die die Planenden über verschiedene Weiterbildungseinrichtungen und Fachbereiche hinweg problematisieren, ist die Vorgabe, dass BU-Veranstaltungen „überwiegend aus organisiertem Lernen bestehen" sollen (Senatorin für Bildung, Wissenschaft und Gesundheit 2012: 3)[31]. Organisiertes Lernen im Sinne des Bremischen Bildungsurlaubsgesetzes meint „die Vermittlung zusammenhängender Lerninhalte in Unterrichtsform an eine gleichbleibende Gruppe von Teilnehmer/-innen zur Erreichung eines konkreten Lernziels" (ebd.). Der zugrunde liegende Lernbegriff wird wie folgt definiert:

„Lernen [wird] als die Rekonstruktion von Wissen verstanden, das in historischen und gegenwärtigen gesellschaftlichen, kulturellen und wissenschaftlichen Kontexten entstanden ist. Die Aufgabe der Lehrenden besteht darin, eine vorstrukturierte Lernumgebung zu schaffen, in der die an der Weiterbildung Teilnehmenden ihre Konstruktionsprozesse zum Wissensaufbau an sinngebenden Inhalten vollziehen, ihre bereits vorhandene Wissensbasis durch neue Inhalte, Handlungs- und Erkenntnisprozesse ausbauen, umstrukturieren, vernetzen und festigen. Damit Lernen im Sinne der neuen Lernkultur gelingen kann, muss die Unterrichtsqualität durch entsprechende Unterrichtsarrangements und durch eine reflektierte Mischung von kumuliertem Lernen, situiertem Lernen und direkter Instruktion gefördert werden" (ebd.: 3f.).

Konkretisiert wird die Vorgabe zum organisierten Lernen in Unterrichtsform durch einen Ausschlusskatalog, der Veranstaltungen benennt, die nicht anerkennungsfähig sind. Dies sind u.a. Veranstaltungen, die touristisch ausgerichtet sind (§ 3 Nr. 6 BremBUG-VO) bzw. die vorrangig Freizeit- und Sportaktivitäten beinhalten (§ 3 Nr. 7 BremBUG-VO). Hierzu zählen Aktivitäten wie Spielen, Bastelarbeiten, Fotografieren, Filmen, Videoarbeiten, Tier- und Pflanzenkunde, Haus-, Garten-, Pflanzen- und Tierpflege, eigene Körper- und Gesundheitspflege, handwerkliche Arbeiten sowie kunstpraktische und künstlerische Tätigkeiten wie Malen, Bildhauerei, Schnitzen, Töpfern, Singen, Tanzen, das Erlernen von Musikinstrumenten oder das Einüben von Musik- und Theaterstücken. Als Kriterium werden die Praxisanteile einer Veranstaltung herangezogen. Eine Ausnahme stellen Exkursionen und Besichtigungen dar, die angeboten werden dürfen, insofern sie in einem inhaltlichen Zusammenhang mit der Bildungsveranstaltung

31 Die Senatorische Behörde hat eine Handreichung entwickelt, die Empfehlungen zur Umsetzung des Bremischen Bildungsurlaubsgesetzes und der Verordnung zur Anerkennung von BU-Veranstaltungen enthält, und den Weiterbildungseinrichtungen sowie der Verwaltung als Orientierungshilfe dienen soll. Die Empfehlungen wurden gemeinsam mit Vertreter/inne/n der Behörde, der Gewerkschaften, der Arbeitnehmerkammer, der Unternehmensverbände und der Handelskammer in einem Beratungsgremium („Clearingstelle Bildungsurlaub") erarbeitet. (vgl. Senatorin für Bildung, Wissenschaft und Gesundheit 2012)

stehen und nicht mehr als 20% der Gesamtdauer der Veranstaltung betragen (§3 Nr. 11 BremBUG-VO).

Aus Sicht der Planenden schränkt die rechtliche Vorgabe zum organisierten Lernen bzw. zum Theorie-Praxis-Verhältnis die Planungsspielräume ein. Insbesondere in der kulturellen Bildung, der Gesundheitsbildung und in der politischen Bildung werden „Praxisanteile" als wesentlich für die Lern- und Bildungsprozesse angesehen – auch und gerade für die Arbeit mit den sogenannten „bildungsbenachteiligten Zielgruppen".

In dem folgenden Interviewzitat beschreibt die befragte HPM die praktischen Konsequenzen der rechtlichen Vorgaben zum organisierten Lernen für die *kulturelle Bildung*:

„Wir haben ja bestimmte Auflagen, was wir berücksichtigen müssen, also das organisierte Lernen beispielsweise. Was heißt das denn für die Praxis? Das heißt, wenn ich einen Bildungsurlaub mache, wie viel Zeit kann ich darauf verwenden, mit den Leuten vor die Tür zu gehen, Exkursionen zu machen, Besuche zu machen? Zum Beispiel. Das muss man sich genau vorher überlegen. Das muss man stundenmäßig auch dann umsetzen. Da haben wir ja diese Vorgaben. Das darf ja nicht mehr als 20 Prozent sein, zum Beispiel. Also das heißt, das rechne ich stundenmäßig um, wenn ich solche Anteile überhaupt geplant habe. Dann überlege ich natürlich, ja, vom Inhalt einfach. Was kann ich reinpacken in eine Woche und was nicht? Wo überfordere ich auch die Leute? Es ist ja tierisch anstrengend. Es ist ja meist einfacher, seinen normalen Job zu machen eine Woche lang, als sich diesen Prozessen mit fremden Gruppen auszusetzen. Was kann ich den Leuten zumuten? Wo packe ich sie? Wo verlange ich zu viel? Wo überdrehe ich das? Das sind ja keine Studenten in dem Sinne. Ja, die ganzen Sachen müssen berücksichtigt werden. Und dann schaut man sich an, was so die Inhalte sein sollen. Dann formuliert man die Ziele daraus und dann guckt man, wie man dieses Puzzle macht von lebendigem Unterricht, wo es ja spannend wird. Wo man das, was Sie Spannungsbogen nennen, wo man das hinkriegt und wo man das auch abwechslungsreich gestaltet und nicht irgendwelche Langeweile oder so, wo die Leute alle Lust verlieren und das Interesse verlieren" (VHS, KuBi: 288–305). „Manche Bereiche bieten sich natürlich leichter an. In Literatur, sage ich mal, ist es viel einfacher, das als Bildungsurlaub zu konzipieren, weil das so klassische Unterrichtssachen sind. […] Bei der Bildenden Kunst ist es schwieriger. Weil bei der Bildenden Kunst müssen wir gucken, dass es nicht zu viel Praxisanteile hat, und da müssen wir schauen, dass sich das die Waage hält, dass das auch, ja, nicht in den Freizeitbereich abgleitet, das ist da ein wichtiger Punkt. Und da kommt es dann sehr, sehr auf die Künstler und auf ihre

Konzeptionen an und was sie, ja, auf die Zielsetzung, was sie erreichen wollen" (VHS, KuBi: 35–45).

Die gesetzliche Vorgabe zum organisierten Lernen beschränkt die BU-Veranstaltungen in der kulturellen Bildung auf systematisch-rezeptive Partizipationsformen. Selbsttätig-kreative und verstehend-kommunikative Partizipationsformen können somit kaum im Rahmen von Bildungsurlaub realisiert werden.

Die unterschiedlichen Anforderungen und Erwartungen an den Bildungsurlaub müssen auch bei der Formulierung des Ankündigungstextes berücksichtigt werden: Einerseits müssen die Planenden die gesetzlich verankerten Ziele berücksichtigen, andererseits aber auch die Aufmerksamkeit der Arbeitnehmenden wecken und zu einer BU-Teilnahme motivieren:

„Ein großes Problem haben wir mit Ausschreibungstexten. Die Ausschreibungstexte sind ja unsere Werbung. Die müssen so geschrieben sein, dass Leute das spannend finden, und sie müssen gleichzeitig so geschrieben sein, dass der Gesetzgeber denken kann: Okay, hier werden auch die Vorschriften eingehalten und das ist nicht Freizeitvergnügen oder weiß der Teufel was. Das ist schwierig und das kriegen wir nicht gut hin, finde ich" (VHS, KuBi: 325ff.).

Auch in der *Gesundheitsbildung* sehen sich die Planenden durch die Vorgabe, dass Bildungsurlaub zu ca. 75% aus Theorieanteilen bestehen muss, bei der didaktisch-methodischen Konzeption eingeschränkt, denn das Lern- und Bildungsverständnis in der Gesundheitsbildung umfasst neben dem kognitiven Lernen auch körperliches und emotionales Lernen (siehe hierzu auch Kapitel 8.1.5):

„Also wir haben schon das Problem im Bildungsurlaubsbereich. Der Gesetzgeber zwingt uns eigentlich 75% Theorie und 25% Praxis zu machen. Konzeptionell. Weil eben die Praxis immer noch für diesen Gesetzgeber ein bisschen verdächtig ist, dass da nicht gelernt wird. Und ich versuche mir damit zu helfen, das ich eben diese Methode – eine Lehrkraft von mir, eine sehr gute Kursleiterin, die leider nicht mehr lebt, hat vor Jahren den Begriff ‚das praxisgestützte Lehrgespräch' kreiert – umsetze. Also deutlich zu machen, es findet natürlich bei uns Praxis statt, aber die Praxis ist immer verbunden mit einer theoretischen Einführung und Erläuterungen. Also es findet nicht eine abgehobene Praxis da statt. Das man sagt wir machen jetzt vier Stunden Unterricht und dann kommen zwei Stunden da könnt ihr auf der Matte liegen und da gibt es Entspannung. Sondern beim Beispiel ‚Rücken' – wenn die Wirbelsäule erläutert wird, dann stellt man sich mal hin, dann spürt man mal in die Wirbelsäule hinein um zu sehen, dass sie eben von ganz oben, von Mitte des Kopfes bis ganz unten läuft und dann gibt es eben auch bestimmte Übungen, die das noch deutlicher machen, das man das noch spürt. Das ist ein Beispiel für das praxisgestützte Lehrgespräch. Da nimmt man kognitiv auf, was ist die Wirbelsäule, wie sieht die aus. Und emotional und körperlich-orientiert spürt man sie, fühlt sich dabei in einer bestimmten Weise und merkt das. Und darüber spricht man dann auch wieder. Also da dann auch wieder Rückbezug auf die kognitive Verarbeitung. So wird bei uns gearbeitet in eigentlich allen Bildungsurlauben der Gesundheitsbildung" (VHS GB: 303–320).

Wie dieses Beispiel zeigt, hat die Planerin in der Gesundheitsbildung mit dem „praxisgestützten Lehrgespräch" eine kreative Problemlösung gefunden.

Die exemplarisch ausgewählten Interviewzitate verweisen auf eine Widerspruchskonstellation zwischen dem Lern- und Bildungsverständnis des Gesetzgebers und dem Lern- und Bildungsverständnis der Weiterbildungseinrichtungen.

Aus erwachsenenpädagogischer Perspektive greift der dem BremBUG zu Grunde liegende Lernbegriff zu kurz, da er auf kognitive Lernformen beschränkt ist und andere Lernformen, wie emotionales Lernen, leibliches Lernen, Erfahrungslernen, Beziehungslernen, biografisches Lernen, Deutungslernen, dialogisches Lernen usw. (vgl. hierzu Robak 2015a: 49), ausklammert.

Der verengte, auf kognitive Lernformen verkürzte Lernbegriff des Gesetzgebers fängt die entwickelten, ausdifferenzierten, ganzheitlichen Lern- und Bildungsverständnisse in den Weiterbildungseinrichtungen nicht genügend ein. Die Zitate verweisen auf die Notwendigkeit erwachsenenpädagogischer Begriffsbildungen zur professionellen Begründung des eigenen Handelns vor dem Gesetzgeber.

7.2.2 Einbettung des Bildungsurlaubs in das Gesamtprogramm zur Realisierung von Anschlusslernen (Modularisierungsstrategien)

Eine weitere Besonderheit bei der Planung von BU-Angeboten besteht darin, den Bildungsurlaub in das Gesamtprogramm einzubetten und *Übergänge in andere Kurse*, z.B. Abendkurse, zu schaffen, sodass die Teilnehmenden nach dem Bildungsurlaub weiterlernen, also Anschlusslernen[32] realisieren können (zu verschiedenen Anschlusskonzepten im Bildungsurlaub vgl. auch Pohlmann 2015: 102–107).

32 Anschlusslernen umfasst „alle Aktivitäten der Bildungspartizipation von Seiten der Teilnehmenden, die an vorhandenes Wissen, Kompetenzen, kommunikative Handlungsanforderungen, Verarbeitungsinteressen in unterschiedlichen Angebotsformaten anschließen, um für verschiedenartige Verwertungskontexte in differentiellen Lebenszusammenhängen und Tätigkeitsbezügen Aneignungsoptionen zu ermöglichen. (...) Anschlusslernen meint anschließen an Lerninteressen über Bildungspartizipation, die differenzielle Lernverwertungsinteressen im Blick haben" (Robak 2015a: 47f.).

An BU-Seminare anschließende Kurse

Das folgende Zitat aus dem Interview mit der HPM der VHS verdeutlicht exemplarisch die Anschlussoptionen nach einem Bildungsurlaub in der *kulturellen Bildung*:

„Dann kann man weitermachen, indem man Workshops besucht oder normale Kurse, wo man über einen bestimmten Zeitraum einmal in der Woche so einen Termin hat, je nach Inhalt. Gerade im Fotobereich haben wir das auch mit dem normalen Kurssystem oder auch diesen Kompaktseminaren am Wochenende. Ja, klar. Also vielfach ist es auch so ein Motivationsschub. Also, wenn man ein Bildungsurlaubseminar besuchen kann, da erstmal so einen Einblick bekommt, dass man dann motiviert ist, auch weiterzumachen" (VHS, KuBi: 193–199).

Der Bildungsurlaub bietet einen ersten Einblick in ein neues Themenfeld und soll zum Weiterlernen motivieren.

Auch im *Fremdsprachenbereich* werden die BU-Angebote mit dem regulären Kursangebot abgestimmt, sodass nach dem Bildungsurlaub eine Fortsetzung in einem höheren Sprachkurs möglich ist. Darüber hinaus versuchen die Planenden die Wünsche der Teilnehmenden zu berücksichtigen und bieten Extra-Termine für Fortsetzungskurse für bestehende Lerngruppen mit ähnlichem Kenntnisstand an. Allerdings bestehe häufig das Problem, dass die Gruppe nicht wieder in derselben Konstellation zustande kommt, z.B. weil kein gemeinsamer Termin gefunden wird. Dies sehen die Befragten im Allgemeinen als ein großes Problem zur Realisierung von Anschlusslernen an. (vgl. VHS, Sprachen: 38–41)

Systematisch aufeinander aufbauende BU-Seminare

Anschlusslernen kann aber nicht nur nach dem Bildungsurlaub in anderen Kursen realisiert werden, sondern auch *innerhalb von Bildungsurlauben*. Dazu wird das Bildungsurlaubsangebot modularisiert:

In der *politischen Bildung* ist das BU-Programm in Themenfelder segmentiert. Ein Themenfeld ist aus mehreren Themen zusammengesetzt, die aufeinander aufbauen und sich ergänzen, zugleich aber auch in sich geschlossene Einheiten darstellen, die einzeln besucht werden können. D.h. der Einstieg kann an verschiedenen Knotenpunkten im Themennetz erfolgen:

„Wir haben ein Programmsegment, das heißt Geschichte und Politik. Und da haben wir aufeinander aufbauend: Geschichte Bremens im 19. Jahrhundert, Geschichte Bremens im Nationalsozialismus, dann nach dem Zweiten Weltkrieg, Geschichte Bremens in den 50er- und 60er-Jahren, bis eigentlich, wenn Sie so wollen, an heute heranreichend. Sodass also die Teilnehmer, die das erste besucht haben, dann eben auch weiterlaufen sollen. Wir haben es aber meistens so konzipiert, ich muss nicht zwingend an dem ‚Geschichtsseminar I' teilgenommen haben, um ‚Geschichtsseminar III' dann auch zu besuchen. Insofern haben wird da schon eine Öffnung. […] Das haben wir uns jetzt auch zum Ziel gesetzt, dass wir versuchen einen Roten Faden oder eine Struktur aufzubauen" (Wisoak, PB: 342–353).

Die Teilnehmenden können innerhalb von Bildungsurlauben systematisch Themenfelder erschließen bzw. Wissen aufbauen.

Auch in der *beruflichen Bildung* werden BU-Veranstaltungen auf verschiedenen Wissensniveaus angeboten, z.B. EDV-Grundbildungsangebote und EDV-Spezialwissen, sodass ein Anschlusslernen innerhalb von Bildungsurlauben möglich ist. Durch die Modularisierung des Bildungsurlaubsangebots können die Arbeitnehmenden systematisch Wissen erwerben, vertiefen oder auffrischen und Anschlusslernen innerhalb von Bildungsurlauben realisieren.

Verzicht auf ein Anschlusskonzept

Schließlich kann eine weitere, sich von den vorangestellten grundsätzlich unterscheidende Strategie identifiziert werden: der bewusste *Verzicht auf ein Anschlusskonzept*. Der Bildungsreferent des Evangelischen Bildungswerks konzipiert Bildungsurlaub explizit als ein zeitlich, räumlich, sozial und inhaltlich begrenztes Angebot:

„Es gehört ja auch zu dieser Stärke des Bildungsurlaubs, dieses ‚Wir auf Zeit', gehört auch das Versprechen, dass es auf Zeit ist, dass die Leute auch wieder auseinander kommen und sich deswegen gerade intensiv aufeinander einlassen können. Manchmal geht das so, es gibt eine Form von Seminar-Du, wo man sehr schnell bei einer Verabredung ist, in dieser Woche duzen wir uns, und wenn man sich dann zwei Wochen später auf der Straße begegnet, ist da eine Unsicherheit: Gilt das eigentlich noch oder nicht? Man bildet jetzt nicht ein Bündnis fürs Leben. Das gehört, glaube ich, auch zu diesem Versprechen, was wir als Einrichtung machen: Wir geben euch auch wieder frei. Was auch wichtig ist nochmal bei kirchenfernen Leuten, die sich einlassen auf ein kirchliches, auf ein evangelisches Bildungswerk. Dass deutlich ist, wir benutzen jetzt nicht den Bildungsurlaub, instrumentalisieren es, um einen Zugang als Kirche zu Menschen zu kriegen, Kirchenzugehörigkeit zu erzeugen oder so was. […] Auch dafür ist es wichtig, dass es eine begrenzte Erfahrung ist, die in sich ihren Wert hat, nutzlos ist gegenüber dritten Zwecken. Insofern wäre es sogar fatal, wenn man da jetzt immer sofort einen Anschluss baut" (Ev. BW: 904–914).

Das „Wir auf Zeit“ stelle ein Versprechen an die Teilnehmenden dar, auch um Vertrauen aufzubauen und Beziehungslernen in einem geschützten Raum überhaupt erst zu ermöglichen.

7.2.3 Berücksichtigung der Trägerinteressen

Eine weitere Besonderheit bei der Angebotsplanung von BU-Veranstaltungen besteht in der auffälligen Orientierung an den Interessen der Träger. Dies wird insbesondere in der Gegenüberstellung der gewerkschaftlichen und der arbeitgebernahen Weiterbildungseinrichtungen deutlich: Während Bildungsurlaub in der gewerkschaftlich getragenen Einrichtung einen hohen Stellenwert im Programm und in der Einrichtung hat und die Planerin bemüht ist, das BU-Angebot weiter auszubauen, hat Bildungsurlaub bei dem von den Unternehmensverbänden getragenen Bildungszentrum der Wirtschaft (BWU) einen geringen Stellenwert und der Befragte präferiert eine „defensive“ Planungsstrategie. Beide Befragte begründen die jeweilige Planungsstrategie mit dem Bezug zum Träger.

Expansive Planungsstrategie und hoher Stellenwert von Bildungsurlaub im Programm der Wisoak

Die befragte Planerin der gewerkschaftlichen Einrichtung verweist auf den Bildungsauftrag der Wisoak, die eine „100%ige Tochter der Arbeitnehmerkammer ist“ (Wisoak, BB: 226) und deren Auftrag darin besteht, „allen Beschäftigten im Land Bremen, die ja automatisch Mitglied der Arbeitnehmerkammer sind, die mit bezahlbarer Fortbildung zu versorgen“ (ebd.: 227–229). Demensprechend wird ein möglichst hoher Anteil an BU-Veranstaltungen angestrebt, auch mit dem Ziel die BU-Beteiligung zu erhöhen:

„Und da, wo das geht, wähle ich die Veranstaltungsform Bildungsurlaub, was überhaupt nichts darüber aussagt, wie viele Teilnehmende nachher wirklich Bildungsurlaub daraus machen, sondern es geht eher darum, die Möglichkeit zu bieten, dass man diese Veranstaltung als Bildungsurlaub bucht, ne? [...] Man muss ja aus meiner Sicht was tun, um die Anzahl der Bildungsurlaubsnutznießer auch zu erhöhen, ne? [...] Früher hatte ich noch weniger Bildungsurlaube in den Schlüsselkompetenzen, weil es einfach nicht so viele Inhalte gab, die ich also über sone ganze Woche ziehen wollte. Durch diese neuen Formate hab ich jetzt einfach etwas mehr Bildungsurlaube drin, weil ich ja jetzt auch einfach die Möglichkeit habe, diese Ein-, Zwei- oder Drei-Tagesformate zu machen, ne? Oder das eben auch z.B. aufzusplitten. Und da experimentiere ich auch noch ein bisschen rum, wie man diese Möglichkeiten noch mehr nutzen kann“ (Wisoak, BB: 287–292).

Durch die zeitliche Flexibilisierung der Formate ergeben sich neue Planungsspielräume zur Erweiterung des Bildungsurlaubsangebots.

Zieht man die Befunde aus der Programmanalyse von Rippien (2015a) hinzu, wird der hohe Stellenwert des Bildungsurlaubs in der Wisoak auch quantitativ deutlich: Im Jahr 2011 beträgt der Anteil der Bildungsurlaubsveranstaltungen am Gesamtangebot immerhin 55% (vgl. ebd.: 159).

Defensive Planungsstrategie und geringer Stellenwert von Bildungsurlaub beim BWU

Im Unterschied zu dem gewerkschaftlichen Anbieter gibt der Befragte des arbeitgebernahen Anbieters BWU an, dass Bildungsurlaub in der Vergangenheit schon kein bedeutendes Thema für das BWU war, dies auch gegenwärtig nicht der Fall ist und auch in der Zukunft nicht werden wird. Der Befragte gibt an, „in den letzten Jahren relativ wenig neue Angebote entwickelt" (BWU: 83) zu haben, auch bestehen „prinzipiell keine Absichten die Bildungsurlaubsveranstaltungen auszudehnen" (ebd.: 111f.).

Dementsprechend beträgt der Anteil von Bildungsurlaub am realisierten Gesamtangebot des BWU im Jahr 2011 lediglich 11% (vgl. Rippien 2015a: 159).

Der Befragte begründet den geringen Stellenwert des Bildungsurlaubs im Programm mit den Interessen des Trägers:

„Da darf ich vielleicht drauf hinweisen, dass das Thema Bildungsurlaub bei den Unternehmensverbänden, also sprich Arbeitgebern, natürlich ein diskussionswürdiges Thema ist, deshalb verhalten wir uns da auch etwas defensiv. […] Wir sind bei den Arbeitgeberverbänden angesiedelt, d.h. wir gehören einer Tarifpartei an, und Arbeitgeber sind traditionell, was das Thema Bildungsurlaub anbetrifft, relativ reserviert, um das mal so zu formulieren, deshalb forcieren wir das auch nicht. Ja, deshalb gehen wir nicht in die Richtung, dass wir das Bildungsurlaubsangebot, zu einem wichtigen Geschäftsbereich entwickeln wollen" (BWU: 121–129).

Der Interviewausschnitt vermittelt einen Eindruck von der schwierigen Position, in der sich der befragte Planende befindet: Einerseits ist das BWU eine öffentlich anerkannte Weiterbildungseinrichtung, verfolgt also einen öffentlichen Bildungsauftrag, zugleich ist der Planende aber auch seinem Träger, den Unternehmensverbänden, verbunden. Die Einrichtung befindet sich in einer „gesellschaftlichen und organisationsförmigen Widerspruchskonstellation" (von Hippel 2011), die durch äußere Erwartungen von Träger und Staat an die Einrichtung herangetragen werden und die vom Planenden im Sinne eines Angleichungshandelns abgestimmt, interpretiert und ausbalanciert werden muss. Positiv betrachtet, wird eine – wenn auch eingeschränkte – relative Autonomie des BWU gegenüber seinem Träger, den Unternehmensverbänden, deutlich: Immerhin werden Bildungsurlaubsveranstaltungen angeboten, auch wenn Bildungsurlaub „keinen sehr großen Stellenwert" (ebd.: 13) beim BWU hat und keine Intention besteht, Bildungsurlaub „zu einem wichtigen Geschäftsbereich entwickeln zu wollen" (ebd.: 128f.).

In der Gegenüberstellung der gewerkschaftlichen und der von den Unternehmensverbänden getragenen Weiterbildungseinrichtung spiegelt sich der kontroverse Streit zwischen den Arbeitnehmer- und den Arbeitgeberverbänden wider.

7.2.4 Berücksichtigung der Unternehmensinteressen

Zwar ist der Bildungsurlaub ein Rechtsanspruch, der nur unter bestimmten Voraussetzungen eingeschränkt und vom Arbeitgeber abgelehnt werden darf. Dennoch stellt eine bildungsurlaubsfeindliche Unternehmenskultur eine zentrale Teilnahmebarriere dar bzw. kann eine bildungsurlaubsfreundliche Supportstruktur im Unternehmen die BU-Teilnahme befördern (vgl. Hermeling 2015).

Da der Titel der BU-Veranstaltung auf der Teilnahmebescheinigung erscheint, die beim Arbeitgeber einzureichen ist, versuchen die Planenden die Veranstaltungsausschreibung bzw. den Veranstaltungstitel so zu gestalten, dass möglichst wenig Konfliktpotential zwischen den BU-Teilnehmenden und ihrem Arbeitgeber entsteht und BU-Teilnehmende keine Schwierigkeiten bei der Beantragung der Bildungsfreistellung bekommen:

„Wir achten schon darauf, dass Arbeitnehmerinnen nicht in die Bredouille kommen; mit einem bestimmten Titel quasi in eine bestimmte Ecke reingepackt zu werden. Das kann natürlich passieren. [...] Wir versuchen schon, Scheindebatten, Auseinandersetzungen zwischen Bildungsurlaubsnehmern und Arbeitgebern rauszunehmen, weil wir die Erfahrung gemacht haben, dass Arbeitgeber kommen und sagen: ‚Na, da warst du letztes Jahr schon! Na, da warst du vorletztes Jahr!' Wie vermessen! Das ist ja mein Interesse. Wenn ich drei-, viermal mich mit dem gleichen Thema beschäftigen muss oder will, dann tu ich es. Es ist ja mein gesetzlicher Anspruch auf Bildungsurlaub. Aber die Debatten gibt es in den Betrieben" (AuL: 570–582).

Auch in der beruflichen Bildung hat die befragte Programmplanerin die Erfahrung gemacht, dass bestimmte Themen aus dem Bereich Schlüsselkompetenzen, z.B. zur Selbstpräsentation oder Rhetorik, den Arbeitgebern missfallen. Die Planerin zieht daraus die Konsequenz bestimmte Themen nicht mehr im Rahmen von Bildungsurlaub anzubieten, obwohl die rechtlichen Voraussetzungen erfüllt wären:

„I: Sie sagten ja vorhin, dass Sie im Bereich Schlüsselkompetenzen etwas vorsichtig sind, gerade im Bereich Rhetorik, Selbstpräsentation usw. Achten Sie da auch besonders auf die Ankündigungen, da ja die Veranstaltungstitel den Arbeitgebern gemeldet werden?

B: Das ist so. Und das war der Grund, warum ich gesagt habe, viele Veranstaltungen mach ich eben gar nicht, biet ich eben gar nicht als Bildungsurlaub an, sondern eben einfach so als Nicht-Bildungsurlaubsveranstaltung, damit eben solche Menschen, die das haben wollen oder brauchen, das machen können, ohne dass sie jetzt Bildungsurlaub beantragen müssen und dafür beim Arbeitgeber den Titel dann offenbaren müssen“ (Wisoak, BB: 275–282).

Unproblematisch seien dagegen Veranstaltungen, die einen eindeutigen beruflichen Nutzen aufweisen. Dies trifft i.d.R. auf die Bildungsurlaube zur beruflichen Fortbildung und auf die Sprachkurse zu.

7.3 Vergleichende Analyse: Einrichtungs- und fachbereichsspezifische Planungsstrategien

Der Vergleich der Planungsstrategien auf der Ebene der Weiterbildungseinrichtungen und der Fachbereiche bringt allgemeine (einrichtungs- und fachbereichsübergreifende) Planungsstrategien, fachbereichsspezifische Planungsstrategien, einrichtungsspezifische Planungsstrategien und spezifische (einrichtungs- und fachbereichsspezifische) Planungsstrategien hervor.

Die kooperativen Neuentwicklungen, nachfrageorientierten Fortschreibungen und Streichungen von Angeboten sind *allgemeine Planungsstrategien*, die zudem über den Bildungsurlaub hinaus auch zur Planung von anderen Veranstaltungsformen von den Planenden angewendet werden.

Der interorganisationale Vergleich verweist auf den *Einfluss des Trägers* bei der BU-Planung: Während die gewerkschaftliche Weiterbildungseinrichtung eine expansive Planungsstrategie verfolgt, da Bildungsurlaub von den Gewerkschaften befürwortet wird, verfolgt das Bildungszentrum der Wirtschaft eine defensive Planungsstrategie, da Bildungsurlaub von den Unternehmensverbänden (tendenziell) abgelehnt wird.

Der intersektorale Vergleich belegt, dass sich die Planenden *je nach Fachbereich an unterschiedlichen Bedarfen* orientieren: In der beruflichen Bildung orientieren sich die Planenden beispielsweise primär an wirtschaftlichen Bedarfen, in der politischen Bildung an gesellschaftspolitischen Erfordernissen, in der Gesundheitsbildung an neuen Entwicklungen in Sport, Medizin und Gesundheit usw. Die Planenden rezipieren die fachlichen Spezialdiskurse der Bezugsdisziplinen und vernetzen sich fachlich orientiert.

Als *spezifische Planungsstrategien* können die themenbezogenen Kooperationsaktivitäten in einem Trägerverband (z.B. im Rahmen des Bundesarbeitskreis Gesundheit des Deutschen Volkshochschulverbandes DVV) bezeichnet werden.

Die Tabelle gibt einen Überblick über die herausgearbeiteten Planungsstrategien.

Tabelle 14: Interorganisationaler und intersektoraler Vergleich der Planungsstrategien

Planungsstrategien	Fachbereichsübergreifend	Fachbereichsspezifisch
Einrichtungsübergreifend	kooperative Neuentwicklung, nachfrageorientierte Fortschreibung, Streichung von Angeboten	fachgebundene Bedarfsorientierung, z.B. gesellschaftspolitische Erfordernisse (politische Bildung), wirtschaftliche Bedarfe (berufliche Bildung); fachgebundene Kooperationsaktivitäten
Einrichtungsspezifisch	Trägerorientierung, z.B. Interessen der Gewerkschaften (Arbeit und Leben, Wisoak), Interessen der Unternehmensverbände (BWU)	themenbezogene Vernetzungsarbeit in einem Trägerverband (z.B. Bundesarbeitskreis Gesundheit des DVV)

7.4 Zwischenfazit: Allgemeine und bildungsurlaubsspezifische Planungsstrategien

Die Analyse der Planungsstrategien auf der Grundlage der qualitativen Interviews bringt drei allgemeine und vier spezifische strategische Überlegungen hervor.
Die Entwicklung neuer Angebote in Kooperation mit Kursleitenden, Teilnehmenden sowie Weiterbildungs- und Nicht-Weiterbildungseinrichtungen vor dem Hintergrund aktueller gesellschaftlicher Bedarfe, die Fortschreibung bestehender Angebote aufgrund einer stabilen Nachfrage, stabiler Kontakte bzw. einer hohen gesellschaftlichen Relevanz der Themen und auch das Streichen wiederholt nicht nachgefragter Angebote sind *allgemeine Planungsstrategien*, die sowohl bei der BU-Planung als auch bei der Planung anderer Veranstaltungsformate angewendet werden.

Die Ergebnisse zu den *kooperativen Neuentwicklungen* bestätigen den Befund von Gieseke/Gorecki (2000) zum Planungshandeln im Modus eines kommunikativ-vernetzten Angleichungshandelns. Die Angebotsentwicklungen erfolgen kooperativ mit den Kursleitenden, den Teilnehmenden und/oder anderen Kooperationspartner/inne/n. Durch die Netzwerkarbeit und die Rezeption der öffentlichen Diskurse sowie der Fachdiskurse nehmen die Planenden in allen Weiterbildungseinrichtungen eine seismographische Funktion wahr. Durch die interorganisationalen und intersektoralen Vergleiche konnte das Angleichungshandeln differenziert betrachtet werden.

In Abgrenzung zu Dobischat et al. (2006) zeigen die Befunde zu den *Kooperationsbeziehungen*, dass typidentische Partnerschaften auf horizontaler Ebene (Kooperationen zwischen Weiterbildungseinrichtungen) nicht zwingend mit einem erhöhten Konkurrenzrisiko einhergehen müssen bzw. dass typübergreifende Partnerschaften auf vertikaler Ebene (Kooperationen zwischen Weiterbildungseinrichtung und Nicht-Weiterbildungseinrichtung) nicht automatisch frei von Konkurrenz sind – es kann sich auch genau andersherum verhalten: So betonen die Planenden im öffentlichen Weiterbildungsbereich, dass die Kooperationen zu den anderen Weiterbildungseinrichtungen durch wechselseitige Akzeptanz, ein kollegiales Miteinander, einen respektvollen Umgang und gegenseitige Unterstützung zur Verfolgung gemeinsamer Interessen gekennzeichnet seien - Konkurrenzdenken wird abgelehnt. Die Interviewauswertungen zu den Kooperationen auf vertikaler Ebene zeigen hingegen, dass beispielsweise Kultureinrichtungen mit ihren beigeordneten Bildungsangeboten eine große Konkurrenz für die öffentlich anerkannten Anbieter kultureller Bildung (hier: VHS) darstellen können.

Die inhaltlich begründete *Fortschreibung* von Angeboten mit geringer Nachfrage, aber hoher gesellschaftlicher Relevanz, ist ein Privileg der öffentlich geförderten Weiterbildungseinrichtungen und zeichnet eine pädagogisch-professionelle Programmplanung in der EB/WB aus, die sich der reinen Marktlogik entzieht (bzw. entziehen kann) und durch eine relative Autonomie und pädagogische Eigenlogik gekennzeichnet ist. Sie setzt eine stabile öffentliche Finanzierungsgrundlage voraus.

Im Hinblick auf die *Streichung von Angeboten* aufgrund der „konservativen Milieus" in Bremen, die für bestimmte Themen nicht offen genug sind, müsste kritisch geprüft werden, inwieweit diese Einschätzung der Realität entspricht (oder ob die Planenden durch diese Annahme die Teilnehmendenstruktur erst reproduzieren) und wie Milieugrenzen überwunden werden können.

In Abgrenzung zu den allgemeinen Planungsstrategien stellen die Berücksichtigung der im Bildungsurlaubsgesetz formulierten rechtlichen Vorgaben, die Einbettung des Bildungsurlaubs in das Gesamtprogramm, die Berücksichtigung der Trägerinteressen und die Antizipation der Arbeitgeberinteressen bei der

Gestaltung der Veranstaltungsausschreibung *bildungsurlaubsspezifische Aspekte* der Planung dar.

Eine besondere Herausforderung sehen die Planenden im Umgang mit der *vom Gesetzgeber vorgegebenen Definition organisierten Lernens*, aus der ein starres prozentuales Theorie-Praxis-Verhältnis (75:25) abgeleitet wird. Diese Vorgabe gerät insbesondere in der Gesundheitsbildung, der kulturellen Bildung und der politischen Bildung in Widerspruch zu dem ganzheitlichen Lern- und Bildungsverständnis der Planenden und begrenzt die Planungsspielräume sowie die Partizipationsmöglichkeiten der Teilnehmenden. Aus erwachsenenpädagogischer bzw. bildungswissenschaftlicher Sicht ist der Begriff ‚organisiertes Lernen', wie ihn der Gesetzgeber definiert, als zu eng zu beurteilen, da er Lernen auf kognitive Lernformen begrenzt und anderen Lernformen, wie emotionales Lernen, leibliches Lernen, Erfahrungslernen, (soziales) Beziehungslernen, biografisches Lernen, Deutungslernen, dialogisches Lernen usw. (vgl. hierzu Robak 2015a: 49), nicht genügend berücksichtigt. Will man Arbeitnehmenden aus unterschiedlichen Milieus Lern- und Bildungsprozesse im Bildungsurlaub ermöglichen, sollte das gesamte Spektrum an Lern- und Partizipationsformen einbezogen werden (dürfen). Nur so eröffnen sich unterschiedliche Zugänge zum Lernen, die ganzheitliche Lern- und Bildungsprozesse ermöglichen. Denn wie bereits Bremer (1999) in seinen Untersuchungen zur politischen Bildung zeigte, werden kognitiv-abstrakte Zugangsweisen von den Teilnehmenden der praktischen Milieus eher abgelehnt, praktische Zugänge mit Erfahrungs- und Lebensweltbezug, hoher Anschaulichkeit und Möglichkeit der Beteiligung hingegen präferiert.

Um die vielfältigen, in der EB/WB-Praxis realisierten Lern- und Partizipationsformen sichtbar und begrifflich explizierbar zu machen, sollten in den verschiedenen Fachbereichen empirische Untersuchungen durchgeführt werden, wie sie bereits für die kulturelle Bildung (vgl. Gieseke et al. 2005) und die interkulturelle Bildung (vgl. Robak/Petter 2014) vorliegen. Forschungsbedarf besteht zum einen darin, die verschiedenen Lern- und Partizipationsformen differenziert zu beschreiben, und zum anderen das Lernen von anderen Aktivitäten abzugrenzen, d.h. z.B. kulturelle Bildung von kultureller Praxis und kulturellem Event zu unterscheiden (vgl. Gieseke et al. 2005), Gesundheitsbildung von Sport und Erholung abzugrenzen und politische Bildung von politischer Praxis und sozialem Austausch zu unterscheiden. Auf dieser Grundlage könnte der Gesetzgeber den zugrunde liegenden Lernbegriff überarbeiten.

In Bezug auf die *Einbettung des Bildungsurlaubs in das Gesamtprogramm* kann festgehalten werden, dass Bildungsurlaube i.d.R. als geschlossene Einheiten konzipiert werden, die einzeln besucht werden können. Anschlussmöglichkeiten gibt es sowohl innerhalb des BU-Angebots als auch zu anderen Veranstaltungsformaten. Strategien der Modularisierung zum systematischen Wissenserwerb, -aufbau und -erhalt sind identifizierbar. Themenfelder und Wissensbausteine werden strukturiert, Verbindungen zwischen Grundlagen- und Vertiefungsthemen hergestellt. Auf diese Weise wollen die Planenden die systematische Erschließung von Themenspektren, den Aufbau und die Vertiefung von Wissensinhalten sowie die Aktualisierung bestehender, aber vergessener Wissensbestände ermöglichen. Vorbereitende Maßnahmen mit Teilnehmenden, wie sie damals im BUVEP-Programm (vgl. Kejcz et al. 1979) erfolgreich erprobt wurden, werden gegenwärtig nicht mehr praktiziert, könnten aber eine interessante Anregung sein, um bedarfsgerechte Angebote zu entwickeln und auch neue Zielgruppen, wie z.B. Mitarbeitende von KMU, als Teilnehmende zu gewinnen.

Die Befunde zur besonderen *Berücksichtigung der Trägerinteressen und der Unternehmensinteressen* lassen sich mit Schlutz (2006) als spezifische Anbieter-Nachfrager-Konstellationen im Bildungsurlaub deuten. Auf der *Nachfrageseite* müssen die Planenden folgende Akteure mit zum Teil widersprüchlichen Erwartungen und Interessen berücksichtigen:

- die Arbeitnehmenden als nachfragende, Auftrag gebende, finanzierende (Teilnahmegebühr) sowie die Leistung nutzende Personen
- das Land/der Gesetzgeber als Auftrag gebende und finanzierende (öffentliche Förderung) Institution
- die Unternehmen als (indirekte) finanzierende Institution (Lohnfortzahlung)
- die Träger der Weiterbildungseinrichtungen, z.B. Unternehmensverbände, Gewerkschaften, Kirchen, als Auftrag gebende und finanzierende (Mitgliedsbeiträge) Institutionen
- ggf. Drittmittelgeber als finanzierende Institutionen (z.B. Projektförderungen)

Mit von Hippel (2011) können die unterschiedlichen Anforderungen und Erwartungen, mit denen die Planenden bei der BU-Planung konfrontiert werden, als Widerspruchskonstellationen gedeutet werden: Einerseits müssen die Planenden die gesetzlich verankerten Ziele berücksichtigen, andererseits aber auch die Aufmerksamkeit der Arbeitnehmenden wecken und mit einem interessanten Thema zu einer BU-Teilnahme motivieren. Gleichzeitig sind die Interessen der Arbeitgeber zu berücksichtigen, denn die Ausschreibung darf nicht den Eindruck erwecken, es handle sich um eine sachfremde Veranstaltung. Zudem muss das BU-Angebot in das Einrichtungsprofil passen und den Ansprüchen des Trägers gerecht werden – und zugleich wollen die Kursleitenden ihr persönliches Profil im Bildungsurlaub wiederfinden.

8. Empirische Befunde zu den Diskurseffekten (Konzeptionen von Bildungsurlaub)

Die empirischen Befunde zu den Angebotskonzeptionen von Bildungsurlaub werden entlang der Komponenten Ziele (Kapitel 8.1), Adressaten (Kapitel 8.2), Themen (Kapitel 8.3) und Formate (Kapitel 8.4) präsentiert. Für jede Komponente werden zunächst die identifizierten Ausprägungen beschrieben und mit exemplarisch ausgewählten Interviewzitaten bzw. Veranstaltungstiteln belegt. Dann werden die Analyseergebnisse der interorganisationalen und intersektoralen Vergleiche vorgestellt. In den Zwischenfazits werden die Befunde im Hinblick auf die jeweiligen Untersuchungsfragen (vgl. Kapitel 6.3) ausgewertet.

8.1 Ziele

Auf der Grundlage der Interviewauswertungen lassen sich vier *allgemeine Ziele* identifizieren, die die befragten Planenden mit den BU-Angeboten verfolgen. Aus diskursanalytischer Sicht lassen sich die Ziele als Antworten auf aktuelle gesellschaftliche Herausforderungen interpretieren:

- Herstellung von Chancengleichheit und Ermöglichung von Bildungsteilhabe für alle Arbeitnehmenden als Antwort auf soziale Ungleichheiten und Bildungsbenachteiligungen (Kapitel 8.1.1)
- Befähigung zur gesellschaftlichen Teilhabe, Mitbestimmung und Gestaltung in verschiedenen gesellschaftlichen Bereichen als Antwort auf individualisierte und pluralisierte Lebensverläufe, die zu Unsicherheiten und Orientierungsverlusten führen (können) (Kapitel 8.1.2)
- Ermöglichung von Regeneration und Entschleunigung als Antwort auf das Problem der zunehmenden Arbeitsverdichtung, Stress und Erschöpfung in prekären Beschäftigungsverhältnissen (Kapitel 8.1.3)
- Förderung der beruflichen Qualifizierung und Kompetenzentwicklung als Antwort auf kontinuierliche berufliche Qualifikationsanforderungen (Kapitel 8.1.4)

Diese allgemeinen Bildungsurlaubsziele werden in den jeweiligen Fachbereichen konkretisiert und weisen einrichtungsspezifische Profilierungen auf (Kapitel 8.1.5).

In den BU-Zielen lassen sich sowohl Spuren des gesellschaftspolitischen Diskurses der 1960er/1970er Jahre als auch Spuren des neoliberalen Modernisierungsdiskurses der 1990er Jahre finden (Kapitel 8.1.6).

8.1.1 Herstellung von Chancengleichheit und Ermöglichung von Bildungsteilhabe für alle Arbeitnehmenden

Die Planenden diagnostizieren soziale Ungleichheiten und Bildungsbenachteiligungen aufgrund von Zeitmangel und negativen Schulerfahrungen als zentrale gesellschaftliche Herausforderungen. Mit dem Format Bildungsurlaub können aus Sicht der Planenden beide Weiterbildungsbarrieren überwunden und ein Beitrag zur Herstellung von Chancengleichheit hergestellt werden, denn Bildungsurlaub räume Lernzeit ein und ermögliche neue Lernerfahrungen.

Das Zitat aus einem Interview mit einer VHS-Fachbereichsleiterin steht exemplarisch für eine Einschätzung, die alle Befragten einrichtungs- und fachbereichsübergreifend teilen:

„Ich denke, ohne den Bildungsurlaub könnten viele Sachen gar nicht in Anspruch genommen werden angesichts der Arbeits- und Lebenssituationen der Leute. Gerade heutzutage, wo die, die einen Job haben, doch sehr eingebunden sind. Das ist erst mal, denke ich, die werden schlichtweg ausgeschlossen. Gerade wenn ich an die in der Familienphase sozusagen, Männer wie Frauen, denke, die würden überhaupt gar nicht in den Genuss kommen, sich weiterzubilden, und ihre Arbeitgeber damit nämlich auch nicht“ (VHS, KuBi, 418–423).

Bildungsurlaub sei für viele Menschen, insbesondere Arbeitnehmende im mittleren Lebensalter, häufig die einzige Möglichkeit, an institutionalisierter EB/WB teilzunehmen, denn Zeit für Lernen und Bildung konkurriert im Erwachsenenalter mit der Erwerbsarbeitszeit, der Familienzeit und mit Freizeitaktivitäten. Bildungsurlaub ermögliche es, Lernzeit während der Arbeitszeit in Anspruch zu nehmen.

Neben der fehlenden Lernzeit sind negative Schulerfahrungen und Lernängste eine weitere Weiterbildungsbarriere aus Sicht der Planenden:

„Sehr häufig ist die Angst an Bildungsveranstaltungen teilzunehmen sehr ausgeprägt. Die Schulerfahrungen, die viele haben, ist sehr negativ, und viele haben einen unspezifischen Horror: Das ist ja wieder wie Schule. Jetzt sitze ich da, dann werde ich gefragt und dann weiß ich nicht, was ich antworten soll. Da sind ganz, ganz viele Befürchtungen“ (Wisoak, PB: 397–401).

Die Planenden beobachten, dass sich Teilnehmende gemeinsam mit einer Arbeitskollegin oder einem Arbeitskollegen anmelden, „weil alleine trauen sie sich nicht“ (ebd.: 403) und/oder die Teilnehmenden vertrauen nur einer oder einem bestimmten, als positiv erlebten Kursleitenden und melden sich sofort ab, wenn diese/r vertreten wird. Im Bildungsurlaub gehe es darum, Erwachsene dabei zu unterstützen, sich von ihren negativen Schulerfahrungen zu emanzipieren, und neue positive Lernerfahrungen zu ermöglichen. Um Zugänge zu Lernen und

Bildung zu eröffnen für Menschen, die bisher wenig oder gar nicht an institutionalisierter EB/WB teilgenommen haben, werden die Bildungsurlaubsurlaubsangebote „niedrigschwellig“ (ebd.: 414) konzipiert. Für die befragten Planenden bedeutet das: niedrige Teilnahmegebühren, eine zielgruppenadäquate Ansprache sowie ein Seminarkonzept, in dem die Teilnehmenden „nicht alte negative Erlebnisse wieder erleben müssen“ (ebd.: 416). Zu letzterem zählen der Einsatz partizipativer Unterrichtsmethoden („kein Frontalunterricht“, AuL: 226), die Fokussierung auf Lernkompetenz („neue Lernformen erlernen“, AuL: 218) sowie die Kompaktwoche:

„Es geht nicht nur darum, sich fachliche Kenntnisse anzueignen, sondern Lernformen neu zu lernen und sich zu erobern. (…) Sie lernen einmal, dass es nicht nur den Frontalunterricht gibt. Sie lernen, dass sie selber mitbestimmen können. Sie lernen, dass ihre Position, ihre Meinung gefragt ist. Sie begreifen, dass sie selbst Gestaltungsmöglichkeiten haben. Ja, dass sie ernst genommen werden. […] Wir haben im Grunde genommen, wenn ich das mal ganz allgemein und oberflächlich beschreibe, dieses Ankommen, wenn ich das mal über die Woche ziehe, dieses Ankommen im Bildungsurlaub, dann öffnen sich diese Frauen und Männer erstmal. Sie erzählen ein bisschen von sich selber und, und, und. Sie werden eingeladen, abgeholt, an dem Thema teilzunehmen, und gehen immer mehr, tauchen immer mehr in dieses Thema ein. Sie tauchen aber auch immer mehr ins Lernen ein und ins Lernenwollen und ins Begreifen“ (AuL: 217–228).

Darüber hinaus wird der Bildungsurlaub als besonderes Format zur Herstellung von Chancengleichheit und Bildungsteilhabe von den Planenden geschätzt, da er auch bildungsbenachteiligte Zielgruppen erreicht:

„Das ist immer noch eine unheimliche Stärke, die wir haben, dass wir nämlich die Menschen auch erwischen, deren Bildungskarriere häufig mit 14, 15 Jahren abgebrochen ist, die dann eine Ausbildung gemacht haben, in den Betrieb gegangen sind und dann wirklich häufig nur noch über Bildungsurlaub sich mit ihrer Welt, mit der Aneignung ihrer Umwelt und so auseinandersetzen“ (Wisoak, PB: 462–466).

Das Besondere am Bildungsurlaub sei, dass hier auch trägerunspezifische Zielgruppen erreicht werden: So geht der Befragte des Evangelischen Bildungswerks davon aus, auch „kirchenfremde“ Zielgruppen zu erreichen:

„Es spielt auch eine Rolle beim Bildungsurlaub, dass wir als kirchliche Einrichtung eigentlich zwischen einer Schnittstelle zwischen Kirche und Gesellschaft arbeiten. Aber jetzt über unsere sonstigen Kooperationspartner im Kursbereich die Kirchengemeinden eher ja doch kirchlich orientierte Leute kommen. Der Bildungsurlaubsbereich ist einer, wo wir einen Zugang zu Arbeitnehmerinnen und Arbeitnehmern bekommen, und auch zu Leuten, die sonst mit Kirche eigentlich gar nichts so am Hut haben. Aber dann ganz gerne auch diese thematisch akzentuierten besonderen Angebote von uns nutzen, um auch darüber ein Kontakt zur Kirche zu kriegen. Das ist nicht so, dass es jetzt die Leute eine Abwehr entwickeln oder eine Abwehr gegen Bildungsurlaub. Aber wir erschließen uns über den Bildungsurlaubsbereich eben auch ganz andere gesellschaftliche Felder auf, zu denen wir sonst sehr viel größere Zugangsschwierigkeiten hätten als kirchliche Einrichtung" (Ev. BW: 97–107).

Ebenso betont das Bildungswerk des Landessportbundes auch „sportfremde" Zielgruppen zu erreichen (vgl. LSB: 544).

Der Bildungsurlaub eröffnet somit im Sinne einer Initialzündung Zugänge zu EB/WB und fördert Chancengleichheit und Bildungsteilhabe für alle Arbeitnehmenden.

8.1.2 Befähigung zur gesellschaftlichen Teilhabe, Mitbestimmung und Gestaltung in verschiedenen gesellschaftlichen Bereichen

Eine weitere Zielsetzung, die in verschiedenen Weiterbildungseinrichtungen und Fachbereichen übergreifend benannt wird, besteht in der Förderung der Teilhabe, Mitbestimmung und Gestaltung an verschiedenen gesellschaftlichen Bereichen, z.B. der Kultur oder der Politik. Diese allgemeine Zielsetzung wird in den jeweiligen Fachbereichen von den Planenden konkretisiert:

In der *kulturellen Bildung* beispielsweise sollen die Individuen zur gesellschaftlichen Teilhabe an und kritischen Auseinandersetzung mit kulturellen Angeboten befähigt werden:

„Wir haben ja sozusagen hier eine hohe Kultur, wenn ich das mal so sagen darf, was Museen und Theater und sonst was machen. Und dazu brauchen wir natürlich auch mündige Bürger, die sich damit auseinandersetzen. Erstens mal sollen sie dahingehen, zweitens sollen sie auch Position beziehen können, sonst würden das ja alles Totflächen sein. Da würde sich ja keine lebendige Auseinandersetzung mehr abspielen können" (VHS, KuBi: 82–87).

Die Volkshochschule versteht sich als „Breitenbildner" und „Wegbereiter" für eine „lebendige Auseinandersetzung" mit Kultur (ebd.: 87f.).

Ein weiteres zentrales Anliegen der befragten Fachbereichsleiterin in der kulturellen Bildung besteht in der Förderung interkultureller Verständigung. Dafür biete sich die kulturelle Bildung besonders an, da sie nicht (ausschließlich) auf Sprache angewiesen sei:

„Für bestimmte kulturelle Auseinandersetzungen braucht man auch nicht die Sprache, die gehen sprachlos" (ebd.: 139f.).

Durch interkulturelle Begegnungen wird der Horizont der Teilnehmenden erweitert; die Teilnehmenden „können alle mal über den Tellerrand gegenseitig gucken“ (ebd.: 144–146).

In der *politischen Bildung* besteht die spezifische Zielsetzung in der Förderung einer politischen Urteils- und Partizipationskompetenz, die über eine reine Informationsvermittlung hinausgeht. Politisch relevante Themen sollen in den BU-Seminaren vielschichtig analysiert und diskutiert, Meinungsbildungsprozesse angeregt werden. Dies unterscheidet politische Bildung von einer medial vermittelten Informationsweitergabe zu politischen Themen. Bei der Auseinandersetzung mit politischen Fragen gehe es darum, einen eigenen Standpunkt im Diskurs zu finden und Handlungsspielräume und -grenzen auszuloten. (vgl. Wisoak, PB: 477–485) Gestaltungsmöglichkeiten sollen aufgezeigt, gleichzeitig aber auch die Grenzen individueller Verantwortung thematisiert werden:

„[…] dass sie [die Teilnehmenden, C.P.] lernen, ihre Interessen zu formulieren in diesen Bildungsurlauben, dass sie sich mit dem Thema weiterbeschäftigen, dass sie daraus vielleicht lernen, was weiß ich, wenn man sich im Klimaseminaren auch natürlich beschäftigt mit Verbrauch von Energie mit Emissionshandel usw. Da wird dann immer die schöne Frage gestellt: Ja, gut, was können wir selber tun? Und ich bin froh darüber. Würde sagen, das eine ist, sich die Frage zu stellen, was können wir selber tun. Das andere ist, dass ich nicht dafür verantwortlich bin, wenn Konsumgüter produziert werden, produziert werden, produziert werden. Also kommen dann auf eine sehr allgemein gesellschaftspolitische Auseinandersetzung“ (AuL: 408–416).

Unabhängig vom Thema fungiert der Bildungsurlaub aufgrund seiner spezifischen Sozialform selbst als Ort demokratischer Bildung. Angesichts der zunehmenden „Vereinzelung der Menschen“ (VHS, KuBi: 427f.) und einer „zerfallenden Öffentlichkeit in der Gesellschaft“ (Ev. BW: 186) stelle Bildungsurlaub ein „Ort sozialen Lernens“ (VHS, KuBi: 101) dar, bei dem „Leute aus unterschiedlichen sozialen Gruppierungen […] an einen Tisch“ (ebd.: 99f.) gebracht werden und ein „Sich-da-Erproben und Sich-da-Stärken“ (ebd.: 426) in sozialen Gruppen gefördert wird. Nach Ansicht der Planenden dient der Bildungsurlaub dem gesellschaftlichen Zusammenhalt, fördert demokratische Prozesse und hat somit eine politische Wirkung. Ausgangspunkt ist die Diagnose, dass es in der Gesellschaft kaum noch öffentliche Diskussionsorte gibt bzw. Orte, an denen unterschiedliche Milieus miteinander in Kontakt kommen:

„Der Bildungsurlaub springt auch ein wenig in die Lücke der zerfallenden Öffentlichkeit in unserer Gesellschaft. Früher gab es in meiner Wahrnehmung noch mehr übergreifende Orte, an denen es so was wie eine diskutierende Öffentlichkeit gab. Und dadurch, dass das praktisch fast weggefallen ist, es ganz wenig öffentliche Diskussionsorte gibt, die meisten sich dann doch in ihren Milieus organisieren, in ihren Altersgruppen organisieren, in ihrem sozialen Umfeld organisieren, und eher Ängste entwickeln, jemand anders zu begegnen. Da ist der Bildungsurlaub einer der seltenen Orte, wo Leute diesen Sprung machen müssen, tatsächlich sich auf eine Gruppe einzulassen für eine ganze Woche, die sie vorher nicht kennen und wo sie nicht wissen, wer da zusammenkommt. [...] dass Leute miteinander über eine Woche, über fünf Tage ein ‚Wir auf Zeit' bilden, aus unterschiedlichen gesellschaftlichen Bereichen kommen, aus unterschiedlichen Altersstufen kommen und intensiv an einem Thema arbeiten, aber auch eben, wenn sie außerhalb Bremens in einem Tagungshaus sind, ein Stück Leben teilen und bewusst aus ihren Zusammenhängen rausgehen und darin auch wichtige soziale Erfahrungen machen" (Ev. BW: 185–196).

In den Bildungsurlaubsveranstaltungen kommen Menschen aus unterschiedlichen gesellschaftlichen Milieus und Altersgruppen zusammen und diskutieren miteinander:

„Ich [die/der Teilnehmende, C.P.] setze mich mit anderen Leuten auseinander, das ist auch ein wichtiger Punkt. Wie sehen die anderen das? Auch mit Leuten, mit denen ich sonst nie reden würde, weil ich ja vorher nicht weiß, wer dann da alles ist. Und auch aus Gesellschaftsschichten, mit denen ich nie in Kontakt käme. Das ist spannend und interessant. Und das ist ein Lernfeld unabhängig von dem konkreten Thema, was man da hat. Das hat man einfach sonst nicht. Deswegen hat der Bildungsurlaub so eine hohe Bedeutung. [...] Dass ich mich mit Menschen, auf die ich sonst nicht treffe, auseinandersetze – mehr noch: akzeptieren lerne, dass es ganz unterschiedliche Meinungen gibt, und auch von anderen lerne [...], und mich an einem bestimmten Gegenstand mit mir und meinem Verhältnis zur Welt oder zu mir selbst auseinandersetze. Also, das ist einfach das Großartige am Bildungsurlaub!" (Wisoak, GB: 907–915)

Bildungsurlaub werde selbst zu einem politischen Diskussionsort, an dem unterschiedliche Milieus, unterschiedliche Generationen, unterschiedliche Geschlechter in den Austausch kommen.

8.1.3 Ermöglichung von Regeneration und Entschleunigung

Eine weitere Zielsetzung, die in mehreren Fachbereichen und Weiterbildungseinrichtungen verfolgt wird, basiert auf einer gemeinsam geteilten gesellschaftlichen Diagnose der Zunahme von Arbeitsverdichtung und beruflich bedingtem Stress. Angesichts dessen stellen die Befragten die Regenerations- und Entschleunigungsfunktion des Bildungsurlaubs heraus. Besonders wird dies in der politischen Bildung und in der Gesundheitsbildung deutlich.

In der *politischen Bildung* fungiert Bildungsurlaub, insbesondere bei externer Unterbringung, als Moratorium, als Auszeit vom Alltag, Beruf und Familie:

„Wo man dann nochmal die Arbeitsverdichtung merkt. […] dass, wenn dann jemand Bildungsurlaub nimmt, das auch gerne mit einem Thema verbindet, was wirklich hier in diesem Fall Entschleunigung, Entstressen, dieses Moment der Regeneration aufnimmt. […] Und man sollte denken, es ist umgekehrt, dass die jungen Leute zu den politischen Themen kommen und die alten Leute sind zu müde, um sich mit Politik zu beschäftigen. Aber bei uns ist es so, dass die politischen Themen oder die vielleicht stärker kopfbetonten Themen eher von älteren Menschen genutzt werden, und die Jüngeren, wenn sie kommen, suchen sie gerne was Klösterliches oder Ruhiges. Was ihnen vielleicht im Gegensatz zu ihrem Berufsalltag ermöglicht, mal zu sich zu kommen“ (Ev. BW: 975–985).

Die Teilnehmenden bekommen im Bildungsurlaub die Gelegenheit, sich zu regenerieren und über das eigene Leben zu reflektieren:

„Na, sie sind eine Woche von zu Hause weg und auch von dem, was ihren Alltag pflegt, diesen 24-Stunden-Radius, so idealtypisch, da ist die Kleinfamilie etc. pp., die immer gleichen Verpflichtungen. Und die Leute gehen in den Austausch und beileibe nicht nur über das Thema, zu dem sie sich angemeldet haben, die reden abends über zu Hause, sie reden über ihre Familien. Stellen auch vielleicht das Eine oder Andere mal in Frage oder lernen die eine oder andere Begebenheit, die sie zu Hause haben, sehr zu schätzen“ (AuL: 402–408). „Ich sage mal so, wenn ich mir überlege, von Daimler oder Arcelor oder auch bei uns aus dem Hafen, da kommen gestandene Macker. Und der [Teamer, C.P.] schafft es, denen wirklich Empathie und Gefühlsäußerungen zu entlocken für die Babyscholle. Ich finde das ganz erstaunlich. Er erzählt dann, was mit dem Kinderbett der Babyscholle passiert. Und dann sind sie ganz erstaunt und lauschen aufmerksam. Ich hätte das nicht erwartet. Er lädt sie ein zu einer neuen Begegnung mit sich selber. Nicht nur zur Partizipation an gesellschaftspolitisch relevanten Themen, sondern - was auch im guten Fall rauskommen soll beim Bildungsurlaub - die gehen anders mit sich um danach“ (ebd.: 196–206).

Die Distanz zum alltäglichen Leben ermögliche biografische Reflexionsprozesse:

„Letztlich ist das Wesentliche des Bildungsurlaubs, dass ich eine Zeit bekomme für fünf Tage, wo ich ein wichtiges Element meines Lebens, meiner Lebenswelt reflektieren kann, wo ich darüber nachdenken und mich auseinandersetzen kann mit anderen. Und es auf eine Art und Weise tun kann, wo ich die Fragen, die ich selbst habe zu einem bestimmten Thema oder Themenbereich, stellen kann […] und darüber nachdenke und mich auseinandersetze. Das ist der eigentliche Wert von Bildungsurlaub. Jenseits von Information. Was ist jetzt umweltmäßig wieder ein Problem oder sonst wie irgend so was, das ist natürlich auch immer ein Element. Aber diese Information bekomme ich auch im Fernsehen oder in Zeitschriften oder in bestimmten Büchern. […] Aber die Auseinandersetzung darüber und auch zu wissen, wo habe ich meine Befürchtungen, wie die Welt sich zum Beispiel entwickelt, wie ich mich entwickle in der Welt. Jetzt bin ich Mitte 40 und komme ich klar in meiner Firma und was kommt da auf mich zu? Das diskutieren sie nicht, selbst mit ihrem Freund, der da in der Firma auch noch ist, diskutieren sie das nicht. Aber in so einem Seminar ist das behandelbar" (Wisoak, PB: 469–485).

Wichtig sei, auch bei politisch anspruchsvollen, komplexen Themen eine Atmosphäre zu schaffen, in der sich die Teilnehmenden wohlfühlen:

„Die Erfahrung ist … anders als vielleicht in den 70er- oder 80er-Jahren, man bestimmte politische Themen im Bildungsurlaub nicht frontal aufgreifen kann. Es wäre sinnlos, einen Bildungsurlaub zum Thema Klimawandel einzusetzen. Das ist so negativ konnotiert, dass jeder sagt: ‚Mensch, das sehe ich schon abends im Fernsehen laufend, mir das eine ganze Woche anzutun, undenkbar.' […] Es muss irgendwie erkennbar sein in der Ausschreibung, dass da auch in der Woche was Positives mitgenommen werden kann, und man nicht hinterher noch gebeugter geht als vorher. […] Dass man sagt: ‚Wir fahren ins Wendland, das ist eine wunderschöne Landschaft, da lernt ihr interessante Menschen kennen, die die Energiewende für sich schon geschafft haben, und zusätzlich könnt ihr morgens Yoga machen und die ganze Klimakatastrophe ein bisschen rausatmen. Weil, einen langen Atem brauchen wir auf jeden Fall.' Dass man so einen positiven Bezug damit reinbringt. […] einen Zugang finden, wo Menschen sich sagen: ‚Mensch, das halte eine Woche lang aus.' Das ist eben auch das Doppelte an dem Wort Bildungsurlaub: Es muss auch etwas Regeneration damit verbunden sein und nicht in diesem Missbrauchssinn, wie das die Arbeitgeber dann darstellen von Beine hochlegen, sondern Kraftschöpfen. Also, die Batterien aufladen" (Ev. BW: 777–800).

Die Auseinandersetzung mit gesellschaftspolitischen Themen könne negative Emotionen hervorrufen, wie z.B. Wut über soziale Ungerechtigkeit oder Angst vor neuen Verunsicherungen, (neuem) Orientierungsverlust und Ohnmachtsgefühlen (vgl. Ev. BW: 800–805). Dies versuchen die Planenden bei der Konzeption der Bildungsurlaube zu berücksichtigen und auch regenerative Elemente einzubauen sowie einen positiven Bezug zum Thema herzustellen.

Auch in der *Gesundheitsbildung* gehen die Planenden von zunehmender Arbeitsverdichtung, beruflichem Stress, der zu gesundheitlichen Belastungen am

Arbeitsplatz führt, aus. Die Bewältigung von Stress wird als zentrales Ziel der BU-Angebote benannt, da beruflich bedingter Stress als die Hauptursache gesundheitlicher Probleme von den Planenden angesehen wird und die Notwendigkeit der BU-Angebote zur Gesundheitsbildung begründet:

„Im Grunde geht es in der Gesundheitsbildung im Bildungsurlaub um Stressbewältigung, also um Erfahrungen in der Arbeitswelt, speziell an dem eigenen Arbeitsplatz, die mit gesundheitlichen Belastungen oftmals einhergehen und darum, diese nochmal wieder neu aufzunehmen und neu anzugucken. Auch zu überlegen: Wie verhalte ich mich in solchen Prozessen? Wo merke ich, könnte ich vielleicht rechtzeitig gegensteuern?" (VHS, GB: 26–30)

Zur Stressbewältigung erwerben die BU-Teilnehmenden gesundheitsrelevantes Wissen, lernen theoretisch und praktisch verschiedene Verfahren zur Entspannung und Bewegung kennen und erproben diese im Bildungsurlaub, um das individuell passende Verfahren für sich herauszufinden und im Sinne einer nachhaltigen Verhaltensänderung in den (Berufs-)Alltag zu übernehmen.

Die Bildungsurlaubskonzepte in der Gesundheitsbildung basieren einrichtungsübergreifend auf einem ganzheitlichen Bildungsverständnis, das kognitive, leibliche und emotionale Lern- und Bildungsprozesse umfasst und sich durch die Verknüpfung von theoretischem Wissen und praktischen Übungen ausweist. Die Teilnehmenden sollen angeregt werden, über ihre eigene Lebens- und Arbeitssituation im Hinblick auf gesundheitliche Aspekte zu reflektieren und Stress bedingende Faktoren zu identifizieren, um rechtzeitig gegensteuern zu können. Beispielsweise wird Wissen über die Ursachen von und Zusammenhänge zwischen psychischem Stress und körperlichen Symptomen, wie Rücken-, Kopf- oder Magenschmerzen, vermittelt:

„Zum Beispiel, wenn man denkt: ‚Oh man, ich bin völlig kaputt und gestresst' und ein paar Tage später hat man Rückenbeschwerden. Dann denkt man erst mal: ‚Ich habe mich wahrscheinlich gezerrt' oder ‚Ich habe irgendwie falsch gesessen, falsch gehoben'. Das kann auch das Problem sein, es kann aber genauso gut sein, dass der Stress den Rücken gestresst hat, dass der Rücken einfach Ausdruck ist von diesem Stress. Und dass man jetzt nicht in erster Linie Rückenübungen braucht, sondern Autogenes Training oder Progressive Muskelentspannung, um überhaupt den Stress ein Stückchen besser bearbeiten zu können" (VHS, GB: 397–401).

Gesundheitsbildung wird als Selbstfürsorge ausgelegt; es geht darum „sich um die eigene Gesundheit zu kümmern", „sich um sich selbst zu kümmern", „etwas für sich zu tun" (Wisoak, GB: 234).

Die Teilnehmenden werden angeregt, sich selbst, ihren Körper besser kennenzulernen, um herausfinden, welches Verfahren das persönlich passende ist:

„Kann man ja auch sagen: Yoga ist nichts für mich, stattdessen muss ich Fußball spielen zum Entspannen oder einen Kochkurs machen. Das ist für mich alles die Reflexion dessen, was für einen selbst sinnvoll und notwendig ist. [...] Ob man die Entspannung in Entspannungstechniken oder die Entspannung über Bewegung, über Auspowern bekommt, ist für jeden sein eigenes Modell, ganz wie er das empfindet. Oder kochen, oder lesen... - entscheidend ist die Einstellung dazu" (LSB: 186–189).

Die Übungen seien niedrigschwellig konzipiert, d.h. einfach erlernbar und im Alltag leicht umsetzbar. Ziel der Bildungsurlaube sei eine nachhaltige Verhaltensänderung. So sollen die Übungen in den Berufsalltag transferiert und integriert werden. Die Ritualisierung wird bereits in den Bildungsurlauben eintrainiert und vorbereitet. Ein erfolgreiches Beispiel einer solchen nachhaltigen Verhaltensänderung durch niedrigschwelliges Arbeiten im Bildungsurlaub beschreibt die interviewte HPM der VHS:

„Mein bestes Beispiel ist immer ein Arbeitnehmer, der wiederholt zu uns gekommen ist im Bildungsurlaub und beim zweiten oder dritten Mal gesagt hat, dass er sein Rückenproblem mit Hilfe unserer Bildungsurlaube beseitigen konnte. Und zwar mit einer ganz schlichten Botschaft. Der arbeitet in einem Großbetrieb. Muss in dem Großbetrieb so eine Art Botentätigkeit machen, ist ständig unterwegs und hatte wahnsinnige Rückenprobleme. Und dann haben wir im Bildungsurlaub gesagt, also wenn man Rückenprobleme hat, sollte man auf jeden Fall alles für die Bewegung tun, auch zum Beispiel Treppen statt Aufzüge nehmen und so etwas. Dann haben wir natürlich auch noch bestimmte Übungen gezeigt. Und er hat von da an konsequent alles mit Treppe erledigt, also ist nicht mehr Fahrstuhl gefahren. Und das hat schon gereicht. Und das ist für mich so ein Beispiel für niedrigschwelliges Arbeiten auch im Bildungsurlaub" (VHS, GB: 38–51).

Der Vorteil der Gesundheitsbildung bestehe in schnellen, spürbaren Lernerfolgen, die zu einer nachhaltigen Selbstaktivierung führen können und Gestaltungsspielräume eröffnen. Das folgende Zitat verdeutlicht exemplarisch, welche nachhaltigen Wirkungen ein Bildungsurlaub aus Sicht der Planenden entfalten kann:

„Bei denen, die Bildungsurlaub machen, ist es so, dass die sehr häufig konfrontiert werden das erste Mal mit neuen Gesundheitstechniken, mit Übungsfeldern und -formen und deren Begründungszusammenhang, warum man das überhaupt macht. Also wenn wir jetzt die typischen Mercedes-Arbeiter dort drin haben, dann kennen die oft Sport, aber die kennen oft diese Art von Gesundheitsübung nicht und lernen jetzt im Grunde die Wirkung dieser Übung an sich, an ihrem Körper kennen. Sie bekommen es theoretisch mit, aber sie kriegen es eben auch praktisch mit. Das ist oft eben sensationell. […] Es gibt immer ein paar, die sich da nicht drauf einlassen können, die dann Widerstand haben. Aber doch viele, die sich dann darauf einlassen und dann fast erschrocken sind über die Wirkung, weil sie eben zum Beispiel Entspannungsübungen in ihrem ganzen Leben nie gemacht haben. Oder unter Entspannung andere Dinge verstehen: Abhängen oder Bier trinken oder Sex oder so was. Aber nicht praktisch eine Übung machen und dann merken, dass was passiert. Auch gerade Übungen, wie Yoga oder so was, die ja sehr starke Dehnungsübungen sind. […] Und dann diese Dehnung und die Anstrengung, das bedeutet auch die Begrenzung des Körpers, die man dabei merkt, und dass man bestimmte Übungen, Bewegungen einfach gar nicht mehr so richtig kann, die man eigentlich könnte, wenn man sich richtig bewegen würde. Und dann zu merken, dass dann, wenn ich mich nach so einer Kette von Übungen hinlege und entspanne, was dann plötzlich passiert im Körper, welche Art von Entspannung dann da ist. Und das gibt ja auch eine Ahnung davon, was eigentlich auch sein könnte im Leben, was man so normalerweise jetzt noch nie gehört hat. Also das sind zum Beispiel solche Wirkungsweisen von Seminaren, wo sie spüren, dass es sich lohnt, etwas für sich zu tun. […] Das wäre letztendlich die Zielrichtung, dass sie in den Seminaren herausfinden, dass da etwas ist oder dass es da Möglichkeiten gibt, etwas ganz anderes für sich noch zu tun" (Wisoak, GB: 454–480).

Durch die körperlichen Erfahrungen werden neue Zugänge zum eigenen Körper ermöglicht. Für die Teilnehmenden sei das Spüren unmittelbarer Wirkungen am eigenen Körper ein sehr bedeutsamer Bildungsprozess mit weitreichenden Folgewirkungen über die Gesundheitsbildung hinaus:

„[…] dass man lernt, dass man selbst einiges bewegen kann, bei sich und auch manchmal am Arbeitsplatz und so weiter" (VHS, GB: 381f.).

Die leibliche Erfahrung kann auf andere Bereiche übertragen werden, eigene Ressourcen aktivieren, nicht-gelebte Potentiale bewusstmachen und Handlungsspielräume erweitern.

8.1.4 Förderung der beruflichen Qualifizierung und Kompetenzentwicklung

Neben der Herstellung von Chancengleichheit, der Befähigung zur gesellschaftlichen Teilhabe und der Ermöglichung von Regeneration beschreiben die befragten Planenden die Förderung der beruflichen Kompetenzentwicklung als ein weiteres zentrales Ziel des Bildungsurlaubs.

Am offensichtlichsten wird das Ziel der beruflichen Kompetenzentwicklung von den Anbietern der beruflichen Bildung verfolgt. Im Anschluss an Robak (2015a) lassen sich die Zielsetzungen in der beruflichen Bildung danach unterscheiden, ob sie auf eine fachliche Qualifizierung mit einem engen Tätigkeitsbezug zielen oder auf eine (überfachliche) langfristige Beruflichkeitsentwicklung im weiteren Sinne: „Die Unterscheidung zwischen Tätigkeit und langfristiger Beruflichkeit will die Differenz aufnehmen, dass es bei einem konkreten Tätigkeitsbezug darum geht, das unmittelbare Tun am Arbeitsplatz zu verbessern. Langfristige Beruflichkeit [...] zielt auf die individuelle berufliche Weiterentwicklung, die nicht am konkreten Arbeitsplatz orientiert sein muss“ (ebd.: 214).

BU-Angebote, die auf eine *fachliche Qualifizierung mit einem engen Tätigkeitsbezug* zielen, vermitteln spezifisches Fachwissen für spezifische Berufsgruppen, z.B. betriebswirtschaftliches Fachwissen für kaufmännische Berufsgruppen, technisches Fachwissen für Ingenieure, pädagogisches Fachwissen für Erzieher/innen usw. (siehe hierzu auch Kapitel 8.2.3 und 8.3.2).

BU-Angebote, die auf eine *langfristige Beruflichkeitsentwicklung* zielen, sind hingegen berufsgruppenübergreifend angelegt bzw. adressieren bestimmte Funktions- und Statusgruppen. Konkret zielen die Angebote auf die Förderung sozialer, methodischer, fachlicher oder persönlicher Kompetenzen (sogenannte „Schlüsselqualifikationen“), z.B. in den Bereichen Kommunikation, Konfliktbearbeitung, Rhetorik, Moderation, Präsentation, Arbeitsorganisation, Projektmanagement, Zeitmanagement, BWL, EDV, Fachenglisch usw. (siehe hierzu auch Kapitel 8.3.2) bzw. auf die Förderung von Führungskompetenzen, Kompetenzen zur betrieblichen Mitbestimmung oder Ausbildungskompetenzen (siehe hierzu auch Kapitel 8.2.2).

Fachübergreifende Schlüsselkompetenzen werden nicht nur in der beruflichen Bildung vermittelt, sondern auch in anderen Fachbereichen. So erläutert z.B. die befragte Fachbereichsleiterin aus der Kulturellen Bildung, dass die Teilnehmenden in den kulturellen BU-Angeboten fachübergreifende Schlüsselkompetenzen erwerben, die eine hohe berufliche Relevanz haben: U.a. seien dies soziale Kompetenzen (wie Teamfähigkeit, Konfliktfähigkeit) und interkulturelle Kompetenzen. Die Teilnehmenden lernen Projekte zu planen und mit Niederlagen umzugehen. Die Befragte betont bei allen Bildungsurlauben den Transfer und die Reflexion des Wissens in die eigene Berufs- und Lebenswelt über die Vermittlung von Wissen eines bestimmten Stoffgebietes hinaus (vgl. VHS, KuBi: 62–64).

8.1.5 Vergleichende Analyse: Fachbereichs- und einrichtungsspezifische Ziele

Auf der Grundlage der Interviewauswertungen konnten vier *allgemeine Ziele* identifiziert werden, die die Planenden mit Bildungsurlaub in verschiedenen Weiterbildungseinrichtungen und Fachbereichen verfolgen. In der Darstellung der Ergebnisse wurde bereits erkennbar, dass die allgemeinen Ziele von den Planenden fachbereichsspezifisch konkretisiert werden sowie einrichtungsspezifische Profilierungen aufweisen. Die Befunde der intersektoralen Vergleiche (auf der Ebene der Fachbereiche) und der interorganisationalen Vergleiche (auf der Ebene der Weiterbildungseinrichtungen) werden im Folgenden überblicksartig dargestellt.

Fachbereichsspezifische Ziele

Die *fachbereichsspezifischen Ziele* lassen sich als Konkretisierungen des allgemeinen Ziels „Befähigung zur gesellschaftlichen Teilhabe, Mitbestimmung und Gestaltung in verschiedenen gesellschaftlichen Bereichen" interpretieren, da sich die Fachbereiche jeweils auf ebendiese spezifischen „gesellschaftlichen Bereiche" beziehen. So bezieht sich die politische Bildung auf die Sphäre der Politik, die kulturelle Bildung auf die Sphäre der Kultur, die berufliche Bildung auf die Sphäre der Arbeitswelt usw. Dementsprechend zielt die politische Bildung auf die Förderung der politischen Urteils- und Partizipationskompetenz zur Teilhabe, Mitbestimmung und Gestaltung am politischen Geschehen. In der kulturellen Bildung geht es um die Förderung einer kulturellen Partizipationskompetenz, die sich im Anschluss an Gieseke et al. (2005) auf die drei Partizipationsportale systematisch-rezeptiv, selbststätig-kreativ und verstehend-kommunikativ bezieht, und der Teilhabe und Mitgestaltung des kulturellen Lebens dient. Und die berufliche Bildung dient der beruflichen Qualifikation und Kompetenzentwicklung zur Partizipation an der Arbeitswelt usw.

Die fachbereichsspezifischen Ziele können in Bezug zu den Diskursen der jeweiligen Fachdisziplin gesetzt werden. Zum Beispiel werden in der politischen Bildung Bezüge zu den Politikwissenschaften, in der Gesundheitsbildung Bezüge zu den Gesundheitswissenschaften, Medizin und Psychologie, in der kulturellen Bildung zu den Kunst- und Kulturwissenschaften deutlich.

Einrichtungsspezifische Ziele

Die *einrichtungsspezifischen Profilierungen* in den Zielsetzungen werden insbesondere in der Gegenüberstellung von öffentlich geförderten und gewerblichen Bildungsurlaubsanbietern sowie in der Gegenüberstellung von gewerkschaftlich getragenen Einrichtungen und von Unternehmensverbänden getragenen Anbietern deutlich:

Während sich die nach dem Bremischen Weiterbildungsgesetz anerkannten Bildungsurlaubsanbieter an einem öffentlichen Bildungsauftrag orientieren, orientieren sich die gewerblichen Anbieter am Marktprinzip. Und während sich die von den Gewerkschaften getragenen Anbieter an den Interessen der Arbeitnehmenden orientieren, orientieren sich die von den Unternehmensverbänden getragenen Anbietern an den Interessen der Arbeitgeber.

Die folgende Gegenüberstellung ausgewählter Interviewzitate verdeutlicht die trägerspezifischen Profilierungen exemplarisch:

Tabelle 15: Exemplarische Interviewzitate zu trägerspezifischen Profilierungen

Gewerkschaftliche Weiterbildungseinrichtung	**Arbeitgebernaher Weiterbildungsanbieter**
„Wir haben ein Konzept, das sich sehr an den Arbeitnehmerinneninteressen orientiert. Im Grunde genommen geht jedes Seminar im Bereich Politischer Bildung und bald jedes Seminar ein auf Arbeitsbedingungen, auf die Möglichkeit der Partizipation nicht nur im gesellschaftlichen Alltag, sondern auch im Arbeitsalltag. Und wir arbeiten da sehr eng auch mit den Interessen der Teilnehmerinnen“ (AuL: 76–81).	„Wir orientieren uns also nicht, wie es manche Träger machen, nach dem Motto: Was kann ich irgendwie verkaufen, wofür finde ich irgendwie einen Teilnehmer? Nach dem Motto: ‚Teetrinken auf Samoa‘ oder sowas. Sondern wir orientieren uns an den Bedarfen tatsächlich in der Wirtschaft“ (Fortbildung direkt: 35–38).

Während sich Arbeit und Leben an den Interessen der Arbeitnehmenden orientiert, orientiert sich Fortbildung direkt an den Bedarfen in der Wirtschaft.

An den einrichtungsspezifischen Profilierungen wird deutlich, wie die Planenden die Diskurse der Träger rezipieren und reproduzieren.

Spezifische Ziele

Schließlich können *einrichtungs- und fachbereichsspezifische Ziele* identifiziert werden. Der Unterschied zu den oben beschriebenen einrichtungsspezifischen Zielen besteht darin, dass es sich bei den spezifischen Zielen um einrichtungsspezifische Profilierungen in den einzelnen Fachbereichen handelt, während bei dem oben genannten Beispiel fachbereichsunabhängige Trägerprofilierungen gezeigt wurden, denn Arbeit und Leben (AuL) ist ein Spezialanbieter für politische Bildung und Fortbildung direkt ist ein Spezialanbieter für berufliche Bildung.

Die spezifischen Ziele zeichnen sich in der beruflichen Bildung, dem Fremdsprachenbereich und in der Gesundheitsbildung am deutlichsten ab:

In der *beruflichen Bildung* wird deutlich, dass die BU-Angebote der öffentlich anerkannten Weiterbildungseinrichtungen überwiegend der *langfristigen Beruflichkeitsentwicklung* dienen, während die gewerblichen Weiterbildungsanbieter und die von den Unternehmensverbänden getragenen Weiterbildungseinrichtungen primär Angebote zur *fachlichen Qualifizierung mit einem engen Tätigkeitsbezug* unterbreiten. Während beispielsweise die öffentliche Weiterbildungseinrichtung Wisoak ein vielfältiges BU-Angebot in der beruflichen Bildung vorhält, das sowohl EDV-Grund- und Spezialkurse, Schlüsselqualifikationen als auch Angebote für spezifische Berufssparten umfasst, bieten die gewerblichen Anbieter Fortbildung direkt, ILS und BWU ausschließlich Angebote zu fachspezifischen Themen für spezifische Berufssparten an. (siehe hierzu auch Kapitel 8.3.2)

Im Bereich *Fremdsprachen* wird deutlich, dass sich die VHS als eine nach dem Bremischen Weiterbildungsgesetz öffentlich anerkannte Weiterbildungseinrichtung an einem öffentlichen Bildungsauftrag orientiert und ein breites Sprachenspektrum mit ca. 10 unterschiedlichen Sprachen anbietet, darunter auch Sprachen, die ein „Minderheiteninteresse“ darstellen (vgl. VHS, Sprachen: 218–223). Im Unterschied dazu bietet der gewerbliche Sprachanbieter Berlitz mit den beiden BU-Seminaren „English for the Office“ und „Business English“ ausschließlich berufsbezogene Fachenglisch-Kurse (vgl. Berlitz: 218–226) an. Während die Berlitz-Vertreterin den Nutzen für den Arbeitgeber herausstellt (vgl. ebd.: 37; 282) und davon ausgeht, dass die Teilnehmenden vorrangig aus beruflichen Gründen an den BU-Angeboten teilnehmen (vgl. 285–290), sind nach Einschätzung des VHS-Vertreters überwiegend persönliche Gründe für die Teilnahme an einem Sprachbildungsurlaub an der VHS ausschlaggebend (vgl. VHS, Sprachen: 225–238).

In der *Gesundheitsbildung* lassen sich für die drei untersuchten Einrichtungen - Bildungswerk des Landessportbundes, Wisoak und VHS – folgende spezifische Profilierungen identifizieren:

Beim Bildungswerk des Landessportbundes wird die Gesundheitsbildung als *Teil des organisierten Sports* ausgelegt. Gesundheit wird mit Bewegung, Entspannung und Ernährung in Verbindung gebracht. Zentrale Ziele sind die Prävention und Rehabilitation zum Erhalt bzw. der Wiederherstellung der Beschäftigungsfähigkeit des Individuums, insbesondere vor dem Hintergrund des demografischen Wandelns:

„Man muss immer länger arbeiten oder darf immer länger arbeiten, wie man das auch immer sieht, und dadurch ist es immer wichtiger, dass man seine Gesundheit entweder irgendwann wieder erlangt, behält oder regelmäßig so zu sagen daran arbeitet, weil es kein Prozess ist, der irgendwie mit x erreicht ist, sondern an dem muss man ständig und regelmäßig arbeiten. Und das ist das, was wir vermitteln" (LSB: 323–327).

„[Wir haben] im Prinzip immer weiter daran zu arbeiten, fit und gesund am Arbeitsplatz zu sein. Das hat für mich, für Unternehmen, aber auch für Krankenkassen, für alle im Prinzip den Nutzen" (LSB: 342f.).

Die Argumentation orientiert sich am Employability-Konzept.

Während der LSB danach fragt, wie das Individuum möglichst lange für die beruflichen und gesellschaftlichen Anforderungen „fit gehalten bzw. gemacht" werden kann, problematisiert die Wisoak die schädlichen Einflüsse der Gesellschaft auf das Individuum. Gesundheitsbildung wird bei der Wisoak als *Teil der politischen Bildung* ausgelegt. Krankheit und Gesundheit werden in einen gesellschaftspolitischen Kontext gestellt. Beispielsweise werden die schädlichen Einflüsse der Gesellschaft auf das Individuum problematisiert. Im folgenden Zitat verdeutlicht der Befragte am Beispiel des Themas Sucht, wie dieses aus verschiedenen Perspektiven (psychologisch, gesellschaftspolitisch) betrachtet und verstanden werden kann:

„Also gerade beim Thema Sucht hat es auf der einen Seite einmal diese ganz direkte, unmittelbare gesellschaftliche Ebene, die leicht ist. Ich kann mir natürlich angucken: Wie viel wird gesoffen? Wie viel Bier wird getrunken? Dafür gibt es Statistiken. […] Wenn es dann um die Frage geht: Was bringt die Leute zur Sucht? Warum landet der bei der Sucht und nicht woanders? Dann hat man plötzlich eine fachlich-inhaltliche Sache, man hat eine psychologische Fragestellung. […] Jetzt gibt es bestimmte persönliche Lebenslagen, die massenhaft vorkommen, die sehr häufig sind. […] Zum Beispiel, wenn ich in einem Kontext lebe, in dem bestimmte Bedürfnisse, bestimmte Gefühle nicht mehr gelebt werden dürfen, weil meine Eltern da Probleme mit haben. Ich durch einen Kontext unter Druck gerate und dann bestimmte Gefühle nicht mehr leben darf, weil sie verboten sind in meinem Kontext. […] Dann gibt es eine Umlenkung. Ich entwickle Ersatzbedürfnisse, Ersatzgefühle. […] Die Gesellschaft zeigt mir gleichzeitig… Und das ist dann super zu erkennen in einer Sucht. Dann habe ich in den Seminaren immer so aus zig Stern und anderen Zeitschriften irgendwelche Alkohol- und Tabakwerbung ausgeschnitten und dann gezeigt: Auf dem Bild ist der Marlboro-Mann. Der zeigt mir Freiheit! Oder auf dem Bild ist … was weiß ich: Da trinkt eine gut aussehende Frau mit einem gut aussehenden Mann ein schönes Glas Bier und zeigt mir, wenn du dieses Bier trinkst, dann kriegst du deinen Partner, deinen Sehnsuchtspartner oder -partnerin. So, das ist natürlich alles eine Lüge. Irgendwie weiß man das auch, wenn man sich da so rational heran bewegt. Aber die Wirkung läuft so, dass nicht die Aussage, also die direkte Aussage bewusst wird, sondern das Bild, die Bildaussage unterläuft mein Intellekt und schiebt mich praktisch direkt in meine Sehnsucht rein und deswegen ist sie auch wirksam die Werbung. Jetzt kann ich mir angucken: Ich bin hier in einer Mangelschleife und die Gesellschaft bietet mir etwas an und zwar massenweise. Die sagt: Du brauchst nicht wirklich da hinzugehen, wo du eigentlich hin willst. Oder: Du weißt nur nicht genau wie? Dann trinke doch oder rauche doch! Und unterstützt diese Mangelschleife mit einem im Grunde könnte man sagen Lügengebilde. So, hat man jetzt an dieser Stelle ein Beispiel dafür, dass ein gesellschaftliches Muster widerspiegelt, ein Muster, was auch in der Sucht ist. Nämlich ein Muster in der Sucht ist, die Lüge, etwas zu verleugnen, etwas nicht wahrzunehmen, was da ist, wird gesellschaftlich unterstützt. Das ist jetzt ein Beispiel. [...] Und das kann ich jetzt an verschiedenen Dingen machen. Strukturell, was ist das Strukturelle an einer Suchtkrankheit und wo spiegelt sich das gesellschaftlich wieder? [...] dass ich mir verschiedene Suchtformen angucke und die Unterschiede erkläre, wie zum Beispiel, illegale Drogen zum Beispiel: Warum gehen manche Leute auf die illegalen Drogen und manche mehr auf die legalen? Was hat das mit der Persönlichkeit zu tun? Was hat das mit dieser Gesellschaft zu tun? Wie reagiert die Gesellschaft jeweils ähnlich oder unterschiedlich damit?" (Wisoak, PB: 1126–1182)

Ein Gesundheitsthema, wie in diesem Beispiel die Sucht, in einen gesellschaftspolitischen Kontext zu stellen, bedeutet für den Befragten nach den strukturellen Aspekten zu fragen.

Bei der VHS zielt die Gesundheitsbildung auf einen selbstbestimmten, mündigen Umgang mit dem Körper. Mündigkeit drückt sich zum einen in mehr Autonomie und Selbstvertrauen im Umgang mit der eigenen Gesundheit aus:

„Also, sich nicht auf Experten nur verlassen, nicht ständig zum Arzt rennen bei jeder kleinen Geschichte, sondern einfach seinen Körper auch besser kennen lernen und auch Mut zu haben einfach zu sagen: ‚Gut, ich weiß was mir gut tut und ich mache das dann auch, was mir gut tut.' [...]" (VHS, GB: 796–800).

Zum anderen drückt sich Mündigkeit in einer kritischen Haltung gegenüber medial vermittelten Gesundheitsthemen aus sowie in einem verantwortungsvollen Umgang mit sich selbst und der Umwelt:

„Ich glaube, wichtig ist auch, dass man nicht nur um sich selbst kreist, was im Gesundheitsbereich, bei den Gesundheitsfreaks ja festzustellen ist, sondern dass man einfach auch mehr Gelassenheit im Umgang mit der eigenen Lebenssituation, auch mit der eigenen Befindlichkeit entwickelt. [...] wenn es uns gelingt, dass was ja bei den modernen Egozentrikern weit verbreitet ist, diese Fixierung auf das Selbst […] also, wenn man bedenkt, zum Beispiel diese Apotheken-Rundschau, ist also von den Auflagen her der absolute Renner, weil die Leute es kostenlos bekommen. Aber sie bekommen ja nur erzählt, was sie alles machen können, müssen um Krankheiten… also im Grunde geht man da ganz populistisch auf Menschen zu, die einfach denken, sie können Alter durch verschiedene Pillen oder durch bestimmte Verhaltensweisen Altern völlig aufschieben oder sie können Krebs verhindern und so weiter. Also diese ganz platten Ängste werden da ja auch behandelt. Und natürlich steckt das in jedem von uns, das ist klar. Aber mir ist ganz wichtig, dass man einfach auch sich mitverantwortlich fühlt. Also, das man nicht nur die Verantwortung für sich selbst hat, sondern auch für die Umwelt. Dass Gesundheit auch ganz stark mit der Umwelt zusammenhängt. Und mit dem eigenen Umweltverhalten auch" (VHS, GB: 781–814).

„Und es geht immer um die Frage: Wie kann ich Menschen darin stärken, mit der eigenen Gesundheit autonom umzugehen ohne die Gesellschaft aus der Pflicht zu lassen über ein vernünftiges Gesundheitswesen eben auch die Versorgung sicher zu stellen und nicht sich treiben zu lassen auf diese individuelle Schiene, wo man dann sagt, wenn man geraucht hat und Krebs kriegt, ist man selbst schuld und muss deshalb eine höhere Versicherung zahlen oder muss später die Kosten selbst tragen oder so etwas. Das ist ja so bei uns im Augenblick ein bisschen die Debatte. Aber das finde ich als Erwachsenenbildnerin natürlich ganz falsch, weil es gibt zwar immer wieder diese individuelle Komponente, aber es gibt eben auch die soziale, die ganz wichtig ist, und die Verknüpfung von beidem macht es dann aus" (VHS, GB: 271–279).

In den Zitaten der befragten Planerin der VHS spiegelt sich eine kritische, bildungstheoretische Begründung von Gesundheitsbildung wider, in der die Wechselwirkung zwischen individueller und gesellschaftlicher Seite thematisiert wird.

Entsprechend der unterschiedlichen Akzentuierungen in den Zielsetzungen kommt den praktischen Übungen, die an allen Einrichtungen zentraler Bestandteil der BU-Konzeption sind, eine jeweils unterschiedliche Bedeutung zu: Es kann primär um körperliche Fitness gehen (LSB), eher um eine gesellschaftskritische Haltung und die leibliche, auf andere Bereiche übertragbare Erfahrung, etwas bewirken zu können (Wisoak, VHS) oder um den selbstbestimmten Umgang mit dem Körper (VHS).

Die Ziele lassen sich mit Benner (2015) danach unterscheiden, ob sie eher die gesellschaftliche/strukturelle oder die individuelle Seite fokussieren: Werden in den Bildungsurlauben strukturelle Arbeitsbedingungen analysiert und in ihrer gesundheitsschädigenden Wirkung kritisiert oder medial vermittelte Gesundheitsideologien kritisch hinterfragt, wird die gesellschaftliche Seite in den

Vordergrund gerückt. Von den drei untersuchten Einrichtungen hebt die gewerkschaftliche Einrichtung (Wisoak) die strukturellen Aspekte (Arbeitsstrukturen) besonders hervor. Stehen die persönlichen Einstellungen und Verhaltensweisen im Mittelpunkt, wie beim LSB, wird die individuelle Seite fokussiert.

Eine einseitige Fokussierung auf individuelle Verhaltensänderungen im Sinne einer Selbstoptimierung ist ebenso problemverkürzend und verhindert Gestaltungsmöglichkeiten wie eine einseitige Fokussierung auf strukturelle, gesellschaftliche Aspekte. Denn, wenn strukturelle, systemische Fragen erst gar nicht mehr gestellt werden, da sie ohnehin nicht kurzfristig geändert werden können und zu Ohnmachtsgefühlen bei den Individuen führen, beschneidet sich EB/WB ihrer eigenen Möglichkeiten und gibt ihren öffentlichen Bildungsauftrag auf. Auch in der Gesundheitsbildung müssen gesellschaftliche Fragen gestellt, Ambivalenzen und langfristige Prozesse ausgehalten werden – wo sonst, wenn nicht in der öffentlich geförderten EB/WB? Dies wird auch von den befragten Pädagog/inn/en so gesehen; in allen Konzeptionen werden Verbindungen zwischen gesellschaftlicher und individueller Seite hergestellt, wenn auch mit unterschiedlichen Akzentuierungen.

Einen zusammenfassenden Überblick über die herausgearbeiteten allgemeinen, fachbereichsspezifischen, einrichtungsspezifischen und spezifischen Ziele gibt die folgende Tabelle:

Tabelle 16: Interorganisationaler und intersektoraler Vergleich der BU-Ziele

Ziele	**fachbereichsübergreifend** (intersektoraler Vergleich)	**fachbereichsspezifisch** (intrasektoraler Vergleich)
Einrichtungsübergreifend (interorganisationaler Vergleich)	Chancengleichheit und Bildungsteilhabe, Mitbestimmung und Gestaltung in verschiedenen gesellschaftlichen Bereichen, Regeneration und Entschleunigung, berufliche Qualifikation und Kompetenzentwicklung	politische Urteils- und Partizipationskompetenzentwicklung, berufliche Qualifikation und Kompetenzentwicklung, kulturelle Partizipationskompetenzentwicklung, Stressbewältigung und Selbstfürsorge, fremdsprachliche und interkulturelle Kompetenzentwicklung
Einrichtungsspezifisch (intraorganisationaler Vergleich)	Arbeitnehmerorientierung bei den gewerkschaftlichen WBE (Wisoak, AuL) vs. Arbeitgeberorientierung bei den von den Unternehmensverbänden getragenen WBE (BWU), Orientierung am öffentlichen Bildungsauftrag bei den öffentlichen anerkannten WBE vs. Orientierung am Marktprinzip bei den gewerblichen WBE (Berlitz, Fortbildung direkt)	trägerspezifische Profilierungen in den Fachbereichen (z.B. GB als Teil des organisierten Sports beim LSB vs. GB als Teil der politischen Bildung bei der Wisoak)

8.1.6 Zwischenfazit: Bildungsurlaub zwischen gesellschaftspolitischen und ökonomischen Zielen

Befragt man die in den Interviews benannten Zielsetzungen mit Blick auf der übergeordnete Erkenntnisinteresse der Arbeit daraufhin, inwiefern sie an den gesellschaftspolitischen Zielen der 1960er und 1970er Jahre anknüpfen bzw. ob sich der 1990er-Jahre-Trend einer zunehmenden Wirtschafts-, Arbeits- und Berufsorientierung fortsetzt, lassen sich zwei parallel verlaufende Zielrichtungen erkennen, die eine Trägerspezifik aufweisen und den kontroversen politischen Streit zwischen Arbeitnehmer- und Arbeitgeberverbänden widerspiegeln:

(1) Wie der interorganisationale Vergleich gezeigt hat, knüpfen die VHS, die konfessionelle und die gewerkschaftlichen Weiterbildungseinrichtungen an

die gesellschaftspolitischen Ziele aus der Konstitutionsphase des Bildungsurlaubs an und reinterpretieren diese vor dem Hintergrund aktueller gesellschaftlicher Herausforderungen.
Die Herstellung von Chancengleichheit und die Förderung von Mitbestimmung werden von den Planenden damals wie heute als zentrale gesellschaftspolitische Zielsetzungen des Bildungsurlaubs benannt: Zum einen können mit Bildungsurlaub soziale Ungleichheiten und Weiterbildungsbarrieren, wie fehlende Lernzeit und Lernwiderstände aufgrund negativer Schulerfahrungen, überwunden und bildungsbenachteiligte Zielgruppen erreicht werden. Zum anderen fördert Bildungsurlaub aus Sicht der Planenden die Mitbestimmung – und zwar über den betrieblichen Kontext hinaus in Bezug auf das gesamte gesellschaftliche Leben. Angesichts des „Verschwindens öffentlicher Diskussionsorte" sowie der „Vereinzelung des Menschen" gewinnt der Bildungsurlaub als spezifische Sozialform eine besondere Bedeutung, denn er stellt einen milieu-, generationen- und geschlechterübergreifenden Diskussionsort dar. Bildungsurlaub ermögliche Partizipationsmöglichkeiten in verschiedenen gesellschaftlichen Handlungsfeldern, beispielsweise im Sinne einer politischen, beruflichen und (inter-)kulturellen Urteils- und Partizipationskompetenz.

(2) Die gewerblichen BU-Anbieter sowie die von den Unternehmensverbänden getragenen Weiterbildungseinrichtungen orientieren sich hingegen primär an wirtschaftlichen Bedarfen und den Interessen der Unternehmen. Sie stellen den beruflichen Nutzen des Bildungsurlaubs heraus und legen Bildungsurlaub somit primär als Instrument beruflich-betrieblicher Qualifizierung aus.

Zusätzlich zu diesen kommen neue Begründungen als Reaktion auf gegenwärtige gesellschaftliche Entwicklungen hinzu, wie die gesellschaftliche Diagnose einer zunehmenden Arbeitsverdichtung und zunehmenden beruflichen Stresses, auf die in den Fachbereichen mit unterschiedlichen Lösungsangeboten geantwortet wird.

8.2 Adressat/inn/en

Dieses Kapitel gibt Auskunft über die Adressat/inn/en, die mit den BU-Angeboten erreicht werden sollen. Dazu wurden die Programmdaten zum Bildungsurlaubsangebot des Jahres 2012 sekundäranalytisch ausgewertet.

Im Anschluss an vorliegende Kategoriensysteme (vgl. Körber 1995; Schrader 2011) können drei Adressatengruppen unterschieden werden:

- Zielgruppen als spezifische Adressatengruppen, die nach soziodemografischen Merkmalen (Alter, Geschlecht, Herkunft usw.) differenzieren (70 Veranstaltungen) (Kapitel 8.2.1)
- Funktions-/ Statusgruppen als spezifische Adressatengruppen, die nach einer beruflichen Funktion bzw. einem beruflichen Status (Azubi, Führungskraft, Betriebsrat usw.) differenzieren (97 Veranstaltungen) (Kapitel 8.2.2)
- Berufsgruppen, z.B. kaufmännische, technische, handwerkliche, soziale Berufe (214 Veranstaltungen) (Kapitel 8.2.3)

Quantitativ betrachtet, d.h. bezogen auf die Veranstaltungszahlen, werden in den meisten BU-Angeboten keine spezifischen Adressatengruppen benannt: Von den insgesamt 1774 ausgewerteten BU-Angeboten weisen nur 381 einen Adressatenbezug auf. Alle anderen Angebote sind offen ausgeschrieben. Dies ist auch im Sinne des Bremischen Bildungsurlaubsgesetzes, das einen offenen Zugang für alle Bremer Arbeitnehmenden vorsieht.

In den folgenden Kapiteln werden die Ergebnisse zu den drei Adressatengruppen differenziert dargestellt. Im Anschluss daran wird in Kapitel 8.2.4 auf der Basis der interorganisationalen und intersektoralen Vergleiche gezeigt, inwiefern sich bestimmte Weiterbildungseinrichtungen auf bestimmte Adressat/inn/engruppen spezialisiert haben bzw. in welchen Fachbereichen bestimmte Adressat/inn/engruppe angesprochen werden. Im Zwischenfazit in Kapitel 8.2.5 werden die Befunde im Hinblick auf die übergeordnete Frage nach der Zielgruppenorientierung ausgewertet.

8.2.1 Zielgruppen nach soziodemografischen Merkmalen

In insgesamt 70 BU-Veranstaltungen werden Zielgruppen mit bestimmten soziodemografischen Merkmalen, wie Geschlecht, Herkunft, Alter oder Gesundheitszustand, angesprochen. Als spezifische Zielgruppen werden adressiert: Frauen, Menschen mit Migrationshintergrund, Ältere, Jugendliche, Menschen mit Behinderung.

Frauen

Es gibt 30 BU-Angebote, die sich explizit an Frauen richten bzw. Genderfragen thematisieren. In der politischen Bildung bieten Arbeit und Leben und die Wisoak BU-Veranstaltungen an, in denen über Geschlechterrollen und Gleichstellungsfragen in der Arbeitswelt und Gesellschaft reflektiert wird, z.B.:

- „Über die Gleichstellung der Geschlechter – Frauen und Männer im Gespräch“ (Wisoak),

- „Frauenrollen – Männerrollen – Geschlechterrollen und Diskriminierung in Arbeitswelt und Gesellschaft“ (AuL),
- „Ursachen und Gegenstrategien der Entgeltdiskriminierung von Frauen heute“ (AuL) und
- „Informieren und Handeln im Betrieb für Kolleginnen“ (AuL).

Im Bereich Geschichte sind Angebote für bzw. über Frauen zu finden, z.B.

- „Frauen, zu Hexen gemacht – Eine Mythen-Entzauberung – für Frauen“ (Ev. BW) und
- „Frauen, die die Welt beweg(t)en“ (VHS BHV).

In der beruflichen Bildung gibt es BU-Angebote für Frauen, die auf die Förderung beruflicher Schlüsselqualifikationen zielen, wie z.B.

- Kommunikationstraining/Rhetorik (Ev. BW, VHS, Wisoak),
- Persönlichkeitstraining (Wisoak),
- Führungskompetenz (BWU),
- EDV-Angebote (VHS) und
- Bewerbungstraining für arbeitssuchende Frauen (Paritätisches Bildungswerk).

In der Gesundheitsbildung werden für Frauen BU-Veranstaltungen

- zur Stressbewältigung (VHS) und
- zum Sehtraining (Ev. BW) angeboten.

Die interorganisationalen und intersektoralen Vergleiche zeigen, dass BU-Angebote für Frauen einrichtungs- und fachbereichsübergreifend angeboten werden. Die Angebote finden sich in allen Fachbereichen (politische Bildung, Geschichte, berufliche Bildung, Gesundheitsbildung) und werden von unterschiedlichen Weiterbildungseinrichtungen angeboten (VHSn, Wisoak, AuL, Ev. BW, BWU, PBW).

Menschen mit Migrationshintergrund

In 13 BU-Angeboten werden Menschen mit Migrationshintergrund als Zielgruppe benannt bzw. wird deren Situation in der Arbeitswelt und Gesellschaft unter dem Aspekt der Chancengerechtigkeit thematisiert, z.B.:

- „Wir sind Deutschland? – Chancengerechtigkeit Jugendlicher in der Einwanderungsgesellschaft“ (AuL);
- „Angekommen - Aufgenommen? Aufgenommen - Angekommen! Migration und Gesundheit“ (AuL BHV).

Die BU-Angebote für Menschen mit Migrationshintergrund werden ausschließlich von den gewerkschaftlichen Anbietern Arbeit und Leben und Arbeit und Leben Bremerhaven angeboten. Sie sind in der politischen und sozialen Bildung sowie in der Gesundheitsbildung zu finden.

Ältere

In 11 BU-Veranstaltungen werden ältere Arbeitnehmende als Zielgruppe adressiert bzw. das Thema Alter(n) aufgegriffen. Vor dem Hintergrund des demografischen Wandels geht es um den Umgang mit dem Alter in der Gesellschaft, auch um Altersdiskriminierung. Beispielangebote sind:

- „An den Rand gedrängt oder mittendrin? Das Altern in unserer modernen Industriegesellschaft" (AuL) und
- „Die alternde Gesellschaft – Zum Umgang mit Alter(n) in Deutschland" (Wisoak).

Weiterhin gibt es Angebote, die den Dialog zwischen verschiedenen Generationen anregen wollen, z.B.:

- „Eins, zwei, drei – und du bist frei – Alte und neue Kinderspiele – Für 3 Generationen" (Ev. BW) oder
- „Über Lebenskunst im Lebenslauf – Generationen im Gespräch" (Wisoak).

Und schließlich gibt es BU-Angebote, die ältere Arbeitnehmende auf den Übergang in die Nacherwerbsphase vorbereiten, wie:

- „Erst kommt die Arbeit und dann? Ein Seminar für ältere ArbeitnehmerInnen" (AuL),
- „Lebensübergänge als Chancen – Perspektiven für die nächsten Jahre" (Ev. BW) und
- „Was kommt nach der Arbeit? – Über den Abschied vom Erwerbsleben – und die Zeit danach" (Wisoak).

Die BU-Angebote für Ältere sind alle im Bereich der sozialen Bildung verortet. Anbieter sind Arbeit und Leben, das Evangelische Bildungswerk und die Wisoak.

Jugendliche

In 9 BU-Veranstaltungen werden Jugendliche adressiert. In der beruflichen Bildung werden Veranstaltungen zur finanziellen Grundbildung und zur Gestaltung des Übergangs Schule – Beruf angeboten, z.B.:

- „So komme ich gut raus“ (AdH) und
- „Wie bereite ich mich auf mein Praktikum vor?“ (VHS BHV).

In der politischen Bildung werden Fragen der Chancengerechtigkeit und Integration von Jugendlichen mit Migrationshintergrund angeboten:

- „Ausländische Jugendliche in der Sackgasse? – Zur Situation junger MigrantInnen in Deutschland“ (AuL).

BU-Angebote für Jugendliche sind in allen Fachbereichen (politische, berufliche und allgemeine Bildung) zu finden und werden von mehreren Weiterbildungseinrichtungen angeboten (VHS BHV, AuL, AdH).

Menschen mit Behinderung

7 BU-Veranstaltungen werden angeboten, die sich an Menschen mit Behinderung richten bzw. die Situation behinderter Menschen thematisieren. In der beruflichen Bildung werden z.B. Telefontraining und EDV-Angebote für Menschen mit Behinderungen angeboten.

Das paritätische Bildungswerk bietet in Kooperation mit Pro Familia Bremen einen Bildungsurlaub zur

- „Sexualität geistig behinderter Menschen“ an.

Und aus gesellschaftspolitischer Perspektive fragt die Deutsche Angestellten Akademie:

- „Sozialpolitische Aspekte der Lebensbedingungen von Minderheiten am Beispiel behinderter Menschen in Deutschland - Auswirkungen von Sparmaßnahmen auf Beteiligte“.

Die Angebote für Menschen mit Behinderung finden sich in den Bereichen berufliche Bildung, politische Bildung und Familienbildung. Anbieter sind das Paritätische Bildungswerk, die Deutsche Angestellten Akademie und die VHS Bremerhaven.

8.2.2 Funktions-/ Statusgruppen

In insgesamt 97 BU-Veranstaltungen werden im Jahr 2012 folgende spezifische Funktions- bzw. Statusgruppen adressiert: Führungskräfte, Auszubildende, Ausbildungsbeauftragte, betriebliche Interessenvertreter/innen, Betriebsbeauftragte für Abfall und Ehrenamtliche.

Führungskräfte

In 18 BU-Angeboten werden Führungskräfte als spezifische Funktionsgruppe adressiert. Die Angebote zielen auf den Erwerb bzw. die Erweiterung von Führungskompetenzen. Thematisch geht es um Mitarbeiterführung, die Leitung und Motivation von Teams, Führungsstile, emotionale Intelligenz, die Reflexion der eigenen Rolle als Führungspersönlichkeit, Rechte und Pflichten sowie um effektive Arbeitstechniken für Vorgesetzte.

Beispielangebote sind

- „Mitarbeiter führen und motivieren, Führungsinstrumente anwenden" (BWU) und
- „Meine Rolle als Führungspersönlichkeit" (VHS).

Die BU-Angebote für Führungskräfte sind im Bereich der Schlüsselkompetenzen anzusiedeln. Über die Hälfte der Kurse bietet das Bildungszentrum der Wirtschaft an, die andere Hälfte die VHS und die Wisoak.

Auszubildende

In 25 BU-Angeboten wird die Statusgruppe der Auszubildenden adressiert. Im Rahmen politischer Bildung werden die Ausbildungsbedingungen, Ausbildungsqualität, Partizipationsmöglichkeiten im Betrieb und Berufsperspektiven thematisiert. Beispielangebote sind:

- „Situation und Interessen junger ArbeitnehmerInnen in Betrieb und Gesellschaft (Bildungsurlaub für Auszubildende in Kooperation mit dem Ausbildungspool Bremerhaven e. V.)" (AuL BHV),
- „Azubis machen mit… bei der Gestaltung von Ausbildung, Umweltschutz, Politik – das Grundseminar" (AuL) und
- „Zukunftsperspektiven junger ArbeitnehmerInnen in Betrieb und Gesellschaft" (AuL).

In beruflichen BU-Veranstaltungen für Auszubildende werden u.a. kaufmännische Grundlagen vermittelt, Telefontraining angeboten oder Tipps zum „richtigen" Verhalten in der Berufswelt gegeben, wie z.B. im BU-Angebot

- „Auftritt und Etikette – Auszubildende trainieren die ‚Spielregeln' der Berufswelt" (BWU).

Die BU-Veranstaltungen für Auszubildende finden sich in der politischen Bildung, in der beruflichen Bildung und in der Gesundheitsbildung. Anbieter sind

Arbeit und Leben Bremen, Arbeit und Leben Bremerhaven sowie das Bildungszentrum der Wirtschaft.

Ausbildungsbeauftragte

In 17 BU-Angebote werden Ausbildungsbeauftragte als spezifische Funktionsgruppe adressiert. Dabei handelt es sich um Angebote, die auf die Ausbildereignungsprüfung vorbereiten.

Anbieter sind das Bildungszentrum der Wirtschaft, das Berufsförderungszentrum der Handwerkskammer / Handwerk gGmbH, die Wirtschafts- und Sozialakademie Bremen und die Fortbildung direkt.

Betriebliche Interessenvertreter/innen

In 18 BU-Veranstaltungen wird die Funktionsgruppe der betrieblichen Interessenvertreter/innen adressiert. BU-Veranstaltungen für betriebliche Interessenvertreter/innen thematisieren Möglichkeiten und Grenzen der betrieblichen Interessenvertretung, Arbeitnehmerrechte und Arbeits- und Tarifbedingungen, z.B.

- „Gute Arbeit mitgestalten" (AuL),
- „ArbeitnehmerInnen und Arbeitsnehmer/innenrecht im Geflecht der Europäischen Union" (AuL BHV).

Die BU-Angebote für betriebliche Interessenvertreter/innen sind in der politischen Bildung anzusiedeln. Anbieter sind ausschließlich die gewerkschaftlichen Weiterbildungseinrichtungen Arbeit und Leben Bremen und Arbeit und Leben Bremerhaven.

Betriebsbeauftragte für Abfall

In 4 BU-Veranstaltungen wird der Betriebsbeauftragte für Abfall als spezifische Funktionsgruppe adressiert. Einziger Anbieter dieser beruflichen Bildungsveranstaltung mit dem Titel „Betriebsbeauftragter für Abfall – Erwerb der Fachkunde nach §§ 54/55 KrW-/AbfG" ist der gewerbliche Anbieter Fortbildung direkt.

Ehrenamtliche

In 15 BU-Angeboten werden Ehrenamtliche, darunter insbesondere Übungsleiter/innen im Sport (Fußball), als spezifische Statusgruppe adressiert. Die meisten Angebote (13) werden vom Bildungswerk des Landessportbundes angeboten. Zwei weitere Angebote zum Thema „Freiwilliges Engagement“ bietet die VHS an. Alle diese Angebote sind in der sozialen Bildung anzusiedeln.

8.2.3 Berufsgruppen

In insgesamt 214 BU-Veranstaltungen werden im Jahr 2012 spezifische Berufsgruppen adressiert, und zwar: kaufmännisch-verwaltende Berufe, gewerblich-technische Berufe, handwerkliche Berufe Lager-, Logistikberufe, IT-Berufe sowie soziale/ pädagogische/ psychologische Berufe.

Die Angebote dienen alle der beruflichen Qualifizierung und sind daher ausschließlich in der *beruflichen Bildung* zu verorten.

Kaufmännisch-verwaltende Berufsgruppen

In insgesamt 88 Veranstaltungen werden kaufmännisch-verwaltende Berufsgruppen in folgenden Bereichen angesprochen:

- Management, z.B. „Lean – was ist das? Werte ohne Verschwendung schaffen“, „Fortschrittliche Unternehmen nutzen lernende Wirkungsnetz-Organisation“ (BWU)
- Finanzbuchhaltung/Rechnungswesen, z.B. „Finanzbuchhaltung 1 – Einführung und Grundlagen“ (Wisoak)
- Verkauf/Marketing, z.B. „Sicher und erfolgreich am Telefon verkaufen“ (BWU), „Geschäftskorrespondenz per E-Mail und Brief – modern, kundenorientiert und werbewirksam“ (BWU)
- Lohnwesen, z.B. „Lohn- und Gehaltsabrechnung in Theorie und Praxis“ (Wisoak)
- Personalauswahl, z.B. „Fehlgriffe vermeiden - Auswahl und Beurteilung von Bewerbern“ (BWU)
- Qualitätsmanagement, z.B. „KVP-Praxis-Workshop für operative Führungskräfte und Mitarbeiter“ (Fortbildung direkt)
- als Bildungsurlaub anerkannte Präsenzseminare zur Prüfungsvorbereitung für Wirtschaftsfachwirte, Managementassistent/inn/en, Tourismusfachwirte und Fachwirte im Gesundheits- und Sozialwesen (ILS) und
- Business-Englisch-Kurse, z.B. “English for the Office” (Berlitz), “Business English” (Wisoak).

Hauptanbieter sind das Bildungszentrum der Wirtschaft und die Wisoak. Vereinzelte Angebote für kaufmännisch-verwaltende Berufsgruppen bieten die beiden gewerblichen Anbieter Fortbildung direkt und das ILS an sowie die Deutsche Angestellten Akademie.

Gewerblich-technische Berufsgruppen

In 26 BU-Angeboten werden gewerblich-technische Berufsgruppen adressiert. Thematisch geht es bei der HandWERK um Metallerzeugung/-bearbeitung, z.B. „Einführung in die Schweißtechnik", „CNC-Fräsen" und „Edelstahl", sowie um Pneumatik und Hydraulik.

Das ILS bietet im Rahmen von Fernlehrgängen als Bildungsurlaub anerkannte Seminare zur Prüfungsvorbereitung für Maschinentechniker und Luftfahrttechniker an.

Anbieter sind das Berufsförderungszentrum der Handwerkskammer / Handwerk gGmbH und der gewerbliche Anbieter ILS.

Handwerkliche Berufsgruppen

In 12 BU-Veranstaltungen werden handwerkliche Berufsgruppen, wie Tischler/innen und Monteure, adressiert. Beispielangebote sind

- „Tischler-Maschinen-Lehrgang" (HandWERK) und
- „Praktischer Einführungslehrgang für Öl- und Gasfeuerungsmonteur" (HandWERK).

Anbieter ist das Berufsförderungszentrum der Handwerkskammer / Handwerk gGmbH.

Lager-, Logistikberufe

In 5 BU-Veranstaltungen werden Lager- und Logistikberufsgruppen adressiert, z.B.:

- „Optimierte Materialdisposition – Intensivtraining" (Fortbildung direkt)
- „Schulung zum/zur Gabelstablerfahrer/in" (HandWERK)

Anbieter sind das Berufsförderungszentrum der Handwerkskammer / Handwerk gGmbH und der gewerbliche Anbieter Fortbildung direkt

IT-Berufsgruppen

In 22 BU-Veranstaltungen werden IT-Berufsgruppen, wie Netzwerkadministrator/inn/en, Programmierer/innen, Mediengestalter/innen, Webdesigner/innen oder SPS-Techniker/innen, adressiert. Beispielkurse sind

- „SPS-Aufbaukurs Siemens S7 - Qualifizierung zum SPS-Techniker" (HandWERK) oder
- „CAD-Fachkraft (HWK) - Modul 3, Prüfungsvorbereitung" (Wisoak).

Anbieter sind die Wisoak und das Berufsförderungszentrum der Handwerkskammer / Handwerk gGmbH.

Soziale, pädagogische, psychologische Berufsgruppen

In 32 BU-Veranstaltungen werden soziale, pädagogische und psychologische Berufsgruppen adressiert. Angeboten werden berufliche Qualifizierungen

- für Pflegekräfte, z.B. „Beratung in der Pflege nach §§ 45 und 37.3 SGB XI", „Behandlungspflege für PflegehelferInnen in Niedersachsen" (ibs) und
- Veranstaltungen für Pflegeleitungspersonal, z.B. „Grundmodul 2 der Leitungsweiterbildung: Praxisanleitung = Anleiten und Beraten" (ibs).

Aus gesellschaftspolitischer Perspektive problematisiert die Wisoak die

- „Pflege im Minutentakt – Zum Pflegenotstand in Deutschland" (Wisoak).

Für pädagogische Berufsgruppen werden BU-Veranstaltungen für Erzieher/innen angeboten, z.B.

- „Auf den Anfang kommt es an! Frühkindliche Bildung und Erziehung mit dem Schwerpunkt Kinder von 0–3 Jahren" (PBW) oder
- „Fortbildungen für Yoga-Lehrer/innen" (VHS).

Für therapeutische Berufsgruppen werden beispielsweise BU-Seminare zum Thema

- „Kunsttherapie und Körperarbeit" (VHS) und
- „Personenzentrierte Gesprächsführung" (VHS) angeboten.

Weiterhin gibt es Fachenglisch-Kurse

- für Lehrende, z.B. „Aspects Teaching" (VHS) und
- für Mediziner „Englisch B2: English in Medicine" (VHS BHV).

Hauptanbieter von BU-Veranstaltungen für Pflegeberufe ist das Institut für Berufs- und Sozialpädagogik e.V. (ibs), für die pädagogischen Berufe sind es die VHSn.

BWL für unterschiedliche Berufsgruppen

In 29 Veranstaltungen wird betriebswirtschaftliches Grundlagenwissen für verschiedene Berufsgruppen vermittelt. Beispielangebote sind:

- „Kaufmännische Grundlagen – Einstieg für Neu- und Quereinsteiger/innen" (Wisoak) und

- „Erwerb kaufmännischer Grundkenntnisse Intensivtraining“ (Fortbildung direkt).

Das BWU bietet betriebswirtschaftliche Grundbildungsangebote für folgende Berufsgruppen an:

- Industriefachwirte,
- Immobilienfachwirte,
- Bilanzbuchhalter,
- Industrie-/Wirtschaftsfachwirte,
- Handelsfachwirte,
- Logistikmeister,
- Schutz und Sicherheit,
- Industriemeister Metall,
- Industriemeister Digital/Print,
- Ingenieure und Nichtkaufleute (BWU).

Anbieter sind das BWU, die Wisoak, die AdH und die Fortbildung direkt.

8.2.4 Vergleichende Analyse: Einrichtungs- und fachbereichsspezifische Adressat/inn/engruppen

Mittels intersektoralem und interorganisationalem Vergleich soll nun herausgearbeitet werden, ob in bestimmten Fachbereichen spezifische Adressat/inn/engruppe angesprochen werden bzw. ob sich bestimmte Weiterbildungseinrichtungen auf bestimmte Adressat/inn/engruppen spezialisiert haben.

Fachbereichsspezifische Adressat/inn/engruppen

Die vergleichende Gegenüberstellung der Adressat/inn/engruppen nach Fachbereichen (intersektoraler Vergleich) verdeutlicht, dass in fast allen Fachbereichen sowohl offen ausgeschriebene als auch adressatenspezifische Bildungsurlaubsveranstaltungen angeboten werden:

Tabelle 17: Intersektoraler Vergleich der Adressat/inn/engruppen

		Offen	Zielgruppen	Funktions-/ Statusgruppen	Berufsgruppen
Politische u. soziale Bildung		X	Frauen, Menschen mit Migrationshinter-grund, Ältere, Jugendliche, Menschen mit Behinderung	Auszubildende, Betriebsräte, Ehrenamtliche	Pflegeberufe
Gesundheitsbildung		X	Frauen, Menschen mit Migrationshinter-grund, Menschen mit Behinderung	Auszubildende	
Fremdsprachen		X			Kaufmännisch-verwaltende Berufsgruppen, Pädagog/inn/en, Mediziner/innen
Kulturelle Bildung		X			
Berufliche Bildung	Schlüssel-kompetenzen	X	Frauen, Jugendliche, Menschen mit Behinderung	Führungskräfte, Auszubildende	
	EDV	X	Frauen, Menschen mit Behinderung		IT-Berufe
	BWL	X			Sämtliche Berufsgruppen
	Spezifisches berufliches Fachwissen			Ausbildungsbe-auftragte, Abfallbeauftragte	Kaufmännisch-verwaltende Berufe, gewerblich-technische Berufe, handwerkliche Berufe, Lager-/ Logistikberufe, IT-Berufe, soziale/ pädagogische/ psychologische Berufe

Eine *zielgruppenspezifische Ansprache* findet sich in Angeboten der politischen/sozialen Bildung, der Gesundheitsbildung sowie in der beruflichen Bildung in den Schlüsselkompetenzen und EDV. Spezielle *Funktions- bzw. Statusgruppen* werden in der politischen/sozialen Bildung, der Gesundheitsbildung und in den Schlüsselkompetenzen angesprochen. Veranstaltungen, die für bestimmte *Berufsgruppen* ausgeschrieben sind, gibt es insbesondere in der beruflichen Bildung, vereinzelt auch in den Fremdsprachen (Fachenglisch) sowie in der politischen Bildung.

Auffällig ist, dass

- in der politischen Bildung die meisten Adressat/inn/engruppen angesprochen werden: Frauen, Ältere, Jugendliche, Menschen mit Migrationshintergrund, Menschen mit Behinderung, Auszubildende, Betriebsräte, Ehrenamtliche und Pflegekräfte.
- in den BU-Angeboten, in denen berufliches Fachwissen vermittelt wird, spezielle Berufs- bzw. Funktionsgruppen adressiert werden.
- in der kulturellen Bildung überhaupt keine Adressat/inn/engruppen benannt werden; die Angebote sind alle offen ausgeschrieben.

Einrichtungsspezifische Adressat/inn/engruppen

Setzt man die Adressat/inn/engruppen ins Verhältnis zu den Weiterbildungseinrichtungen (interorganisationaler Vergleich) zeigt sich, ob sich bestimmte Weiterbildungseinrichtungen auf spezielle Adressat/inn/engruppen spezialisiert haben:

Tabelle 18: Interorganisationaler Vergleich der Adressat/inn/engruppen

	Offen	Zielgruppen	Funktions-/Statusgruppen	Berufsgruppen
VHS	x	Frauen	Führungskräfte, Ehrenamtliche	IT-Berufe, Pädagog/inn/en, Therapeuten
VHS BHV	x	Frauen, Jugendliche, Menschen mit Behinderung		IT-Berufe, NLP-Trainer/innen, Mediziner/innen
Wisoak	x	Frauen, Ältere	Ausbildungsbeauftragte, Führungskräfte	IT-Berufe, kaufmännisch-verwaltende Berufe, Pflegeberufe
AuL	x	Frauen, Jugendliche, Menschen mit Migrationshintergrund, Ältere	Auszubildende, Betriebsräte	
AuL BHV	x	Menschen mit Migrationshintergrund	Auszubildende	
Ev. BW	x	Frauen, Ältere		
LSB	x		Ehrenamtliche Trainer/innen im Sportverein	
Bfw	x			
DAA	x	Menschen mit Behinderung		Kaufmännisch-verwaltende Berufe
AdH	x	Jugendliche		
BWU	x	Frauen	Führungskräfte, Auszubildende, Ausbildungsbeauftragte	Industrie-, Wirtschafts-, Immobilien-, Handelsfachwirte, Bilanzbuchhalter/innen, Logistikmeister, Industriemeister Metall, Ingenieur/innen

	Offen	Zielgruppen	Funktions-/Status-gruppen	Berufsgruppen
HandWERK			Ausbildungsbeauf-tragte	Handwerkliche Berufe, gewerblich-technische Berufe, Lager-/Logistikberufe
Ibs	x			Pflegeberufe
PBW		Frauen, Menschen mit Behinderung		Sozialpädagogische Berufe
Fortb. direkt			Ausbildungsbeauf-tragte, Abfallbeauftragte	Kaufmännisch-verwaltende Berufe, Logistiker/innen
ILS				Wirtschaftsfachwirte, Tourismusfachwirte, Managementassistenten, Fachwirte im Gesundheits- und Sozialwesen, Maschinentechniker/innen, Luftfahrttechniker/innen
Berlitz	x			kaufmännisch-verwaltende Berufe

Beim interorganisationalen Vergleich kristallisieren sich zwei Einrichtungsgruppen heraus: Von Einrichtungen, die primär alle Arbeitnehmenden ansprechen (VHSn, AuL, Wisoak, Ev.BW, LSB, bfw, DAA), lassen sich Einrichtungen unterscheiden, die primär spezifische Berufsgruppen adressieren (BWU, HandWERK, Fortbildung direkt, ILS, Berlitz). Wie auch bei den Zielen lässt sich eine trägerspezifische Differenzlinie feststellen: Nämlich zwischen öffentlichen und privaten Weiterbildungseinrichtungen sowie zwischen gewerkschaftlichen und arbeitgebergetragenen Weiterbildungseinrichtungen. Außerdem fällt auf, dass Arbeit und Leben Bremen die einzige Weiterbildungseinrichtung ist, die spezielle BU-Veranstaltungen für Betriebsräte und für Menschen mit Migrationshintergrund anbietet.

8.2.5 Zwischenfazit: Schwindende Zielgruppenorientierung und veränderte Adressat/inn/enansprache

Die Auswertung der Bildungsurlaubsangebote zeigt, dass rund 80% der Veranstaltungen im Jahr 2012 offen und nur 20% der Veranstaltungen für bestimmte Adressat/inn/engruppen ausgeschrieben werden. Zieht man die Befunde aus der Studie von Schrader (2011) zum Bremer Weiterbildungsangebot des Jahres 2006 vergleichend hinzu, wird deutlich, dass im Bildungsurlaub sogar weniger Veranstaltungen für spezifische Adressat/inn/engruppen angekündigt werden als im gesamten Weiterbildungsangebot, wo das Verhältnis von offen ausgeschriebenen Veranstaltungen zu adressat/inn/engruppenbezogenen Veranstaltungen bei rund 60% zu 40% liegt (vgl. ebd.: 259).

Damit setzt sich der Trend einer schwindenden Zielgruppenorientierung fort: Während in den 1970er und 1980er Jahren die BU-Angebote durch eine deutliche Zielgruppenorientierung gekennzeichnet waren (vgl. Kejcz et al. 1979; Hindrichs et al. 1984), wurden bereits Anfang der 1990er Jahre im Bildungsurlaub seltener Zielgruppen angesprochen als im sonstigen Programmangebot (vgl. Körber et al. 1995). Im Vergleich zur Studie von Körber et al. (1995) fällt auf, dass es im aktuellen Bremischen BU-Programm für folgende Zielgruppen keine spezifischen Angebote (mehr) gibt: Alleinstehende oder Alleinerziehende, (funktionale) Analphabet/inn/en, Arbeitslose, Berufsrückkehrer/innen, Homosexuelle, Männer und Paare.

Neben der schwindenden Zielgruppenorientierung im Bildungsurlaub deuten die Befunde auf einen Wandel in der Ansprache von Adressat/inn/engruppen hin: In 12% aller BU-Veranstaltungen werden bestimmte Berufsgruppen, in 5% bestimmte Funktions- und Statusgruppen und in nur 4% „klassische" Zielgruppen angesprochen. Der klassische Zielgruppenansatz, der nach soziodemografischen Merkmalen differenziert, wird abgelöst von einem Adressaten-Verständnis der Funktions-, Status- und Berufsgruppen. Dieser Befund ist jedoch nicht auf den Bildungsurlaub beschränkt, sondern spiegelt sich im gesamten Bremer Weiterbildungsangebot wider: So zeigt die Studie von Schrader (2011), dass der Anteil der klassischen Zielgruppen, die durch Merkmale ihrer sozialen Lage definiert sind, an Bedeutung verliert, während der Anteil jener Adressatengruppen, die durch homogene Lernvoraussetzungen (Status-, Funktions- und Berufsgruppen) definiert werden, an Bedeutung gewinnt (vgl. ebd.: 260).

Schiersmann (2010) erklärt das veränderte Zielgruppenverständnis wie folgt: Der in den 1970er Jahren entwickelte sozialpolitische Zielgruppenansatz, der sich als pädagogische Antwort auf die gesellschaftspolitische Forderung nach Herstellung von Chancengleichheit verstand und mit dem sozialpolitischen Anspruch verbunden war, soziale Ungleichheiten abzubauen, wurde in den nachfolgenden Jahren kritisiert, da die Zielgruppenbestimmung mit einer Zuschreibung von Defiziten verbunden sei, die zu Stigmatisierungen führen können (vgl. ebd. 321). Zudem bestehe die Gefahr einer sozialpolitischen Funktionalisierung des Zielgruppenansatzes, die zu einer Pädagogisierung gesellschaftlicher Problemlagen und der Instrumentalisierung von Bildungsprozessen führen kann (vgl. ebd.). Angesichts veränderter, d.h. individualisierter und pluralisierter Lebensbedingungen hat sich das Aufgabenverständnis gegenwärtiger Zielgruppenarbeit geändert: Neben dem Abbau sozialer Ungleichheit gehe es zunehmend darum, Orientierungshilfe in Umbruchsituationen zu geben, da Instabilität und Diskontinuität zu biografischen Normalerfahrungen werden. Der Bezugspunkt der Zielgruppenarbeit sind geteilte Lebensumstände, die als reflexionsbedürftig empfunden werden. (vgl. ebd.: 322)

Wie verhält sich nun der Befund der schwindenden Zielgruppenorientierung und veränderten Adressat/inn/enansprache zu den weiter oben dargestellten Interviewaussagen der Planenden, mit Bildungsurlaub bildungsbenachteiligte Zielgruppen erreichen zu wollen? Einerseits sollen sich aus Sicht der Planenden alle Arbeitnehmenden von den BU-Seminaren angesprochen fühlen bzw. insbesondere solche, die sich als Anfänger/innen in dem jeweiligen Themenfeld verstehen. Andererseits weisen die Veranstaltungsausschreibungen aber nur wenige zielgruppenspezifische Ansprachen auf. Wie lassen sich die Diskrepanzen zwischen „talk and action“, also zwischen den in den Interviews artikulierten Intentionen und den in den Programmen materialisierten Angeboten erklären?

Ein Erklärungsansatz könnte sein, dass sich die Zuschreibung, wer als bildungsbenachteiligt gilt, gewandelt hat. Bildungsbenachteiligt sind aus Sicht der Planenden nicht mehr (nur) Menschen mit schlechten Schulerfahrungen bzw. niedrigen Schulabschlüssen, sondern Arbeitnehmende mit wenig Zeit bzw. in Beschäftigungsverhältnissen oder Betrieben, die kaum Lernzeit einräumen. Die zentrale Weiterbildungsbarriere der Gegenwart ist der Faktor Zeit. Mit Bildungsurlaub als „temporaler Ressource lebenslangen Lernens“ (Schmidt-Lauff 2013) lässt sich diese Barriere überwinden. Diese Interpretation wird durch die aktuellen Teilnehmendenbefragungen von Heidemann (2015) und Rippien (2015b) gestützt, die zeigen, dass Bildungsurlaub Beschäftigungsgruppen erreicht, die sonst kaum an anderen Weiterbildungsformaten teilnehmen können, wie z.B. die Schichtarbeiter/innen. Bildungsurlaub öffnet somit im doppelten Sinne Zugänge: Zum einen werden zeitliche Zugänge für Beschäftigungsgruppen ermöglicht, die aufgrund ihrer Arbeitsbedingungen kaum an anderen Weiterbildungsformaten teilnehmen können, zum anderen weicht der Bildungsurlaub die Trägerbindung auf, d.h. die Einrichtungen erreichen auch trägeruntypische Zielgruppen.

8.3 Themen

Zur Bearbeitung der Frage, welche Themen im Bildungsurlaub angeboten werden, werden die Programmdaten von Rippien (2015a) sekundäranalytisch ausgewertet. Insgesamt können 9 Themenfelder identifiziert werden:

- Politik (Kapitel 8.3.1),
- Gesundheit (Kapitel 8.3.2),
- Beruf (Kapitel 8.3.3),
- Fremdsprachen (Kapitel 8.3.4),
- Kultur (Kapitel 8.3.5),
- Geschichte (Kapitel 8.3.6)
- Umwelt (Kapitel 8.3.7),
- Medien (Kapitel 8.3.8) und
- Religion (Kapitel 8.3.9).

8.3.1 Politik

BU-Veranstaltungen, die dem Themenfeld Politik zuzuordnen sind, greifen aktuelle politische Fragen, Probleme, Konflikte bzw. Herausforderungen in verschiedenen gesellschaftlichen Bereichen auf. Die BU-Angebote lassen sich auf verschiedenen Ebenen verorten:

- Betriebliche Ebene
- Lokalpolitische Ebene
- Bundespolitische Ebene
- Europapolitische Ebene
- Weltpolitische Ebene

Betriebliche Ebene

In insgesamt 148 BU-Veranstaltungen werden die Arbeitsbedingungen der Arbeitnehmenden im betrieblichen Kontext thematisiert. Es lassen sich unterschiedliche Fokussierungen erkennen: So kann es um strukturelle, rechtliche, zeitliche oder finanzielle Aspekte der Arbeit gehen. Beispielhaft seien folgende Angebote benannt:

- *Strukturwandel der Arbeit, insbesondere in Bremen und Bremerhaven:* „Moderne Zeiten – Wie mobil und flexibel müssen Arbeitnehmer sein?" (Wisoak), „Biografische Umbrüche im Kontext von Lebens- und Arbeitszeit" (AuL), „Von der Meeresbucht zum Containerterminal – Arbeit im Hafen gestern – heute – morgen" (Wisoak)

- *Arbeitnehmerrechte, betriebliche Mitbestimmung bzw. Interessenvertretung:* „Arbeitnehmerrechte in Betrieb und Gesellschaft – kommunizieren und argumentieren im Betrieb" (AuL), „Gute Arbeit mitgestalten" (AuL), „Ausländische ArbeitnehmerInnen und Gewerkschaften – Bildungsurlaub für türkische ArbeitnehmerInnen" (AuL)
- *Verhältnis von Arbeitszeit und Freizeit, Arbeitszeit und Lebenszeit, Schichtarbeit:* „Arbeitszeit – freie Zeit: Vom nachlässigen Umgang mit einem knappen Gut" (AuL BHV), „Arbeit früh, spät, nachts – Probleme der Schichtarbeit?" (bfw), „Arbeiten bis 70?" (Wisoak)
- *Arbeitsentgelt:* Gehälter, Mindestlohn, z.B. „Zwischen Mindestlohn und Spitzenverdienst – Gehälter in der Diskussion" (Wisoak), „Ursachen und Gegenstrategien Entgeltdiskriminierung von Frauen heute" (AuL)
- *Ausbildung:* „Azubis machen mit… bei der Gestaltung von Ausbildung, Umweltschutz, Politik – das Grundseminar", „Ausbildungsqualität und Berufsperspektive – Chancengerechtigkeit und Abwehr von Diskriminierung in der Ausbildung" (AuL)

Hauptanbieter sind Arbeit und Leben Bremen, Arbeit und Leben Bremerhaven und die Wisoak.

Lokalpolitische Ebene

Angebote, die den Strukturwandel in Bremen und Bremerhaven sowie Fragen zukünftiger Stadtentwicklung in wirtschafts-, finanz-, sozial- und energiepolitischer Hinsicht thematisieren, werden der lokalpolitischen Ebene zugeordnet. Beispielangebote sind:

- „Schiffe – Fische – Frischer Wind – Ursache und Perspektive des Strukturwandels in Bremerhaven" (AuL),
- „Die Hafenwelten – Stadtentwicklung und Tourismus als Wirtschaftsfaktor am Beispiel Bremerhaven" (AuL BHV und Ev. BW),
- „Windkraft im Aufwind – Bremerhaven im Aufschwung" (AuL BHV).

Hauptanbieter der insgesamt 98 Angebote sind Arbeit und Leben Bremerhaven, die Wisoak und die Volkshochschulen Bremen und Bremerhaven.

Bundespolitische Ebene

BU-Angebote, die wirtschafts- und sozialpolitische Fragen auf Bundesebene, z.B. zur Einkommens- und Vermögensverteilung, Bildungspolitik, Gesundheitspolitik, Außen-/ Verteidigungspolitik oder zur Finanzpolitik aufgreifen, werden der bundespolitischen Ebene zugeordnet.

Beispielangebote sind:

- Wirtschafts- und Sozialpolitik: „Wär' ich nicht arm, wärst Du nicht reich – Einkommens- und Vermögensverteilung in Deutschland" (AuL), „Grundeinkommen für alle – ohne Gegenleistung?" (Wisoak)
- Bildungspolitik: „Bildung und Weiterbildung als soziale Integration und/oder Aufstieg" (DAA)
- Gesundheitspolitik: „Die Gesundheitsreform und der Gesundheitsfond – Eine Chance für ein effizientes Gesundheitswesen?" (DAA)
- Außen-/ Verteidigungspolitik: „Deutschland im Krieg – Die Bundeswehr und Afghanistan" (Wisoak), „Geschäfte oder Menschenrechte – Deutscher Waffenhandel mit Tyrannen" (Ev. BW)
- Finanzpolitik: „Zurück zur D-Mark? – Der Euro in der Krise" (Wisoak)

Hauptanbieter der insgesamt 26 Angebote ist die Wisoak, aber auch Arbeit und Leben, das Evangelische Bildungswerk und die Deutsche Angestellten Akademie bieten BU-Veranstaltungen in diesem Bereich an.

Europapolitische Ebene

Auf der europapolitischen Ebene bewegen sich beispielsweise BU-Angebote, die die Auswirkungen der EU-Gesetzgebung oder den Beitritt neuer EU-Mitglieder thematisieren:

- „ArbeitsnehmerInnenrecht im Geflecht der Europäischen Union" (AuL BHV),
- „Liberalisierung im Öffentlichen Personennahverkehr der EU und ihre Folgen" (AuL),
- „Beschäftigungsentwicklung und Rationalisierung im Hafen vor dem Hintergrund der europäischen Gesetzgebung",
- „Die Türkei: EU-Kollegin oder privilegierte Partnerin?" (VHS).

Mit insgesamt nur 10 Angeboten, hauptsächlich von Arbeit und Leben, ist dieses Themenfeld sehr klein.

Weltpolitische Ebene

In insgesamt 91 Angeboten werden weltpolitische Fragen behandelt.
Dazu zählen Angebote, die

- die gesellschaftspolitischen, ökonomischen, ökologischen, sozialen und/ oder kulturellen Folgen der Globalisierung behandeln, wie z.B. „Von Fleisch, Milch und Tütensuppen – Zur globalisierten Nahrungsmittelproduktion und ihren Folgen“ (Wisoak), „Menschenrechte und Weltgesellschaft“ (Wisoak), „China – Partner oder Konkurrent im 21. Jahrhundert?“ (Wisoak).

- die politischen Entwicklungen in anderen Ländern betrachten, z.B. „Iran: Vom Kaiserreich zum Gottesstaat. Zur politischen Geschichte, Kultur und Gegenwart des Iran“, „Türkei zwischen Gestern und Morgen“, „Land, Völker, Identitäten: Koexistenz und/oder Konflikt aus der palästinensischen Perspektive“, „Afrika ein hoffnungsloser Kontinent? Eine politische Reise durch einen unbekannten Erdteil“ (AuL), „Südafrika – Wirtschaftsmacht, Naturparks, überwundene Apartheid?“, „China – Vom Reich der Mitte zur ökonomischen Weltmacht“ (AuL).
- das Thema Arabischer Frühling beleuchten: „Brennpunkt Naher Osten – … und der arabische Frühling“ (Wisoak), „Arabischer Frühling – Nahost im Umbruch?“ (AuL), „Was passiert in der arabischen Welt?“ (VHS).
- die Weltfinanzkrise thematisieren: „Weltfinanzkrise und Spekulation – Hunger und Armut statt nachhaltiger Entwicklung“ (AuL).
- Fragen von Migration und Integration aufgreifen, wie „Ausländische Jugendliche in der Sackgasse? – Zur Situation junger MigrantInnen in Deutschland“ (AuL), „Hoffnung Auswanderung – Der Traum vom Glück in der Ferne“ (Wisoak), „I wanna be in America – or rather not? The United States of America” (VHS).

Hauptanbieter solcher BU-Angebote sind die Wisoak, Arbeit und Leben und die Volkshochschule.

8.3.2 Gesundheit

Zu den Angeboten, die dem Themenfeld Gesundheit zuzuordnen sind, zählen Bewegungs- und Entspannungstechniken, Ernährungstipps und Sehtraining. Die Angebote reagieren zum einen auf arbeitsplatzbedingte Einseitigkeiten, Fehlhaltungen, Unausgewogenheiten, zum anderen auf die zunehmende Arbeitsverdichtung und beruflich bedingten Stress. Die Angebote kündigen einen Ausgleich an und sollen dem Erhalt der Beschäftigungsfähigkeit dienen. Beispielangebote sind:

- Zum Thema Verspannungen, Schmerzen, Fehlhaltungen, Rückenprobleme bzw. Mobilisation/ Beweglichkeit, Stabilisation/ Stärkung/ Haltung: „Rückhalt – den Rücken stärken und entlasten in Beruf und Alltag“ (VHS), „Mobilisation und Stabilisation für Rücken, Schulter und Nacken“ (Wisoak), „Fit im Beruf – Rückenstärkung mit Pilates“ (LSB)

- Zum Thema Stress, Druck, Burnout bzw. Entspannungsmethoden zur Herstellung der Balance/ Ausgeglichenheit: „Gesund bleiben trotz Stress – Stress im Alltag / Stress im Beruf" (bfw), „Mit Tai Chi Chuan die eigene Kraft entdecken" (LSB), „Ruhepunkte. Stressbewältigung im Berufsalltag" (VHS), „Durch Yoga Stress und Routine im (Arbeits-)Alltag unterbrechen" (VHS), Entspannung zur inneren Ausgeglichenheit" (Wisoak)
- Zum Thema Übergewicht, Trägheit bzw. Ernährung: „Fit im Job mit der richtigen Ernährung" (VHS)
- Zum Thema nachlassende Sehkraft durch Bildschirmarbeit: „Gutes Sehen braucht mehr als eine Brille" (Wisoak)
- Zum Thema Fitness, Leistungsfähigkeit, Beschäftigungsfähigkeit erhalten: „Mit Bewegung und Entspannung die Leistungsfähigkeit erhalten" (VHS), „Fit im Job! – Leistungskraft gezielt stärken" (VHS), „Gesundheit und Fitness am Arbeitsplatz" (Wisoak)

Hauptanbieter der insgesamt 308 Angebote sind die Volkshochschule, die Wisoak und das Bildungswerk des Landessportbundes.

8.3.3 Beruf

Die BU-Angebote des Themenfeldes Beruf lassen sich danach unterscheiden, ob sie

- berufsgruppenübergreifend konzipiert sind oder
- eine bestimmte Berufsgruppe adressieren.

Berufsgruppenübergreifende berufliche BU-Angebote

Die 123 beruflichen BU-Angebote, die nicht auf bestimmte Berufsgruppen beschränkt sind, sondern berufsgruppenübergreifend angeboten werden, werden in den Bildungsprogrammen der Weiterbildungseinrichtungen meist als „Schlüsselqualifikationen" bezeichnet. Gemeint sind soziale, methodische, fachliche und persönliche Kompetenzen, die nicht auf eine konkrete berufliche Anforderungssituationen bezogen sind, sondern der Bewältigung verschiedener beruflicher Anforderungen dienen und damit breite Verwendungsmöglichkeiten haben (zum Begriff Schlüsselqualifikation vgl. Kaiser/Kaiser 2010; zum Kompetenzbegriff vgl. Arnold 2010).

Soziale Kompetenzen werden in BU-Angeboten zum Themenfeld Kommunikation/ Konfliktbearbeitung/ Rhetorik/ Moderation vermittelt, z.B.

- „Gewaltfreie Kommunikation – wie Gespräche besser gelingen" „Den richtigen Draht finden – Gesprächsführung am Telefon" (Wisoak), „Mal wieder ja gesagt und nein gemeint?" (AuL), „Konstruktive Konfliktbearbeitung in Beruf und Alltag – Konflikte erkennen, analysieren, regeln" (VHS BHV), „Rhetorische Techniken im Beruf" (Wisoak), „Moderator/innen-Training – Gezielt und erfolgreich moderieren" (Wisoak)

Weiterhin gibt es BU-Angebote, die sich an bestimmte Funktionsgruppen, wie Führungskräfte, Ausbildungsbeauftrage und betriebliche Interessenvertreter/innen wenden (siehe Kapitel 8.2.2), und in denen es auch im weitesten Sinne um die Vermittlung sozialen Kompetenzen geht, z.B.

- Führungskompetenzen: (18 Angebote) „Leitung von Teams, Gruppen oder Klassen" (VHS)
- Ausbildungskompetenzen (17 Angebote): „Grundwissen für Ausbildungsbeauftragte" (BWU)
- Kompetenzen zur betrieblichen Interessenvertretung (18 Angebote): „Arbeitnehmerrechte in Betrieb und Gesellschaft – kommunizieren und argumentieren im Betrieb" (AuL)

Beispielangebote, die der Vermittlung *methodischer Kompetenzen* dienen, sind BU-Angebote zum Themenfeld Arbeitsorganisation/ Projektmanagement/ Zeitmanagement/ Selbstmanagement, z.B.

- „Zerrissen zwischen Projektarbeit und Tagesgeschäft" (AuL), „Modernes Projektmanagement" (BWU), „Zeitmanagement und Selbstorganisation – Von A wie Arbeitsanalyse bis Z wie Zeitdiebe" (Wisoak), „Wirksame Entscheidungen und effizientes Selbstmanagement mit dem inneren Team" (BWU)

sowie BU-Angebote, in denen (Selbst-)Präsentationstechniken vermittelt werden, z.B.

- „Souverän Präsentieren vor Publikum und Kamera" (BWU), „Selbstpräsentation und Selbstmarketing" (VHS), „Wirkungsvoll präsentieren" (Wisoak)

und BU-Angebote, in denen Arbeitstechniken vermittelt werden, z.B.

- „Mind Mapping" (Wisoak), „Problemlösung durch Kreativtechniken" (Wisoak)

Weiterhin können im Bremer BU-Angebot Angebote identifiziert werden, die der Vermittlung *fachlichen Wissens* dienen, das für mehrere Berufsgruppen relevant ist. Hierzu zählen Angebote, in denen EDV-Wissen vermittelt wird (194 Angebote), wie z.B.

- Software-Schulungen, zu den Microsoft-Office-Standardanwendungen wie Textverarbeitung mit Word, Tabellenkalkulation mit Excel, Präsentationen erstellen mit PowerPoint, Datenbankverwaltung mit Access, E-Mailen und Terminorganisation mit Outlook sowie Einführungen in Bildbearbeitungsprogramme wie Indesign, Photoshop und Gimp, Computertastaturschreiben (Zehnfingersystem), Internetnutzung (Wisoak, VHSn)

sowie Fachenglisch-BU-Angebote (34 Angebote), z.B.

- "English for the Office" (Berlitz), "Business English" (VHS)

und BU-Angebote, in denen betriebswirtschaftliches Fachwissen (29 Angebote) vermittelt wird, z.B.

- „Kaufmännische Grundlagen – Einstieg für Neu- und Quereinsteiger/innen" (Wisoak), „Betriebswirtschaft für Industriefachwirte/ Immobilienfachwirte/ Bilanzbuchhalter/ Industrie-/Wirtschaftsfachwirte/ Handelsfachwirte/ Logistikmeister/ Schutz und Sicherheit/ Industriemeister Metall/ Industriemeister Digital/Print/ Ingenieure und Nichtkaufleute" (BWU).

Gemeinsam ist den Angeboten dieser Kategorie, dass sie berufliche Bildung für unterschiedliche Berufsgruppen vermitteln: EDV-Grundkenntnisse, betriebswirtschaftliche Grundkenntnisse, Englischkenntnisse, Schlüsselqualifikationen wie Zeitmanagement, Kommunikations-, Moderations-, Präsentations- und Führungs- und Ausbildungskompetenzen sind für ganz unterschiedliche Berufsgruppen relevant.

Hauptanbieter der berufsgruppenübergreifenden BU-Angebote sind die Wisoak, die Volkshochschulen Bremen und Bremerhaven und das Bildungszentrum der Wirtschaft.

Berufsgruppenspezifisches Fachwissen

In einigen BU-Veranstaltungen wird spezifisches Fachwissen für spezifische Berufsgruppen (siehe Kapitel 8.2.3) angeboten. Folgende Wissensfelder können identifiziert werden:

Betriebswirtschaftliches Fachwissen in den Bereichen

- Management/Unternehmensführung. z.B. „Managing Diversity – Umgang mit (kultureller) Vielfalt in Teams und Organisationen" (BWU)
- Marketing, Vertrieb: z.B. „Produkteinführung mit Erfolg – Vermarktungsstrategien für neue Produkte und Dienstleistungen" (BWU)
- Rechnungswesen, Kostenrechnung, Controlling: z.B. „Kosten- und Leistungsrechnung 1" (Wisoak)

- Personalwesen, Personalentwicklung, Personalführung: z.B. „Strategische Personalentwicklung in kleinen und mittleren Unternehmen" (BWU)
- Qualitätsmanagement: z.B. „Effizienzsteigerung durch KVP – Weg zur kontinuierlichen Prozessverbesserung" (BWU)
- Logistik, Materialwirtschaft: z.B. „Optimierte Materialdisposition – Intensivtraining" (Fortbildung direkt).

(Sozial-)Pädagogisches, psychologisches, medizinisches Fachwissen, z.B.

- „Personenzentrierte Gesprächsführung" (VHS)

Technisches Fachwissen, u.a.

- Ingenieurwissenschaftliches Wissen: z.B. „Tischler-Maschinen-Lehrgang" (HandWERK)
- Physikalisches Wissen: z.B. „Pneumatik" (HandWERK)
- Informationstechnisches Wissen: z.B. „CAD-Grundlagen" (Wisoak).

Anderes Fachwissen, wie *juristisches Fachwissen,* z.B.

- „Rechte und Pflichten des Prokuristen" (BWU).

Gemeinsam ist diesen Angeboten, dass sie auf spezifische Berufsgruppen beschränkt sind, spezifisches Fachwissen vermitteln und teilweise Vorkenntnisse, Zugangsbeschränkungen und Teilnahmevoraussetzungen formulieren, d.h. sie sind nicht offen im Zugang. Z.B. dürfen die Präsenzseminare der Fernschule ILS ausschließlich von Fernlehrgangsteilnehmenden besucht werden, die vor der Seminarteilnahme bestimmte Fernstudienmaterialien bearbeitet haben. Die BU-Seminare des BWUs adressieren insbesondere ehemalige Lehrgangsteilnehmende und bieten diesen die Möglichkeit, im Rahmen von BU-Veranstaltungen die behandelten Inhalte aufzufrischen bzw. zu vertiefen.

8.3.4 Fremdsprachen

Im Rahmen von Bildungsurlaub werden überwiegend Englisch-Sprachkurse angeboten, zum Teil auch in Form von Sprachreisen nach Brighton. Ein mittleres Angebot gibt es zum Französisch und Spanisch lernen. Vereinzelt gibt es BU-Angebote, in denen Portugiesisch, Italienisch, Skandinavische Sprachen (Dänisch, Schwedisch, Norwegisch und Finnisch), Türkisch, Polnisch, Chinesisch, Russisch, Niederländisch oder Arabisch gelernt werden kann. Darüber hinaus gibt es ein kleines Angebot zum Erlernen der Gebärdensprache sowie Bildungsurlaube, in denen die neue Rechtschreibung vermittelt wird.

Hauptanbieter der insgesamt 186 Sprachkurse sind die Volkshochschulen in Bremen und Bremerhaven. Der gewerbliche Anbieter Berlitz bietet überwiegend berufsbezogene Fachenglisch-Kurse (Business-English) an.

8.3.5 Kultur

Insgesamt wurden 82 BU-Veranstaltungen zum Thema Kultur im Jahr 2012 angeboten.

Die einzelnen BU-Angebote zur kulturellen Bildung lassen sich im Anschluss an die Studie von Gieseke et al. (2005) den drei Partizipationsportalen zuordnen:

- systematisch-rezeptives Portal,
- selbsttätig-kreatives Portal und
- verstehend-kommunikatives Portal.

Systematisch-rezeptives Partizipationsportal

Angebote, die dem systematisch-rezeptiven Portal zugehören, beschäftigen sich nach Gieseke et al. (2005) mit Kultur-, Kunst- und Literaturgeschichte.

Im Bremer Bildungsurlaubsangebot gibt es 20 BU-Angebote, die dem systematisch-rezeptiven Portal zugeordnet werden können. Rund die Hälfte der Kurse geht auf eine Literaturreihe des Evangelischen Bildungswerks zurück, die an zentralen Schaffens- bzw. Wirkungsorten der Literat/inn/en veranstaltet wird, z.B.:

- „Erich Kästner in Dresden", „Als treibe hier ein Herz zum Hafen – Annette v. Droste-Hülshoff am Bodensee", „Heine im Harz", „Esprit trifft Macht – Voltaire und Friedrich II. in Sanssouci", „Anna Seghers in Mainz", „Lessing in Wolfenbüttel", „Christa Wolf in Mecklenburg", „Brecht in Augsburg", „Wilhelm Raabe im Weserbergland", „Luther in Erfurt" oder „Moritz Rinke in Worpswede" (alle Ev. BW).

Weitere Beispielkurse sind:

- „Die Welt unter einem Dach - Das Übersee-Museum" (VHS) und
- „Vodou – Kunst und Kult aus Haiti" (VHS).

Selbsttätig-kreatives Partizipationsportal

Bei Angeboten, die dem selbsttätig-kreativen Portal angehören, geht es um die Eigenaktivität im künstlerisch-produktiven Tun der Teilnehmenden (vgl. Gieseke et al. 2005).

Im Bremer Bildungsurlaubsangebot dominiert das selbsttätig-kreative Portal mit 58 BU-Angeboten, z.B.:

- Fotografie-Kurse: „Porträtfotografie“ (VHS), „Landschaft und Fotografie“ (VHS), „Digitale Fotografie und Bildbearbeitung mit Adobe Photoshop“ (Wisoak)
- Videoarbeitskurse: „Videofilmen lernen“, „Videobotschaft“ oder „Faszination Tierfilm – Expedition Haustier“(VHS)
- Mal- und Zeichenkurse: „Malen für Nichtmaler/innen“, „Werkstatt Zeichnen“ oder „Aquarellmalerei“(VHS)
- Modellierkurse: „Aktmodellieren“ oder „Porträtmodellieren“, „Stein-Bildhauerei“, „NANA-Bau“ (VHS)
- Schreibwerkstätten (VHS).

Hauptanbieter im selbsttätig-kreativen Portal ist die Volkshochschule Bremen.

Verstehend-kommunikatives Partizipationsportal

Bei Angeboten, die dem verstehend-kommunikativen Portal zuzuordnen sind, geht es um den interkulturellen Austausch, Begegnungen und transkulturelle Identitätsbildung (vgl. Robak/Petter 2014; Fleige/Gieseke/Robak 2015).

Mit nur 4 BU-Veranstaltungen ist das verstehend-kommunikative Portal das kleinste Portal im Bremer Bildungsurlaubsangebot. Beispielangebote sind:

- „Interkulturelles Training ‚Arabische Welt‘“ (VHS)
- „Dominanzkultur oder Chancengerechtigkeit – Neue Ansätze zur Stärkung interkultureller Kompetenz in der Jugendbildungsarbeit“ (AuL)

8.3.6 Geschichte

In insgesamt 68 BU-Veranstaltungen werden geschichtliche Themen behandelt, insbesondere die Geschichten Bremens und Bremerhavens. Die Angebote können unterschiedlichen Epochen zugeordnet werden:

- Frühgeschichte/Eisenzeit: z.B. „Die Kelten“ (VHS)
- Mittelalter: z.B. „Frauen, zu Hexen gemacht – Eine Mythen-Entzauberung“ (Ev. BW)
- Kolonialzeit: z.B. „Kolonialwaren aus aller Welt in Bremen – Geschichte, Anbau, Handel“ (VHS)
- Industrialisierung: z.B. „Bremer Industriegeschichte“ (VHS)
- Nazi-Zeit: „Bremerhaven im Nationalsozialismus“ (Wisoak), „Der U-Boot-Bunker Valentin – Ein Denkort in Bremen-Farge“ (Wisoak und VHS)
- Nachkriegszeit: z.B. „Bremen nach dem Zweiten Weltkrieg – Wiederaufbau und Wirtschaftswunder“ (Wisoak)

- Deutsche Einheit: z.B. „Die deutsche Einheit auf dem Prüfstand“ (Wisoak; AuL)

Hauptanbieter sind die Wisoak und die Volkshochschule.

8.3.7 Umwelt

Insgesamt 56 BU-Angebote beschäftigen sich mit Fragen des Klima-, Umwelt-, Natur-, Meeres- und Tierschutzes. Thematisiert wird das Spannungsverhältnis zwischen ökologischen und ökonomischen Interessen, wie z.B. in dem Angebot

- „Welterbe Natur – zwischen Schutz und Nutzung“ (Wisoak).

Zum einen werden aktuelle Ereignisse aufgegriffen, die durch mediale Diskurse in das öffentliche Bewusstsein gerückt sind, wie z.B. die Nuklearkatastrophe in Fukushima im Frühjahr 2011 in dem BU-Angebot

- „Nach Fukushima - Atomkraft vor dem Aus?“ (AuL BHV).

Zum anderen werden längerfristige Entwicklungen, wie die Ausbeutung und Beschädigung der Natur (inklusive der Meere) durch Industrie, Tourismus, Verkehr und Überfischung, die Massentierhaltung und der Klimawandel behandelt. Insbesondere die BU-Angebote zum Klimawandel, seine Ursachen und Folgen sowie Maßnahmen zum Klimaschutz im Bereich der Energie- und Verkehrspolitik nehmen einen großen Stellenwert im Gesamtangebot ein. Einige Beispielangebote sind:

- „Hitzefrei – Zu den Ursachen und Folgen des Klimawandels“ (AuL),
- „Klimawandel: Nur ein weltweites oder auch ein lokales Problem?“ (VHS),
- „Klimaschutz konkret – Wie zukunftsweisend ist die Altbausanierung?“ (Wisoak),
- „Klimaschutz durch Energie- und Wassersparen“ (VHS),
- „Die Energie der Zukunft“ (Wisoak),
- „Verkehrspolitik heute – Die mobile Gesellschaft sucht neue Verkehrskonzepte und Fahrzeuge“ (Wisoak).

In vielen Angeboten wird ein regionaler Bezug hergestellt. Aufgrund der geografischen Lage Bremens und Bremerhavens wird der Lebensraum Wattenmeer an der Nordsee in den Umweltbildungsangeboten behandelt:

- „Zwischen Land und Meer – Ökonomie und Ökologie der norddeutschen Küste“ (Wisoak),
- „Lebensraum Nordseeküste – Zum Verhältnis von Arbeit und Umweltschutz in der Region“ (AuL BHV),
- „Juist: Schützt ein Nationalpark das Wattenmeer?“ (VHS),
- „Große Fangflotten, wenig Fisch – Das Ende der Meeresfische?“ (VHS).

Hauptanbieter sind die Wisoak, VHS und Arbeit und Leben Bremen und Bremerhaven.

8.3.8 Medien

Es gibt 42 BU-Angebote, die sich mit den Themenfeldern Internet, soziale Medien oder Datenschutz beschäftigen, oder den Einfluss der Medien auf die öffentliche Meinungsbildung kritisch reflektieren.

Beispielangebote im Bremer Bildungsurlaubsangebot sind:

- Internet, soziale Medien: z.B. „Wie das Internet unser Leben bestimmt" (VHS), „www – Netz ohne Gesetz? – Sicherheit und Freiheit im Internet" (Wisoak), „WikiLeaks und das Internet – Wie viel Öffentlichkeit vertragen Politik und Gesellschaft?" (Wisoak), „Social Network" (BWU)
- Kritische Reflexion der Medien zum Einfluss der Medien auf die öffentliche Meinungsbildung: z.B. „Zum Einfluss bewegter Bilder – Bilder lügen nicht" (Wisoak) oder zum Einfluss der Werbung auf das Konsumverhalten: z.B. „Die Macht der Werbung" (Wisoak)
- Datenschutz: z.B. „Beschäftigtendatenschutz" (BWU).

Hauptanbieter sind die Wisoak und die Volkshochschule Bremen.

8.3.9 Religion

BU-Angebote, die sich mit dem Thema Religion befassen, sind nur ganz vereinzelt vertreten (insgesamt 5 Angebote). Das Evangelische Bildungswerk bietet z.B. die Kurse

- „Gottes sanfter Rückenwind – Kraft und Poesie des keltischen Segens" und „Von Bäumen und anderen Heiligen – Wenn Natur und Religion einander begegnen" an.

Arbeit und Leben fragt

- „Wie hältst du's mit der Religion? Zum Verhältnis von Politik und Religion".

8.3.10 Vergleichende Analyse: Einrichtungsspezifische Themenprofile

Die folgende Tabelle gibt einen Überblick über die behandelten Themen in den einzelnen Weiterbildungseinrichtungen. Ein Kreuz bedeutet, dass der Anbieter BU-Veranstaltungen zu diesem Themenfeld offeriert (bei weniger als drei Veranstaltungen ist das Kreuz in Klammern gesetzt).

Tabelle 19: Interorganisationaler Vergleich der Themenfelder

		Wisoak	**VHS**	**VHS BHV**	**AuL**	**AuL BHV**	**Ev.BW**	**BWU**	**Hand-WERK**	**AdH**	**bfw**	**pbw**	**LSB**	**DAA**	**ibs**	**ILS**	**Berlitz**	**Fortb. direkt**
Politik	Politik (Betrieb)	X			X	X		(X)		X	X		(X)	(X)				
	Lokalpolitik	X	X	X	X	X				X			(X)					
	Bundespolitik	X			X	(X)	X							X				
	Europapolitik	(X)	(X)		X	(X)												
	Weltpolitik	X	X		X	X	(X)				X			(X)				
Beruf	Schlüsselkompe-tenzen	X	X	X	(X)		(X)	X	(X)		(X)							(X)
	EDV	X	X	X														
	Kaufmännisches Fachwissen	X						X		X				(X)		X		X
	Pädagogisches, psychologisches, medizinisches Fachwissen	(X)	X	X								X			X			
	Technisches Fach-wissen	X							X							X		
	IT-Fachwissen	X	X	X					X									
Gesundheit		X	X	(X)	(X)		(X)	(X)			(X)		X	(X)				
Kultur		(X)	X		(X)	(X)	X											
Sprachen			X	X													X	
Umwelt		X	X	X	X	X	(X)				X							
Medien		X	X		(X)			(X)					(X)					
Geschichte		X	X	(X)	(X)		X											
Religion					(X)		X											

Bei Betrachtung der Tabellenspalten fallen die *thematischen Profilierungen* der Weiterbildungseinrichtungen auf. Deutlich wird das breite Themenspektrum der Volkshochschulen, der Wisoak, des Evangelischen Bildungswerks und von Arbeit und Leben im Vergleich zum spezialisierten Angebot der anderen Weiterbildungseinrichtungen.

Wie auch bei den Zielen und den Adressatengruppen zeigt der *interorganisationale Vergleich* zudem die trägerspezifischen Differenzen zwischen öffentlich anerkannten und gewerblichen Weiterbildungseinrichtungen sowie zwischen gewerkschaftlichen und von Unternehmensverbänden getragenen Weiterbildungseinrichtungen: Während beispielsweise die öffentliche, gewerkschaftliche Weiterbildungseinrichtung Wisoak ein breites Themenspektrum in der *beruflichen Bildung* vorhält, das sowohl EDV-Kurse, Schlüsselqualifikationen als auch Angebote für spezifische Berufssparten umfasst, bieten die gewerblichen Anbieter Fortbildung direkt und ILS sowie die von den Unternehmensverbänden getragenen Anbieter BWU und HandWERK ausschließlich Angebote für spezifische Berufssparten an, in denen meist berufsgruppenspezifisches Fachwissen vermittelt wird.

Wertet man die Tabelle unter der Fragestellung aus, welche Themen von welchen Weiterbildungseinrichtungen angeboten werden, fällt bei der Betrachtung der Tabellenzeilen auf:

- Lokal- und weltpolitische Themen, Umweltthemen und der Bereich der Schlüsselqualifikationen werden *einrichtungsübergreifend* angeboten.
- Politische Themen im Betrieb sind hingegen ein *spezifisches* Themenfeld der gewerkschaftlichen Weiterbildungseinrichtungen (Wisoak und AuL).
- Und schließlich gibt es Themenbereiche, die hauptsächlich *von zwei Weiterbildungseinrichtungen* abgedeckt werden: Die Bereiche EDV, Gesundheitsbildung und Medienbildung werden fast ausschließlich von der Volkshochschule Bremen und der Wisoak abgedeckt, der Bereich Sprachen von der Volkshochschule und Berlitz und der Bereich kulturelle Bildung von der Volkshochschule und dem Evangelischen Bildungswerk.

8.3.11 Zwischenfazit: Arbeit und Zeit als zentrale thematische Referenzen

Betrachtet man die Ergebnisse der sekundäranalytischen Auswertung der Programmdaten zum BU-Angebot des Jahres 2012 insgesamt, lässt sich feststellen, dass das Thema *Arbeit* ein zentraler Bezugspunkt in allen Weiterbildungseinrichtungen und Fachbereichen ist:

- in der *politischen Bildung* werden der Strukturwandel der Arbeit im Allgemeinen sowie die konkreten Arbeitsbedingungen im Betrieb thematisiert,
- in der *beruflichen Bildung* werden BU-Veranstaltungen zur beruflichen Qualifizierung angeboten,
- im Bereich *Fremdsprachen* werden Fachenglisch-Kurse offeriert und
- in der *Gesundheitsbildung* werden Bildungsurlaube zum Erhalt der Beschäftigungsfähigkeit angeboten.

Neben dem Thema Arbeit bzw. in Kombination mit diesem geht es in den Bildungsurlauben auch zentral um das Thema *Zeit*. Die Planenden teilen die Diagnose einer zunehmenden Arbeitsverdichtung und steigenden beruflichen Stresses. In den Fachbereichen werden unterschiedliche Lösungen zum Umgang mit der Arbeitsverdichtung angeboten:

- in der *beruflichen Bildung* werden im Fachbereich Schlüsselqualifikationen Bildungsurlaube zu den Themen Zeitmanagement, Burn-Out, Stress und Work-Life-Balance angeboten,
- in der *Gesundheitsbildung* werden Techniken der Entspannung und Meditation vermittelt sowie Angebote zur Prävention und zum Ausgleich beruflicher Belastungen offeriert und
- in der *politischen Bildung* werden die Arbeitsbedingungen, beispielsweise der Schichtarbeit, kritisch reflektiert sowie Lernorte gewählt, die mit Regeneration und Entschleunigung assoziiert sind, wie das Kloster oder das Wattenmeer.

Mit Schmidt-Lauff (2008) lassen sich die BU-Angebote als Antworten auf die aktuellen Zeittendenzen einer allgemeinen Zeitverwendung in der gegenwärtigen Gesellschaft interpretieren. Diese sind: (1) Zeittendenz der Virtualisierung und Enträumlichung durch die rasanten technologischen Entwicklungen im Bereich der Informations- und Kommunikationstechnologien, (2) Zeittendenz der Flexibilisierung und Entrhythmisierung von Tätigkeiten durch die individualisierten und pluralisierten Lebensverläufe, die Auflösung des Normalarbeiterverhältnisses, die Entkopplung von Arbeits- und Betriebszeiten, (3) Zeittendenz der Entgrenzung durch die Vermischung von Erwerbszeit, Freizeit, Lernzeit und Familienzeit, (4) Zeittendenz des Zeitnotstandes (Gefühl einer ständigen Zeitknappheit; zeitliche Unruhe) gegenüber der Fülle der Welt, bestehender Aufgaben und interessierende wie notwendige Tätigkeiten, (5) Zeittendenz der Beschleunigung durch Erhöhung von Schnelligkeit, Effektivierung und Ökonomisierung von Zeit (vgl. ebd.: 181ff.).

Die BU-Angebote lassen sich danach unterscheiden, ob sie eher als zeitbeschleunigende oder als zeitentschleunigende Hilfen konzipiert werden. Beispielsweise bieten die Zeitmanagementkurse im Bereich beruflicher Bildung eine zeitbeschleunigende Lösung zur Zeittendenz des Zeitnotstandes an. Die BU-Angebote in der politischen Bildung und in der Gesundheitsbildung lassen sich hingegen eher als zeitentschleunigende Maßen interpretieren.

Schmidt-Lauff (2008) kritisiert die zeitbeschleunigenden Maßnahmen, denn Zeitmanagement und Zeitsparen verhindern widersinniger Weise die angestrebten Zeiterfahrungen von Langsamkeit, Sorgfalt, Nachdenken, Hören auf die innere Stimme, Anerkennung subjektiver Eigenzeiten. Zeitsparanstrengungen führen zu noch mehr Zeitsparanstrengungen, weil die gewonnene Zeit bereits für andere Aktivitäten investiert wird. „Das ‚irreale Kapital‘ der Zeit besitzt kein Ende und es gibt kein ‚genug‘, so dass eine Spirale der Spar- und Erwirtschaftungshandlungen entsteht“ (vgl. Schmidt-Lauff 2008: 196f.).

Als Gegenentwurf zu dieser reduzierten, problemverkürzenden Betrachtungsweise von Zeit verweist Schmidt-Lauff auf das „multiple Erscheinungsbild zeittheoretischer und didaktischer Bearbeitungen, die auf vielfältigste Arte und Weise mit gesellschaftlichen Zeittendenzen verschränkt sind (Bildung als Gegenort zum Tempo Welt)“ (ebd.: 219). Ein solcher Bildungsanspruch impliziert „die Interaktion und die Kommunikation über soziale Weltzeit und individuelle Eigenzeit (vgl. Dux 1998), das dialektische Verhältnis zwischen *äußerer Zeitstruktur* und *innerem Zeiterleben* im menschlichen Dazwischentreten (vgl. Arendt 1977/1998), zwischen gesellschaftlichen Zeittendenzen bzw. Zeitinstitutionen (z.B. Ausbildungs- und Studienzeiten) und inneren Zeitzwängen (Elias 1988)“ (Hervorhebung im Original, ebd.).

Neben der Auswertung der behandelten Themen ist es auch interessant zu fragen, welche Themen nicht bzw. nur marginal behandelt werden. Beim Vergleich mit dem Kategoriensystem aus der Studie von Körber (1995) fällt auf, dass es nur ein einziges Angebot zum Thema Arbeitslosigkeit gibt. Zum politischen System in Deutschland gibt es keine Veranstaltungen – obwohl sich aktuelle Anlässe geboten hätten, z.B. im Zusammenhang mit der Forderung nach direkter Demokratie angesichts der politischen Großprojekte, wie Stuttgart 21, Berliner Flughafen, Schulreform in Hamburg, oder der Occupy-Bewegung im Jahr 2011.

Vor dem Hintergrund aktueller antidemokratischer Entwicklungen fällt auf, dass es nur ein Angebot zum Thema Rechtsextremismus in Deutschland und Europa gibt sowie verhältnismäßig wenige Angebote zum Thema Flucht, Migration und Integration. Das Thema Transkulturalität kommt gar nicht vor.

Der Bereich Medienbildung/ Kommunikation im Internetzeitalter ist sehr klein. Angebote, die sich (kritisch) mit den Digitalisierungsentwicklungen, z.B. im Bereich der Arbeit (Industrie 4.0), oder mit Kommunikationsmöglichkeiten durch Social Media wie Facebook oder Twitter, mit den Spannungsfeldern von Privatsphäre und Öffentlichkeit, Sicherheit und Freiheit, Überwachung und Datenschutz, mit Fragen von Cyberkrieg, Mobbing im Internet, der NSA-Affäre, Wikileaks oder Vroniplag auseinandersetzen, fehlen.

Weiterhin gibt es keine Angebote zu den Themen demografischer Wandel, Fachkräftemangel und Arbeitsmigration. Auch Genderthemen werden nur marginal behandelt.

8.4 Formate

Der Bildungsurlaub wurde traditionell als 5tägige Kompaktwoche konzipiert. Hintergrund war u.a., dass Bildungsurlaub insbesondere für bildungsbenachteiligte Zielgruppen als Einstiegsformat im Sinne einer Initialzündung zur Weiterbildung fungieren sollte. In einigen Bundesländern, u.a. auch Bremen seit der Novelle des BremBUG im April 2010, darf Bildungsurlaub inzwischen auch in kürzeren Formaten angeboten werden. Durch diese zeitliche Flexibilisierung der Veranstaltungsformate soll die Bildungsurlaubsteilnahme insbesondere für Arbeitnehmende von kleinen und mittleren Unternehmen erleichtert und die BU-Teilnahme insgesamt gesteigert werden.

In den Interviews wurden die Programmplanenden befragt, welche Formate sie warum anbieten, welche neuen konzeptionellen Überlegungen mit der Einführung von Kurzzeitformaten verbunden sind, welche Erfahrungen die Befragten mit der Planung und Durchführung der neuen Formate gesammelt haben, welche Möglichkeiten, aber auch welche Umsetzungsschwierigkeiten und Probleme mit deren Einführung verbunden sind und wie die Befragten ihre Angebotsplanung zukünftig in strategischer Hinsicht ausrichten wollen.

In den Interviews wird deutlich, dass zwar alle Befragten die Gesetzesnovelle begrüßen, da sie mehr Planungsspielräume eröffnet und kürzere Formate nach Einschätzung der Planenden zu einer höheren Akzeptanz des Bildungsurlaubs in der Wirtschaft beitragen könnten. Dennoch werden Kurzzeitformate fast nur in der beruflichen Bildung angeboten. In allen anderen Fachbereichen werden weiterhin fast ausschließlich die fünftägigen Kompaktkurse fortgeschrieben.

Auf der Grundlage der Interviewauswertungen können drei Strategien der Formatauswahl unterschieden werden:

- Fortschreibung der Kompaktwoche (Kapitel 8.4.1)
- Öffnung des regulären Weiterbildungsangebots für Bildungsurlaub (Kapitel 8.4.2)
- Entwicklung neuer Veranstaltungsformate für Bildungsurlaub (Kapitel 8.4.3).

8.4.1 Fortschreibung der Kompaktwoche

Die Anbieter der politischen Bildung, des Fremdsprachenbereichs, der Gesundheitsbildung und der kulturellen Bildung schreiben weiterhin die bewährten fünftägigen Kompaktkurse fort. Die folgenden Zitate aus den Interviews mit den Programmplanenden des Evangelischen Bildungswerks, der Wisoak, Arbeit und Leben Bremerhaven und der Volkshochschule Bremen verdeutlichen exemplarisch, warum die Planenden sich bewusst gegen kürzere Formate entscheiden.

In der *politischen Bildung* wird die Kompaktwoche als intensivste Form des Miteinanderlernens geschätzt. Sie trage zur Persönlichkeitsbildung sowie zur politischen und sozialen Bildung bei.

Eine Woche ist aus Sicht der Befragten von Arbeit und Leben Bremerhaven notwendig, damit die Teilnehmenden im Bildungsurlaub ankommen, sich gegenseitig kennenlernen und auf Lern- und Bildungsprozesse einlassen können:

„Ich habe vorhin ganz bewusst gesagt: Wir führen fünf Tage durch, gerade im Bereich der Politischen Bildung. [...] Wir haben im Grunde genommen, wenn ich das mal ganz allgemein und oberflächlich beschreibe, dieses Ankommen, wenn ich das mal über die Woche ziehe, dieses Ankommen im Bildungsurlaub, dann öffnen sich diese Frauen und Männer erst mal. Sie erzählen ein bisschen von sich selber und, und, und. Sie werden eingeladen, abgeholt, an dem Thema teilzunehmen, und gehen immer mehr, tauchen immer mehr in dieses Thema ein. Sie tauchen aber auch immer mehr ins Lernen ein und ins Lernenwollen und ins Begreifen. [...] Und weil wir da über diese fünf Tage diese Erfolge haben, dass Menschen uns sagen: Ich kann fernab von zu Hause lernen. Ich kann mit mir fremden Menschen lernen. Ich lerne, mit fremden Menschen zu sprechen. Was ja auch wichtig ist und was von diesen Teilnehmerinnen und Teilnehmern immer wieder positiv beschrieben wird. Darum wollen wir die Woche" (AuL BHV: 231–244).

Auch der befragte Fachbereichsleiter der Wisoak betont die Notwendigkeit von Zeit für (biografische) Lern- und Bildungsprozesse:

„Letztlich ist das Wesentliche des Bildungsurlaubs, dass ich Zeit bekomme für fünf Tage, wo ich ein wichtiges Element meines Lebens, meiner Lebenswelt reflektieren kann. Wo ich darüber nachdenken und mich auseinandersetzen kann mit anderen. Das ist der eigentliche Wert von Bildungsurlaub. [...] Das ist gleichzeitig auch eine Antwort [...], warum diese fünf Tage auch so wertvoll sind. [...] weil diese Zeit brauchst du, um Themen und Fragen entwickeln zu können. Und bei ein oder zwei Tagen ist das eine sehr starke Anlehnung an die berufliche Bildung oder eine Fortbildung, wo ich vielleicht EDV oder irgendwas anderes lerne, was auch vermittelt ist über zwei Tage. Aber das, was wir jetzt so ein bisschen beschrieben haben, was auch wirklich das Wertvolle ist an Politischer und Allgemeiner Bildung, dafür brauchen sie häufig mehr Zeit, um das zu entfalten und entwickeln zu können" (Wisoak, PB: 469–494).

Die Befragten des Evangelischen Bildungswerks erklären, dass eine Woche Zeit für Bildung den Kursleitenden eine didaktisch-methodische Vielfalt ermögliche, den Teilnehmenden eine intensive inhaltliche Auseinandersetzung mit einem bestimmten Thema und eine soziale Erfahrung:

„Und im Bildungsurlaub ist es sicher so, dass da die Möglichkeiten für Methodenvielfalt und ein hoher Anteil von Eigenaktivität, Selbstreflexion, Gruppenarbeit da sind. [...] Man könnte schon sagen, dass wir das für alle Bereiche als Qualitätskriterium ansehen, dass aber im BU einfach mehr zeitliche und praktische Möglichkeiten gegeben sind, vielfältige Dinge zu realisieren als in einem wöchentlichen Kursraster" (Ev. BW: 869–879). „Wir haben so ein paar Testkandidaten auch bei uns drin, wo man mal versucht, ob man mit kürzeren Formen auch arbeiten kann. Aber es ist dann einfach ein ganz anderes Arbeiten. Also, dieses, was jetzt auch unsere Dozenten kennen, dass viele Teilnehmer schätzen gelernt haben, dass man einen gewissen Spannungsbogen in den fünf Tagen hat, thematisch, aber auch sozial, und von der Konzentration her, die da möglich ist. Also, wenn man z. B. einen Bildungsurlaub der Politischen Bildung hat, da kann man am fünften Tag [...] ein anspruchsvolles Rollenspiel machen mit den Teilnehmenden, weil die über fünf Tage so in das Thema eingestiegen sind, emotional und von den Kenntnissen her, dass man dann wirklich am Schluss das alles nochmal zusammenführen kann. Das würde ich mir nicht zutrauen bei einer Gruppe, die sich Montag kennenlernt und am Mittwoch auseinandergeht. Da erwächst nicht so ein Vertrauen und da kann sich nicht so vieles verknüpfen, dass man dann wirklich so ein sehr befriedigendes und auch für die Teilnehmer sehr gutes Ergebnis erzielen kann" (ebd.: 233–245). „Ja, das Stichwort ist bei uns, wenn man will, so eine Art Leitbildwort für den Bildungsurlaub: Ein ‚Wir auf Zeit'. Diese intensive Wochen-Lebens- und -Lerngemeinschaft zu nutzen, um in einer Gruppe Austauschprozesse und Lernerfahrung zu ermöglichen, die zu Hause am Rechner oder in anderen Lernformen, die in Intervallen stattfinden, so nicht möglich wären. Und das bezieht sich vor allen Dingen auf Persönlichkeitsbildung, also biografische Themen, soziale Frage, aktuelle politische Themen und religiöse Wertefragen" (Ev. BW: 111–117).

Nicht nur das miteinander Lernen, die Auseinandersetzung mit einem Thema, sondern auch das miteinander Leben habe bildende Wirkung.

Auch in der *kulturellen Bildung* werden fast ausschließlich Kompaktkurse angeboten, da die Auseinandersetzung mit Kunst auf verschiedenen Ebenen diese

Zeit erfordere. Kürzere Formate eignen sich aus Sicht der Planerin nur für konkrete Lernziele, z.B. in technischen Bereichen wie der Fotografie:

„Ja, weil bestimmte Sachen lassen sich nicht in kurzer Zeit überhaupt bearbeiten. Also die brauchen einfach mehr Zeit. Die brauchen diese Zeit der Auseinandersetzung. Wenn man so klitzekleine Bausteine rausnehmen würden und sagt, das machen wir jetzt mal acht Stunden, dann kann das ja immer nur so ein Mosaiksteinchen von etwas Größerem sein. Da denke ich, sind so Sachen, wo ganz klare kurze Lernziele sind, wo man was mitnehmen kann für seinen Job, das ist wunderbar. Also EDV bietet sich da geradezu an. Aber wenn ich mich mit Kunst auf so vielen verschiedenen Ebenen auseinandersetzen möchte, das kriege ich nicht an zwei Tagen gebacken. Das macht keinen Sinn. Das kann dann immer nur so ein Schnuppern sein. Und so ein Schnuppern das können wir nicht als Bildungsurlaub konzipieren, das ist dann zu dünn. Da ist nicht genügend Gehalt drin. Deswegen kommen wir immer dazu, wir haben das überlegt, finden das auch attraktiv, aber haben da noch nicht die Kurve gekriegt, wirklich was zu finden, was man da sinnvoll machen kann. Das finde ich schwierig. Am ehesten so ein technischer Bereich vielleicht mit dem Fotografieren. Das könnte ich mir noch vorstellen. Aber so andere Sachen, da sehe ich schwarz. Also Bildende Kunst gar nicht. Und diese Musiksachen auch nicht. Das ist länger“ (VHS, KuBi: 270–284).

Im Bereich *Sprachen* wird die Kompaktwoche präferiert, weil sie ein intensives und effektives Erlernen der Fremdsprache mit für Kursleitende und Teilnehmende spürbaren Lernerfolgen ermöglicht. Das Kompaktformat bietet eine Vielfalt didaktisch-methodischer Möglichkeiten sowie gruppendynamische Vorteile:

„Es ist ne andere Situation, weil die Gruppendynamik ist ne völlig andere. Die Gruppe bleibt fest zusammen während der Woche. Im Kurs ist das typisch so, dass mal diese fehlen und mal jene und dann gibt's Leute, die gar nicht mehr kommen. Das ist ne Fluktuation. Und es ist ne lange Zeit zwischen den verschiedenen Unterrichtseinheiten, weil die Ferien dazwischen sind usw. Das ist alles sehr ineffektiv. Ein BU ist sehr viel effektiver, weil man 30-Stunden kompakt hat. Weil man von Tag zu Tag bzw. manchmal von einer Stunde zur anderen den Fortschritt selber sieht und weil man in der Gruppe zusammenbleibt. Und es ist möglich, wenn man sechs Unterrichtsstunden am Tag hat, auch mehr verschiedene Unterrichtsformen zu machen, mehr Aktivitäten mit Bewegung, mit Spiel, mit Partnerarbeit, Kleingruppenarbeit, einfach weil man mehr Zeit hat. Insofern kann man schon aus meiner Sicht besser arbeiten“ (VHS, Sprachen: 35).

Über die fachbereichsspezifischen Begründungen hinaus weisen die Befragten darauf hin, dass mit der Entwicklung neuer Veranstaltungsformate ein hoher konzeptioneller und organisatorischer Planungsaufwand verbunden sei (vgl. z.B. VHS, Sprachen: 157–168). Die Planenden sehen keine dringende Notwendigkeit, neue kurze Formate zu entwickeln, da die Kompaktwoche in allen Fachbereichen gut nachgefragt wird. Im Gegenteil, mit der Einführung neuer Formate befürchten die Planenden Risiken, wie der Verlust von Stammteilnehmenden, die das Langzeitformat schätzen und gewöhnt sind, oder das Entstehen einer Konkurrenzsituation mit großen Einrichtungen:

„Ich denke, das ist für die Akzeptanz des Bildungsurlaubs in der Wirtschaft ein Vorteil, dass es da jetzt unterschiedliche Settings ermöglicht. Aber wir sind eben ein kleines Spezialgeschäft für diese Form von ‚Lebenslerngemeinschaften für eine Woche'. Und jetzt plötzlich anzufangen mit Kurzformen, da würden wir die Leute verlieren, die bisher gerne mit uns fahren. Und wenn es alle machen, würden wir da wahrscheinlich auch nur in einer heftigen Konkurrenz mit den großen Einrichtungen landen. So dass wir gesagt haben, so lange dieses Programm noch eine gute Resonanz hat mit diesen relativ großen Formaten, gibt's keinen Grund das nicht beizubehalten. Das ist ein gewisser Konservatismus bei uns vorhanden, weil wir sagen, warum sollen wir etwas ändern, was jetzt von unserer Klientel her nach wie vor geschätzt wird" (Ev. BW: 211–219).

Kurzzeitformate wurden zwar probeweise eingeführt, aber wieder abgeschafft, da sie – bis auf wenige Ausnahmen im Anschluss an Feiertage oder Wochenendseminare – nicht nachgefragt wurden; weder von den Stammteilnehmenden noch von neuen Zielgruppen.

Über die Ursachen der fehlenden Nachfrage ist nichts bekannt. Die Planenden vermuten, dass BU im Langzeitformat eine lange Tradition hat und bei den Stammteilnehmenden (Belegschaft in großen Betrieben) in die Schichtdienstpläne integriert ist. Der Besuch kürzerer Formate sei hingegen mit Umorganisation und Rechenaufwand verbunden. Die Stammteilnehmenden schätzen das Langzeitformat, weil es den Vorteil bietet, eine Woche aus dem Betrieb herauszukommen. Auch die Hoffnung mit den kürzeren Formaten neue Zielgruppen, wie Mitarbeitende von kleinen und mittleren Unternehmen, anzusprechen, hat sich nicht erfüllt, wahrscheinlich, so die Vermutungen der Befragten, wurde das neue Format noch nicht ausreichend beworben, eventuell spricht das Image des Trägers die neue Zielgruppe der KMU-Mitarbeitenden nicht an (vgl. u.a. Wisoak, PB: 265–281).

8.4.2 Öffnung regulärer Seminare

Die Anbieter der beruflichen Bildung nutzen die Gesetzesänderung insofern, als dass sie regulär angebotene Seminare mit weniger als fünf Tagen nun auch als Bildungsurlaub ausschreiben (öffentlich anerkannte Einrichtungen) bzw. auf Anfrage der Teilnehmenden eine Bildungsurlaubsanerkennung für die Seminare bei der senatorischen Behörde beantragen (gewerbliche Anbieter). In der Regel fließen keine bildungsurlaubsspezifischen konzeptionellen Überlegungen in die Angebotsplanung ein (vgl. z.B. Fortbildung direkt: 39–48). Berücksichtigt wird lediglich die zeitliche Vorgabe.

Durch die faktische Gleichsetzung von BU-Angeboten und regulären Seminaren wird die ursprüngliche BU-Idee aufgelöst.

8.4.3 Entwicklung neuer Formate

In nur einer Weiterbildungseinrichtung werden neue Veranstaltungsformate für Bildungsurlaub, z.B. gesplittete Bildungsurlaube, konzipiert. Die befragte Planerin der Wisoak erläutert die verschiedenen Varianten der Formatgestaltung in der beruflichen Bildung unter Berücksichtigung der Lerninteressen der Teilnehmenden:

„Also, ich finde das Kurzzeitformat nicht schlecht, weil es gibt so Inhalte, da muss man jetzt nicht die ganze Woche dran rumbasteln“ (Wisoak, BB: 33f.). „[…] weil ich zufälliger Weise aus der Beratung weiß, es gibt wirklich Leute, die gehen in, was weiß ich, in Excel-Kurs, die können das, außer Diagramme zu machen mit Excel. Und dann gehen die in den Kurs, nur weil in diesem Kurs auch das Thema Diagramme dran kommt. Das ist ja völlig ineffektiv!“ (ebd.: 65–69) „Das sind so Spezialthemen. […] Also, das klappt nicht immer, ne? Weil man muss eben, man muss es gut rauslösen können, die Voraussetzungen für die Teilnehmer müssen eindeutig zu definieren sein, sonst hat's keinen Sinn. Also, da probiere ich auch noch ein bisschen aus“ (ebd.: 73–76). „Da muss man auch immer schon sehr von den Kunden her denken, wenn man plant. Und sich schon sehr viele Gedanken machen über die Formate, die man da wählt“ (ebd.: 142f.). „Z.B. Zeitmanagement, klassischer 2-Tage-Bildungsurlaub. Und der ist für mich deswegen spannend, weil diese neuen Formate es einem erlauben, dass man die Tage nicht alle aneinanderhängen muss. Und Zeitmanagement ist ein klassisches Beispiel, das hab ich aufgebaut. Es gibt einen Tag, da kommen alle zusammen, lernen also das wichtigste Handwerkszeug kennen, ne? Alpenmethode, Prioritäten setzen, all diesen Kram. Und dann haben sie vier oder fünf Wochen Zeit ungefähr und erproben sich in ihrem Arbeitsalltag im Allgemeinen. Und danach kommt ein zweiter Tag – ist ein zweitägiger Bildungsurlaub – und da werten sie dann aus die Erfahrungen, die sie gemacht haben und beraten sich mit der Dozentin, wo und wie sie noch was verbessern können und so weiter“ (ebd.: 144–152). „Und dann gibt es eben Dinge, grade so im Grundlagenbereich, wo dann ja auch Leute kommen, die vielleicht ein bisschen Lernschwierigkeiten damit haben, da ist es dann schon gut, so eine Kompaktwoche zu haben, jeden Tag sechs Unterrichtsstunden, also auch nicht überfordert werden“ (ebd.: 160–163).

Die befragte Planerin wählt die Formate differenziert nach Wissensniveau aus: Während Grundlagenwissen in Kompaktkursen vermittelt und angewendet wird, können spezifische Inhalte und Themen (Aufbau-/Vertiefungswissen) sowie spezielle Anliegen (z.B. Indesign, Serienbriefe gestalten, Access-Aufbauwissen usw.) effektiv in Kurzzeitformaten behandelt werden. Die zeitliche Flexibilisierung der Veranstaltungsformte ermögliche ein modularisiertes, passgenaues Konzept, das effektives Lernen für spezielle Anliegen ermöglicht. Dies setzt jedoch klar abgrenzbare Qualifikationserfordernisse voraus sowie die Definition der Teilnahmevoraussetzungen.

8.4.4 Vergleichende Analyse: Einrichtungs- und fachbereichsspezifische Formatentscheidungen

Die folgende Matrix stellt die Häufigkeitsverteilungen der Formate in den einzelnen Weiterbildungseinrichtungen dar. Die Zahlen geben die Anzahl der Formate wieder. Zusätzlich werden die Fachbereiche benannt.

Ein Lesebeispiel: Die VHS Bremen bietet sieben eintägige BU-Veranstaltungen in den Bereichen EDV und Schlüsselqualifikationen an.

Tabelle 20: Interorganisationaler und intersektoraler Vergleich der BU-Formate

Formate	5–6 Tage	4 Tage	3-Tage	2-Tage	1-Tag	8–12 Tage	Gesplittet, z.B. 1+2
VHS	262	3 EDV, Schlüsselqualifikation, Kulturelle Bildung	9 EDV, Schlüsselqualifikation, Gesundheitsbildung	15 EDV, Schlüsselqualifikation, Kulturelle Bildung, Gesundheitsbildung	7 EDV, Schlüsselqualifikation	22 Auslandssprachkurse, Kulturelle Bildung	
VHS BHV	25	3 Gesundheitsbildung, Englisch, EDV	3 EDV, Französisch, berufliche Qualifizierung	7 Schlüsselqualifikation, Englisch, EDV	1		
Wisoak	217	4 Politische Bildung	4 EDV, Schlüsselqualifikation	28 EDV, Schlüsselqualifikation	32 EDV, Schlüsselqualifikation		2 Schlüsselqualifikation
AuL B	53	1	9 Politische Bildung	7 Politische Bildung			
AuL BHV	17	1	2				
bfw	13						
DAA	9						
Ev. BW	24		2				
LSB	22		2	1			
AdH	4						
BWU	11			17 Schlüsselqualifikation, berufliche Qualifizierung	36 Schlüsselqualifikation, berufliche Qualifizierung		
Hand-WERK	5		1	6	1	9 berufliche Qualifizierung	
ibs	5						
PBW	3						
Fortb. direkt	1		3			3	
ILS	4					3	
Berlitz	3						

Aus der Tabelle geht hervor, dass es im Bremer BU-Gesamtangebot ein- bis 12-tägige BU-Formate sowie gesplittete Formate (1+2 Tage) gibt, wobei der überwiegende Teil der BU-Veranstaltungen im fünftägigen Kompaktkursformat angeboten wird.

Betrachtet man die Verteilung der Formate nach *Weiterbildungseinrichtungen*, fällt auf, dass fast alle öffentlich anerkannten Weiterbildungseinrichtungen (Wisoak, VHS Bremen/ Bremerhaven, Arbeit und Leben Bremen/ Bremerhaven, Evangelisches Bildungswerk, Berufsfortbildungswerk des DGB, Deutsche Angestellten Akademie, Bildungswerk des Landessportbundes, Akademie des Handwerks, Institut für Berufs- und Sozialpädagogik und Paritätisches Bildungswerk) und auch der gewerbliche Anbieter Berlitz überwiegend die Kompaktwoche anbieten. Beispielsweise bietet die VHS Bremen 262 fünftägige Kompaktkurse, aber nur drei viertägige, neun dreitägige, 15 zweitägige und sieben eintägige Formate an. Darüber hinaus bietet die VHS Bremen 22 acht- bis 12-tägige Formate an, u.a. Auslandssprachkurse. Im Unterschied dazu dominieren bei dem Bildungszentrum der Wirtschaft, der HandWERK gGmbH und der Fortbildung direkt andere Formate als die Kompaktwoche. Das BWU beispielsweise bietet 36 eintägige, 17 zweitägige und nur 11 fünftägige BU-Formate an. Wie auch schon bei den Zielen, Adressaten und Themen bilden sich auch in den Formatentscheidungen trägerspezifische Differenzlinien zwischen öffentlichen und gewerblichen Weiterbildungseinrichtungen sowie zwischen gewerkschaftlichen und von Unternehmensverbänden getragenen Weiterbildungseinrichtungen ab.

Im Hinblick auf die *Fachbereiche* wird deutlich, dass die meisten Kurzzeitformate in der beruflichen Bildung in den Bereichen Schlüsselqualifikationen, EDV und berufliche Qualifizierungen zu finden sind. In den anderen Fachbereichen sind Kurzzeitformate nur vereinzelt im Programm vertreten. Neben der fünftägigen Kompaktwoche und den Kurzzeitformaten gibt es zudem Langzeitformate (acht- bis 12-tägig), die meist im Rahmen von Sprachreisen sowie längerfristiger beruflicher Qualifizierungen angeboten werden.

8.4.5 Zwischenfazit: Die Kompaktwoche als zentrales didaktisches Prinzip des Bildungsurlaubs in der politischen und allgemeinen Bildung

Die Interviewauswertungen zeigen, dass die Formatauswahl unmittelbar mit den pädagogischen Zielen des Bildungsurlaubs zusammenhängt: In der politischen und allgemeinen Bildung halten die Planenden an der Kompaktwoche fest und entscheiden sich begründet gegen kürzere Formate, da die Kompaktwoche als unabdingbar für die dem Bildungsurlaub zugeschriebenen Funktionen gilt, wie seine Lern- und Bildungsfunktion (biografische Reflexionsfähigkeit, Ausdifferenzierung von Emotionen und Beziehungsfähigkeit, neue Lernformen erlernen, neue Bildungsinteressen entwickeln, Räume für Regeneration und Entschleunigung in Zeiten von Arbeitsverdichtung eröffnen), seine Kompensationsfunktion (Zugänge zu Bildung ermöglichen, negative Schulerfahrungen bewältigen, Bildungsurlaub als Initialzündung für Lebenslanges Lernen, Lernanschlüsse eröffnen) und seine Demokratisierungsfunktion (Bildungsurlaub als milieu- und generationenübergreifender öffentlicher Diskussionsort, als Raum für politische Willensbildung und Auslotung gesellschaftlicher Partizipationsmöglichkeiten).

Im Unterschied zur politischen und allgemeinen Bildung werden in der beruflichen Bildung auch kurze Formate für klar abgrenzbare Qualifikationsbausteine angeboten.

9. Empirische Befunde zu den Begründungslogiken

Auf der Grundlage der Befunde zu den diskursiven Praktiken der Programmplanung und den BU-Konzeptionen als Diskurseffekte lassen sich drei Bezugshorizonte identifizieren, an denen sich die pädagogischen Mitarbeitenden bei der Angebotsplanung von Bildungsurlaubsveranstaltungen orientieren: erwachsenenpädagogische Prinzipien (Kapitel 9.1), gesellschafts- und weiterbildungspolitische Ansprüche an Bildungsurlaub (Kapitel 9.2) und ökonomische Kriterien (Kapitel 9.3).

9.1 Erwachsenenpädagogischer Bezugshorizont

Die Planenden der öffentlich geförderten Weiterbildungseinrichtungen begründen die Bedeutung des Bildungsurlaubs aus erwachsenenpädagogischer Sicht, d.h. sie führen lern- und bildungstheoretische, wissenstheoretische, biografietheoretische, beziehungstheoretische, emotionstheoretische, zeittheoretische und didaktisch-methodische Argumente zur Begründung der Notwendigkeit und den Möglichkeiten des Bildungsurlaubs an.

Zur Erläuterung werden exemplarisch paraphrasierte Aussagen aus den Interviews in der folgenden Tabelle angeführt.

Tabelle 21: Erwachsenenpädagogische Begründungslogiken

Referenz	Paraphrasierte Beispielaussagen aus den Interviews
Lern- und Bildungsprozesse	Im Bildungsurlaub setzen sich die Teilnehmenden intensiv mit sich selbst und ihrer Umwelt auseinander. (Wisoak, PB; AuL) Im Bildungsurlaub entwickeln die Teilnehmenden neue Interessen und wollen sich nach dem Bildungsurlaub mit den Themen weiterbeschäftigen. (AuL) Im Bildungsurlaub erlernen die Teilnehmenden neue Lernformen. (AuL)
Wissenserwerb	Im Bildungsurlaub erschließen sich die Teilnehmenden systematisch neue Wissensfelder (alle Anbieter) bzw. aktualisieren bestehende Wissensbestände (BWU). Im Bildungsurlaub werden unterschiedliche Wissensniveaus angeboten: Für Anfänger wird Grundlagenwissen angeboten, für Fortgeschrittene Vertiefungs- und Spezialisierungswissen (Anbieter der Beruflichen Bildung und der Fremdsprachenbildung)
Biografische Reflexion	Im Bildungsurlaub haben die Teilnehmenden Zeit, sich selbst und ihr Handeln in Frage zu stellen, über Elemente ihres Lebens zu reflektieren und verschiedene Rollen auszuprobieren. (Wisoak, PB; AuL)
Beziehungsfähigkeit	Im Bildungsurlaub setzen sich die Teilnehmenden mit fremden Menschen auseinander, bauen Vertrauen auf, tauschen sich über Themen, aber auch familiäre und persönliche Dinge aus, teilen ein Stück Leben miteinander, bilden ein „Wir auf Zeit". (Ev. BW; VHS; AuL)
Emotionalität	Im Bildungsurlaub werden die Teilnehmenden zu einer neuen Begegnung mit sich selbst eingeladen, Emotionen und Gefühlsäußerungen werden entlockt (AuL), die Teilnehmenden spüren den eigenen Körper (Anbieter der Gesundheitsbildung).
Entschleunigung/ Zeit	Bildungsurlaub unterbricht die alltäglichen Verpflichtungen. Die Teilnehmenden können im Gegensatz zum Berufsalltag, zur Arbeitsverdichtung, zu sich kommen, entschleunigen, entstressen, sich regenerieren. (Ev. BW; AuL; VHS GB)
Didaktik/ Methodik	Im Bildungsurlaub können verschiedene Unterrichtsformen, Aktivitäten mit Bewegung und Spiel, Partnerarbeit, Kleingruppenarbeit, Rollenspiele und Exkursionen realisiert werden. (Ev. BW)

Nach Einschätzung der Planenden ermöglicht der Bildungsurlaub den Kursleitenden eine didaktisch-methodische Vielfalt und den Teilnehmenden eine intensive inhaltliche Auseinandersetzung mit einem bestimmten Thema, aber auch die Begegnung mit sich selbst und mit anderen Menschen. Bildungsurlaub unterbricht den Alltag und eröffnet Räume der Regeneration und Entschleunigung, sodass sich die Teilnehmenden auf kognitive, biografische, soziale und emotionale Lern- und Bildungsprozesse einlassen, neue Lernformen erlernen und neue Bildungsinteressen entwickeln können.

9.2 Gesellschaftspolitischer Bezugshorizont

Die befragten Planenden der gewerkschaftlichen Weiterbildungseinrichtungen und der konfessionellen Weiterbildungseinrichtung legitimieren den Bildungsurlaub aus gesellschafts- bzw. weiterbildungspolitischer Sicht und betonen die Demokratisierungsfunktion, Kompensationsfunktion und Teilhabefunktion des Bildungsurlaubs:

Tabelle 22: Gesellschaftspolitische Begründungslogiken

Referenz	Paraphrasierte Beispielaussagen aus den Interviews
Demokratisierung	Der Bildungsurlaub springt in die Lücke der zerfallenden Öffentlichkeit in der Gesellschaft und stellt einen milieu- und generationenübergreifenden öffentlichen Diskussionsort dar. Die Teilnehmenden lernen in ihrer Verschiedenheit miteinander klarzukommen. Sie erfahren, dass sie ernst genommen werden, dass ihre Position gefragt ist, dass sie selbst Gestaltungsmöglichkeiten haben, aber auch – in der Auseinandersetzung mit gesellschaftlichen Strukturen – wo die Grenzen ihrer eigenen Verantwortung liegen. (Ev. BW, AuL, Wisoak)
Kompensation	Im Bildungsurlaub können schlechte Schulerfahrungen kompensiert werden. (Wisoak, PB)
Bildungsteilhabe	Mit Bildungsurlaub werden auch Menschen erreicht, deren Bildungskarriere frühzeitig abgebrochen ist. (Wisoak, PB)

Der Bildungsurlaub eröffnet, so die Einschätzung der Planenden, Zugänge zu Bildung und unterstützt bei der Bewältigung negativer Schulerfahrungen. Er hat damit eine hohe weiterbildungspolitische Bedeutung (Kompensationsfunktion und Bildungsteilhabe). Zudem stellt der Bildungsurlaub aus Sicht der Befragten ein milieu- und generationenübergreifender öffentlicher Diskussionsort dar: Menschen aus verschiedenen Generationen und Milieus lernen und leben über eine Woche gemeinsam und machen damit eine wichtige soziale Erfahrung, die von hoher gesellschaftspolitischer Relevanz für den demokratischen Zusammenhalt einer Gesellschaft ist.

9.3 Ökonomischer Bezugshorizont

Alle Weiterbildungseinrichtungen, insbesondere die gewerblichen Weiterbildungsanbieter und die von den Unternehmensverbänden getragenen Anbieter, orientieren sich am ökonomischen Bezugshorizont, d.h. sie legitimieren den Bildungsurlaub, indem sie auf ökonomische Kategorien, wie Nutzen, Effizienz/ Effektivität, Nachfrage, Wettbewerb, Markt, rekurrieren:

Tabelle 23: Ökonomische Begründungslogiken

Referenz	Paraphrasierte Beispielaussagen aus den Interviews
Nutzen	Der Bildungsurlaub muss sowohl einen Nutzen für den Arbeitgeber als auch für die Arbeitnehmenden haben. (fortbildung direkt) Durch Bildungsurlaub gewinnen die Arbeitnehmenden an Mehrwert. (Berlitz)
Effizienz/ Effektivität	Das Lernen im Bildungsurlaub ist intensiver, effektiver und effizienter, weil die Lernfortschritte größer sind. (VHS, Sprachen; Berlitz, Wisoak, BB)
Nachfrage	Es gibt keine Veranlassung kürzere Formate anzubieten, weil die Langzeitformate sehr gut nachgefragt werden. (Ev. BW, VHS Sprachen)
Wettbewerb	Die Einrichtung ist ein Spezialgeschäft für das Format „Lebenslerngemeinschaft für eine Woche"; ihr Image ist damit verknüpft. Eine Umsteuerung auf kürzere Formate würde zu einer Konkurrenz mit großen Einrichtungen und gewerblichen Anbietern führen. (Ev. BW)

In den Argumentationen ist eine dominante Anlehnung an die Marktlogik erkennbar: Bildungsurlaub wird als Investition begriffen, die sich im ökonomischen Sinne für den Arbeitgeber lohnt, da die Mitarbeitenden an „Mehrwert" (Berlitz) gewinnen.

9.4 Vergleichende Analyse: Einrichtungs- und fachbereichsspezifische Begründungslogiken

Die Begründungslogiken weisen sowohl eine Einrichtungsspezifik als auch eine Fachbereichsspezifik auf.

Der *interorganisationale Vergleich* belegt, dass die öffentlich anerkannten Weiterbildungseinrichtungen VHS, Wisoak, Evangelisches Bildungswerk sowie Arbeit und Leben eine eigenständige erwachsenenpädagogische Begründungslogik entwickelt haben. Bei den gewerkschaftlichen Weiterbildungseinrichtungen Wisoak und Arbeit und Leben ist zudem eine dominante Anlehnung am gesellschaftspolitischen Bezugshorizont erkennbar. Die gewerblichen Weiterbildungsanbieter Fortbildung direkt, ILS und Berlitz sowie das Bildungszentrum der Wirtschaft orientieren sich hingegen primär am ökonomischen Bezugshorizont. Insgesamt betrachtet, argumentieren die öffentlich anerkannten Weiterbildungseinrichtungen deutlich breiter als die gewerblichen Weiterbildungsanbieter. Die Begründungstiefe hängt mit dem Stellenwert von Bildungsurlaub in dem jeweiligen Programmbereich und der Einrichtung zusammen: In der politischen Bildung hat Bildungsurlaub die größte Bedeutung, weswegen hier auch die Begründungszusammenhänge am ausdifferenziertesten sind.

Der *intersektorale Vergleich* zeigt, dass in der beruflichen Bildung eine primäre Orientierung am ökonomischen Bezugshorizont, d.h. an den Bedarfen der Industrie und Wirtschaft, vorherrscht. Die politische Bildung begründet sich primär aus gesellschaftspolitischen Ansprüchen. Für die kulturelle Bildung kann eine dominante Anlehnung am erwachsenenpädagogischen Bezugshorizont konstatiert werden. Die Gesundheitsbildung und die Fremdsprachen orientieren sich je nach Träger an allen drei Bezugshorizonten.

In dem Schaubild werden die drei Bezugshorizonte abgebildet und exemplarisch Weiterbildungseinrichtungen sowie Fachbereiche verortet. Dargestellt wird die jeweils dominante Orientierung an einen Bezugshorizont. Das bedeutet nicht, dass dies die einzige Referenz ist. Die Pfeile deuten an, dass sich die Einrichtungen bzw. Fachbereiche auch an den anderen Bezugshorizonten orientieren.

Abbildung 3: Einrichtungs- und fachbereichsspezifische Begründungslogiken für Bildungsurlaub

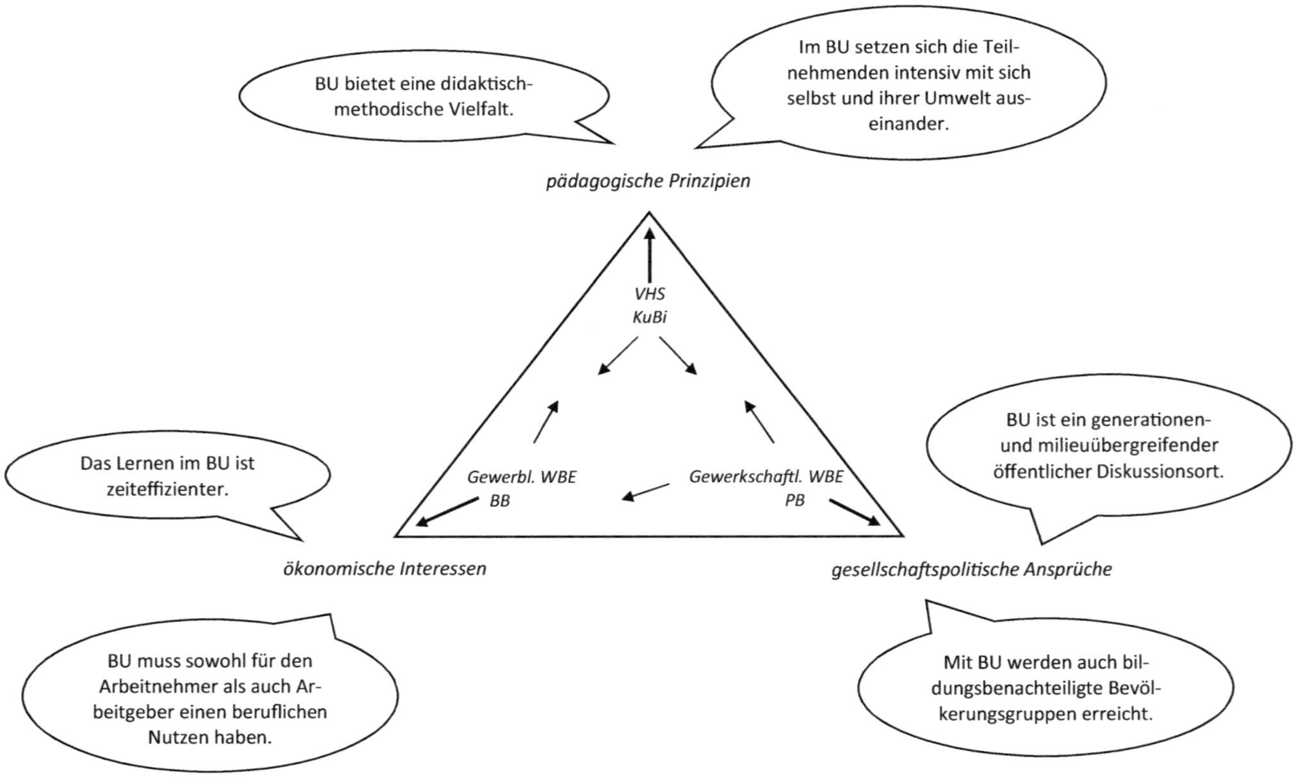

9.5 Zwischenfazit: Relative Autonomie in Abhängigkeit vom Träger

In Bezug auf die Frage nach der relativen Autonomie der EB/WB bestätigen die Befunde einerseits die Befunde vorliegender Diskursanalysen (vgl. Forneck 2009; Rosenberg 2015), die dem Weiterbildungsfeld eine geringe Autonomie bescheinigen. Insbesondere bei den gewerblichen Anbietern und bei den von den Unternehmensverbänden getragenen Weiterbildungseinrichtungen wird deutlich, dass Weiterbildung für ökonomische Zwecke in den Dienst genommen wird: Die gewerblichen Weiterbildungsanbieter und das Bildungszentrum der Wirtschaft orientieren sich primär an den Arbeitgeberinteressen und den wirtschaftlichen Bedarfen (ökonomischer Bezugshorizont). Die Planenden betonen den beruflichen Nutzen für den Arbeitgeber, Bildungsurlaub wird unter einer Verwertungsperspektive ausgelegt, gesellschafts- und weiterbildungspolitische Ziele spielen kaum eine Rolle. Der Fokus richtet sich auf direkt verwertbares, „nützliches" Wissen für einen berufsbezogenen Kompetenzerwerb. Dies könnte einerseits zu einer höheren Akzeptanz von Bildungsurlaub bei den Unternehmen beitragen, führt aber andererseits zu einer Funktionsverschiebung von Bildungsurlaub. Es besteht die Gefahr der Instrumentalisierung des Bildungsurlaubs für betriebliche Zwecke.

Andererseits zeigen die Befunde aber auch, dass sich die öffentlich geförderten Weiterbildungseinrichtungen durchaus an einer erwachsenenpädagogischen Eigenlogik orientieren und diese auch gegenüber ökonomischen und politischen Ansprüchen „verteidigen". Mit ihren Argumentationen schließen die Planenden der öffentlichen Weiterbildungseinrichtungen an die gesellschafts- und weiterbildungspolitischen Begründungen an, mit denen der Bildungsurlaub in der Konstitutionsphase eingeführt wurde (Herstellung von Chancengleichheit, Verbesserung der Lebenslage der Arbeitnehmenden), und differenzieren diese aus.

Der Grad der Autonomie, so die These im Anschluss an die vorliegenden Befunde, variiert in den Weiterbildungseinrichtungen in Abhängigkeit vom Träger bzw. der finanziellen Existenzgrundlage. Die Befunde verweisen zum einen auf die Notwendigkeit einer stabilen öffentlichen Förderung, die Voraussetzung für professionelles pädagogisch begründetes Angleichungshandeln ist. Zum anderen verweisen die Befunde auf die Notwendigkeit erwachsenenpädagogischer Begriffs- und Theoriebildungen sowie auf die erwachsenenpädagogische Professionalisierung des Weiterbildungspersonals, damit die Planenden ihre Arbeit gegenüber anderen Interessenvertretern erwachsenenpädagogisch begründen können.

10. Zusammenführung der empirischen Befunde aus diskursanalytischer Sicht

Aus diskursanalytischer Sicht lassen sich die empirischen Befunde zu den Planungsstrategien, Konzeptionen und Begründungslogiken zu drei Bildungsurlaubsspezialdiskursen der EB/WB-Praxis verdichten: Der erste Spezialdiskurs knüpft an den gesellschaftspolitischen Diskurs der 1960er/1970er Jahre an und begründet den Bildungsurlaub als gesellschaftspolitisches Instrument. Der zweite Spezialdiskurs schließt an den Ökonomisierungsdiskurs der 1990er Jahre an und bestimmt Bildungsurlaub als Instrument beruflich-betrieblicher Qualifizierung. Der dritte Spezialdiskurs begründet sich aus einer erwachsenenpädagogischen Eigenlogik heraus und bestimmt Bildungsurlaub als temporale Ressource und Instrument freiheitlicher Bildungspartizipation.

Die folgende Tabelle gibt einen Überblick über die herausgearbeiteten Merkmale und stellt die Planungsstrategien, Konzeptionen (Ziele, Adressat/inn/en, Themen, Formate) und Begründungslogiken vergleichend gegenüber. Exemplarisch werden den drei Spezialdiskursen BU-Angebote, Interviewzitate und Weiterbildungseinrichtungen zugeordnet, die die Spezialdiskurse hauptsächlich (aber nicht ausschließlich) (re-)produzieren.

Tabelle 24: BU-Spezialdiskurse der WB-Praxis

	BU als gesellschaftspolitisches Instrument	**BU als Instrument beruflich-betrieblicher Qualifizierung**	**BU als temporale Ressource und Instrument freiheitlicher Bildungspartizipation**
Bezugshorizont und rezipierte Diskurse	Gesellschaftspolitischer Bezugshorizont im Anschluss an die Konstitutionsphase (1960er/1970er Jahre); Diskurskoalition mit Gewerkschaften	Ökonomischer Bezugshorizont (Marktlogik) im Anschluss an die Transformationsphase (1990er Jahre); Diskurskoalition mit Arbeitgeberverbänden	Erwachsenenpädagogischer Bezugshorizont; Diskurskoalition mit der EB-Wissenschaft
Zitate	„Wir haben ein Konzept, das sich sehr an den Arbeitnehmerinneninteressen orientiert. Im Grunde genommen geht jedes Seminar ein auf Arbeitsbedingungen, auf die Möglichkeit der Partizipation nicht nur im gesellschaftlichen Alltag, sondern auch im Arbeitsalltag. Und wir arbeiten da sehr eng auch mit den Interessen der Teilnehmerinnen" (AuL: 76–81).	„Wir orientieren uns also nicht, wie es manche Träger machen, nach dem Motto: Was kann ich irgendwie verkaufen, wofür finde ich irgendwie einen Teilnehmer? Nach dem Motto: ‚Teetrinken auf Samoa' oder sowas. Sondern wir orientieren uns an den Bedarfen tatsächlich in der Wirtschaft" (Fortbildung direkt: 35–38).	„Und es geht immer um die Frage: Wie kann ich Menschen darin stärken, mit der eigenen Gesundheit autonom umzugehen ohne die Gesellschaft aus der Pflicht zu lassen über ein vernünftiges Gesundheitswesen eben auch die Versorgung sicher zu stellen. (…) Also, sich nicht nur auf Experten verlassen, nicht ständig zum Arzt rennen bei jeder kleinen Geschichte, sondern einfach seinen Körper auch besser kennen lernen" (VHS, GB: 796–800).
Planungsstrategien	orientiert an gesellschaftspolitischen Erfordernissen; expansive Planungsstrategien	orientiert an wirtschaftlichen Bedarfen und betrieblichen Interessen; defensive Planungsstrategien	orientiert an gesellschaftlichen Bedarfen und individuellen Bedürfnissen

	BU als gesellschaftspolitisches Instrument	BU als Instrument beruflich-betrieblicher Qualifizierung	BU als temporale Ressource und Instrument freiheitlicher Bildungspartizipation
Ziele	Herstellung von Chancengleichheit, insbesondere für bildungsbenachteiligte Zielgruppen, Förderung der Mitbestimmung im betrieblichen und gesellschaftlichen Kontext	Beruflich-betriebliche Qualifizierung	Ermöglichung vielfältiger Lern- und Bildungsprozesse, Förderung von Mündigkeit, Autonomie und kritischer Reflexion sowie biografischer Reflexionsfähigkeit, Beziehungsfähigkeit und Ausdifferenzierung von Emotionalität
Adressaten	bildungsbenachteiligte Zielgruppen	Spezifische Berufsgruppen	Alle
Themen	politische Bildung	berufsgruppenspezifisches Fachwissen	breites Themenspektrum: PB, KuBi, GB, Sprachen, BB
Formate	fünftägige Kompaktwoche	i.d.R. Öffnung regulärer Seminare (Kurzzeitformate)	verschiedene, bedarfs- und bedürfnisgerechte Formate
Beispielkurse	„Arbeitnehmerrechte in Betrieb und Gesellschaft – kommunizieren und argumentieren im Betrieb“ (AuL) „Arbeitsdruck und innere Erschöpfung – Wege zur Bewahrung von Engagement in Beruf und Alltag“ (Wisoak)	„Betriebsbeauftragter für Abfall“ (Fortbildung direkt); „Optimierte Materialdisposition“ (Fortbildung direkt)	„Die Welt unter einem Dach - Das Übersee-Museum“ (VHS); „Wie das Internet unser Leben bestimmt“ (VHS)
Anbieter	gewerkschaftliche WBE (PB)	Gewerbliche WBE, WBE der Unternehmensverbände	VHS

Von den öffentlich anerkannten Weiterbildungseinrichtungen, insbesondere den gewerkschaftlichen, politischen BU-Anbietern, wird Bildungsurlaub im Anschluss an die „ursprüngliche Bildungsurlaubsidee“ der 1960er und 1970er

Jahre *gesellschaftspolitisch* begründet. Die beiden zentralen Ziele aus der Konstitutionsphase des Bildungsurlaubs (Herstellung von Chancengleichheit und Förderung der Mitbestimmung) werden aufgegriffen. Dementsprechend orientiert sich die Angebotsplanung primär an gesellschaftspolitischen Erfordernissen, bildungsbenachteiligte Zielgruppen stehen im Fokus und thematisch geht es überwiegend um politische Bildung. Die fünftägige Kompaktwoche stellt eine wesentliche Säule der Konzeption dar, sie gilt den Planenden als unabdingbar für die dem Bildungsurlaub zugeschriebenen Funktionen.

Im Vergleich zu den Befunden früherer Studien lässt sich feststellen, dass sich die Planenden der gewerkschaftlichen Weiterbildungseinrichtungen in der politischen Bildung heute wie damals (vgl. Hindrichs et al. 1984) vorrangig an den vermuteten Arbeitnehmerinteressen orientieren. Die Berufsorientierung, d.h. die Analyse und kritische Reflexion der beruflichen Situation (vgl. Siebert 1972), lässt sich nach wie vor als zentrales didaktisches Prinzip des Bildungsurlaubs erkennen. Auch sehen die Planenden nach wie vor die zentrale Aufgabe politischer Bildung darin, Zusammenhänge zwischen gesellschaftlichen und individuellen Problemlagen herzustellen (vgl. Hindrichs et al. 1984). Die Motivation zur Mitarbeit in der Gewerkschaft scheint hingegen nicht mehr die Hauptintention der befragten Planenden zu sein, wie dies noch Hindrichs et al. (1984) konstatierten. Die Weiterbildungseinrichtungen erreichen noch immer trägerunspezifische Zielgruppen (vgl. Hindrichs et al. 1984) und haben bildungsbenachteiligte Zielgruppen im Blick (vgl. Kejcz et al. 1979). Allerdings hat sich die Zuschreibung, wer als bildungsbenachteiligt gilt gewandelt.

Im Unterschied zu den gewerkschaftlichen Weiterbildungseinrichtungen legen die gewerblichen Weiterbildungsanbieter und die von den Unternehmensverbänden getragenen Weiterbildungsanbieter den Bildungsurlaub als *Instrument beruflich-betrieblicher Qualifizierung* aus. Die Anbieter orientieren sich am ökonomischen Bezugshorizont und greifen den neoliberalen Modernisierungsdiskurs der 1990er Jahre auf, der durch eine zunehmende Wirtschafts-, Berufs- und Arbeitsorientierung gekennzeichnet ist. Betont wird der berufliche Nutzen des Bildungsurlaubs für Arbeitgeber und Arbeitnehmende. Das Ziel besteht in einer beruflich-betrieblichen Qualifizierung im engeren Sinne, d.h. die BU-Angebote weisen häufig einen unmittelbaren Tätigkeits- bzw. Arbeitsplatzbezug auf. Dementsprechend werden spezifische Berufsgruppen, Branchen bzw. Funktions- und Statusgruppen adressiert, und die Angebote im Zugang beschränkt. Thematisch wird spezifisches berufliches Fachwissen vermittelt. Meist handelt es sich um regulär angebotene Seminare beruflicher Bildung, die für Bildungsurlaub geöffnet werden. Die BU-Angebote unterscheiden sich konzeptionell nicht von anderen beruflichen Weiterbildungsformaten. Das Bildungsverständnis ist eng auf beruflich-betriebliche Interessen fokussiert.

Ein weiter Bildungsbegriff, der Persönlichkeitsentwicklung und Identitätsbildung, emotionale Bildung und leiblich-physische Stabilisierung, demokratische Teilhabe sowie Beruflichkeit, Arbeitsfähigkeit und Employability umfasst (vgl. hierzu auch Robak 2015a: 48), liegt hingegen der Bildungsarbeit der öffentlich anerkannten Weiterbildungseinrichtungen, insbesondere den Volkshochschulen zu Grunde. Angesichts aktueller gesellschaftlicher Herausforderungen, wie individualisierte und pluralisierte Lebensverläufe, zunehmende Arbeitsverdichtung und exponentielle Wissenszunahme, begründen die Planenden den Bildungsurlaub aus erwachsenenpädagogischer Sicht als *temporale Ressource zur Realisierung lebenslangen Lernens und als Instrument zur freiheitlichen Bildungspartizipation*. Die Angebotsplanung orientiert sich an gesellschaftlichen Bedarfen und individuellen Bedürfnissen und zielt auf die Ermöglichung vielfältiger Lern- und Bildungsprozesse, die Förderung von Mündigkeit, Autonomie und kritischer Reflexion sowie biografischer Reflexionsfähigkeit, Beziehungsfähigkeit und Ausdifferenzierung von Emotionalität (vgl. hierzu Gieseke 2007). Die Themen und Formate sind dementsprechend vielfältig und bedienen differenzielle Lern-Verwertungsinteressen der Teilnehmenden.

Die Beispielkurse und die exemplarisch ausgewählten Interviewzitate in der Tabelle verdeutlichen die Differenzen zwischen den BU-Spezialdiskursen. Während die Planende der gewerkschaftlich getragenen Weiterbildungseinrichtung Arbeit und Leben sich an den Interessen der Arbeitnehmenden orientiert und die Teilnehmenden zur betrieblichen wie gesellschaftlichen Partizipation befähigen möchte, orientiert sich der kommerzielle Weiterbildungsanbieter Fortbildung direkt an den wirtschaftlichen Bedarfen und den Unternehmensinteressen und betont den beruflichen Nutzen der Bildungsurlaubsangebote. Die HPM der Volkshochschule orientiert sich hingegen an einem bildungstheoretisch begründeten Bildungsverständnis, das auf Selbstbestimmung, Autonomie, Mündigkeit und kritische Reflexionsfähigkeit abzielt.

Nach der Konstitutionsphase und der Transformationsphase lassen sich die aktuellen Entwicklungen des Bildungsurlaubs in der Weiterbildungspraxis als Differenzierungsphase deuten, d.h. es werden in den Fachbereichen und in den Weiterbildungseinrichtungen differenzierte BU-Konzepte entwickelt.

Abbildung 4: BU-Spezialdiskurse in der Weiterbildungspraxis

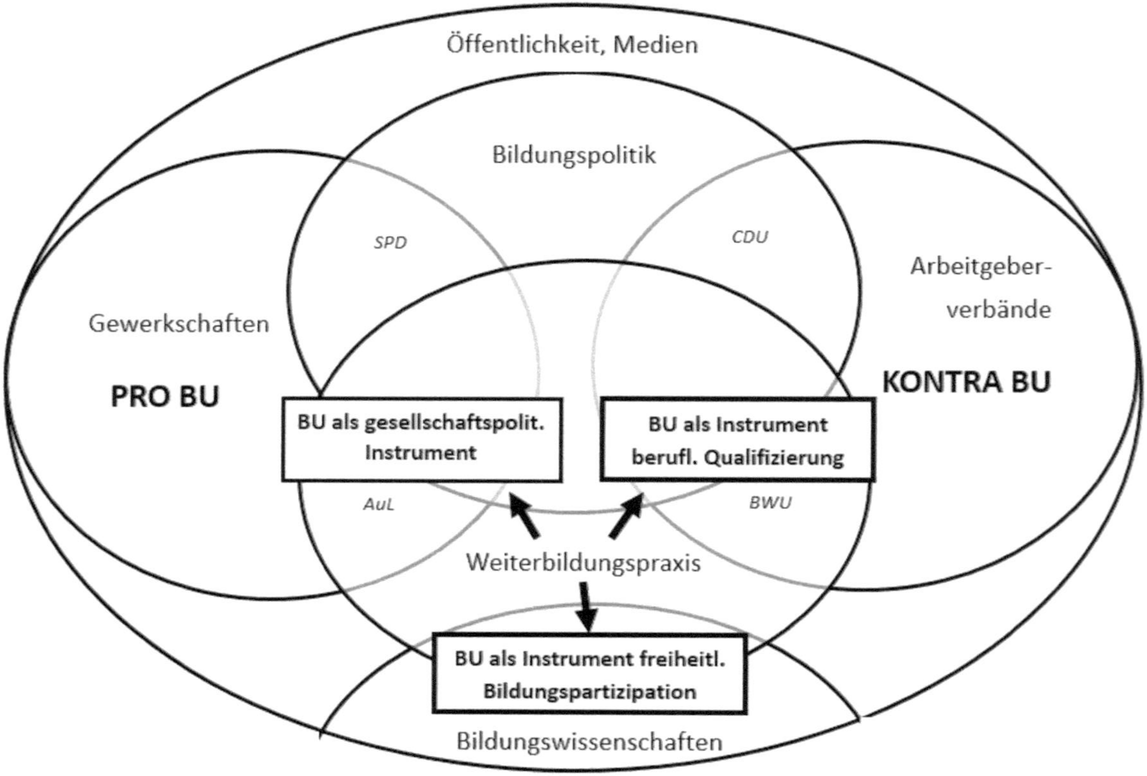

Theoretische Einordnung der empirischen Befunde

11. Theoretische Erklärungsansätze zur Einrichtungs- und Fachbereichsspezifik

In den vergleichend angelegten Analysen der Planungsstrategien, Angebotskonzeptionen und Begründungslogiken wurden einrichtungsspezifische und fachbereichsspezifische Profilierungen herausgearbeitet. In diesem Kapitel werden theoretische Erklärungsansätze zur Einrichtungsspezifik und Fachbereichsspezifik herangezogen, um die empirischen Befunde theoretisch einzuordnen und Forschungsbedarfe aufzuzeigen.

11.1 Theoretische Erklärungsansätze zur Einrichtungs- bzw. Trägerspezifik

Auf der Basis der interorganisationalen Vergleiche konnten einrichtungsspezifische Profilierungen herausgearbeitet werden, die sich insbesondere in der Gegenüberstellung von öffentlich geförderten und gewerblichen Bildungsurlaubsanbietern sowie in der Gegenüberstellung von gewerkschaftlich getragenen Einrichtungen und von Unternehmensverbänden getragenen Anbietern zeigen. Der Träger erweist sich somit als entscheidende Einflussgröße bei der Angebotsplanung von Bildungsurlaub.

Auf der Basis der empirischen Befunde können zwei trägerspezifische Differenzlinien identifiziert werden: Die erste Differenzlinie verläuft zwischen den öffentlich geförderten und den privaten Weiterbildungseinrichtungen. Die Interview- und Programmauswertungen zeigen deutlich, dass sich die nach dem Bremischen Weiterbildungsgesetz anerkannten Weiterbildungseinrichtungen am öffentlichen, staatlichen Bildungsauftrag orientieren, während sich die privaten Weiterbildungsanbieter am ökonomischen Marktprinzip orientieren.

Die zweite Differenzlinie bildet sich innerhalb der öffentlich anerkannten Weiterbildungseinrichtungen ab – und zwar zwischen den gewerkschaftlichen Weiterbildungseinrichtungen und den von Unternehmensverbänden getragenen Weiterbildungseinrichtungen. Während sich erstere primär an den Interessen der Arbeitnehmenden orientieren und eine expansive Planungsstrategie verfolgen, orientieren sich letztere an den Arbeitgeberinteressen und verfolgen eine defensive Planungsstrategie im Bereich Bildungsurlaub. Dies drückt sich auch im unterschiedlich gewichteten Stellenwert des Bildungsurlaubs im Gesamtprogramm aus.

Diskursanalytisch betrachtet, reproduzieren die Weiterbildungseinrichtungen die Positionen des Staates, des Marktes bzw. der Arbeitgeber- bzw. Arbeitnehmerverbände.

Das folgende Koordinatensystem veranschaulicht die vier Referenzsysteme Staat und Markt sowie Arbeitgeber- und Arbeitnehmerverbände und verortet exemplarisch ausgewählte Weiterbildungseinrichtungen.

Abbildung 5: Trägerspezifische Differenzlinien

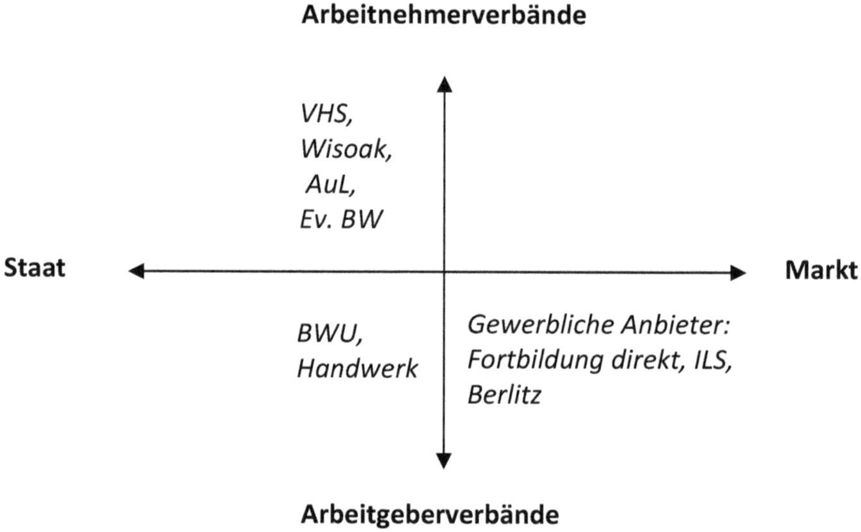

Eine theoretische Erklärung für die beiden identifizierten Differenzlinien liefern Ansätze aus der erwachsenenpädagogischen Organisationsforschung: Zum einen das Modell der Reproduktionskontexte nach Schrader (2011), zum anderen das Konzept der Institutionalformen nach Schäffter (2001).

11.1.1 Differenzlinie zwischen öffentlichen und gewerblichen Weiterbildungseinrichtungen: Modell der Reproduktionskontexte nach Schrader

Die erste Differenzlinie zwischen öffentlichen und gewerblichen Weiterbildungsanbietern bzw. zwischen Staat und Markt lässt sich theoretisch mit dem *Modell der Reproduktionskontexte nach Schrader (2011)* erklären.

Ausgehend von der Frage, „unter welchen Bedingungen sich Organisationen reproduzieren, also ihre Fortexistenz sichern, nachdem sie gegründet sind" (ebd.: 109), bestimmt Schrader zwei Dimensionen die für die Fortexistenz entscheidend sind: Zum einen die Ressourcen, zum anderen die Legitimationen (vgl. hierzu auch Harney 1998)[33].

Die *Ressourcen* können sich die Organisationen auf zwei Arten beschaffen: durch Verträge (unter gleichberechtigten Bedingungen) oder durch Aufträge (unter hierarchischen Bedingungen).

Die *Legitimationen* können sich auf öffentliche, dem Gemeinwohl verpflichtende Interessen oder auf private bzw. partikulare Interessen beziehen.

Auf der Grundlage dieser Dimensionen und ihren Ausprägungen entwickelt Schrader (2011: 116) ein Koordinatensystem mit vier Reproduktionskontexten der Weiterbildung: Gemeinschaften, Staat, Unternehmen und Markt. Zum Kontext der *Gemeinschaften* zählen Vereine sowie Weiterbildungsorganisationen von Berufsverbänden, die sich an öffentlichen Interessen ausrichten und über Verträge ihre Ressourcen sichern. Zum Kontext des *Staates* zählen die nach dem Weiterbildungsgesetz anerkannten Weiterbildungseinrichtungen, die Aufträge zur Erfüllung öffentlicher Interessen erhalten, z.B. Volkshochschulen, konfessionelle und gewerkschaftlichen Weiterbildungseinrichtungen. Zum Kontext der *Unternehmen* zählen z.B. innerbetriebliche Weiterbildungsabteilungen, die Aufträge von Unternehmen erhalten und dementsprechend Unternehmensinteressen dienen. Zum Kontext des *Marktes* zählen kommerzielle Weiterbildungsanbieter, wie Berlitz, die ihre Ressourcen über Verträge beschaffen und sich auf private Interessen berufen.

---

33 Harney (1998) hat unterschiedliche Handlungslogiken zwischen EB in öffentlicher Trägerschaft und betrieblicher WB aufgezeigt. U.a. arbeitet der Autor heraus, dass sich die öffentlich rechtliche EB an einem öffentlichen Bildungsauftrag orientiert und allgemeinen Zielen (der individuellen Mitwirkung am öffentlichen Leben) dient, während betriebliche WB partikulare Ziele verfolgt und betrieblichen Interessen dient (vgl. ebd.: 25). Anders als öffentliche EB kann betriebliche WB Lernen nicht als Selbstzweck kommunizieren, sondern ihr Erfolg bemisst sich am Beitrag zur organisatorischen Reproduktion von Betrieben (vgl. ebd.: 8). Betriebliche WB zielt primär auf das einzelwirtschaftliche Überleben (vgl. ebd.: 102), während öffentlich-rechtliche EB keine Gewinne erzielen dürfen (vgl. ebd.: 25). Von der beruflichen WB grenzt sich die betriebliche WB ab, da sie „auf die Transformation von Personen in Personal und damit auf die Betrachtung von Personen als betriebliche Ressourcen [abstellt]" (ebd.: 113), während die berufliche WB „auf die Transformation von Personen in Experten und in gesellschaftlich anerkannte Kompetenzinhaber" (ebd.) abzielt. Wie Schrader sieht auch Harney die Dimensionen der Legitimation und der Ressourcensicherung als entscheidendes Kriterium.

Je nach Reproduktionskontext existieren für die Weiterbildungsorganisationen unterschiedliche Akteursbezeichnungen, Rechtsformen, Handlungsformen, Rationalitätsprinizipien und Leistungserwartungen:

„Im Bereich der sozialen Gemeinschaften ist Weiterbildung ein Mittel der gemeinschaftlichen und gesellschaftlichen Integration, im öffentlich-rechtlichen Bereich ein soziales (öffentliches) Gut, im Feld der Unternehmen ein Instrument sekundärer Rationalisierung und nur im Bereich des Marktes eine Dienstleistung (Schlutz 2006) im ökonomischen Sinn" (Schrader 2011: 120).

Die empirischen Befunde zu den trägerspezifischen Differenzen zwischen den öffentlich anerkannten Weiterbildungseinrichtungen und den gewerblichen Anbietern im Bereich beruflicher Bildung (Wisoak vs. Fortbildung direkt) und im Bereich Fremdsprachen (VHS vs. Berlitz) lassen sich mit diesem Modell erklären: Die Wisoak und die VHS sind nach dem Bremischen Weiterbildungsgesetz anerkannte Einrichtungen (Reproduktionskontext Staat), d.h. sie legitimieren sich durch die Orientierung an öffentlichen Interessen und sichern ihre Ressourcen durch staatliche Förderungen. Fortbildung direkt und Berlitz hingegen sind gewerbliche Weiterbildungsanbieter, die sich im Kontext des Marktes reproduzieren, d.h. sie sichern ihre Ressourcen durch Verträge. Daraus resultieren unterschiedliche Bildungsverständnisse und Leistungserwartungen (Bildung als öffentliches Gut vs. Bildung als Dienstleistung).

Mit dem Modell der Reproduktionskontexte können jedoch nicht die trägerspezifischen Profilierungen zwischen den gewerkschaftlichen und den von den Unternehmensverbänden getragenen Weiterbildungseinrichtungen erklärt werden. Zum einen lassen sich diese Einrichtungen nicht eindeutig im Modell verorten, da sie sowohl im Reproduktionskontext der Werte- und Interessengemeinschaften angesiedelt werden können, als auch – aufgrund ihrer Anerkennung nach dem Bremischen Weiterbildungsgesetz – im Reproduktionskontext des Staates. Zum anderen lässt das Modell keine differenzierten Aussagen über die unterschiedlichen trägerbezogenen Profilierungen zu.

Einen theoretischen Erklärungsansatz für diese zweite Differenzlinie, die zwischen gewerkschaftlich getragenen und von Arbeitgeberverbänden getragenen Weiterbildungseinrichtungen verläuft, bietet das *Konzept der Institutionalformen nach Schäffter (2001, 2014).*

11.1.2 Differenzlinie zwischen gewerkschaftlichen und arbeitgebergetragenen Weiterbildungseinrichtungen: Konzept der Institutionalformen nach Schäffter

Aus organisationspädagogischer Perspektive bestimmt Schäffter (2014) den Bezug der Einrichtung zum Träger als eine „funktionale Anlehnung an die performative Instanz eines gesellschaftlichen Funktionssystems" (ebd.: 112). Eine Institutionalform ist nach Schäffter „die konzeptionelle Verknüpfung einer organisationsübergreifenden bildungspolitischen Programmatik, in der einerseits die gesellschaftliche Funktion lebenslangen Lernens respezifiziert und operationalisiert und andererseits mit einem dazu koevolutiv entwickelten Bildungsformat pädagogischer Praktiken auf einer mikrosozialen Ebene der Institutionalisierung konzeptualisiert wird" (ebd.: 112).

Mit Rückgriff auf neo-institutionalistische Ansätze stellt Schäffter die pädagogische Organisation in einen gesamtgesellschaftlichen Zusammenhang und fragt danach, wie Weiterbildungsorganisationen im Netzwerk gesellschaftlicher Funktionssysteme positioniert sind. Dabei geht er davon aus, dass Organisationen in keinem deduktiven Ableitungsverhältnis zu den gesellschaftlichen Funktionssystemen stehen, sondern eine eigenständige Entwicklungslogik aufweisen: „Demnach haben pädagogische Organisationen eine unterschiedliche Nähe zu verschiedenen Funktionssystemen der Gesellschaft, können aber auch vermittelnd zwischen gegensätzlichen Funktionssystemen eine Scharnierstelle einnehmen und hieraus ihre pädagogischen Organisationsziele ableiten" (Schäffter 2005: 93). Weiterbildungsorganisationen orientieren sich demnach nicht vorrangig am eigenen Funktionssystem, dem Erziehungs- und Bildungssystem, sondern an anderen Funktionssystemen wie Religion, Politik oder Wirtschaft, wobei die einzelnen Weiterbildungsorganisationen eine unterschiedliche Nähe zu den verschiedenen Funktionssystemen haben (vgl. ebd.: 93).

Auf Basis empirischer Forschungen zur Analyse der unterschiedlichen Verhältnisse von Weiterbildungsorganisationen zu den Funktionssystemen unterscheidet Schäffter (2007) vier Institutionalformen der Weiterbildung:

(1) Pädagogischer Prototyp: Die Organisation definiert sich als Teil des Bildungssystems.
(2) Symbiotischer Schnittstellentyp zwischen dem Bildungssystem und einem anderen Funktionssystem: Die Organisation folgt der dominanten Begründungslogik und den Werten seines Anlehnungssystems.

(3) Multireferentieller Institutionaltyp zwischen differenten Funktionssystemen: Die Organisation vermittelt zwischen inkompatiblen Handlungslogiken.
(4) Intermediärer Institutionaltyp zwischen Funktionssystem und Zivilgesellschaft: Die Organisation übersetzt zwischen den Handlungslogiken von System und Lebenswelt. (vgl. ebd.: 45)

Bezogen auf den Bildungsurlaub lassen sich die Funktionssysteme als Bezugshorizonte für die Begründung und Konzipierung von Bildungsurlaub deuten. In den Schäffterschen Kategorien gesprochen, zeigen sich in den trägerspezifischen Profilierungen Anlehnungsstrukturen der Bildungsorganisationen an unterschiedliche Funktionssysteme. Für die untersuchten Bildungsurlaubsanbieter sind insbesondere die Funktionssysteme Bildung (VHS), Politik (Wisoak, Arbeit und Leben), Wirtschaft (Bildungszentrum der Wirtschaft, Handwerk, gewerbliche Anbieter), Religion (Evangelisches Bildungswerk), Gesundheit (LSB) und soziale Hilfen (ibs, Paritätisches Bildungswerk) relevant (wobei je nach Fachbereich unterschiedliche Anlehnungsstrukturen festzustellen sind): So orientiert sich die VHS primär an dem Bildungssystem und kann somit als pädagogischer Prototyp gelten. Die gewerblichen Weiterbildungsanbieter und die von den Unternehmensverbänden getragenen Weiterbildungseinrichtungen (BWU, Handwerk) lehnen sich hingegen primär am Wirtschaftssystem an im Sinne eines symbiotischen Schnittstellentyps. Die Bildungswerke der Gewerkschaften (Wisoak, AuL) und der Kirchen (Ev. BW) orientieren sich hingegen an mehreren Funktionssystemen (Politik und Bildung bzw. Religion und Bildung). Sie können nach Schäffter als multireferentielle Institutionaltypen charakterisiert werden.

Der Vorteil der Orientierung an anderen Funktionssystemen besteht nach Schäffter in der Adaptionsfähigkeit und Flexibilität der EB/WB. Nachteilig ist allerdings, dass keine eigene pädagogische Identität ausgebildet werden kann und dass die Gefahr besteht, dass Weiterbildungseinrichtungen in den Dienst genommen werden für andere Funktionen, dass sie abhängig werden von anderen Systemen und im Zweifel nicht auf Dauer gestellt werden können, wenn keine eigene Legitimation, kein Eigensinn, keine pädagogische Identität erarbeitet wurde. Institutionelle Identität lässt sich nach Schäffter nur entwickeln, wenn sich Weiterbildungsorganisationen an einem eigenen Funktionssystem des lebensbegleitenden Lernens mit einer eigenen Logik orientieren und auf Dauer gestellt, d.h. institutionalisiert werden.

In dieser Arbeit wird im Anschluss an Benner (2015) argumentiert, dass der pädagogische Grundgedanke einen Bezugsrahmen für die selbstbewusste Auseinandersetzung mit den unterschiedlichen Anforderungen beim Angleichungshandeln

(Gieseke 2003) bieten kann. Wie die empirischen Befunde zeigen, hängt die Möglichkeit der Anerkennung der konstitutiven und regulativen Prinzipien pädagogischen Denkens und Handelns in entscheidender Weise von den Interessen des Trägers ab.

11.2 Theoretische Erklärungsansätze zur Fach- bzw. Inhaltsbereichsspezifik

Im Unterschied zu den einrichtungs- bzw. trägerspezifischen Profilierungen, die im Rekurs auf Konzepte und Modelle der erwachsenenpädagogischen Institutions- und Organisationsforschung theoretisch eingeordnet werden konnten, muss die Frage nach einer theoretischen Erklärung der fach- bzw. inhaltsbereichsspezifischen Profilierungen offen bleiben, da keine entsprechenden erwachsenenpädagogisch begründeten Theorien zu den einzelnen Fach- bzw. Inhaltsbereichen der EB/WB vorliegen.

Dies mag zum einen daran liegen, dass es in der EB/WB keine Fächer und keine Fachdidaktiken im schulischen Sinne gibt, da die Programmplanung bedarfs- und bedürfnisorientiert erfolgt.

Zum anderen, so bemängeln viele Autor/inn/en, hat die didaktische Diskussion in der EB/WB seit den 1970er Jahren die Frage der Inhalte vernachlässigt. Lehner (2013) stellt fest: Während in den 1950er und 1960er Jahren den Inhalten in bildungstheoretischen Ansätzen noch ein vergleichsweise hoher Stellenwert beigemessen wurde, ist der didaktische Diskurs in den 1970er Jahre durch eine zunehmende Subjektorientierung geprägt und auch der gegenwärtige konstruktivistisch geprägte Didaktikdiskurs fokussiert stärker das Lernen lernen, die Methoden und die Medien als die Inhalte (vgl. ebd.: 4). Tietgens (1975) attestiert der Erwachsenenbildung ein „aufgrund der geschichtlichen Entwicklung gestörte[s] Verhältnis […] zur Wissensvermittlung" (ebd.: 13). Nolda (2001) nimmt an, dass das Bedürfnis, „das Volksdenken bzw. das Alltags- und Erfahrungswissen als gleichberechtigt zu behandeln, […] zu einer Vernachlässigung der mit Vermittlung fremden Wissens verbundenen Probleme geführt [hat], die noch heute wirksam ist. Während die Struktur des Alltagswissens detailliert behandelt wurde, schien die Struktur von Wissenschafts- und Fachwissen festzustehen" (ebd.: 106). Die Autorin diagnostiziert sogar ein „Verschwinden des Wissens in und aus der Erwachsenenbildung", da das Wissen „kaum noch als Bildungsinhalt und didaktische Vermittlungsaufgabe" (ebd.: 101) in der EB thematisiert werde. Forneck (2004) geht davon aus, dass durch die zunehmende Subjekt-, Situations- und Gesellschaftsorientierung das Dreieck „Inhalte, Lernen, Lehren" kontinuierlich aufgelöst werde (vgl. ebd.: 7). Zudem gehe mit der zunehmenden

Kompetenz- bzw. Lernergebnisorientierung der Verlust der inhaltlichen Konkretheit einher (vgl. ebd.: 10). Und Schiersmann (2007) bilanziert: „Über die Frage nach dem ‚Wie' des Lernens und der Frage, wer lernt, ist in den vergangenen Jahren die [Frage] nach dem ‚Was' fast in Vergessenheit geraten" (ebd.: 179). Auch Haberzeth (2011) problematisiert, dass die „Inhaltlichkeit von Lehre (...) der kritischen Reflexion und gemeinsamen Diskussionen von Wissenschaft und Praxis weitestgehend entzogen" (ebd.: 26) sei. Von Küchler (2010) und Brandt (2011) identifizieren drei Ursachen in der Weiterbildungspraxis, die zu einem Bedeutungsverlust des Inhaltlichen bzw. Fachlichen führen: (1) die Auflösung der Fachbereichsgliederung, (2) die Fokussierung auf fachübergreifende Schlüsselkompetenzen und (3) die erwachsenenpädagogische, fachunspezifische Ausbildungspraxis (vgl. von Küchler 2010: 107; Brandt 2011: 21).

Auch in den früheren Bildungsurlaubsstudien wurde eine zunehmende Subjektorientierung sowie eine Aufwertung des lebenspraktischen Wissens gefordert (vgl. Kejcz et al. 1979) bzw. die Überschätzung des systematischen Wissens kritisiert (vgl. Brödel et al. 1982).

In den jüngeren Veröffentlichungen ist jedoch wieder eine stärkere Hinwendung zu den Inhalten erkennbar (vgl. z.B. Lehner 2013; Brandt 2011; Haberzeth 2011) und es liegen inzwischen einige Programmanalysen zu den Fach- bzw. Inhaltsbereichen der EB/WB vor (vgl. u.a. zur kulturellen Bildung die Studie von Gieseke et al. 2005, zur interkulturellen Bildung die Studie von Robak/Petter 2014, zur Gesundheitsbildung die Studie von Dietel 2012, zur Medienbildung die Studie von von Hippel 2007, zur Umweltbildung die Studie von Henze 1998, zur beruflichen Bildung die Studie von Käpplinger 2007, zur ethischen Bildung die Studie von Pohlmann 2011).

Eine Theorie der Inhaltsbereiche bzw. eine einheitliche Typologie der Inhaltsbereiche gibt es jedoch nicht. Auch werden die Begriffe Bildungsbereich, Programmbereich, Fachbereich, Inhaltsbereich und Themenbereich in der Literatur nicht einheitlich verwendet und zum Teil synonym gebraucht:

Der Begriff *Bildungsbereich* ist der umfassendste Begriff und wird zur Bezeichnung der EB/WB als Teilbereich des Bildungssystems verwendet („quartärer Bildungsbereich") (vgl. Nuissl 2010: 80). Als Bildungsbereiche werden aber auch Teilbereiche innerhalb der EB/WB bezeichnet: So gruppieren das Bremische Weiterbildungsgesetz und das Bremische Bildungsurlaubsgesetz das Gesamtangebot in die drei großen Bildungsbereiche allgemeine, berufliche und politische Weiterbildung mit jeweils getrennten Förderungsbedingungen. Der Bildungsbereichsbegriff entspringt somit einer systemischen Betrachtungsweise von EB/WB und bezieht sich rechtliche, institutionelle und finanzielle Aspekte.

Die Begriffe *Programmbereich* und *Fachbereich* werden in den Weiterbildungseinrichtungen, klassisch in den Volkshochschulen, zur Beschreibung der Organisationseinheiten verwendet. Mit dem Programmbereichs- bzw. Fachbereichsbegriff werden „die fachlich-inhaltlichen Angebote eines gemeinsamen Fachgebiets auch organisatorisch zusammengefasst bzw. der Planungsverantwortung eines Fachbereichsleitenden unterstellt" (vgl. von Küchler 2010: 107). Dies impliziert eine doppelte Sichtweise: Zum einen werden thematisch zusammengehörige Wissensstrukturen in Angebote übersetzt, die den Teilnehmenden präsentiert werden. Zum anderen dienen die Programm- bzw. Fachbereiche der internen Verteilung organisatorischer Zuständigkeiten. (vgl. ebd.) Folgende Programm- bzw. Fachbereiche werden in der VHS-Statistik unterschieden: (1) Politik, Gesellschaft, (2) Kultur, Gestalten, (3) Gesundheit, (4) Sprachen, (5) Arbeit, Beruf und (6) Grundbildung, Schulabschlüsse (vgl. Huntemann/Reichart 2015). Küchler (2010) konstatiert einen zunehmenden Bedeutungsverlust des Fachlichen, der sich darin ausdrückt, dass die Weiterbildungseinrichtungen ihr Programm intern zunehmend weniger nach Fachbereichen, sondern nach Zielgruppen oder Geschäftsfeldern gliedern, um ihr Profil öffentlichkeitswirksam zu präsentieren (vgl. ebd.: 107).

Die Begriffe *Inhaltsbereich* und *Themenbereich* werden insbesondere in der Erwachsenenbildungsforschung zur Systematisierung der „inhaltlichen Bereiche" in der EB/WB verwendet, wobei der Inhaltsbereichsbegriff eher in theoretischen und der Themenbereichsbegriff eher in empirischen Studien zu finden ist.

Der *Inhaltsbereichsbegriff* ist weiter als der Themenbereichsbegriff: Ein Inhaltsbereich kann mehrere Themenbereiche umfassen. In der Literatur finden sich verschiedene Gliederungsvorschläge zur Einteilung der *Inhaltsbereiche*. Beispielsweise unterscheidet Wittpoth (2003: 109) in seiner „Einführung in die Erwachsenenbildung" drei Inhaltsbereiche, Zeuner/Faulstich (2009) beschreiben fünf Inhaltsbereiche, bei Fuhr/Gonon/Hof (2010) im „Handbuch der Erziehungswissenschaft: Erwachsenenbildung/Weiterbildung" sind es sieben Inhaltsbereiche und bei Tippelt/von Hippel (2011) im „Handbuch Erwachsenenbildung/Weiterbildung" sogar acht Bereiche der EB/WB.

Tabelle 25: Inhaltsbereiche in Standardwerken der EB

Wittpoth (2003)	**Zeuner/Faulstich (2009)**	**Fuhr/Gonon/Hof (2010)**	**Tippelt/von Hippel (2011)**
berufliche WB	berufliche WB	berufliche und betriebliche WB	WB und Beruf
allgemeine WB	allgemeine WB	allgemeine und politische WB	WB und Politik
politische WB	politische WB	wissenschaftliche WB	WB und Kultur
	kulturelle WB	mediale WB	WB und Technik
	wissenschaftliche Weiterbildung	Fernstudium und zweiter Bildungsweg	WB und Medien
		theologische und religiöse WB	WB und Umwelt
		Fortbildung pädagogischer Fachkräfte	WB und Gesundheit
			Beratung

Die tabellarische Gegenüberstellung der Inhaltsbereiche, wie sie in exemplarisch ausgewählten Einführungswerken und Handbüchern der EB/WB eingeteilt werden, verdeutlicht die zunehmende Ausweitung der Inhaltsbereiche im Zeitverlauf von drei (Wittpoth 2003) bis zu acht Inhaltsbereichen (Tippelt/von Hippel 2011). Einige Inhaltsbereiche werden ausdifferenziert (z.B. die berufliche Weiterbildung in berufliche und betriebliche Weiterbildung in Fuhr/Gonon/Hof 2010), neue Inhaltsbereiche kommen hinzu (z.B. die wissenschaftliche Weiterbildung, die Umweltbildung oder die Medienbildung) und einige Inhaltsbereiche verschwinden wieder bzw. lösen sich in anderen Bereichen auf (wie die allgemeine Weiterbildung in Tippelt/von Hippel 2011).

Neben den verschiedenen Systematisierungsbemühungen wird die Sinnhaftigkeit der Differenzierung selbst kritisch hinterfragt. So merken Zeuner/Faulstich (2009) an, dass sich die Unterscheidungen weder bildungstheoretisch noch aus Sicht der Adressat/inn/en, die übergreifende Verwendungsbezüge und Interessenbereiche haben, vertreten lasse. Fuhr/Hof/Gonon (2010) konstatieren zunehmende Überschneidungen, Entgrenzungsprozesse und Diffundierungstendenzen, sodass eine Unterscheidung von Inhaltsbereichen kaum aufrecht zu erhalten sei. Und auch Tippelt/von Hippel (2011) sind um eine integrative Darstellung der historischen Entwicklungen und aktuellen Trends der jeweiligen Bereiche bestrebt, um den komplexen Interdependenzen und Verflechtungen gerecht zu werden und mit der notwendigen analytischen Trennung der Bereiche keine Grenzen zwischen diesen aufzurichten.

Trotz der theoretischen Bedenken orientieren sich sowohl die Weiterbildungseinrichtungen als auch die empirischen Forschungen an diesen inhaltlichen Gruppierungen. Allerdings verwenden die empirischen Studien stärker den Begriff *Themenbereich* als den Inhaltsbereichsbegriff. Beispielsweise unterscheidet die Weiterbildungsstatistik im Verbund neun Themenbereiche: (1) Politik, Gesellschaft, (2) Familie, Gender, Generationen, (3) Religion, Ethik, (4) Umwelt, (5) Kultur, Gestalten, (6) Gesundheit, (7) Sprachen, (8) Arbeit, Beruf und (9) Grundbildung, Schulabschlüsse (vgl. Horn/Lux/Ambos 2015). Im Adult Education Survey (AES) werden in Anlehnung an das internationale Klassifikationssystem ISCED fünf Themenbereiche definiert: (1) Sprachen, Kultur, Politik, (2) Pädagogik und Sozialkompetenzen, (3) Gesundheit und Sport, (4) Wirtschaft, Arbeit, Recht und (5) Natur, Technik, Computer (vgl. Bilger/Strauß 2015: 44). Zudem führt der AES im Anschluss an internationale Klassifikationssysteme den Begriff *Weiterbildungssegmente* ein, die sich in (1) betriebliche Weiterbildung, (2) individuelle berufsbezogene Weiterbildung und (3) nicht-berufsbezogene Weiterbildung gliedern (vgl. ebd.: 19). Mit dem Weiterbildungssegmentbegriff wird eine funktionale gegenüber einer themenbezogenen Betrachtungsweise intendiert.

Die Begriffsbestimmungen zeigen die unterschiedlichen Verwendungszusammenhänge auf: Der Begriff Bildungsbereich ist der übergeordnete Begriff und wird primär in bildungspolitischen Diskursen zu rechtlichen und finanziellen Systematisierungszwecken verwendet. Die Begriffe Programmbereich und Fachbereich werden vor allem in der Weiterbildungspraxis zu organisatorischen Zwecken gebraucht. Der Inhaltsbereichsbegriff wird zur theoretischen Beschreibung von Fach- oder Wissensgebieten der EB/WB genutzt und der Begriff Themenbereich wird zur detaillierten empirischen Beschreibung von Angebotsstrukturen herangezogen.[34]

---

34 In dieser Arbeit werden die Begriffe Bildungsbereich, Fachbereich, Inhaltsbereich und Themenbereich verwendet. Wenn es um den EB/WB-Bereich insgesamt und sein Verhältnis zu den anderen Bildungsbereichen, wie Schule oder Hochschule, geht, wird der *Bildungsbereichsbegriff* verwendet. Wenn es um die organisatorische, fachliche Einheit innerhalb der Weiterbildungseinrichtungen geht, für die die interviewten Planenden zuständig sind, wird von *Fachbereichen* gesprochen. In dieser Arbeit interessierende Fachbereiche sind: berufliche Bildung, politische Bildung, Gesundheitsbildung, kulturelle Bildung, Fremdsprachen. Bei der empirischen Untersuchung der BU-Programme und -Angebote wird der Begriff *Themenbereich* genutzt. Insgesamt können neun Themenbereiche identifiziert werden: Beruf, Politik, Gesundheit, Kultur, Fremdsprachen, Umwelt, Medien, Religion und Geschichte. Der *Inhaltsbereichsbegriff* wird zur theoretischen Einordnung und Reflexion der empirisch generierten Themenfelder verwendet.

Auch die vorliegende Analyse der Konzeptionen und Planungsstrategien zeigt die inhaltlichen Schnittmengen und Verflechtungen der Inhaltsbereiche am Beispiel Bildungsurlaub auf. Auf der Basis der intersektoralen Vergleiche auf der Ebene der Fachbereiche konnten einerseits fachbereichsübergreifende Ziele, Adressatengruppen, Themen, Formate, Planungsstrategien und Begründungslogiken herausgearbeitet werden. Andererseits verweisen die Analysen aber auch auf fachbereichsspezifische Profilierungen:

Die Analyse der *Planungsstrategien* belegt, dass sich das Planungshandeln fachbereichsübergreifend als Angleichungshandeln vollzieht, sich die Planenden aber entsprechend ihres Fachbereichs an unterschiedlichen Bezugshorizonten orientieren, die fachlichen Spezialdiskurse der Bezugsdisziplinen rezipieren und sich inhaltlich orientiert vernetzen. Beispielsweise orientieren sich die Planenden in der politischen Bildung primär an gesellschaftspolitischen Erfordernissen, in der beruflichen Bildung an wirtschaftlichen Bedarfen usw. (vgl. Kapitel 7)

Die Analyse der *BU-Ziele* zeigt, dass die Planenden über verschiedenen Fachbereiche hinweg gemeinsame Ziele verfolgen, wie die Herstellung von Chancengleichheit und Ermöglichung von Bildungsteilhabe, die Befähigung zur gesellschaftlichen Teilhabe, Mitbestimmung und Gestaltung in verschiedenen gesellschaftlichen Bereichen, die Ermöglichung von Regeneration und Entschleunigung und die Förderung der beruflichen Kompetenzentwicklung. Diese „allgemeinen BU-Ziele" werden in den jeweiligen Fachbereichen konkretisiert und spezifiziert: In der politischen Bildung geht es den Planenden um die Förderung einer politischen Urteils- und Partizipationskompetenz, in der kulturellen Bildung um die Förderung einer systematisch-rezeptiven, selbststätig-kreativen und verstehend-kommunikativen Partizipationskompetenz, in der beruflichen Bildung um die Förderung beruflicher Qualifizierung und Kompetenzentwicklung, in der Gesundheitsbildung um die Förderung von Stressbewältigung, Stabilisierung und Mobilisierung und in der fremdsprachlichen Bildung um die Förderung sprachlicher und interkultureller Kompetenz. (vgl. Kapitel 8.1)

Im Bezug auf die *Adressatengruppen* belegen die Befunde aus der Programmanalyse zum einen, dass in allen Fachbereichen die BU-Veranstaltungen überwiegend offen ausgeschrieben sind, d.h. alle Bremer Arbeitnehmenden adressieren. Zum anderen bilden sich folgende fachbereichsspezifische Profilierungen im Bremer BU-Gesamtprogramm ab: In der politischen Bildung finden sich die meisten Veranstaltungsankündigungen, in denen spezifische Zielgruppen (Frauen, Ältere, Jugendliche, Menschen mit Migrationshintergrund, Menschen mit Behinderung) bzw. Funktions- und Statusgruppen (wie Auszubildende, Betriebsräte, Ehrenamtliche) benannt werden. In der beruflichen Bildung adressieren die

Angebote insbesondere bestimmte Berufsgruppen bzw. Funktions- und Statusgruppen. In der kulturellen Bildung werden hingegen überhaupt keine Adressatengruppen benannt. (vgl. Kapitel 8.2)

Die Analyse der *Themenprofile* zeigt, dass die Themen Zeit und Arbeit über verschiedene Fachbereiche hinweg zentrale thematische Referenzen sind, dass es aber fachbereichsspezifische Auslegungen gibt. Ausgehend von einer gemeinsam geteilten Diagnose zunehmender Arbeitsverdichtung und steigenden beruflichen Stresses werden in den Fachbereichen unterschiedliche Lösungen offeriert: In der beruflichen Bildung werden beispielsweise Techniken zum Zeitmanagement für ein effizienteres Arbeiten angeboten, in der Gesundheitsbildung Techniken der Entspannung als Ausgleich vom beruflichen Arbeitsalltag und in der politischen Bildung werden die Arbeitsbedingungen aus gesellschaftlicher Perspektive kritisch reflektiert sowie Lernorte zur Regeneration und Entschleunigung gewählt. (vgl. Kapitel 8.3)

Fachbereichsspezifische Differenzen lassen sich auch auf der Ebene der *BU-Formate* nachweisen:

In der beruflichen Bildung gibt es neben der fünftägigen Kompaktwoche auch Kurzzeitformate, während in den anderen Fachbereichen - politische Bildung, Gesundheitsbildung, Fremdsprachen und kulturelle Bildung - die fünftägige Kompaktwoche präferiert wird und Kurzzeitformate nur ganz vereinzelt im Programm vorkommen. (vgl. Kapitel 8.4)

Und schließlich weisen auch die Begründungslogiken eine Fachbereichsspezifik auf: In der beruflichen Bildung orientieren sich die Planenden primär am ökonomischen Bezugshorizont und legen Bildungsurlaub als Instrument beruflich-betrieblicher Qualifizierung aus. In den anderen Fachbereichen, insbesondere in der politischen Bildung, werden die Funktionen des Bildungsurlaubs breiter bestimmt (Lern- und Bildungsfunktion, Demokratisierungsfunktion und Kompensationsfunktion) und Bildungsurlaub wird als gesellschaftspolitisches Instrument ausgelegt. (vgl. Kapitel 9)

Zusammenfassend weisen die empirischen Befunde daraufhin, dass es offenbar fachbereichsspezifische Handlungslogiken gibt, die die Programmplanung orientieren und strukturieren. Daraus leiten sich zwei Forschungsdesiderate ab:

Zum einen besteht Forschungsbedarf im Hinblick auf die verschiedenen Fach- bzw. Inhaltsbereiche der EB/WB. Im Anschluss an die o.g. programmanalytischen Studien bedarf es weiterer empirischer Forschungen und Theorieentwicklungen zur politischen Bildung, beruflichen Bildung, Fremdsprachenbildung usw. Auf der Basis von Programmanalysen können im Sinne pädagogischer Realanalysen empirisch generierte Theorien gebildet werden, die zum einen die Bildungswirklichkeit und die Entwicklungen in der Weiterbildungspraxis adäquat berücksichtigen, zum anderen Bezüge zu den jeweiligen Bezugswissenschaften, wie Kunst- und Kulturwissenschaften (kulturelle Bildung), Politikwissenschaften (Politische Bildung), Gesundheitswissenschaften, Medizin und Psychologie (Gesundheitsbildung), Wirtschaftswissenschaften (Berufliche Bildung) herstellen.

Zum anderen müsste eine Programmplanungstheorie diese Fach- bzw. Inhaltsbereichslogiken differenziert berücksichtigen. Dazu bedarf es vergleichend angelegter Fallstudien, die die Programmplanung in unterschiedlichen Fachbereichen analysieren.

Schlussteil

12. Zusammenfassung und Ausblick

Das Schlusskapitel fasst zentrale Ergebnisse der Arbeit zusammen, reflektiert die methodische Vorgehensweise kritisch, zeigt weiterführende Forschungsfragen und Forschungsdesiderata auf und leitet Empfehlungen für Praxis, Politik, Verwaltung und Sozialpartner ab.

12.1 Zusammenfassung

Die Arbeit widmete sich einem Thema, das von Beginn an mit großen Widerständen, Abwehrkämpfen und negativen Stereotypenzuschreibungen konfrontiert war und ist, bis heute unter einer geringen Teilnahmequote leidet, Legitimationsprobleme hat und in der gegenwärtigen Erwachsenenbildungsforschung eine untergeordnete Rolle spielt: Bildungsurlaub. Andererseits hatte der Bildungsurlaub eine historisch wichtige Rolle für die Entwicklung der EB/WB und die Bildungsurlaubsgesetze gehören bis heute zu den wenigen rechtlichen Regelungen in Deutschland, die Erwachsenen einen individuellen Rechtsanspruch auf Lernzeit während der Arbeitszeit einräumen. Aus diesen Gründen erschien eine Reaktivierung der Bildungsurlaubsforschung lohnenswert. Mit Schmidt-Lauff (2005) wurde argumentiert, dass sich an der Diskussion um den Bildungsurlaub zeigt, wie lebensbegleitendes Lernen als gesellschaftlich zu realisierender Anspruch in Deutschland umgesetzt wird. Von den kontroversen Bildungsurlaubsdiskursen zwischen Arbeitnehmer- und Arbeitgeberverbänden, Bildungspolitik, Weiterbildungspraxis und Erwachsenenbildungsforschung ausgehend, richtete sich das erwachsenenpädagogische Erkenntnisinteresse der Studie auf den BU-Diskurs der EB/WB-Praxis, konkreter, auf die Frage, wie sich die Planenden im gegenwärtigen BU-Diskursfeld positionieren.

Um die gegenwärtige Verfassung des Bildungsurlaubs besser nachvollziehen und einordnen zu können, wurde in **Kapitel 2** die *Entstehungsgeschichte des Bildungsurlaubs in Politik, Praxis und Forschung* behandelt. Die historische Entwicklung des Bildungsurlaubs wurde in den Kontext der jeweiligen gesellschaftspolitischen Rahmenbedingungen gestellt. Ausgewertet wurden bildungspolitische Initiativen, Modellprogramme und rechtliche Regelungen, didaktische Konzepte und Modelle für den Bildungsurlaub sowie wissenschaftliche Studien der Bildungsurlaubsforschung.

Der Rückblick in die Entstehungsgeschichte des Bildungsurlaubs bis in die Gegenwart offenbarte, wie Bildungsurlaub mit aktuellen gesellschaftlichen Entwicklungen verwoben ist und wie Bildungspolitik, Weiterbildungspraxis und Erwachsenenbildungsforschung zusammenwirken und sich wechselseitig beeinflussen. Auf der Grundlage der Literatur- und Dokumentenauswertungen wurden drei Phasen unterschieden, die durch spezifische Akzentuierungen gekennzeichnet sind:

Erstens, die Konstitutionsphase in den 1960er und 1970er Jahren, in der der Bildungsurlaub als gesellschaftspolitisches Instrument zur Herstellung von Chancengleichheit und Förderung der gesellschaftlichen Teilhabe und betrieblichen Mitbestimmung begründet wurde (vgl. u.a. Siebert 1972; Kuhlenkamp 1975; Kejcz et al. 1979; Brödel et al. 1982; Hindrichs 1984).

Zweitens, die Transformationsphase in den 1990er und 2000er Jahren, in der aufgrund der arbeitgeberseitigen Widerstände und einer geringen Teilnahmequote von 1–2% durch zahlreiche Gesetzesnovellen und neu erlassene Bildungsfreistellungsgesetze eine Akzentverschiebung hin zu einer stärkeren Wirtschafts-, Berufs- und Arbeitsorientierung eingeleitet wurde (vgl. u.a. Bernstein et al. 1993; Rudnik 1995; Körber et al. 1995; Siebert 1995; Bremer 1999).

Und drittens, die Reaktivierungsphase seit den 2010er Jahren, in der in zwei Bundesländern neue Bildungszeitgesetze erlassen wurden sowie der Bildungsurlaub angesichts aktueller gesellschaftlicher Entwicklungen als temporale Ressource (Schmidt-Lauff 2013) bzw. als Instrument freiheitlicher Bildungspartizipation mit polyvalenten Wirkungen und doppelten Nutzen für Arbeitgeber- und Arbeitnehmerseite (Robak et al. 2015) neu begründet wurde.

Die unterschiedlichen Akzentsetzungen in den drei Phasen spiegeln sich auch im Wandel der verwendeten Begrifflichkeiten wider: von „Bildungsurlaub" über „Bildungsfreistellung" bis zur „Bildungszeit".

Vor dem Hintergrund der zeitgeschichtlichen Entwicklung des Bildungsurlaubs stellte sich die Frage, wie der Bildungsurlaub gegenwärtig konzipiert wird, d.h. welchen Stellenwert die gesellschaftspolitischen Begründungen aus der Konstitutionsphase des Bildungsurlaubs haben bzw. inwieweit sich der Trend einer zunehmenden Wirtschafts-, Arbeits- und Berufsorientierung fortsetzt.

Dazu wurden in **Kapitel 3** die aktuell geltenden *rechtlichen Regelungen zum Bildungsurlaub* in den 14 Bundesländern betrachtet. Die Gesetzestexte der Landesgesetze zum Bildungsurlaub wurden entlang der Kategorien Anspruchsberechtigte, Dauer der Bildungsfreistellung, Übertragbarkeit, Kriterien anerkennungsfähiger Veranstaltungen (Anbieter, Ziele, Inhalte, Formate) vergleichend ausgewertet.

Im Hinblick auf die Frage, inwiefern sich die gesellschaftspolitischen Forderungen aus der Konstitutionsphase in den aktuellen rechtlichen Regelungen zum Bildungsurlaub widerspiegeln, wurde zum einen herausgearbeitet, dass sich in den Bildungsurlaubsgesetzen keine expliziten Hinweise auf die Förderung bildungsbenachteiligter Zielgruppen finden; es wird lediglich auf die Weiterbildungsgesetze der Ländern verwiesen, in denen die Förderung bildungsbenachteiligter Zielgruppen als Ziel benannt wird. Ansätze einer Integrationsforderung (Verbindung von beruflicher und politischer Bildung) wurden in den aktuellen Bildungsurlaubsgesetzen in NRW, Rheinland-Pfalz, Berlin, Hessen und Thüringen festgestellt.

Die Frage, ob sich in den Bildungsurlaubsgesetzen eine zunehmende Wirtschafts-, Arbeits- und Berufsorientierung durchsetzt, lässt sich aufgrund einer Reihe arbeitgeberfreundlicher Regelungen - u.a. Fokussierung der Ziele und Themen auf berufliche Bildung sowie Einschränkungen des Freistellungsanspruchs - bejahen. Gleichzeitig schützen die Gesetzgeber den Bildungsurlaub durch eine Reihe von Ausschlusskriterien vor der Instrumentalisierung für betriebliche Zwecke bzw. vor den Interessen anderer Dritter.

In den aktuell geltenden BU-Gesetzen sind daher sowohl Spuren aus den gesellschaftspolitischen Diskursen der 1960er und 1970er Jahre als auch Spuren des neoliberalen Modernisierungsdiskurses der 1990er und 2000er Jahre nachweisbar.

Im Anschluss an die rechtlichen Grundlagen wurde die Frage aufgeworfen, wie die gesetzlichen Vorgaben in der Weiterbildungspraxis umgesetzt und vor dem Hintergrund der kontroversen Diskurse in Politik, Praxis und Forschung in Bildungsurlaubsprogramme transformiert werden. Das Erkenntnisinteresse richtete sich somit auf die Perspektive der pädagogischen Mitarbeitenden, die in den Weiterbildungseinrichtungen für die Planung und Entwicklung von Bildungsurlaubsprogrammen und -angeboten verantwortlich sind.

Zunächst war es notwendig zu klären, was in dieser Arbeit unter *Programmplanung* verstanden wird. Dazu wurden in **Kapitel 4** verschiedene theoretische Positionen und Programmplanungsverständnisse im Zeitverlauf dargestellt und systematisiert.

Während sich die theoretischen Positionen zur Programmplanung in den 1970er und 1980er Jahren im Spannungsfeld von Organisation und Kommunikation verorten ließen (Programmplanung als zielgerichteter, linear ablaufender, technischer Organisationsprozess vs. Programmplanung als offener, flexibler Kommunikations- und Suchbewegungsprozess), konnten die theoretischen Positionen der 1990er und 2000er Jahre im Spannungsfeld von Pädagogik und

Ökonomie eingeordnet werden (Programmplanung als eigenständiges makrodidaktisches Handlungsfeld vs. Programmplanung als Teil der Bildungsmanagements vs. Programmplanung als pädagogische Bildungsdienstleistung).

Als zusammenfassender Anspruch an die erwachsenenpädagogische Begriffs- und Theoriebildung wurde die Entwicklung eigener Begrifflichkeiten bzw. die erwachsenenpädagogische Rekonzeptualisierung von Kategorien aus anderen Disziplinen formuliert.

Dementsprechend wurde der Arbeit im Anschluss an Gieseke (2003) und von Hippel (2011) ein erwachsenenpädagogisch begründetes Programmplanungsverständnis zugrunde gelegt, das im Anschluss an Cervero/Wilson (2006), Forneck/Wrana (2009) und Keller (2011) diskursanalytisch ausgedeutet wurde (**Kapitel 5**). Mit der *diskursanalytischen Forschungsperspektive* wurde eine spezifische Sicht auf das Programmplanungshandeln im Allgemeinen bzw. die Angebotsplanung von BU-Veranstaltungen im Besonderen eingenommen und spezifische Forschungsfragen in den Fokus gerückt: Wie positionieren sich die Planenden im kontroversen Bildungsurlaubsdiskurs? Welche Diskurse rezipieren, selektieren, transformieren und (re-)produzieren sie?

Kapitel 6 stellte das *Forschungsdesign* der empirischen Studie vor. Die empirische Untersuchung des bzw. der BU-Diskurse(s) der Weiterbildungspraxis am Beispiel Bremen fokussierte (1) die Planungsstrategien als diskursive Praktiken, (2) die Angebotskonzeptionen mit den operationalisierten Komponenten Ziele, Adressaten, Themen und Formate (vgl. Schlutz 2006) als Diskurseffekte und (3) die Begründungslogiken und Bezugshorizonte, die die Planung orientieren.

Die Datenerhebung erfolgte mittels leitfadengestützter Expert/inn/eninterviews (vgl. Meuser/Nagel 1991) mit den Programmplanenden sowie auf der Basis der von Rippien (2015a) zur Verfügung gestellten Programmdaten des Bremischen BU-Angebots der öffentlich anerkannten Weiterbildungseinrichtungen des Jahres 2012. Die Erhebungsmethoden erwiesen sich als geeignet für die Untersuchung. Sie ergänzten sich und zeigten auch Diskrepanzen zwischen den in den Interviews formulierten Intentionen und den in den Programmen materialisierten Konzeptionen auf (z.B. beim Thema Zielgruppenorientierung). Methodisch bedingte Grenzen bestehen jedoch in der Untersuchung des Planungsprozesses. Hier wären Feldforschungen, wie z.B. Arbeitsplatzanalysen, teilnehmende Beobachtungen, weiterführend notwendig.

Die Datenauswertung erfolgte in Anlehnung an die WDA, die sich methodologisch an der Grounded Theory und der interpretativen Analytik orientiert (vgl. Keller 2011; Truschkat 2013). Für die Angebotskomponenten Ziele, Adressatengruppen, Themen und Formate sowie für die Planungsstrategien und

Begründungslogiken wurden Kategorien gebildet und Vergleiche auf der Ebene der Weiterbildungseinrichtungen und auf der Ebene der Fachbereiche angestellt. Die Befunde wurden aus diskursanalytischer Perspektive gedeutet und aus erwachsenenpädagogischer Perspektive eingeschätzt. Die Rückbindung der Befunde an spezifische Diskurse erwies sich aufgrund der Diskursvielfalt als äußerst komplex. Hier müsste weiterführende Deutungsarbeit geleistet werden. Auch die kritische Prüfung, inwieweit die BU-Konzepte die Prinzipien pädagogischen Denkens und Handelns anerkennen, konnte auf der Grundlage der Programmdaten nur in Ansätzen geleistet werden (z.B. für die Gesundheitsbildung).

Die *empirischen Ergebnisse zu den Planungsstrategien* wurden in **Kapitel 7** präsentiert.

Auf der Grundlage der Interviewauswertungen wurden drei allgemeine und vier bildungsurlaubsspezifische Planungsstrategien herausgearbeitet.

Als *allgemeine Planungsstrategien*, die sowohl bei der BU-Planung als auch bei der Planung anderer Veranstaltungsformate angewendet werden, wurden vorgestellt: (1) Die Entwicklung neuer Angebote im Modus von Angleichungshandeln (Gieseke 2003) in Kooperation mit Kursleitenden, Teilnehmenden sowie Weiterbildungs- und Nicht-Weiterbildungseinrichtungen vor dem Hintergrund aktueller gesellschaftlicher Bedarfe, (2) die Fortschreibung bestehender Angebote aufgrund einer stabilen Nachfrage, stabiler Kontakte bzw. einer hohen gesellschaftlichen Relevanz der Themen und (3) das Streichen wiederholt nicht nachgefragter Angebote.

Als *bildungsurlaubsspezifische Planungsstrategien* wurden bezeichnet: (1) die Berücksichtigung der im Bildungsurlaubsgesetz formulierten rechtlichen Vorgaben, insbesondere zum organisierten Lernen, (2) die spezifische Einbettung des Bildungsurlaubs in das Gesamtprogramm, (3) die Berücksichtigung der Trägerinteressen und (4) die Antizipation der Arbeitgeberinteressen bei der Gestaltung der Veranstaltungsausschreibung.

Mit von Hippel (2011) wurden die unterschiedlichen Anforderungen und Erwartungen, mit denen die Planenden bei der BU-Planung umgehen (müssen), als Widerspruchskonstellationen gedeutet.

Die *empirischen Befunde zu den Angebotskonzeptionen* des Bildungsurlaubs wurden in **Kapitel 8** präsentiert.

Auf der Grundlage der Interviewauswertungen wurden vier *Ziele* herausgearbeitet, die die Planenden aktuell mit Bildungsurlaub verfolgen, in den einzelnen Fachbereichen konkretisieren sowie trägerspezifisch profilieren: (1) Die Herstellung von Chancengleichheit und Ermöglichung von Bildungsteilhabe, (2) die Befähigung zur gesellschaftlichen Teilhabe, Mitbestimmung und Gestaltung in verschiedenen gesellschaftlichen Bereichen, (3) die Ermöglichung von Regeneration und Entschleunigung in Zeiten zunehmender Arbeitsverdichtung und (4) die Förderung beruflicher Qualifizierung und Kompetenzentwicklung. Aus diskursanalytischer Perspektive wurden die Zielsetzungen sowohl in Bezug zu den Diskursen der Konstitutions- und Transformationsphase gesetzt, als auch als Reaktionen auf aktuelle gesellschaftliche Herausforderungen gedeutet.

Im Hinblick auf die Frage, inwiefern bildungsbenachteiligte *Zielgruppen* im Fokus der Planenden stehen, konnte auf der Grundlage der Interviewauswertungen gezeigt werden, dass die Herstellung von Chancengleichheit und Bildungsteilhabe ein zentrales BU-Ziel der Planenden ist. Allerdings hat sich die Zuschreibung, wer als bildungsbenachteiligt gilt, gewandelt: Bildungsbenachteiligt sind aus Sicht der Planenden nicht mehr (nur) Menschen mit schlechten Schulerfahrungen bzw. niedrigen Schulabschlüssen, sondern Arbeitnehmende mit wenig Zeit bzw. in Beschäftigungsverhältnissen oder Betrieben, die kaum Lernzeit einräumen. Das veränderte Zielgruppenverständnis bildet sich auch in den BU-Angeboten ab: Der klassische Zielgruppenansatz, der nach soziodemografischen Merkmalen differenziert, wird von einem Adressatenverständnis der Berufs-, Funktions- und Statusgruppen abgelöst. Hierbei handelt es sich nicht um eine bildungsurlaubsspezifische Besonderheit, sondern um eine allgemeine Entwicklungstendenz in der EB/WB, die auf eine Kritik des sozialpolitischen Zielgruppenansatzes (Stigmatisierung) sowie auf veränderte Lebenslagen (Individualisierung, Pluralisierung, Flexibilisierung) zurückgeht (vgl. u.a. Schiersmann 2010; Schrader 2011: 260).

Die Analyse der *BU-Themen* auf der Basis der sekundäranalytischen Programmauswertungen hat gezeigt, dass die Weiterbildungseinrichtungen gesellschaftliche Herausforderungen, wie z.B. die Individualisierung, Pluralisierung und Flexibilisierung von Lebensverläufen, die Globalisierung und Digitalisierung der Arbeitswelt oder die Folgen des Klimawandels und die Ausbeutung der Natur, als Lernanlässe aufgreifen und in BU-Angebote transformieren. Das Thema Zeit wird neben dem Thema Arbeit als zentrales BU-Thema in verschiedenen Fachbereichen behandelt. Der Bildungsurlaub reagiert somit auf die aktuellen Zeittendenzen der gegenwärtigen Gesellschaft (vgl. Schmidt-Lauff 2008), wobei sich die Angebote danach unterscheiden lassen, ob sie zeitbeschleunigende oder zeitentschleunigende Hilfen anbieten. In Kombination mit den Befunden aus den Teilnehmendenbefragungen von Robak (2015b) und Heidemann (2015), die zeigen, dass die BU-Teilnehmenden differentielle Lernverwertungsinteressen verfolgen, belegt die Themenanalyse zudem, dass Bildungsurlaub vielfältige Bezüge zur Arbeitswelt im Sinne der Integrationsforderung herstellt und somit polyvalente Wirkungen entfalten kann, die einen doppelten Nutzen für die Arbeitnehmenden wie für die Arbeitgebenden haben.

Die Analyse der *BU-Formate* hat gezeigt, dass die Planenden in der politischen Bildung, der Gesundheitsbildung, der kulturellen Bildung und in den Fremdsprachen die 5tägige Kompaktwoche fortschreiben, da diese als konstitutiv für die dem Bildungsurlaub zugeschriebenen Bildungs-, Demokratisierungs-, Entschleunigungs- und Kompensationsfunktionen angesehen wird. Bei klar abgrenzbaren Qualifikationsbausteinen, wie sie für die berufliche Bildung typisch sind, werden hingegen auch BU-Kurzzeitformate angeboten bzw. reguläre Seminare für Bildungsurlaub geöffnet, was zu einer Gleichsetzung von regulärer Weiterbildung und beruflicher Weiterbildung bzw. zu einer faktischen Auflösung der ursprünglichen Bildungsurlaubsidee führt.

Die Analyse der *Begründungslogiken* in **Kapitel 9** belegt, dass sich die Planenden primär an drei Bezugshorizonten orientieren und den Bildungsurlaub einrichtungs- und fachbereichsspezifisch im Spannungsfeld erwachsenenpädagogischer Prinzipien, gesellschaftspolitischer Ansprüche und ökonomischer Interessen begründen.

Im Hinblick auf das übergeordnete Erkenntnisinteresse der Arbeit, ob es eine Akzentverschiebung des Bildungsurlaubs vom gesellschaftspolitischen Instrument zum Instrument beruflich-betrieblicher Qualifizierung gibt, lässt sich auf der Basis der empirischen Befunde eine differenzierte Antwort geben: In der gegenwärtigen Weiterbildungspraxis können *drei Bildungsurlaubsdiskurse* rekonstruiert werden (vgl. **Kapitel 10**). Die gewerkschaftlichen Weiterbildungseinrichtungen schließen an den gesellschaftspolitischen Diskurs der 1960er/1970er Jahre an und begründen den Bildungsurlaub insbesondere in der politischen Bildung als gesellschaftspolitisches Instrument. Die gewerblichen Weiterbildungsanbieter und die von den Unternehmensverbänden getragenen Weiterbildungseinrichtungen knüpfen an den neoliberalen Modernisierungsdiskurs der 1990er Jahre an und legen Bildungsurlaub als Instrument beruflich-betrieblicher Qualifizierung aus. Die Volkshochschulen begründen den Bildungsurlaub aus erwachsenenpädagogischer Sicht als temporale Ressource zur Realisierung lebenslangen Lernens und gestalten den Bildungsurlaub als Instrument freiheitlicher Bildungspartizipation. Nach der Konstitutionsphase und der Transformationsphase lassen sich die aktuellen Entwicklungen des Bildungsurlaubs in der Weiterbildungspraxis als Differenzierungsphase deuten, d.h. es werden in den Weiterbildungseinrichtungen und in den Fachbereichen differenzierte BU-Konzepte entwickelt.

Zur *theoretischen Einordnung der empirischen Befunde* wurden in **Kapitel 11** Ansätze aus der erwachsenenpädagogischen Organisationsforschung herangezogen.

Mit dem Modell der Reproduktionskontexte von Schrader (2011) und dem Konzept der Institutionalformen von Schäffter (2001, 2014) wurden zwei aktuelle theoretische Erklärungsansätze aus der Erwachsenenbildungsforschung herangezogen, die sich mit der Trägerspezifik auseinandersetzen. Während sich die erste konstatierte Differenzlinie, die zwischen öffentlichen und gewerblichen Weiterbildungseinrichtungen verläuft, mit dem Modell der Reproduktionskontexte von Schrader (2011) theoretisch erklären ließ, ließ sich die zweite Differenzlinie, die zwischen gewerkschaftlichen und den von den Unternehmensverbänden getragenen Weiterbildungseinrichtungen verläuft, mit dem Konzept der Institutionalformen nach Schäffter (2001, 2014) theoretisch erklären.

Aus diskursanalytischer Sicht reproduzieren die Weiterbildungseinrichtungen entsprechend ihres Trägers die Positionen des Staates, des Marktes, der Arbeitgeber- bzw. der Arbeitnehmerverbände. Aus erwachsenenpädagogischer Sicht kommt es dabei darauf an, so die Argumentation in dieser Arbeit, zugleich eine eigenständige pädagogische Identität auszubilden, um externe Anforderungen im Sinne eines Angleichungshandelns auszuhandeln und gesellschaftliche Entwicklungen mitzugestalten.

Zur Erklärung der Fachbereichsspezifik konnte nicht auf theoretische Erklärungsansätze zurückgegriffen werden, da keine Theorien zu den Fach- bzw. Inhaltsbereichen der EB/WB vorliegen.

12.2 Forschungsdesiderate

Die Erforschung der Bildungsurlaubsdiskurse in der EB/WB-Praxis wirft weitere Forschungsdesiderate auf.

Empirische Forschungen und erwachsenenpädagogische Theoriebildungen zum Bildungsurlaub

Die Arbeit hat die Notwendigkeit einer zeitgemäßen erwachsenenpädagogischen Neubegründung bzw. funktionalen Weiterentwicklung des Bildungsurlaubs vor dem Hintergrund aktueller gesellschaftlicher Herausforderungen aufgezeigt. Dazu bedarf es weiterer empirischer Forschungen und erwachsenenpädagogischer Theoriebildungen zum Bildungsurlaub. Für die Disziplinentwicklung wie auch für die Professionsentwicklung ist es notwendig, eine pädagogische Eigenlogik zu entfalten, d.h. eigene Begrifflichkeiten, eigene Begründungs- und Handlungslogiken etc.

zu verwenden bzw. zu entwickeln. Nur dann ist die Erwachsenenbildung/Weiterbildung ein relativ autonomes Feld und kann sich selbstbewusst mit feldexternen Anforderungen, z.B. aus dem ökonomischen oder dem politischen Feld, auseinandersetzen.

Zur vertiefenden Analyse der BU-Konzeptionen könnten Analysen auf der mikrodidaktischen Ebene durchgeführt werden, z.B. im Rahmen von Lehr-Lernforschungen. Dazu könnten Kursleitende interviewt, teilnehmende Beobachtungen in Seminarsituationen durchgeführt sowie Veranstaltungskonzepte, Seminarpläne und/oder Lehrmaterialien von BU-Seminaren ausgewertet werden.

Erwachsenenpädagogische Rekonzeptualisierung der Wissenssoziologischen Diskursanalyse für die Programmplanungsforschung

In der Arbeit wurde eine neue theoretische Perspektive auf die Programmplanung vorgeschlagen. Mit Rekurs auf den aktuellen Forschungsstand der erwachsenenpädagogischen Programm(planungs)forschung, der Wissenssoziologischen Diskursanalyse und der Allgemeinen Pädagogik wurde die Programmplanung als diskursive pädagogische Praktik gedeutet. Die erwachsenenpädagogische Rekonzeptualisierung der wissenssoziologischen Diskursanalyse steht noch am Anfang und bedarf der theoretischen Weiterentwicklung.

Empirische Forschungen und erwachsenenpädagogische Theoriebildungen zur Programmplanung

Über den Bildungsurlaub hinaus verweisen die empirischen Befunde auf die Notwendigkeit, das *Programmplanungshandeln* in den Weiterbildungseinrichtungen und Fachbereichen differenziert zu untersuchen. Programmplanungshandeln vollzieht sich nicht überall auf die gleiche Weise, sondern variiert in den Weiterbildungseinrichtungen und Fachbereichen (vgl. hierzu auch Lorenz/Pohlmann 2016). Eine Programmplanungstheorie muss diese Ausdifferenzierungen berücksichtigen. Zur weiteren Erforschung könnten qualitative Fallstudien in verschiedenen Einrichtungen und Fachbereichen durchgeführt werden. Zur Analyse des Planungsprozesses könnten im Anschluss an Gieseke/Gorecki (2000) Arbeitsplatzanalysen in verschiedenen Weiterbildungseinrichtungen und Fachbereichen durchgeführt werden.

Empirische Forschungen und erwachsenenpädagogische Theoriebildungen zu den Inhaltsbereichen der EB/WB

Weiterhin stellen empirisch fundierte und erwachsenenpädagogisch begründete Theorien zu den Inhaltsbereichen bzw. Fachbereichen der EB/WB ein Forschungsdesiderat dar. Im Anschluss an die Studien zur kulturellen Bildung (vgl. Gieseke et al. 2005) und zur interkulturellen Bildung (vgl. Robak/Petter 2014) sollten weitere empirische Untersuchungen in den verschiedenen Inhalts- bzw. Fachbereichen durchgeführt werden, um die vielfältigen, in der EB/WB-Praxis realisierten Lern- und Partizipationsformen sichtbar und begrifflich fassbar zu machen sowie von anderen Aktivitäten abzugrenzen. Mit den Erkenntnisfortschritten zu den vielfältigen Partizipationsportalen des Erwachsenenlernens wäre zugleich eine bildungspolitische Legitimationsgrundlage für den Bildungsurlaub geschaffen.

12.3 Empfehlungen für die Weiterbildungspraxis und die Bildungspolitik

Auf der Basis der Ergebnisse der empirischen Untersuchung können Empfehlungen für die Weiterbildungspraxis und die Bildungspolitik abgeleitet werden.[35]

Die Empfehlungen zielen darauf, verschiedenen Beschäftigungsgruppen eine BU-Teilnahme zu ermöglichen, d.h. sowohl Stammteilnehmende zu halten, als auch neue Zielgruppen zu gewinnen, sowie negative Imagezuschreibungen und Teilnahmebarrieren abzubauen.

Empfehlungen für die Weiterbildungspraxis

Aus den empirischen Befunden können folgende Empfehlungen für die Weiterbildungseinrichtungen abgeleitet werden:

---

35 Die Empfehlungen sind das Ergebnis eines gemeinsamen Diskussionsprozesses im Projektteam (vgl. Robak et al. 2015) und wurden auf der Fachtagung „Bildungsurlaub heute" im Frühjahr 2014 in der Bremischen Bürgerschaft mit Vertreter/innen aus der Weiterbildungspraxis, Bildungspolitik, Erwachsenenbildungsforschung, Gewerkschaften und Unternehmensverbänden diskutiert. Im Auftrag der Freien Hansestadt Bremen hat die Autorin dieser Arbeit die Empfehlungen überarbeitet. Sie dienten als Diskussionsgrundlage für ein Fachgespräch zwischen Politik/Verwaltung und Sozialpartner im Herbst 2015 sowie als Arbeitsgrundlage für einen Workshop mit den Weiterbildungseinrichtungen im Frühjahr 2016. An dieser Stelle werden nur jene Empfehlungen präsentiert, die einen unmittelbaren Zusammenhang zu der vorliegenden Studie aufweisen.

Weiten Bildungsbegriff realisieren

Um verschiedenen Beschäftigtengruppen vielfältige Zugänge zu Bildungsurlaub zu ermöglichen, sollte Bildungsurlaub als Instrument freiheitlicher Bildungspartizipation ausgestaltet sein und in den Bildungsurlaubsangeboten ein weiter Bildungsbegriff realisiert werden. Insbesondere bei den gewerblichen Anbietern und bei den von den Unternehmensverbänden getragenen Weiterbildungseinrichtungen sollten berufliche Bildungsurlaubsangebote nicht einseitig mit einem Fokus auf den Arbeitsplatzbezug/ berufsgruppenspezifisches Fachwissen verengt werden, sondern auf die Förderung beruflicher Kompetenzentwicklung im weiteren Sinne abzielen.

Erwachsenenpädagogische Eigenlogik entfalten

Die Orientierung an gesellschaftspolitischen Ansprüchen und ökonomischer Kriterien bei der BU-Planung ist notwendig und sinnvoll, denn Programmplanung in der EB/WB ist eingebettet in gesellschaftliche Entwicklungen und vollzieht sich im Spannungsfeld von Angebot und Nachfrage. Handlungsleitend sollte jedoch primär eine erwachsenenpädagogische Eigenlogik sein. Die Planenden sollten sich selbstbewusst mit den externen heterogenen Erwartungen und Widerspruchskonstellationen auseinandersetzen und die Anforderungen auf ihre pädagogische Legitimität im Sinne der Prinzipien pädagogischen Denkens und Handelns prüfen.

Integration von politischer, allgemeiner und beruflicher Bildung fördern und doppelten Nutzen herausstellen

An der ursprünglichen Idee des Bildungsurlaubs, die eine Integration von politischer, allgemeiner und beruflicher Bildung vorsah, sollte festgehalten bzw. wieder angeknüpft werden. Eine Verschränkung der Bildungsbereiche bedeutet, die politische Relevanz des Beruflichen und die berufliche Relevanz des Politischen bewusst zu machen. Um negative Stereotypen abzubauen und die Akzeptanz von Bildungsurlaub in den Unternehmen zu erhöhen, sollte in den Veranstaltungsausschreibungen auf den doppelten Nutzen des Bildungsurlaubs verwiesen werden. Die polyvalenten Wirkungen des Bildungsurlaubs in den verschiedenen Fachbereichen dienen dem Erhalt der Beschäftigungsfähigkeit. Davon profitieren letztlich auch die Arbeitgeber.

Bildungsbenachteiligte Zielgruppen adressieren

An dem gesellschafts- und bildungspolitischen Anspruch, insbesondere bildungsbenachteiligte Zielgruppen zu erreichen, sollten die Weiterbildungseinrichtungen weiter festhalten. Um neue Zielgruppen zu erreichen, sollten Kooperationen zu anderen Weiterbildungseinrichtungen, aber auch zu Nicht-Weiterbildungseinrichtungen, wie Kultureinrichtungen, Unternehmen, Vereine, Nachbarschaftszentren etc., angestrebt bzw. weiter ausgebaut werden. Zur Entwicklung bedarfsgerechter Angebote für neue Zielgruppen könnten Vorbereitungsveranstaltungen mit den Teilnehmenden durchgeführt werden.

Verschiedene Formate entwickeln

Den Arbeitnehmenden sollte ein vielfältiges, bedarfs- und bedürfnisgerechtes Bildungsangebot mit unterschiedlichen Veranstaltungsformaten und Lernformen angeboten werden. In allen Bildungsbereichen sollten verschiedene Zeitformate weiterentwickelt werden, die den aktuellen Arbeits- und Lebenssituationen, Bedarfs- und Bedürfnislagen der Beschäftigten gerecht werden. Die mit der Gesetzesnovellierung verbundenen Möglichkeiten sind noch nicht voll ausgeschöpft, es gibt noch Spielräume und Gestaltungspotential für innovative Formatentwicklungen. Die Konzeption neuer Bildungsurlaubsformate bedarf intensiver inhaltlicher und methodischer Überlegungen, die mit einem hohen planerischen Mehraufwand verbunden sind. Innovative Bildungsurlaubskonzepte könnten in Form von Pilotprojekten entwickelt werden, auch in Abstimmung mit Arbeitnehmenden. Gleichzeitig sollten in allen Fachbereichen die Kompaktkurse zur Bindung von Stammteilnehmenden beibehalten werden.

Anschlussoptionen antizipieren

Um ein Weiterlernen nach dem Bildungsurlaub zu ermöglichen, sollten in der Angebotsplanung stärker Übergänge von Bildungsurlaub in andere Weiterbildungsformate berücksichtigt und Anschlussveranstaltungen angeboten werden.

Empfehlungen für die Politik

Lernverständnis im BremBUG aktualisieren

Die gesetzlichen Vorgaben sollten so ausgestaltet sein, dass die Weiterbildungseinrichtungen den Lernenden ein vielfältiges BU-Angebot mit unterschiedlichen Zugängen und Partizipationsmöglichkeiten vorhalten können. Dazu sollte die dem Bremischen Bildungsurlaubsgesetz und seiner Verordnung zu Grunde liegende Definition organisierten Lernens flexibilisiert werden, sodass vielfältige Lernformen realisiert werden können. Beispielsweise sollten in der kulturellen Bildung neben systematisch-rezeptiven auch selbsttätig-kreative und kommunikativ-verstehende Angebote im Rahmen von Bildungsurlaub angeboten werden dürfen. In der Gesundheitsbildung sollte der Anteil praktischer Übungsanteile ausgeweitet werden dürfen, um physisch-leiblich-emotionale Stabilisierung zu fördern. Auch digitale Lernformate, z.B. Blended-Learning-Formate, sollten zugelassen werden. Dies entspricht einem zeitgemäßen Lernbegriff, der die aktuellen Arbeits- und Lebensbedingungen der Individuen und deren Bedarfs- und Bedürfnislagen berücksichtigt. Durch eine Flexibilisierung der Lernformen hätten die Weiterbildungseinrichtungen mehr Gestaltungsspielräume und könnten attraktive Bildungsangebote mit verschiedenen Zugängen für unterschiedliche Zielgruppen entwickeln.

Gewerbliche Weiterbildungsanbieter aufklären

Neue Bildungsurlaubsanbieter (gewerbliche Weiterbildungsanbieter) sollten von der senatorischen Behörde über die Prinzipien des Instrumentes Bildungsfreistellung informiert und darüber aufgeklärt werden, dass Bildungsurlaub nicht rein betrieblichen Interessen dienen soll, sondern als ein Arbeitnehmerrecht auf politische, allgemeine und berufliche Weiterbildung auszulegen ist. Die beantragten Angebote sollten im Anerkennungsverfahren dementsprechend geprüft werden. In der Clearingstelle sollten nicht nur „freizeitverdächtigte" Bildungsurlaubsangebote der politischen und allgemeinen Bildung, sondern auch jene Angebote der beruflichen Bildung kritisch diskutiert werden, die primär einem betrieblichen Verwertungsinteresse dienen (wie beispielsweise die Seminare „Optimierte Materialdisposition" oder „Betriebsbeauftragter für Abfall"). Der in der Verordnung aufgeführte Ausschlusskatalog, der Veranstaltungen benennt, die nicht anerkennungsfähig sind, könnte entsprechend konkretisiert werden.

Pädagogische Fortbildungen fördern

Es sollten Möglichkeiten geschaffen werden, die pädagogischen Mitarbeitenden für die Entwicklung neuer Formate in allen Fachbereichen fortzubilden. Hier ist insbesondere das erwachsenenpädagogische Wissen zu stärken.

Pilotprojekte für innovative Formatentwicklungen anstoßen

Die Entwicklung innovativer Bildungsurlaubsformate kann durch Pilotprojekte angestoßen und finanziell unterstützt werden. Beispielsweise könnten Kooperationen zwischen Weiterbildungseinrichtungen und Betriebsräten gefördert werden, um Zugänge zu neuen Zielgruppen zu schaffen. Weiterhin könnten Vorbereitungsveranstaltungen zum Bildungsurlaub gefördert werden, um bedarfs- und bedürfnisgerechte Veranstaltungen zu planen.

Begriff Bildungszeit

Der Begriff des Bildungsurlaubs sollte durch einen anderen Begriff ersetzt werden, z.B. Bildungszeit. Bildungsurlaub verstärkt das Image des Urlaubs. Die Teilnahmebescheinigung zur Vorlage beim Arbeitgeber sollte neutral gehalten sein und keinen Veranstaltungstitel aufführen, um einer Einschränkung der Themenwahl vorzubeugen und Vorbehalte und Ängste der Beschäftigten gegenüber Bildungsurlaub abzubauen.

Quellenangaben

Literaturverzeichnis

Angermüller, J. (2007): Nach dem Strukturalismus: Theoriediskurs und intellektuelles Feld in Frankreich. Bielefeld: transcript Verlag

Arnold, R. (2010): Kompetenz. In: Arnold et al. (2010), S. 172f.

Arnold, R. / Nolda, S. / Nuissl, E. (Hrsg.) (2010): Wörterbuch Erwachsenenbildung. Stuttgart: UTB

Becker, S. (1994): Bildungsurlaub für Erwerbslose und ihre Angehörigen. Leitfaden zum Planen und Durchführen. Saarbrücken: Arbeitskammer des Saarlandes

Benner, D. (2015): Allgemeine Pädagogik. Eine systematisch-problemgeschichtliche Einführung in die Grundstruktur pädagogischen Denkens und Handelns. 8., überarb. Aufl. Weinheim u.a.: Beltz Juventa

Berger, P. / Luckmann, T. (1966): Die gesellschaftliche Konstruktion der Wirklichkeit. Eine Theorie der Wissenssoziologie. Frankfurt am Main: Fischer

Bernstein, N. / Grauer, R. / Guth, W. (1993): Qualifizierung durch Bildungsurlaub. Ergebnisse einer empirischen Untersuchung von Arbeitnehmern und Arbeitgebern zu Möglichkeiten, Einschätzungen und Wirkungen von Arbeitnehmerweiterbildung. Köln: VHS

Bilger, F. / Strauß, A. (2015): Weiterbildungsverhalten in Deutschland 2014. Ergebnisse des Adult Education Survey - AES Trendbericht. In URL: https://www.bmbf.de/pub/Weiterbildungsverhalten_in_Deutschland_2014.pdf (Stand: 31.08.2016)

Brandt, P. (2011): Stichwort: „Stiefkind Fachdidaktik". In: DIE Magazin, IV/2011, S. 20f.

Bremer, H. (1999): Soziale Milieus und Bildungsurlaub. Angebote, Motivationen und Barrieren der Teilnahme am Programm von ‚Arbeit und Leben' Niedersachsen e. V. Hannover: Univ.

Brödel, R. (2003): Wandel funktionaler Begründungen von Bildungsurlaub. In: Ciupke, P. / Faulenbach, B. / Jelich, F.-J. / Reichling, N. (Hrsg.): Erwachsenenbildung und politische Kultur. Themen – Institutionen – Entwicklungen seit 1945. Reihe: Geschichte und Erwachsenenbildung. Bd. 17. Essen: Klartext Verlag, S. 423–430.

Brödel, R. / Buschmeyer, H. / Jütting, D. / Niggemann, W. (1982): Bildungsurlaub in Nordrhein-Westfalen - Forschungsbericht der wissenschaftlichen Begleitung zum Modellprogramm Bildungsurlaub. Hrsg. vom Minister für

Wissenschaft und Forschung des Landes Nordrhein-Westfalen. Düsseldorf: Landeszentrale für politische Bildung

Cervero, R.M. / Wilson, A.L. (2006): Working the Planning Table: Negotiating Democratically for Adult, Continuing and Workplace Education. 1. ed. San Francisco: Jossey-Bass

Cervero, R. M. / Wilson, A. L. (1994): Planning responsibly for adult education. A guide to negotiating power and interests. 1. ed. San Francisco: Jossey-Bass

Ciupke, P. (1998): Teilnahme am Bildungsurlaub – vom Stillstand zum Rückgang. In: Jelich, F.-J. (Hrsg.): Jahrbuch Arbeit, Bildung, Kultur. Recklinghausen: Forschungsinstitut für Arbeiterbildung, S. 267–295.

Deutscher Bildungsrat / Bildungskommission (Hrsg.) (1970): Strukturplan für das Bildungswesen. Stuttgart: Klett

Deutscher Bildungsrat / Bildungskommission (Hrsg.) (1973): Bildungsurlaub als Teil der Weiterbildung. Stuttgart: Klett

Dietel, S. (2012): Gefühltes Wissen als emotional-körperbezogene Ressource. Eine qualitative Wirkungsanalyse in der Gesundheitsbildung. Bielefeld: VS Springer Verlag

Dobischat, R. / Stuhldreier, J. / Düsseldorff, C. (2006): Netzwerkbildung und Netzwerkstruktur. In: Nuissl, E. / Dobischat, R. / Hagen, K. / Tippelt, R. (Hrsg.): Regionale Bildungsnetze. Bielefeld: Bertelsmann Verlag, S. 59–88.

Dollhausen, K. (2008): Planungskulturen in der Weiterbildung. Angebotsplanungen zwischen wirtschaftlichen Erfordernissen und pädagogischem Anspruch. Bielefeld: Bertelsmann

Dollhausen, K. / Feld, T. C. / Seitter, W. (Hrsg.) (2013): Erwachsenenpädagogische Kooperations- und Netzwerkforschung. Wiesbaden: VS Springer Verlag

Dreyfus, H.L. / Rabinow, P. (1994): Michel Foucault. Jenseits von Strukturalismus und Hermeneutik. Weinheim und Basel: Beltz

Düwell, F.-J. (2001): Rechtsgeschichte der Bildungsfreistellung. In URL: http://www.saarland.de/dokumente/thema_bildung/Rechtsgeschichte_der_Bildungsfreistellung.pdf (Stand: 31.08.2016)

Dylong, G. (1985): Bildungsurlaub für kirchliche Mitarbeiter. Ausgangslage, Theorieaspekte und Beschreibung der Situation am Beispiel der Erzdiözese München und Freising mit Perspektiven für eine rechtliche und didaktische Umsetzung. Eichstätt: Univ.

Faulstich, P. (2010): Einrichtungen. In: Arnold et al. (Hrsg.), S. 71.

Faulstich, P. (2006): Zeit zum Lernen öffnen. Bildungsurlaub und zeitgemäße Strategien kompetenzorientierter Arbeitszeitverkürzung. In: Meisel, K. / Schiersmann, C. (Hrsg.): Zukunftsfeld Weiterbildung. Standortbestimmungen für

Forschung, Praxis und Politik. Ekkehard Nuissl von Rein zum 60. Geburtstag. Bielefeld: Bertelsmann, S. 233–245.

Felden, H. von / Schäffter, O. / Schicke, H. (Hrsg.) (2014): Denken in Übergängen. Weiterbildung in transistorischen Lebenslagen. Wiesbaden: VS Springer Verlag

Fleige, M. / Gieseke, W. / Robak, S. (2015): Kulturelle Erwachsenenbildung. Strukturen – Partizipationsformen – Domänen. Bielefeld: W. Bertelsmann Verlag

Foucault, M. (2013/1969): Archäologie des Wissens. 16. Auflage. Frankfurt am Main: Suhrkamp Verlag

Forneck, H. J. / Wrana, D. (2009): Professionelles Handeln und die Autonomie des Feldes der Weiterbildung. In: Friebertshäuser, B. / Rieger-Ladich, M. / Wigger, L. (Hrsg.): Reflexive Erziehungswissenschaft. Forschungsperspektiven im Anschluss an Pierre Bourdieu. Wiesbaden: VS Verlag für Sozialwissenschaften, S. 175–189.

Forneck, H. J. / Wrana, D. (2005): Ein parzelliertes Feld. Eine Einführung in die Erwachsenenbildung. Bielefeld: Bertelsmann

Forneck, H. J. (2004): Der verlorene Zusammenhang – Eine Analyse sich auseinander entwickelnder Praktiken der Wissensproduktion. In: Hessische Blätter für Volksbildung, Jg. 54, H. 1, S. 4–14.

Fuhr, T. / Gonon, P. / Hof, C. (Hrsg.) (2010): Erwachsenenbildung – Weiterbildung. Handbuch der Erziehungswissenschaft 4. Schöningh: UTB

Geissler, H. (Hrsg.) (1993): Bildungsmarketing. Frankfurt am Main: Peter Lang Verlag

Geissler, H. / vom Bruch, T. / Petersen, J. (Hrsg.) (1994): Bildungsmanagement. Frankfurt am Main u.a.: Peter Lang Verlag

Gerhard, R. (1992): Bedarfsermittlung in der Weiterbildung. Beispiele und Erfahrungen; eine Handreichung. Baltmannsweiler: Schneider-Verlag Hohengehren

Gerhard, A. (2009): Ein neuer Blick auf die Programmplanung. Exemplarische videogestützte Analyse einer Planungssitzung. Reihe: texte.online. Bonn: Deutsches Institut für Erwachsenenbildung. In URL: http://www.die-bonn.de/doks/gerhard0901.pdf (Stand: 31.08.3016)

Gieseke, W. (2010): Professionalität und Professionalisierung. In: Arnold et al., S. 243f.

Gieseke, W. (2008a): Bedarfsorientierte Angebotsplanung in der Erwachsenenbildung. Bielefeld: W. Bertelsmann Verlag

Gieseke, W. (2007): Lebenslanges Lernen und Emotionen. Bielefeld: W. Bertelsmann Verlag

Gieseke, W. (2003): Programmplanungshandeln als Angleichungshandeln: Die realisierte Vernetzung in der Abstimmung von Angebot und Nachfrage. In: Dies. (Hrsg.): Institutionelle Innensichten der Weiterbildung. Bielefeld: Bertelsmann, 189–211.

Gieseke, W. (Hrsg.) (2000): Programmplanung als Bildungsmanagement? Qualitative Studie in Perspektivverschränkung. Begleituntersuchung des Modellversuchs ‚Erprobung eines Berufseinführungskonzeptes für hauptberufliche pädagogische Mitarbeiter/innen in der konfessionellen Erwachsenenbildung'. Recklinghausen: Bitter

Gieseke, W. / Opelt, K. / Stock, H. / Börjesson, I. (2005): Kulturelle Erwachsenenbildung in Deutschland - Exemplarische Analyse Berlin/Brandenburg. Münster und München: Waxmann

Gieseke, W. / Opelt, K. (2003): Erwachsenenbildung in politischen Umbrüchen. Programmforschung Volkshochschule Dresden 1945–1997. Wiesbaden: VS Springer Verlag

Gieseke, W. / Gorecki, C. (2000): Programmplanung als Angleichungshandeln – Arbeitsplatzanalyse. In: Gieseke (Hrsg.), S. 59–114.

Glaser, B.G. / Strauss, A.L. (2010/1967): Grounded theory: Strategien qualitativer Forschung. 3., unveränd. Aufl. Bern: Huber

Gnahs, D. (2010): Träger der Erwachsenenbildung. In: Arnold et al. (Hrsg.), S. 288f.

Grauer, R. / Hüser, H./ Klier, W. (1996): Teilnehmerstruktur, Teilnehmermotive und Lerneffekte im Bildungsurlaub. Ergebnisse einer empirischen Untersuchung. In: Hessische Blätter für Volksbildung, 46 (1996) 1, S. 30–43.

Grotlüschen, A. / Haberzeth, E. / Krug, P. (2011): Rechtliche Grundlagen der Weiterbildung. In: Tippelt, R. / von Hippel, A. (Hrsg.): Handbuch Erwachsenenbildung/Weiterbildung. Wiesbaden: VS Verlag für Sozialwissenschaften für Sozialwissenschaften, 347–366.

Haberzeth, E. (2011): Inhaltsorientierung in der Lehre. In: DIE Magazin, IV/2011, S. 26–29.

Harney, K. (1998): Handlungslogik betrieblicher Weiterbildung. Stuttgart: Hirzel Verlag

Heidemann, L. (2015): Quantitative Teilnehmendenbefragung: Bildungspartizipation, Anschlusslernen und Lern-Verwertungsinteressen. In Robak et al., S. 273–319.

Heidemeyer, K. (2015): Kommentar der Handelskammer Bremen zur Bildungsurlaubsstudie. In: Robak et al., S. 401–404.

Henze, C. (1998): Ökologische Weiterbildung in Nordrhein-Westfalen – Eine empirische Studie zur Programmplanung und Bildungsrealisation an Volkshochschulen. Münster: Waxmann

Hermeling, S. (2015): Möglichkeiten und Barrieren der Teilnahme an Bildungsurlaub in mitbestimmten Betrieben. Die Perspektive von Betriebsräten. In: Robak et al., S. 323–348.

Hermeling, S. (2014): Betriebsräte und berufliche Weiterbildung von Beschäftigten. In: Bericht zur Lage der Arbeitnehmerinnen und Arbeitnehmer im Land Bremen. Arbeitnehmerkammer Bremen, S. 100–107.

Heuer, U. / Robak, S. (2000): Programmstruktur in konfessioneller Trägerschaft – exemplarische Programmanalysen. In: Gieseke, W. (Hrsg.), S. 115–209.

Hippel, A. von (2011): Programmplanungshandeln im Spannungsfeld heterogener Erwartungen. Ein Ansatz zur Differenzierung von Widerspruchskonstellationen und professionellen Antinomien. In: Report: Zeitschrift für Weiterbildungsforschung, 34 (2011) 1, S. 45–57.

Hippel, A. von (2007): Medienpädagogische Erwachsenenbildung: Eine Analyse von pädagogischem Auftrag, gesellschaftlichem Bedarf und Teilnehmendeninteressen. Saarbrücken: Landesmedienanstalt Saarland

Hindrichs, W. / Holzapfel, G. / Körber, K. / Thomsen, W. (unter Mitarbeit von Hanisch, P.) (1984): Bestandsaufnahme der politischen Arbeiterbildung im Bildungsurlaub der Länder Bremen und Niedersachsen. Bremen: Univ.

Höffer-Mehlmer, M. (2011): Programmplanung und -organisation. In: Tippelt, R. / von Hippel, A., S. 989–1002.

Holzapfel, G. (1982): Erfahrungsorientiertes Lernen mit Erwachsenen. Didaktisches Handeln am Beispiel Bildungsurlaub. München u.a.: Urban u. Schwarzenberg

Horn, H. / Ambos, I. (2014): Weiterbildungsstatistik im Verbund 2012 - Kompakt. Bonn: Deutsches Institut für Erwachsenenbildung

Isenberg, H.-G. / Schrewe, E. / Sosna, J. (1983): StahlArbeit und Lebensinteressen. Modellseminar im Bildungsurlaub für Schichtarbeiter (Stahlarbeiter). Grundkurs. Seminarprogramm u. Lernmaterialien. Bremen: Univ.

Jansen, L. / Länge, T. W. (2000): Bildungsurlaub - Instrument zur Lösung von Lernzeitproblemen und zur Förderung lebensbegleitenden Lernens? In: Hessische Blätter für Volksbildung, 50 (2000), 2, S. 145–153.

Jäger, S. (2012): Kritische Diskursanalyse. Eine Einführung 6., vollst. bearb. Aufl. Münster: Unrast-Verlag

Johannson, K. (1981): Das Modellseminar-Projekt der IG Metall. In: Schulte, W. (Hrsg.): Soziologie in der Gesellschaft. Referate aus den Veranstaltungen der Sektionen der Deutschen Gesellschaft für Soziologie, der Ad-hoc-Gruppen und des Berufsverbandes Deutscher Soziologen beim 20. Deutschen Soziologentag in Bremen 1980, S. 668–672.

Jütte, W. (2002): Soziales Netzwerk Weiterbildung. Analyse lokaler Institutionenlandschaften. Bielefeld: Bertelsmann Verlag

Kaiser, A. / Kaiser, R. (2010): Schlüsselqualifikation. In: Arnold et al. (2010), S. 260f.

Käpplinger, B. (2007): Abschlüsse und Zertifikate in der Weiterbildung. Bielefeld: Bertelsmann Verlag

Käpplinger, B. (2008): Programmanalysen und ihre Bedeutung für pädagogische Forschung. Forum Qualitative Sozialforschung, 2008, 9 (1), Art. 37. In URL: http://www.qualitative-research.net/fqs-texte/1-08/08-1-37-d.htm (Stand: 31.08.2016)

Kelle, U. / Kluge, S. (2010): Vom Einzelfall zum Typus: Fallvergleich und Fallkontrastierung in der qualitativen Sozialforschung. 2., überarb. Aufl. Wiesbaden: VS Verlag für Sozialwissenschaften

Kejcz, Y. / Monshausen, K.-H. / Nuissl, E. / Paatsch, H.-U. / Schenk, P. (1979): Das Bildungsurlaubs-Versuchs- und Entwicklungsprogramm der Bundesregierung (BUVEP). 8 Bände. Heidelberg: Esprint

Keller, R. (2013): Zur Praxis der Wissenssoziologischen Diskursanalyse. In: Keller, R. / Truschkat, I. (Hrsg.), S. 27–68.

Keller, R. (2011): Diskursforschung: Eine Einführung für SozialwissenschaftlerInnen. 4. Aufl. Wiesbaden: VS Verlag für Sozialwissenschaften für Sozialwissenschaften

Keller, R. / Truschkat, I. (Hrsg.) (2013): Methodologie und Praxis der Wissenssoziologischen Diskursanalyse. Wiesbaden: VS Verlag für Sozialwissenschaften

Kohler, B. (1977): Modelle für den Bildungsurlaub: Lehren und Lernen in der Arbeiterbildung. Teil 1. Didaktische Konzeptionen. Opladen: Leske und Budrich

Kohler, B. (1979): Modelle für den Bildungsurlaub: Lehren und Lernen in der Arbeiterbildung. Teil 2. Empirische Probleme der Wirkungsanalyse. Opladen: Leske und Budrich

Körber, K. (1983): Bildungsurlaub als neue Lernmöglichkeit für Schichtarbeiter. In: Schlutz, E. (Hrsg.): Erwachsenenbildung zwischen Schule und sozialer Arbeit. Bad Heilbrunn: Klinkhardt, S. 140–152.

Körber, K. / Kuhlenkamp, D. / Peters, R. / Schultz, E. / Schrader, J. / Wilckhaus, F. (1995): Das Weiterbildungsangebot im Landes Bremen. Strukturen und Entwicklungen in einer städtischen Region. Bremen: Senat. Strukturkommission Weiterbildung

Kossack, P. (2006): Lernen beraten. Eine dekonstruktive Analyse des Diskurses zur Weiterbildung. Bielefeld: Transcript

Krug, P. (1996): Das Bildungsfreistellungsgesetz in Rheinland-Pfalz. Öffnung, Flexibilität und Akzeptanz. In: Hessische Blätter für Volksbildung, 46 (1996)

Küchler von, F. (2010): Fachbereich. In: Arnold et al. (Hrsg.), S. 107.

Kuhlenkamp, D. (Hrsg.) (1975): Didaktische Modelle für den Bildungsurlaub. Arbeitshilfen zur Erwachsenenbildung. Grafenau, Württ.: Lexika-Verlag

Langer, A. / Ott, M./ Wrana, D. (2006): Die Verknappung des Selbst. Stellenanzeigen und ihre Transformation in steuerungsrelevantes Wissen. In: Maurer, S. / Weber, S. (Hrsg.): Gouvernementalität und Erziehungswissenschaft. Wiesbaden: VS-Verlag, S. 281–300.

Lehner, M. (2013): Inhalte als zentrale Aspekte einer Didaktik der Erwachsenenbildung. In: Magazin erwachsenenbildung.at. Ausgabe 20, 2013. Wien

Lorenz, L.-M. / Pohlmann, C. (2016): A Comparative Inter-Institutional Perspective on Program Planning in Germany. In: Robak, S. / Käpplinger, B. (Hrsg.): Bridging the Atlantic and beyond – Comparative Perspectives on Program (Planning) Research. Frankfurt am Main u.a.: Peter Lang Verlag

Merk, R. (1992): Weiterbildungsmanagement. Bildung erfolgreich und innovativ managen. Neuwied: Luchterhand

Meuser, M. / Nagel, U. (1991): ExpertInneninterviews - vielfach erprobt, wenig bedacht: ein Beitrag zur qualitativen Methodendiskussion. In: Garz, D. / Kraimer, K. (Hrsg.): Qualitativ-empirische Sozialforschung. Opladen: Westdeutscher Verlag, S. 441–471.

Meuser, M. / Nagel, U. (2009): Das Experteninterview — konzeptionelle Grundlagen und methodische Anlage. In: Pickel, S. / Pickel, G. / Lauth, H.-J. / Jahn, D. (Hrsg.): Methoden der vergleichenden Politik- und Sozialwissenschaft. Wiesbaden: VS Verlag für Sozialwissenschaften, S. 465–479.

Nittel, D. (1997): Geht die Gleichung ‚Ökonomische Modernisierung = Professionalisierung der Erwachsenenbildung' auf? Ein professionstheoretischer Zwischenruf. In: Meisel, K. (Hrsg.): Veränderungen in der Profession Erwachsenenbildung. Frankfurt am Main: Deutsches Institut für Erwachsenenbildung, S. 72–83.

Nolda, S. (2010a): Diskurs. In: Arnold et al., S. 68f.

Nolda, S. (2010b): Programme: In: Arnold et al., S. 246f.

Nolda, S. (2001): Vom Verschwinden des Wissens in der Erwachsenenbildung. In: Zeitschrift für Pädagogik, Jg. 47, H. 1, S. 101–120.

Nolda, S. (1998): Programme der Erwachsenenbildung als Gegenstand qualitativer Forschung. In: Nolda, S. et al., S. 139–235.

Nolda, S. / Pehl, K. / Tietgens, H. (1998): Programmanalysen. Programme der Erwachsenenbildung als Forschungsobjekte. Frankfurt am Main: Deutsches Institut für Erwachsenenbildung

Nuissl, E. / Schenk, P. (Hrsg.) (1980): Problemfeld Bildungsurlaub. Aufsätze zu politischen und pädagogischen Aspekten des Bildungsurlaubs. Braunschweig: Westermann

Nuissl, E. / Sutter, H. (1984): Teilnahme am Bildungsurlaub. Die Entwicklung von Teilnehmern und Angeboten in den 5 Bundesländern mit Bildungsurlaubsgesetz. Heidelberg: Arbeitsgruppe für Empirische Bildungsforschung

Olbrich, J. (2001): Geschichte der Erwachsenenbildung in Deutschland. Opladen: Leske und Budrich Verlag

Pflüger, A. (2010): Integration. In: Arnold et al., S. 155f.

Pohlmann, C. (2015): Angebotsplanung von Bildungsurlaubsveranstaltungen im Spannungsfeld gesellschaftspolitischer Ansprüche, erwachsenenpädagogischer Prinzipien und ökonomischer Interessen. In: Robak, S. et al., S. 69–112.

Pohlmann, C. (2011): Ethik – kein Thema in der Erwachsenenbildung? Synchrone und diachrone Vergleichsanalysen von Kursangeboten zu ethischen Fragen. Berlin: Humboldt-Universität, Erwachsenenpädagogischer Report, Band 18

Quante-Brandt, E. (2015): Kommentar der Senatorin für Bildung und Wissenschaft. In: Robak et al., S. 391–396.

Rausch, S. (2012): Diskursanalyse. In: Schäffer, B. / Dörner, O. (Hrsg.): Handbuch qualitative Erwachsenen- und Weiterbildungsforschung. Opladen: Verlag Barbara Budrich, S. 277–287.

Reich-Claassen, J. / von Hippel, A. (2011): Angebotsplanung und -gestaltung. In: Tippelt, R. / von Hippel, A. (Hrsg.), S. 1003–1015.

Reichertz, J. (2003): Die Abduktion in der qualitativen Sozialforschung. Opladen: Leske + Budrich

Reichling, N. (1995): Bildungsurlaub zwischen Rechtsprechung und Pädagogik. Essen: Bildungswerk der Humanistischen Union NRW

Rippien, H. (2015a): Programmanalyse – Bildungsbereiche, Anbieter und Formate im diachronen Vergleich. In: Robak et al., S. 113–184.

Rippien, H. (2015b): Teilnehmendenstruktur und Anwahlverhalten im Bildungsurlaub. In: Robak et al., S. 187–206.

Robak, S. (2015a): Anschlusslernen und Lern-Verwertungsinteressen als Untersuchungskategorien für Partizipation an Bildungsurlaub. In: Robak et al., S. 43–65.

Robak, S. (2015b): Qualitative Interviews mit Bildungsurlaubsteilnehmenden: Funktionen der Partizipation an Bildungsurlaub - Anschlusslernen und Lern-Verwertungsinteressen. In: Robak et al., S. 207–272.

Robak, S. (2012): Programmanalysen: Einführung in die Erstellung von Codesystemen. In URL: www.die-bonn.de/institut/dienstleistungen/servicestellen/programmforschung/methodische_handreichungen/codiersysteme/ (Stand: 31.08.2016)

Robak, S. (2004): Management in Weiterbildungsinstitutionen. Eine empirische Studie zum Leitungshandeln in differenten Konstellationen. Berlin: Humboldt-Univ.

Robak, S. / Rippien, H. / Heidemann, L. / Pohlmann, C. (2015): Bildungsurlaub - Planung, Programm und Partizipation. Eine Studie in Perspektivverschränkung. Frankfurt am Main u.a.: Peter Lang Verlag

Robak, S./Rippien, H. (2015): Einleitung. In: Robak et al., S. 19–41.

Robak, S. / Pohlmann, C. / Heidemann, L. (2015): Anschlusslernen und Lern-Verwertungsinteressen am Beispiel von Bildungsurlaub. In: Schmidt-Lauff, S. / Felden, H. von (Hrsg.) / Pätzold, H. (Hrsg.): Transitionen in der Erwachsenenbildung. Gesellschaftliche, institutionelle und individuelle Übergänge. Schriftenreihe der Sektion Erwachsenenbildung der Deutschen Gesellschaft für Erziehungswissenschaft. Opladen: Barbara Budrich Verlag, S. 318–330.

Robak, S. / Petter, I. (2014): Programmanalyse zur interkulturellen Bildung in Niedersachsen. Bielefeld: W. Bertelsmann Verlag

Robak, S. / Pohlmann, C. / Heidemann, L. (2013): Zur Analyse von Folgewirkungen bildungspolitischer Strukturentscheidungen auf Bildungs- und Planungspartizipation am Beispiel von Bildungsurlaub. In: Weber, S. M. / Göhlich, M. / Schröer, A. / Fahrenwald, C. / Macha, H. (Hrsg.): Organisation und Partizipation. Wiesbaden: Springer Verlag, S. 303–313.

Robinsohn, S.B. (1971): Bildungsreform als Revision des Curriculum. Neuwied u.a.: Luchterhand Verlag

Rohlmann, R. (1989): Bildungsurlaub in Hamburg. Ergebnisse einer repräsentativen Erhebung. In: Hessische Blätter für Volksbildung, 39 (1989) 2, S. 164–167.

Rosenberg, H. (2015): Erwachsenenbildung als Diskurs. Eine wissenssoziologische Rekonstruktion. Bielefeld: Transcript

Rothe, D. (2011): Lebenslanges Lernen als Programm: eine diskursive Formation in der Erwachsenenbildung. Frankfurt am Main: Campus Verlag

Rudnik, W. (1999): Neue Chancen für den Bildungsurlaub? Erwartungen, Konflikte, Perspektiven. Bremen: Kooperation Univ. - Arbeiterkammer Bremen

Sander, W. (1996): Bildungsurlaub - eine Zwischenbilanz in weiterführender Absicht. In: Hessische Blätter für Volksbildung, 46 (1996) 1, S. 1–4.

Schäffter, O. (2014): Relationale Zielgruppenbestimmung als Planungsprinzip. Zugangswege zur Erwachsenenbildung im gesellschaftlichen Strukturwandel. Ulm: Klemm+Oelschläger

Schäffter, O. (2007): Institutionalform: Katholische Erwachsenenbildung. Unveröffentlichtes Manuskript.

Schäffter, O. (2005): Pädagogische Organisationen aus institutionentheoretischer Perspektive – Zur Ausdifferenzierung von Institutionalformen lebenslangen Lernens in der Transformationsgesellschaft. In: Göhlich: Pädagogische Organisationsforschung. Wiesbaden: Springer Verlag

Schäffter, O. (2004): Auf dem Weg zum Lernen in Netzwerken – Institutionelle Voraussetzungen für lebensbegleitendes Lernen. In: Brödel, R. (Hrsg.): Weiterbildung als Netzwerk des Lernens. Differenzierung der Erwachsenenbildung. Bielefeld: Bertelsmann, S. 29–48.

Schäffter, O. (2001): Weiterbildung in der Transformationsgesellschaft. Zur Grundlegung einer Theorie der Institutionalisierung. Baltmannsweiler: Schneider Verlag Hohengehren

Schierenbeck, I. (2015): Warum es sich lohnt, für den Bildungsurlaub zu streiten. In: Robak et al., S. 397–400.

Schiersmann, C. (2010): Zielgruppen. In: Arnold et al., S. 321–323.

Schiersmann, C. (2007): Berufliche Weiterbildung. Wiesbaden: VS Verlag für Sozialwissenschaften

Schiersmann, C. / Thiel, H.-U. (1981): Leben und Lernen im Familienalltag. Ein situations- und handlungsorientiertes Didaktikmodell für den Bildungsurlaub mit Familien. Frankfurt, Main: Pädag. Arbeitsstelle, Dt. Volkshochsch.-Verb.

Schlutz, E. (2010a): Leitstudien. In: Arnold et al., S. 189f.

Schlutz, E. (2010b): Programmplanung. In: Arnold et al., S. 247f.

Schlutz, E. (2010c): Bildungsbedarf. In: Arnold et al., S. 44f.

Schlutz, E. (2006): Bildungsdienstleistungen und Angebotsentwicklung. Münster u.a.: Waxmann

Schlutz, E. (2001): Programm- und Angebotsplanung. In: Grundlagen der Weiterbildung: Praxishilfen. 4.30.20. Neuwied: Luchterhand, S. 1–29.

Schlutz, E. (1998a): Weiterbildungsmarketing, Teil 1: Organisation, Management und Marketing. Kaiserslautern: o. A.

Schlutz, E. (1998b): Weiterbildungsmarketing, Teil 2: Bedarfsermittlung. Kaiserslautern

Schlutz, E. (1998c): Weiterbildungsmarketing, Teil 3: Angebots- und Programmplanung. Kaiserslautern: o. A.

Schmidt-Lauff, S. (2013): Betriebliche Weiterbildung: Bildungsurlaub. In: GdW-Praxishilfen 104. Köln: Luchterhand, S. 19–40.

Schmidt-Lauff, S. (2011): Zeitfragen und Temporalität in der Erwachsenenbildung. In: Tippelt, R. / von Hippel, A., S. 213–228.

Schmidt-Lauff, S. (2008): Zeit für Bildung im Erwachsenenalter. Münster u.a.: Waxmann Verlag

Schmidt-Lauff, S. (2005): Chancen für individuelle Lernzeiten. Bildungsurlaubs- und Freistellungsgesetze. In: Recht der Jugend und des Bildungswesens, 53 (2005) 2, S. 221–235.

Schrader, J. (2011): Struktur und Wandel der Weiterbildung. Bielefeld: Bertelsmann Verlag

Schreier, M. (2013): Qualitative Forschungsmethoden. In: Hussy, W. / Schreier, M. / Echterhoff, G. (Hrsg.): Forschungsmethoden in Psychologie und Sozialwissenschaften. Wiesbaden: VS Springer Verlag, S. 189–221.

Senatorin für Bildung, Wissenschaft und Gesundheit (2012): Empfehlungen zur Umsetzung des Bremischen Bildungsurlaubsgesetzes. Bremen

Siebert, H. (2012): Didaktisches Handeln in der Erwachsenenbildung. Didaktik aus konstruktivistischer Sicht. 7., überarb. Aufl. Augsburg: ZIEL

Siebert, H. (2001): Erwachsenenbildung in der DDR. In: Olbrich, J., S. 271–303.

Siebert, H. (1995): Bildungsurlaub - Organisationsformen, Themen, Nutzung. In: Untersuchungen zur bremischen Weiterbildung - Expertisen. Bremen: Universitätsbuchhandlung, S. 1–31.

Siebert, H. (1982): Programmplanung als didaktisches Handeln. In: Nuissl, E. (Hrsg.): Taschenbuch der Erwachsenenbildung. Baltmannsweiler: Burgbücherei Schneider, S. 100–121.

Siebert, H. (Hrsg.) (1972): Bildungsurlaub - eine Zwischenbilanz. Düsseldorf: Bertelsmann-Universitätsverlag

Siebert, H. (1970): Erwachsenenbildung in der Erziehungsgesellschaft der DDR. Düsseldorf: Bertelsmann-Universitätsverlag

Siebert, H. / Gerl, H. (1975): Lehr- und Lernverhalten bei Erwachsenen. Braunschweig: Westermann

Strauss, A. / Corbin, J. (Hrsg.) (1996): Grounded theory. Grundlagen qualitativer Sozialforschung. Weinheim: Beltz

Strzelewicz, W. (1969): Die Bedeutung des Bildungsurlaubs für die gesellschaftspolitischen Entwicklung. In: Urlaub für Bildung? Kernprobleme und Kontroversen einer zukunftsorientierten Erwachsenenbildung. Ergebnisse einer Arbeitstagung mit Experten in der Evangelischen Akademie Bad Boll, S. 3–6.

Strzelewicz, W. / Raapke, H.-D. / Schulenberg, W. (1966): Bildung und gesellschaftliches Bewußtsein. Eine mehrstufige soziologische Untersuchung in Westdeutschland. Stuttgart: Enke

Tiemann, B. (1996): Die Rechtslage und die Anerkennungspraxis zum Bildungsurlaub in Hessen. Bilanz und aktuelle Entwicklungen. In: Hessische Blätter für Volksbildung, 46 (1996) 1, S. 22–29.

Tietgens, H. (1984): Institutionelle Strukturen der Erwachsenenbildung. In: Schmitz, E. / Tietgens, H. (Hrsg.): Enzyklopädie Erziehungswissenschaft, Band 11: Erwachsenenbildung. Stuttgart, S. 287–302.

Tietgens, H. (1982): Angebotsplanung. In: Nuissl, E. (Hrsg.): Taschenbuch der Erwachsenenbildung. Baltmannsweiler: Burgbücherei Schneider, S. 122–144.

Tietgens, H. (1975): Vorbemerkungen. In: Schulenberg, W. / Schmidt, H. D. / Wiebecke, F. (Hrsg.): Transformationsprobleme der Weiterbildung. Braunschweig: Westermann, S. 7–17.

Tippelt, R. / von Hippel, A. (2011) Handbuch Erwachsenenbildung/Weiterbildung. 5. Auflage. Wiesbaden: VS Verlag für Sozialwissenschaften für Sozialwissenschaften

Tippelt, R. / Reupold, A. / Strobel, C. / Kuwan, H. (Hrsg.) (2009): Lernende Regionen - Netzwerke gestalten. Bielefeld: Bertelsmann Verlag

Truschkat, I. (2013): Zwischen interpretativer Analytik und GTM. In: Keller, R. / Truschkat, I. (Hrsg.), S. 69–87.

Truschkat, I. (2008): Kompetenzdiskurs und Bewerbungsgespräche. Theorie und Praxis der Diskursforschung. Wiesbaden: VS Verlag für Sozialwissenschaften

Wagner, A. (1995): Teilnahme am Bildungsurlaub. Daten und Tendenzen. Düsseldorf: Arbeit u. Leben

Weiland, M. / Ambos, I. (2008): Weiterbildungsstatistik im Verbund. Arbeitsjahr 2006. Deutsches Institut für ErwachsenenbildungL Texte online.

Weinberg, J. (1981): Didaktik-Methodik des Bildungsurlaubs insbesondere im Hinblick auf Inhaber von Wahlämtern und Ehrenämtern. Aus: Bildungsurlaub. Neuss: Landesinstitut für Curriculumentwicklung, Lehrerfortbildung u. Weiterbildung, S. 57–62.

Wittpoth, J. (2003): Einführung in die Erwachsenenbildung. Opladen: Leske + Budrich

Zeuner, C. / Faulstich, P. (2009): Erwachsenenbildung – Resultate der Forschung. Entwicklung, Situation und Perspektiven. Weinheim und Basel: Beltz

Gesetze

Bildungszeitgesetz Baden-Württemberg (BzG BW) vom 11.03.2015, in Kraft seit 1.07.2015

Berliner Bildungsurlaubsgesetz (BiUrlG) vom 24.10.1990 (GVBl., S. 2209), zuletzt geändert durch Artikel X des Gesetzes vom 17.05.1999 (GVBl., S. 178), in Kraft seit 1.01.1991

Brandenburgisches Weiterbildungsgesetz (BbgWBG) vom 15.12.1993 (GVBl.I/93, S. 498), zuletzt geändert durch Artikel 10 des Gesetzes vom 25.01.2016 (GVBl.I/16, [Nr. 5])

Bremisches Bildungsurlaubsgesetz (BremBUG) vom 18.12.1974, zuletzt geändert am 23.03.2010

Gesetz über die Weiterbildung im Lande Bremen (Weiterbildungsgesetz – WBG) vom 18.06.1996, zuletzt geändert durch Art. 1 vom 17.05.2011, in Kraft seit 04.06.2011

Hamburgisches Bildungsurlaubsgesetz vom 21.1.1974 mit den Änderungen vom 16.4.1991 und 5.12.2009

Hessisches Gesetz über den Anspruch auf Bildungsurlaub vom 28.07.1998, zuletzt geändert durch Artikel 73 des Gesetzes vom 13.12.2012

Gesetz zur Freistellung für Weiterbildungen für das Land Mecklenburg-Vorpommern (Bildungsfreistellungsgesetz - BfG M-V) vom 13.12.2013 (löst das Gesetz vom 7.05.2001 ab)

Niedersächsisches Gesetz über den Bildungsurlaub für Arbeitnehmer und Arbeitnehmerinnen, Fassung vom 25.01.1991, zuletzt geändert durch Gesetz vom 17.12.1999

Nordrhein-Westfalen: Arbeitnehmerweiterbildungsgesetz (AWbG) vom 6.11.1984 (Fn 1), zuletzt geändert durch Gesetz vom 9.12.2014

Rheinland-Pfalz: Bildungsfreistellungsgesetz (BFG) vom 30.03.1993, letzte berücksichtigte Änderung: § 1 geändert durch Artikel 20 des Gesetzes vom 22.12.2015

Saarländisches Bildungsfreistellungsgesetz (SBFG) (Art. 1 des Gesetzes Nr. 1704) vom 10.02.2010, geändert durch das Gesetz vom 13.20.2015 (Amtsbl. I S. 790)

Sachsen-Anhalt: Bildungsfreistellungsgesetz vom 4.03.1998, letzte Änderung: § 9 geändert durch Artikel 38 des Gesetzes vom 18.11.2005

Weiterbildungsgesetz Schleswig-Holstein (WBG) vom 6.03.2012, Abschnitt II Bildungsfreistellung

Thüringer Bildungsfreistellungsgesetz (ThürBfG) vom 15.07.2015

Studien zur Pädagogik, Andragogik und Gerontagogik

Begründet von Franz Pöggeler

Herausgegeben von Bernd Käpplinger und Steffi Robak

Die „Studien zur Pädagogik, Andragogik und Gerontagogik" widmen sich der theoretischen und empirischen Erwachsenenbildungs- und Weiterbildungsforschung. Sie reflektieren deren Internationalisierung in ihrer Wirkung nach innen und außen und begleiten diese kritisch. Sie sind ein transnationales Forum, wo Leitideen nationaler und internationaler Konferenzen fortgeführt werden. Es wird auch ein Raum für solche Grundlagenarbeiten offeriert, die der Konstitution und dem internationalen Vergleich der Erwachsenenpädagogik dienen.

In der Reihe kann auf Deutsch und Englisch publiziert werden. Manuskriptvorschläge sowohl etablierter Wissenschaftler/innen als auch ambitionierter Nachwuchswissenschaftler/innen können an die Herausgeber/innen gerichtet werden. Sie werden in Absprache mit dem Verlag begutachtet - oder peer reviewed - und ggf. zur Aufnahme in die Reihe empfohlen.

Kontakt:

Prof. Dr. Bernd Käpplinger (Justus-Liebig-Universität Gießen):
Bernd.Kaepplinger@erziehung.uni-giessen.de
http://www.uni-giessen.de/fbz/fb03/institute/ifezw/prof/wb/team

Prof. Dr. Steffi Robak (Leibniz Universität Hannover):
Steffi.Robak@ifbe.uni-hannover.de
http://www.ifbe.uni-hannover.de/robak.html

Band 1 Dieter P. J. Wynands: Die Herausbildung des Lehrerstandes im Rheinland während des 19. Jahrhunderts. 1989.

Band 2 Claudia H. Roesch: Das Bild des Kindes in der deutschsprachigen Lyrik nach 1945 unter besonderer Berücksichtigung der 70er und 80er Jahre. Eine Untersuchung zur pädagogischen Anthropologie. 1989.

Band 3 Franz Pöggeler: Erziehung für die eine Welt. Plädoyer für eine pragmatische Friedenspädagogik. 1990.

Band 4 Franz Pöggeler (ed.): The State and Adult Education. Historical and Systematical Aspects. 1990.

Band 5 Günter Heumann: Die Entwicklung des allgemeinbildenden Schulwesens in Nordrhein-Westfalen (1945/46 - 1958). Ein erziehungsgeschichtlicher Beitrag. 1989.

Band 6 Auguste Maria Löhrer: Entwicklungstendenzen in Biologiebüchern der Realschule seit Ende des Zweiten Weltkriegs. 1990.

Band 7 Reinhard Dräbing: Der Traum vom "Jahrhundert des Kindes". Geistige Grundlagen, soziale Implikationen und reformpädagogische Relevanz der Erziehungslehre Ellen Keys. 1990.

Band 8 Kurt Neumann: Sonnenberg - Entstehung und Entwicklung einer Bildungseinrichtung im Kontext gesellschaftlicher Defizite und bildungspolitischer Chancen. 1990.

Band 9 Hubert Henz: Bildungstheorie. 1991.

Band 10 Manfred Geuting: Planspiel und soziale Simulation im Bildungsbereich. 1992.

Band 11 Franz Pöggeler (Hrsg.): Bild und Bildung. Beiträge zur Grundlegung einer pädagogischen Ikonologie und Ikonographie. 1992.

Band 12 Robert Küppers: Der Pädagoge Leo Weismantel und seine "Schule der Volkschaft" (1928 bis 1936). 1992.

Band 13 Franz Pöggeler: Bildungsunion im vereinten Deutschland. Perspektiven einer grundlegenden Reform. 1992.

Band 14 Dieter P. J. Wynands (Hrsg.): Geschichte der Lehrerbildung in autobiographischer Sicht. 1993.

Band 15 Inge Schippan: Elternkreise drogengefährdeter und drogenabhängiger Jugendlicher. Entstehung und Entwicklung einer Selbsthilfebewegung. 1993.

Band 16 Regina Oertel: Berufliche Qualifizierung von Frauen am Beispiel einer überbetrieblichen, gewerblich-technischen Umschulung. 1993.

Band 17 Katarina Cekoviç: Der Beitrag Rudolf Reuters zur Theorie und Praxis der Erwachsenenbildung. 1994.

Band 18 Walter Leirman: Four Cultures of Education. Engineer - Expert - Communicator - Prophet. 1994.

Band 19 Monika Chatty (Hrsg.) / Franz Hargasser (Hrsg.): Vom Jahrhundert der Kinder zum Jahrhundert der Alten? Versuch einer Ortsbestimmung der Erziehungswissenschaften beim Übergang vom 20. zum 21. Jahrhundert. 1994.

Band 20 Ursel Schmitz: Bildungspolitische Entwicklung des Sprachenproblems in Belgien. 1994.

Band 21 Peter Jarvis / Franz Pöggeler (Eds.): Developements in the Education of Adults in Europe. 1994.

Band 22 Walter Leirman: Quatre Cultures en Education. Expert, Ingénieur, Prophète, Communicateur. 1994.

Band 23 Hedwig Wassenberg: Von der Volksschullehrerin zur Volkslehrerin. Die Pädagogin Hedwig Dransfeld (1871-1925). 1994.

Band 24 Ingeborg Schultheis: Zur Problematik der eigenständigen Mädchenbildung. Stellungnahmen des Vereins katholischer deutscher Lehrerinnen in der Zeit von 1885-1985. 1995.

Band 25 Franz Pöggeler (Ed.): National Identity and Adult Education. Challenge and Risk. 1995.

Band 26 Eric Bockstael (Ed.): Handicap and Politics. 1995.

Band 27 Jurij Jug / Franz Pöggeler (Eds.): Democracy and Adult Education. Ideological Changes and Educational Consequences. 1996.

Band 28 Herbert Otte: Lernschwierigkeiten und Lernmotivationen von Erwachsenen in der kaufmännischen Weiterbildung an Volkshochschulen. 1996.

Band 29 Franz Pöggeler (Hrsg.): Erwachsenenbildung als Brücke zu einem größeren Europa. 1996.

Band 30 Ko Hoon Park: Erziehung und Leben koreanischer Kinder in Deutschland. Eine empirische Untersuchung. 1996.

Band 31 Ludwig Kerstiens: Lebensfragen – Antwortsuche – Impulse zum Nach-Denken. Autobiographische Problemerschließung als Methode der Erwachsenenbildung. 1996.

Band 32 Walter Peters: Lehrerausbildung in Nordrhein-Westfalen 1955-1980. Von der Pädagogischen Akademie über die Pädagogische Hochschule zum Aufbruch in die Universität. 1996.

Band 33 Lee-Whan Ahn: Von der tugendhaften zur gebildeten Frau. Kontinuität und Wandel in Frauenbildung Koreas um die Wende vom 19. Jahrhundert zum 20. Jahrhundert – eine Untersuchung unter frauenemanzipatorischem Aspekt. 1997.

Band 34 Dieter P. J. Wynands: Elementarbildung während der Industrialisierung. Das Volksschulwesen der Stadt Aachen von 1814 bis 1924. 1997.

Band 35 Bastiaan van Gent: Lessons in Beauty. Art and Adult Education. 1997.

Band 36 Danny Wildemeersch / Matthias Finger / Theo Jansen (eds.): Adult Education and Social Responsibility. Reconciling the irreconcilable? 1998. 2., revised edition 2000.

Band 37 Dusan M. Saviçeviç: Adult Education: From Practice to Theory Building. 1999.

Band 38 Martha Friedenthal-Haase (ed.): Personality and Biography: Proceedings of the Sixth International Conference on the History of Adult Education. Vol. I: General, Comparative and Synthetic Studies. Vol. II: Biographies of Adult Educators from Five Continents. 1998.

Band 39 Björn Willi Paape: Grundlagen der Umschulung. Eine Form beruflicher Weiterbildung. 1998.

Band 40 Karl Pütz: Die Beteiligung von Ausländern an der Weiterbildung im Rahmen von Volkshochschulkursen. Eine empirische Studie unter besonderer Berücksichtigung der Volkshochschule der Stadt Aachen. 1998.

Band 41 Heribert Felten: Erlebnispädagogik als Möglichkeit zur Kompensation von Verhaltensdefiziten. Dargestellt an Beispielen aus der ästhetischen Erziehung. 1998.

Band 42 Wilhelm Koch-Bode: Prälingual Gehörlose im Alter. 1999.

Band 43 Franz Hargasser: Was uns zum Menschsein befähigt. Dispositionen als Grundlage einer integralen pädagogischen Anthropologie. 1999.

Band 44 Carol A. Pandak: Rebuilding Civil Society: Nonformal Adult Education and Voluntary Organizations – The Hungarian Experience. 1999.

Band 45 Anita Klapan: Lernen im Schülerheim. Grundlagen der Internatspädagogik. 1999.

Band 46 Marianne Genenger-Stricker: Erfolgsfaktor Studienbegleitung. Zur Funktion institutioneller Betreuung und Beratung Studierender am Beispiel eines Parttime-Studiengangs für Familienfrauen. 2000.

Band 47 Anthony Cooke / Ann MacSween (eds.): The Rise and Fall of Adult Education Institutions and Social Movements. The Proceedings of the Seventh International Conference on the History of Adult Education. 2000.

Band 48 Ansgar Pöggeler: Zahnmedizin und Schule im Spiegel von Lehrer- und Schülerbüchern zwischen 1800 und 1950. 2000.

Band 49 Wassilios Baros: Familien in der Migration. Eine qualitative Analyse zum Beziehungsgefüge zwischen griechischen Adoleszenten und ihren Eltern im Migrationskontext. 2001.

Band 50 Martha Friedenthal-Haase / Gottfried Meinhold / Käthe Schneider / Ulrich Zwiener (Hrsg.): Alt werden - alt sein. Lebensperspektiven aus verschiedenen Wissenschaften. 2001.

Band 51 Suresh C. Ghosh: Civilisation, Education and School in Ancient and Medieval India, 1500 B.C. - 1757 A.D. Ancient India, 1500 B.C. - 1192 A.D., Vedic Schools and Buddhist Viharas and Medieval India, 1192 A.D. - 1757 A.D., Maktabs and Madrashas, Mosques and Khanqahs. 2002.

Band 52 Björn Paape: Aspekte der Integration von Lernfeldern in eine handlungsorientierte Wirtschaftsdidaktik. 2002.

Band 53 Balázs Németh / Franz Pöggeler (eds.): Ethics, Ideals and Ideologies in the History of Adult. 2002.

Band 54 Erika Kohls: Anthropologie der Erziehung bei Horst-Eberhard Richter. 2002.

Band 55 Hanns-Dietrich Werner: Über Mandalasymbolik und Heilpädagogik in der Schule. Ein Erfahrungsbericht. 2003.

Band 56 Kurt Frey: Die Gruppe als *der Mensch im Plural*. Die Gruppenpädagogik Magda Kelbers. 2003.

Band 57 Barry J. Hake / Bastiaan van Gent / József Katus (eds.): Adult Education and Globalisation: Past and Present. The Proceedings of the 9th International Conference on the History of Adult Education. 2004.

Band 58 Iwona Kiereta: Die Migrationsproblematik im Rahmen des Beitritts Polens zur Europäischen Union unter besonderer Berücksichtigung der Bildungspolitik als Steuerungsinstrument. 2005.

Band 59 Kalman Yaron: Geistige Welten. Aufsätze aus vierzig Jahren. Herausgegeben von Franz Pöggeler. 2006.

Band 60 Franz Hargasser: Was uns zu Menschen macht. Bedeutende anthropologische Phänomene - neu reflektiert. 2007.

Band 61 Jost Reischmann / Michal Bron jr (eds.): Comparative Adult Education 2008. Experiences and Examples. A Publication of the International Society for Comparative Adult Education ISCAE. 2008.

Band 62 Bernd Käpplinger / Steffi Robak (eds.): Changing Configurations in Adult Education in Transitional Times. International Perspectives in Different Countries. 2014.

Band 63 Sarah Widany: Weiterbildungsbeteiligung im Trend. Die Teilnahme von Akademiker_innen an beruflicher Weiterbildung im Zeitverlauf - 1991 bis 2010. 2014.

Band 64 Antonia Victoria Thiemann: Museen schlagen Brücken. Bürgerschaftliches Engagement älterer Menschen im Museum. 2014.

Band 65 Susanne Lattke / Wolfgang Jütte (eds.): Professionalisation of Adult Educators. International and Comparative Perspectives. 2014.

Band 66 Steffi Robak / Horst Rippien / Lena Heidemann / Claudia Pohlmann (Hrsg.): Bildungsurlaub - Planung, Programm und Partizipation. Eine Studie in Perspektivverschränkung. 2015.

Band 67 Regina Egetenmeyer (ed.): Adult Education and Lifelong Learning in Europe and Beyond. Comparative Perspectives from the 2015 Würzburg Winter School. 2016.

Band 68 Tim Stanik: Beratung in der Weiterbildung als institutionelle Interaktion. 2016.

Band 69 Regina Egetenmeyer / Sabine Schmidt-Lauff / Vanna Boffo (eds.): Adult Learning and Education in International Contexts: Future Challenges for its Professionalization. Comparative Perspectives from the 2016 Würzburg Winter School. 2017.

Band 70 Bernd Käpplinger / Steffi Robak / Marion Fleige / Aiga von Hippel / Wiltrud Gieseke (eds.): Cultures of Program Planning in Adult Education. Concepts, Research Results and Archives. 2017.

Band 71 Regina Egetenmeyer (ed.) / Paula Guimaraes / Balázs Németh / Steffi Robak: Joint Modules and Internationalisation in Higher Education. 2017.

Band 72 Regina Egetenmeyer (ed.) / Monica Fedeli / Bernd Käpplinger: Adult Education and Work Contexts - International Perspectives and Challenges. 2018.

Band 73 Claudia Pohlmann: Bildungsurlaub - Vom gesellschaftspolitischen Anliegen zum Instrument beruflicher Qualifizierung? Eine Analyse der Bildungsurlaubsdiskurse in der Weiterbildung. 2018.

www.peterlang.com

www.ingramcontent.com/pod-product-compliance
Ingram Content Group UK Ltd.
Pitfield, Milton Keynes, MK11 3LW, UK
UKHW041825290926
8980IPUK00002B/71

9 783631 740279